imaginist

想象另一种可能

理
想
国

imaginist

镰仓幕府与外来冲击

[日]网野善彦 著 张玉玲 李濯凡 译

民主与建设出版社
·北京·

图书在版编目（CIP）数据

镰仓幕府与外来冲击 /（日）网野善彦著 ；张玉玲，李濯凡译．-- 北京 ：民主与建设出版社，2025. 8.

ISBN 978-7-5139-5018-3

Ⅰ. K313.31

中国国家版本馆 CIP 数据核字第 2025T960M6 号

北京市版权局著作权合同登记号 图字：01-2025-3486

审图号：（2025）2164 号

镰仓幕府与外来冲击

LIANCANG MUFU YU WAILAI CHONGJI

著　　者	［日］网野善彦
译　　者	张玉玲　李濯凡
责任编辑	王　颂
特约编辑	刘　铭
封面设计	董茹嘉
内文制作	陈基胜
出版发行	民主与建设出版社有限责任公司
电　　话	（010）59417749　59419778
社　　址	北京市朝阳区宏泰东街远洋万和南区伍号公馆 4 层
邮　　编	100102
印　　刷	山东京沪印刷科技有限公司
版　　次	2025 年 8 月第 1 版
印　　次	2025 年 8 月第 1 次印刷
开　　本	880 毫米 ×1230 毫米　1/32
印　　张	14.625
字　　数	339 千字
书　　号	ISBN 978-7-5139-5018-3
定　　价	98.00 元

注：如有印、装质量问题，请与出版社联系。

目录

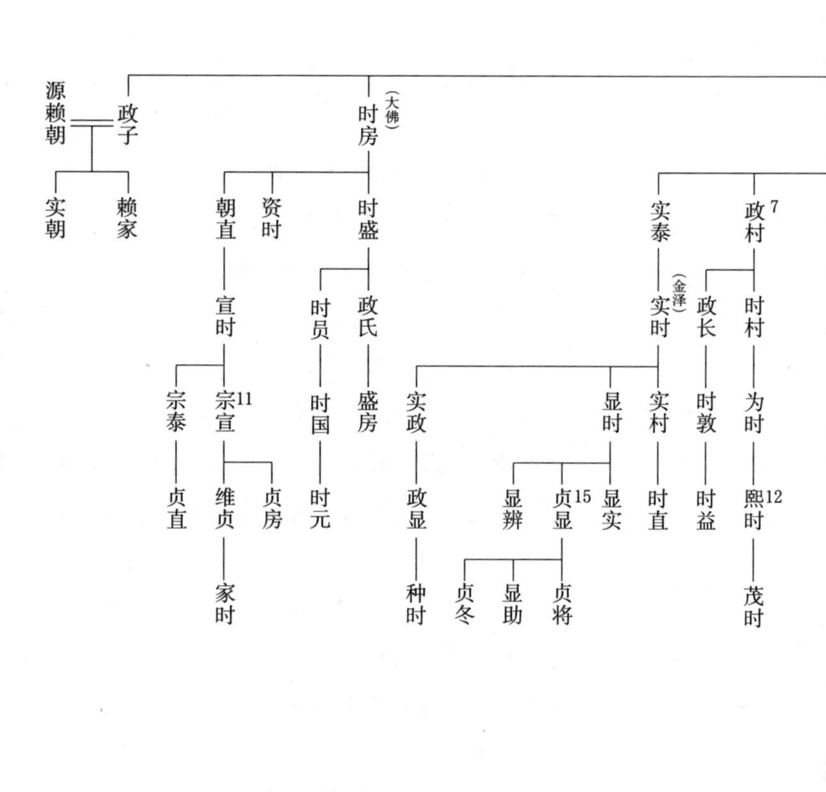

源赖朝
政子
时房
（大佛）
实朝
赖家
朝直
资时
时盛
实泰
政村7
宣时
时员
政氏
实时
（金泽）
政长
时村
宗泰
宗宣11
时国
盛房
实政
显时
实村
时敦
为时
贞直
维贞
贞房
时元
政显
显辨
贞显15
显实
时直
时益
熙时12
家时
种时
贞冬
显助
贞将
茂时

北条氏系谱

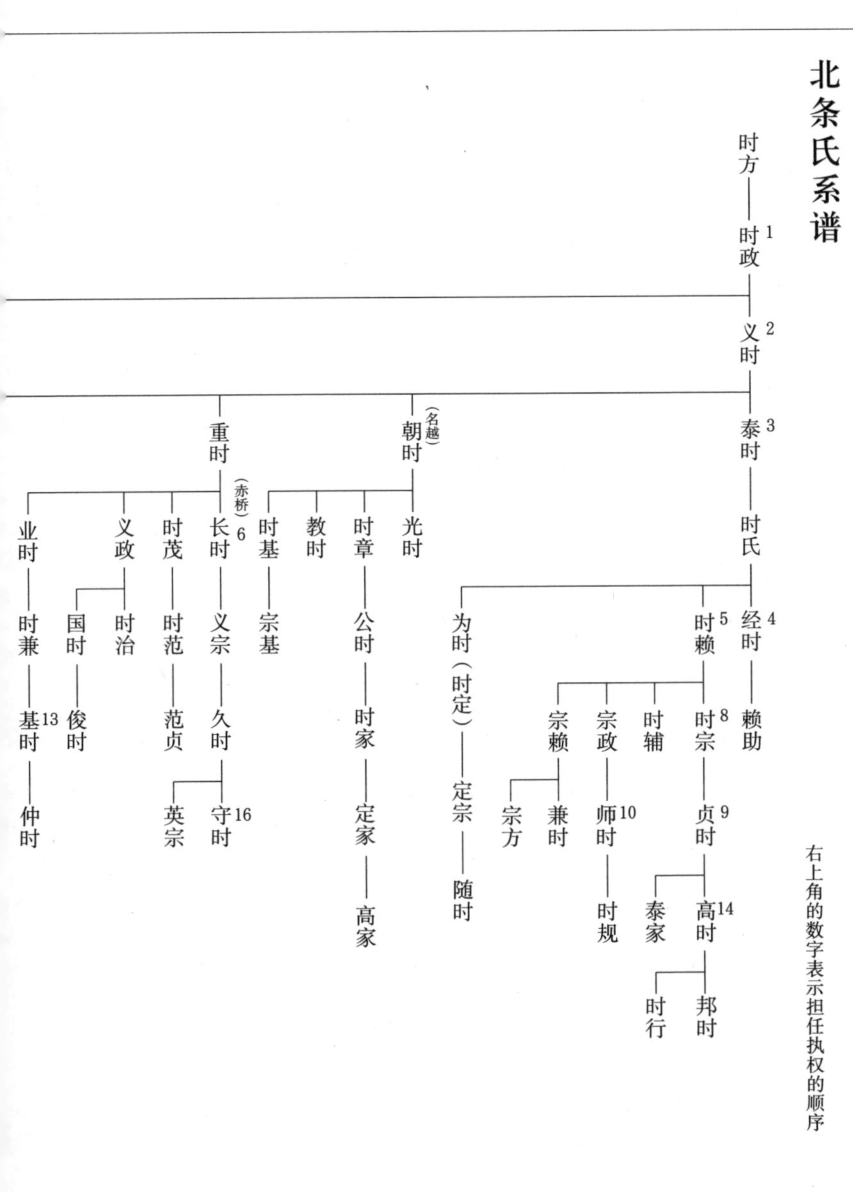

右上角的数字表示担任执权的顺序

代序

飞石 赌博 道祖神

宽喜大饥荒

那一年，风不调雨不顺，七月（旧历）降霜，狂风夹着暴雨猛烈袭来，这样的极端天气竟然出现了两次。全国各地都告歉收，奏报如雪片般飞入京都。饥荒无情地逼近，宽喜二年（1230年）十月十三日，藤原定家[1]让仆人挖掉庭院里栽种的植物，改种麦子，希望能稍微减轻必然会到来的饥荒。他在日记(《明月记》)中自嘲地写道："不要嘲笑我。一个穷老头子还有其他办法吗？"那一夜，大雨倾盆。

第二年，饥荒和疫病侵袭了人们，惨烈程度难以想象。饥民们成群结队涌入寺院，甚至袭击路过的贵族。藤原定家听到这样的传闻：一个带着侍卫的前大臣在鹰司河原（河滩）被扒光了衣服，赤

1 藤原定家（1162—1241)，镰仓初期歌人，参与编撰《新古今和歌集》等。著有歌集《拾遗愚草》、歌论《近代秀歌》《每月抄》、日记《明月记》等。（若无特别标注，本书脚注均为译注和编注。）

身回到家中。到处都能看到饥饿难耐的下人们不听劝阻，蜂拥上前吃光在仪式、法会上用于宴飨的食物。火灾经常发生，不知是出自抢劫富豪府邸的群盗之手，还是诅咒这个世道的人们所为。

不久之后，累累尸骸便填满了京都的街道和鸭川河畔，饿死之人每天都在增多。尸体的恶臭也无情地涌进贵族们的住所。据说，住在都城的“驾舆丁”（为天皇抬舆的轿夫）几乎都饿死了，藤原定家的仆人们也都腿肿得走不动道。藤原定家还听说，有一个杂役头出门办事时倒在了街上，一两天就断了气。在伊势的某个庄园里，仅仅 10 天就有 62 人丧命。无论东西南北，无论都市还是农村，人们都在可怕的痛苦中挣扎着。

亲鸾的回心

宽喜三年四月，亲鸾[1]因患感冒而卧床不起。承元法难（承元元年，1207 年）时，他和业师法然[2]一起被流放到东国，从越后流浪到常陆大概也是在那个时候。

亲鸾被剧烈头痛和高烧折磨了长达 4 天。四月十四日清晨，他突然开口说道：“就这样吧。”（意思是：我已经下定决心了）他的妻子惠信尼大吃一惊，以为他在说胡话，而他却对妻子说：

---

1 亲鸾（1173—1263），镰仓初期僧人，净土真宗开山，幼时在比睿山学习天台宗，29 岁师事法然，皈依净土宗。后因师之法难而遭连坐，被流放越后，在此与惠信尼结婚，生善鸾和觉信尼。流放后第 5 年遇赦，开净土真宗，主张靠阿弥陀佛拯救万民。著《教行信证》《愚秃钞》等，谥号见真大师。

2 法然（1133—1212），平安末期僧人，1175 年开净土宗。著《选择本愿念佛集》等，敕谥号圆光大师。

卧床的第二天，我在高烧中持续不断地念诵《无量寿经》。一闭上眼，经文就一字不落地清晰地出现在眼前。这真是非常奇怪。我在想，除了口诵阿弥陀佛的信心，我心中不可能再有别的值得牵挂之事吧。仔细想想，我在十七八年前就开始念诵三部经[1]，已经念诵了一千部。我坚信，只有自己信佛，并让别人也信佛，才是回报佛恩之道。我同时也在反思自己，是不是因为内心的某种不足，才不断想再诵一遍经文？我因此而一度停止了诵经，但那种不足的感觉是否仍然存在？当我觉得人的执心、依赖自力之心不是那么容易消失的时候，我便停止了诵经。所以我说出了"就这样吧"。

于是亲鸾的身心之病得以痊愈。

川崎庸之认为，亲鸾在这个时期发现了自己决定性的信仰转变，他在文章中这样写道：

亲鸾在流放的道路上孤独地前行，有时甚至想靠诵读三部经之类的"助业"来寻求救赎[这发生在从越后到常陆的流浪（？）途中，或许并非偶然]。来自隆宽和圣觉的刺激[2]使他回想起师父法然曾经的教诲。宽喜三年，大饥荒肆虐。面对史上罕见的凄苦，除了有如诵读千部经文之类的誓愿，难道还有别

1 三部经，即净土三部经《无量寿经》《观无量寿经》《阿弥陀经》。

2 亲鸾特别崇拜的法然弟子于隆宽四年前在流浪途中去世，亲鸾在此前一年抄写了圣觉的《唯信钞》。——作者注

> 的能满足自己拳拳之心的事情吗？除了放弃微不足道的自力，仰赖阿弥陀佛的大慈大悲，还有其他可以选择的方式吗？除了绝对的他力，别无拯救之途，这是宽喜三年带来的回心。[1]

我认为，他确切地指出了这场饥荒在亲鸾思想演进过程中的重要意义。

民众惨不忍睹的凄苦之状也催生了对中世日本民众具有决定性意义的思想。被川崎庸之形容为“一个伟大的被压迫者”的亲鸾从“不识文字，极其粗浅愚痴的”“乡下人”，“犹如石头、瓦片、石子一般的渔猎者、商人”当中发现了“诚心”。从那以后，为了与他人分享自己所获得的欢喜，他不顾自己屡遭迫害，开始热忱布教。

对飞石的恐惧

镰仓幕府的领导者北条泰时取得了承久之乱的胜利，一边压制包括亲鸾在内的专修念佛之徒，一边努力巩固武家政权。然而就在这时，大饥荒挡在他的面前。他竭尽全力应对这场危机：缩减自己的膳食，制止御家人[2]的奢侈行为，向饥民无利息借贷大米，允许本来严厉禁止的人口买卖，允许救济饥民之人成为饥民的主人等。在忙于救济的同时，他也把精力集中在维护社会治安上，命令六波罗

1 摘自川崎庸之的《所谓镰仓时代的宗教改革》(『いわゆる鎌倉時代の宗教改革について』,《日本佛教宗史论集》通号 6)。——作者注

2 御家人，镰仓时代直属将军的武士。

探题[1]抓捕那些在都城闯进富人家吃喝或强行借用钱财的饥民，以及纵火抢劫的盗贼团伙。

当时，一些来自京都的奇怪传言传到了北条泰时的耳中："各神社举行祭祀活动时，偶尔会有人抛飞石。幕府禁止了这种行为，因此才会有饥荒发生。"

这种传闻在京城的平民当中口口相传，连北条泰时在六波罗的弟弟北条重时也不能不重视了。于是，他把这些风闻报告给北条泰时。

"什么混账话，"北条泰时想，"自己在京都担任首任六波罗探题时，曾经制止过抛飞石的行为，但从未导致饥荒。这种传言肯定是那些好抛飞石、好斗杀之人传播的，岂可当真？"

尽管他不断地这样告诉自己，并向周围的人这样说，但是他难以抑制心中产生的某种不安。四月二十一日，他终于决定正式发布法令：

> 严厉禁止祭祀时抛飞石及挥刃杀伤他人。但对抛飞石的行为本身不加限制，只禁止武斗。

在这条法令中，北条泰时不得不把前述自己的想法写了进去。执权以正式法令的形式解释自己的经验和见解，这是非常不寻常的特例。实际上，在现存的幕府法令中，除该法令外再无一例。也许是因为心有所感吧，这条法令看上去就像是北条泰时对从内心深处

1 镰仓时代京都六波罗府首脑，权力仅次于执权、连署，由北条氏一族担任，负责京都治安、监视京都朝廷等。

涌出的某种力量的自我辩解。

飞石使一直顺风顺水的幕府最高掌权者北条泰时发布了这项不寻常的法令，结果他却以“不加限制”而将抛飞石行为本身置于禁止之外。这究竟是怎么一回事呢?

深不可测的力量

不仅是在日本，在世界各地的街头也经常能看到抛掷石块的行为。许多人至今还有小时候在河边进行石头大战的记忆吧。据说在昭和20年代伊予的新居滨，孩子们仍在玩这种游戏。战斗开始前，孩子们会互相对骂，比如骂对方“某某小杂鱼”“某某歪芋头”，然后开始互相扔石头。这种玩法似乎在哪儿都一样，是一种充满童年野性的古老的儿童游戏。

然而，在镰仓时代，投掷飞石的习俗主要是成年人参与。正如前述法令中所提到的那样，祭祀时常有飞石被扔来扔去。祇园御灵会、天满宫祭、川崎惣社祭等祭祀活动中，抬神轿的轿夫、下人，以及被称为“游手浮食之辈”的人，在祭祀活动达到高潮时会投掷飞石。然而，飞石并不仅仅于祭祀活动时才被投掷。

投掷飞石的行为最早出现在10世纪末的文献中，尤其引人注目的是在宽弘九年(1012年)左大臣藤原道长[1]率领公卿们攀登比睿山时发生的飞石事件。当一行人骑马经过檀那院附近时，突然有人向

1 藤原道长(966—1028)，平安中期的公卿，历任内览、摄政、太政大臣，权势盛极一时。晚年出家，建法成寺。虽未任关白，却被世人称作御堂关白。著有日记《御堂关白记》。

他们投掷石子，其中一块击中了一名在前引路之人的腰部。有人大喊道："你们在做什么！殿下正在登山！"五六个法师遮住头，跳到那些喊叫之人前面说："这里是檀那院，是下马的地方。难道大臣公卿不知道吗？"他们一边说，一边又扔了"大约十次飞石"，其中一枚石子落在藤原道长的马前。尽管有一名投掷者被捕，但当时的住持却说"这或许是三宝所为吧"，并强调被石头击中的人要自重。即使对集权势于一身的藤原道长，飞石也会毫无顾忌地打来。

此外，在镰仓时代，各神社经常发起"嗷诉"[1]，抬着神木和神舆的神职人员会向阻止他们的武士和检非违使厅[2]的官员投掷石子。投掷石子原本被用于私斗，在贵族看来，这种行为往往毫无征兆，突然发生。

比宽喜大饥荒稍早的嘉禄元年（1225年）六月十四日，在祇园御灵会上发生的飞石事件震惊了都城的人们。有一群被称作"飞石暴徒"的人，分成老年人和年轻人两组，老年人聚集在六角堂，年轻人则集结在京极寺。双方为了报复春季时发生的争斗，眼看就要发生冲突了。年轻人特意穿上铠甲，用白布包头，身披菖蒲席，以奇异的装束出现，引起了人们的关注。人们感到恐惧，不敢搭建祭典观礼台，神舆也没有被抬出来。最终，老年人组不愿惹事并退走了，一场可怕的冲突才得以避免。然而，直到日落之后，年轻人们"为了表现勇气"，仍在三条向西移动，并在洞院一带徘徊。北条泰时所

1　又叫"强诉"，从平安时代中期到室町时代，中央和地方的大寺社的众徒及神人以宗教权威为背景，组成团伙向朝廷或幕府强行提出各种要求的行为。

2　检非违使是日本律令制下的令外官之一，"检察非违（非法、违法）的天皇使者"之意，管辖京都的治安和民政。

说的“好勇斗狠之人”，大概指的就是这些人吧。

当然，抛飞石也是一种武力。根据《保元物语》记载，“镇西八郎源为朝”身边形影不离地跟着一名“三篓飞石纪平二大夫”。《平家物语》云，寿永二年（1183 年）后白河法皇和木曾义仲相争时，公家、殿上人[1]召集的武装就是“接飞石、抛石者，不值一提的市井无赖和乞丐等”。实际上，如后文将要提到的，在整个中世直到战国时代，飞石都作为武器而被有组织地加以使用。中泽厚注意到武田信玄曾经组织过抛石队，宫本常一也注意到“军忠状”上屡屡提到石伤。

从这点可以明显看出，飞石并非只在京都使用。在平安和镰仓时代，人们经常使用“凌铄”这个词，它的含义是“踩踏，使其受苦”。原来正确的字形是车字旁的“轹”，但是人们大多不用“轹”，却用“砾”字来表示。这或许是因为用“砾”（飞石）投打来作为侮辱人的手段是被广泛使用的吧。此外，在军记物语[2]中常用“发矢石”来描写战斗场面，这也间接证明了飞石被广泛使用的情况。

然而，自南北朝时期以后，这种也叫“抛石、投石”的飞石活动虽然在战国大名的军事组织和忍者的世界中仍然存在，但逐渐演变成了每年在节庆上（如正月十五小正月、五月五日端午节等）的活动，而且和现在一样成为孩子们的游戏。这种演变似乎在江户时期就基本上完成了。尽管如此，在发生暴动、打砸时，激烈的“抛石”行

---

1 也叫云上人，指被允许进入清凉殿者，包括三位（品阶）以上的人、特许的四位和五位的人，以及六位的藏人。清凉殿，平安京大内十七殿之一。

2 日本文学的一个类别，主要创作于镰仓和室町时代，主要关注战争和冲突，代表作品为《平家物语》。

为仍然可能出现，正如横地穰治所述，明治二年（1869 年），信州会田的百姓发生了暴动，参与者用“抛石”来打砸破坏。

对于抛飞石的习俗，迄今为止有过各种各样的解释。柳田国男认为，它是两群人为了卜问神灵赐福薄厚而进行的占年活动；折口信夫认为，它是把受成年戒的年轻男子埋在河滩上的小石子堆里的一种仪式；冈见正雄认为，它与恶党式战法有关；武者小路穰则将其看作参与狩猎和战斗的原始社会集团为自我保存而实施的巫术等。这些解释各不相同，但都捕捉到了事物的本质。横井清说，我们可以在中世盛行的飞石、抛石中找到日本人的野性表达。

然而，抛飞石的习俗并非只在日本流行。朝鲜自古就盛行在节日活动中打“石战”。丰臣秀吉出兵朝鲜时曾因民众的抛石抵抗而苦不堪言。中泽厚注意到：在古代，大卫投掷飞石打倒了巨人歌利亚，而现在，波利尼西亚人在婚礼上也仍然会投掷飞石。投掷飞石的行为使人类从本质上脱离并区别于动物。对于这一观点，我深表认同。飞石深刻反映了人类的原始性。

中世前期，民众饱受饥荒和大自然淫威之苦，却仍然具有与原始野性相连的坚韧生命力。让北条泰时感到莫名恐惧的，不正是这种深不可测的力量吗？同时，影响亲鸾心灵的“诚心”，或许也与这种力量相通吧。

作为艺能的赌博

据说饥荒之年格外盛行祭祀，宽喜年间也是如此。祭祀活动前后，人们都会喝得烂醉。在祭祀之外，“宴饮杯酌”更加盛行，人们在席间还热衷于赌博。赌博之时，赌徒屡屡为争胜负而大打出手，甚至发展为“斗杀”。尽管朝廷和幕府专门颁布法令严厉禁止赌博，但如双六、七半、四一半等赌博游戏依然难以禁绝。

据《古今著闻集》（成书于镰仓时代中期的故事集）记载，赌博始于天武天皇召集皇子和公卿们进行的游戏。这也记载在《日本书纪》中，但早在持统天皇时朝廷就已发布过禁止双六的禁令。不过，无论多么严厉的禁令，也无法抑制赌博的盛行。纵观整个奈良时代和平安时代，贵族与平民中的赌博之风愈演愈烈。

白河上皇根据自己的经验，将“双六之骰”列为三大不如意之一[1]。但也正因如此，他深知这一禁令几乎不可能执行。对于当权者来说，这股无法掌控、难以言喻的力量一直在起作用。

进入镰仓时代，嘉禄元年（1225年），朝廷颁布“公家新制”，严令禁止赌博。幕府也相应地颁布了类似的法令。这不仅是因为赌博会导致斗殴甚至“斗杀”，更重要的是，如果支撑幕府的御家人沉溺于赌博，将领地输掉，那么幕府本身的基础也会动摇。实际上，这种情况已经开始发生了。

藤原定家在其日记中记录了这样一件事：法令发布的第二年，在一位贵族家门前，京城中的赌徒们痴迷于“双六之艺”，即使受到制止也毫不罢手。对此感到愤怒的家主向六波罗举报，于是武士们将这伙人全部捕获，割去鼻子，剁下两根手指。幕府禁令之严厉，

---

1 《平家物语》记载，集中皇权、实行“院政”的白河上皇（1053—1129）曾感叹世上唯有三件事无法控制，即贺茂川之水、双六赌局和山法师。贺茂川即京都的鸭川，经常发生水患；山法师即比睿山延历寺的僧兵，势力庞大，难以管束。

由此可知。然而，藤原定家自己却将双六称为“艺”，而且对刑罚的残酷程度感到震惊。尽管朝廷和幕府都严禁赌博，但实际上，将赌博视为“艺”的观念在当时是相当普遍的。

在中世，各种“职人”（手工业者）群体常常聚集在一起进行和歌比赛。其中，最古老的歌集是镰仓后期编纂而成的《东北院职人歌合》。建保二年（1214 年），听着东北院念佛之声的各行业“职人”以月亮和爱情为主题，分成左右两组进行和歌比赛。其中锻冶（铁匠）、番匠（木匠）、刀磨（磨刀匠）和铸物师等 24 种行业的“职人”进行了 12 场歌赛，而第 9 场比赛涉及与船夫的赌博。如后文将要提到的，尽管当时的“职人”与现代的不同，但如今的“职人”一词无疑起源于此。不管怎样，在那个时代，赌博之人也被看作一种手工业者。

这个传统可以追溯到更早的时期。在 11 世纪被认为是藤原明衡著作的《新猿乐记》中也出现了类似的手工业者歌赛，参与者中有右卫门尉一家，家里有工匠、铸造师，还有阴阳师和医生等，而右卫门尉长女的丈夫就是一位著名的赌徒，精通掷骰子。此外，在永仁五年（1297 年）成书的收集了唱导范文的《普通唱导集》，在“世间”的“艺能”部分列出了武士、歌人等许多“职人”，赌博、围棋、将棋和双六等活动也被列入其中。与武勇一样，赌博也被视为“艺能”。藤原定家所谈到的“双六之艺”不过是记录下当时共通的观念而已。

这个时代的“职人”都有各自的“道”，“兵道”即其一。手工业者都从事他们各自的“道”，如制作螺钿的人有螺钿道，漆工有漆工道，木工有木道等。因此，这些“职人”常常被称为“道之辈”或

“道之工匠”。如果赌徒是“职人”，赌博是“艺能”，那么有个“博弈道”也毫不稀奇。由工藤敬一、阿苏品保夫等人组成的熊本中世史研究会曾刊行了一本成于镰仓末期的《鹰尾文书》，书中认为赌博是“艺能”，并介绍说赌博者中有深知其“道”并以“道”获取金钱之人。因此，说赌博者和铁匠、木匠一样也是认真营生之人也不为过吧。高柳光寿所提到的“博弈打坐”也完全是可能的。

这个时代“职人”的一个特征是四处游历（这一点也将在后文详细说明），而漂泊更是当时普通赌徒的生存状态。《梁尘秘抄》所收今样[1]这样唱道：

> 我儿将满二十岁，只有赌博才走路。

如同有“飞石之辈”“抛石之党”一样，各国也都有“博党”在广泛活动，亲鸾之教首先扎根的常陆就特别“徒党兴盛”。而这些四处游历的赌徒的母亲，也真诚地向神祈祷，希望自己的孩子在博弈中胜出。还有今样这样唱道：

> 拘尸那城的后面，出现十个菩萨。
> 欲满足博弈之愿，冀出现一六三。

面对这样的祈祷，菩萨们也会欣然满足赌徒的愿望。

将“丁半”和“双六”当作儿童游戏，而将赌博视为“反社会”

---

1 也叫今样歌，是平安中期到镰仓时代流行的新式歌谣。

的“普遍观念”却是在南北朝内乱期之后才逐渐普及的。而在那时，这种观念还没有普及。人们一边向神佛虔诚祈祷，一边真诚地沉浸在赌博之中。我觉得，这与那种“诚心”也是相通的。

道祖神的祭典

在那个时候，各个城镇的十字路口都有道祖神。对于统治者而言，祭祀道祖神开始变成一件令人不悦的事情。丰后国府[1]的所在地盛行建设祭祀道祖神的神社。仁治三年（1242 年），该国的守护[2]大友赖泰规定，除非有特殊理由，否则停止建造道祖神神社。据《扶桑略记》记载，在京都，早在天庆二年（939 年）“平将门之乱”最严重时就有人供奉“岐神”。而在前面提到的《新猿乐记》中，右卫门尉的 60 岁妻子对丈夫的冷落怀恨在心，就向五条的道祖神奉献供品。稍晚的弘长三年（1263 年）发布的“公家新制”认为祭祀时的“风流”舞偏离了法度，遂加以禁止。

当然，道祖神不仅仅存在于这些城镇当中，“道祖”“道祖口”“道祖神”等地名也经常出现在各个庄园的检注帐[3]中，我们由此可以确定，道祖神受到广泛的祭拜。

这尊被称作“さえのかみ”（saenokami，也称塞神）的神也是深不可测的。关于它的起源，人们有不同的看法。早川孝太郎认为，

1　国府，奈良到平安时代各令制国设置核心政务机关的城市，也是该国政治、司法、军事和宗教的中心。

2　镰仓幕府的官职名，主要负责一国的军事和治安。

3　“检注”是中世日本的一种庄园土地调查，“检注帐”则是向领主提交的检注结果账簿。

在原始人类所恐惧的精灵中，有的会发出“さ”“さっ”（sa）的声音，“さのかみ”（sanokami，即发出“さ”之声的神）逐渐转变成“さえのかみ”（saenokami）。柳田国男则认为，“さえ”是“塞”，是防止邪恶神灵从山地降临到人间的神，是将生者与死者、人间与冥界，亦即人类与自然界分开的神。

放置在边界上象征道祖神的事物也是多种多样的。以甲信地区为中心，分布在东国的男女双立道祖神最近作为“路边的石佛”而备受关注，许多人喜欢它朴素的形象。然而，这种形式来自江户时代，而更古老的形式是放置自然石、阴阳石等。在《信贵山缘起绘卷》和《西行物语绘卷》中都可以看到，看起来像是阳石的石头被放在路边祭祀。中泽厚研究道祖神 30 多年，他在其著作《山梨县的道祖神》（『山梨県の道祖神』，有峰书店，1973 年）中介绍了道祖神的多种形态，特别关注到甲斐地区许多圆石道祖神，并将其起源追溯到绳文时期的石器时代，认为这是基于当时人对石头的崇拜。我们的确可以看出，这种信仰具有很深的根源。

虽然现在对道祖神的关注主要集中在东国，不过正如前文所述，道祖神也曾在西国广泛分布。如今，我们仍然可以在各地发现它存在的迹象。在最近的一次旅行中，我在隐岐美田发现了一座被称为“岭上地藏”的双神雕像；在前往“伯耆船上山”的中途，我还在赤碕町（今琴浦町）的山川看到了一块刻有“妻神”字样的文字碑。其中，在对马旅行时知道的道祖神，我觉得不太为人所知，所以在这里介绍一下吧。

对马研究者永留久惠在其著作《对马的古迹》（『対馬の古跡』，对马乡土研究会，1965 年）中记载，对马人称山谷为“さえ”（sae）。

从前，每个村庄都在能走上离开村庄、通往邻村的山路的斜坡入口，在从“さえ”流出的溪水流经的村子的出入口祭拜“せーん神”（se-nkamisama）。那里有用石头垒起来的塔或坛，大多以自然石为神体。现在仍保留这种祭祀的，据说只有上县町（今对马市）的志多留和伊奈。我所看到的是志多留的“せーん神”。

志多留聚落位于对马东北部，面临大海，分为上、中、下三组。被称为“天道地”的广场是不建房屋的，广场周围排列着民居和干栏式仓库群。村头有一个阳石群，“せーん神”则在要往山上再走远一点的溪水旁边。沿着小山丘，有四间用扁平的石头垒起来的石室，分为上、中、下三组（下组为两间石室）。石室旁边还有一些类似阳石的东西，据说有时还会供奉“足半”草鞋等物品。祭典就在这里举行。

这是儿童组的祭祀活动：孩子们从大约一个月前就开始准备，然后在一月二日（老一辈人说从前是初一日）的早晨前往祭祀场所。首先，他们在神前竖起木板制成的“薙刀”，然后准备酒和米进行“直会”（尝一点酒、咀嚼几粒米），接着点燃预先准备好的生柴。在熊熊燃烧的火焰中，长长的火把被点燃，然后组里所有的孩子都拿着燃烧着红色火焰的火把，合唱“祝词”，并多次把火把伸进石室中。柴火烧尽后，他们把灰撒在约一尺长的楮树树枝上，剥掉一半的皮，再把两根树枝绑在一起。他们把这叫作“垂穗”。孩子们按照户数和神社、“禁地”（类似前文的天道地，具有某种禁忌的神圣场所）的数量做出垂穗，然后各自带回家，用来供奉神社或“门松”（正月神）。

对于我这样一个对民俗学一窍不通的人来说，评价这个节日有些困难。不过，这与武田久吉在其著作《农村的年中行事》(『農村の年中行事』，有峰书店，1973 年）中详细描述的“烧门松”“道祖神祭”非常相似。中泽厚认为，山梨县的“道祖神场”可能是举行成人戒仪式的场所，若将其与这个祭场以及“天道地”等场所进行比较，对像我这样的门外汉来说也是很有意思的。

当然，我并不是说这样的祭祀也在镰仓时代的都城举行。但是那大体与之相通的、关乎人类本源的“风流”舞不是也作为一种包括成年人在内的祭祀时的活动出现在都城中了吗？当权者将道祖神嘲笑为“下贱”之神，甚至还要禁止它，但是道祖神及其祭祀活动却像野草一样顽强地生存下来。我以为，这种至今仍在各地非常活跃的祭祀活动，以及祭祀中熊熊燃烧的火焰，都形象地表现了民众的心灵和生命力的坚韧，而这是统治者无法剥夺的。

本书的视角

如果试图用距离我们比较近的、容易理解的江户时代的庶民形象来推测本书所描述的那个时代的民众，那将是大错特错的。诚然，“在统治者的重压下挣扎”的确是两者的共同之处，而且，坚韧、勤奋的庶民生活也确实是任何一个时代都不曾改变的。

但是，我们用这种观点就无法理解两者之间的差异，即真的认为禁止“飞石”导致了饥荒的人，与宽容地将其视为小孩子“打石头仗”，却将抛打“飞石”的成年人排斥在社会之外的人的差异；将“赌博”视为一种“艺能”、将赌徒视为“职人”而不以为怪的社会，与把视赌博为“罪恶”作为基本原则的社会的差异。同样的，充满野性的道祖神祭祀虽然还留有浓重的原始色彩，却已成为孩子们的祭祀，这里面的意义也无法仅从这种观点来阐释。

本书的首要目标，正如书名所示，是通过镰仓时代后期的历史来揭示“蒙古袭来”这一前近代最大的、几乎唯一一次真正的外敌入侵对日本的政治、社会究竟产生了怎样的影响。同时，我还想把这个时代看作日本人的野性充溢其自身、充溢社会各个角落但大体接近消亡的时代，并尽量梳理出其跃动和变化的过程。

亲鸾认为，那些人是被“自力之计”完全阻断的、像“乡下的石头、瓦片、飞石”一样的人们。亲鸾把这一立场视为绝对的，而且还从中找到了可能的拯救之路。虽然那是要付出完全放弃现实世界中的拯救这一高昂代价才找到的，可是这些人还是把亲鸾的“赠予当作礼物一样抱在怀中，再次踏上新的道路”（川崎庸之语）。

在这条新的道路上，他们所打开的究竟是怎样的世界呢？亲鸾所找到的“诚心”在现实中必须接受怎样的考验呢？

上述课题或许可以这样来重新表述：我想循着13世纪后半叶到14世纪前半叶日本政治和社会的发展路径，尽可能去探寻这些问题的答案。

第一章

“抚民”与专制

宫将军[1]东下

皇子下镰仓

建长四年（1252年）三月十九日，后嵯峨上皇的长子宗尊亲王率领规模盛大的队伍从京城出发，前往镰仓。他们花费了12天，途经东海道，于四月一日抵达片濑宿，那里已有众多武士前来迎接他们。队伍在此重新整顿，宫女、两列卫兵、穿着狩猎服的武士们站在队列前头，紧随其后的是宗尊亲王的轿子，还有公卿、殿上人、诸大夫、医师、阴阳师，以及自京都前来供奉的六波罗探题北条长时等武士。他们经过稻村崎，进入镰仓，暂住在北条时赖的府邸中。

---

1 又称亲王将军、皇族将军。建长四年，幕府执权北条时赖废除摄家将军九条赖嗣，迎请后嵯峨天皇的皇子宗尊亲王为将军。至元弘三年（1333年）镰仓幕府灭亡，北条氏共拥立4代宫将军。

以执权北条时赖为首，连署[1]北条重时、北条政村、长井泰秀、二阶堂行义、宇都宫泰纲、安达义景等幕府老臣在此迎接。

就在这一天，京都发出了委任宗尊亲王担任征夷大将军的宣旨。这是幕府多年来的夙愿，而今宫将军终于顺利就任。

第三代将军源实朝死于非命之后，北条政子和北条义时曾请求后鸟羽上皇让亲王东下，但遭到拒绝。经过一系列内乱之后，人们终于迎来了这一天。幕府老臣感到异常欣喜和安心。这标志着一个新时代的到来。

既然拥戴皇子为将军，那么幕府的各项制度也必须相应地进行调整。不久，除了现有的镰仓大番[2]，幕府还建立了新制度：平时由担任御格子番、问见参番、厢番等职务的东国御家人中有名的人物在将军的御所侍奉、警卫。每年八月十五日都会在鹤冈八幡宫举行放生会，将军前往时跟随有供奉人和卫兵，再加上公卿和殿上人随行，场面非常壮观。此外，这些贵族，以及僧侣、医师和阴阳师等各类靠“艺能”为将军服务的人大量移居镰仓，使镰仓更加热闹起来。

武家之都

很久以前，幕府就开始有意识地比照着京都来建设这个城市，推进其市政的发展。尽管相比于已经拥有400多年历史积淀、在

---

1 镰仓幕府的重要职务，辅佐执权，和执权一起在文件上署名盖章。

2 大番，也叫大番役，平安末期至镰仓时代的官职，负责大内、院御所、京都和镰仓的警卫。

广阔的盆地上绽放出繁荣的文化之花的京都，建在水滨和山谷中、房屋密集的镰仓虽是武家的根据地，却是一个狭窄而贫瘠的城市。然而，为迎接宫将军，幕府正全力整顿这个城市，使其更加庄严肃穆，更加配得上皇子的居所。镰仓必须成为名副其实的“武家之都”。

曾经，人们在街道上随意丢弃牛马的骨头和肉，甚至有时候会把尸体抛弃在路边，这样的情况现在都不被允许了。牛被拴在巷子里悠闲地嘶鸣也不符合都城的形象。在街道上搭建棚屋做生意、沿街叫卖也是不合适的。自建长三年（1251 年）左右，为了改善这种状况，幕府采取了一系列措施，如将商业区域限定在 7 个地方，禁止在小巷里拴牛，并要求保持道路清洁等。此外，幕府非常重视维护市中的治安，禁止凡下[1]携带刀剑和骑马，甚至还驱逐了浪人。

将军抵达时，由于阿弥陀佛净光的募化，人们已经在深泽里完成了大阿弥陀佛木像，还建成了大佛殿。不久后，将军又召来河内的铸造师丹治久友，着手铸造新的金铜大佛。据说，这尊大佛是劝进圣[2]用净光把从各地募化来的大量铜钱熔化而铸成的，幕府赋予这尊“镰仓新大佛”以重要意义，视之为“东国之都”镰仓的象征。

新来的禅宗教派也必须为这座“都城”的繁荣祈福。建长五年十一月，数年前就开始在巨福吕坂（小袋坂）北侧的谷地上建造的

1 镰仓幕府将御家人和非御家人称作“侍”，即侍从、侍卫，而将郎党、郎从，以及名主、百姓、商人、匠人、下人等统称为“凡下”。

2 “劝进”即为修建寺院而募集资金，从各地募集资金的僧人就被称为“劝进圣”或“劝进上人”。

寺院竣工了。北条时赖在那里迎接了从宋朝来访的禅僧兰溪道隆[1]，请其担任该寺的开山祖师，取当时的年号将其命名为“建长寺”。这座寺院的使命是祈愿天皇、将军家以及重臣们千秋万岁，同时祈愿天下太平。在建长寺的建筑中，宋式建筑风格（禅宗样）已经趋于完善，之后的日本禅宗寺院都是参照建长寺的风格建造的。宋文化也在幕府的主导下融入了这座城市。在镰仓的海岸，人们曾经找到过大量宋代青瓷的碎片。那些青瓷可能是在这个时期由许多唐船（宋朝的船只）、幕府派遣的贸易船和众多商船经“由比滨”东南的“和贺江”带来的。

镰仓一边与东亚世界加强联系，一边成为东国的统治者、宫将军的居所和“武家之都”，迎来了新的时代。

东西呼应

在皇子被送到关东后，后嵯峨上皇于翌年（建长五年）七月十二日，颁布了18条新制。自从宽元四年（1246年）以来，后嵯峨上皇基于长期的公卿佥议传统，吸收幕府的评定众[2]制度，建立了“院[3]评定”制，由5—7名评定众集体讨论并处理诉讼判决等政务。这项新制同样也是通过多次评议后决定的。

1 兰溪道隆（1213—1278），宋朝四川涪江人，镰仓中期临济宗僧人，1246年渡日，接受北条时赖的皈依，在镰仓建长寺开山。敕谥大觉禅师，其门派称大觉派。

2 评定众，镰仓幕府官职名，在评定所与执权、连署一起合议并裁决案件、处理政务等。

3 院，指上皇、法皇、女院（朝廷给予太皇太后、皇太后、皇后、准母、女御、内亲王等的称号）的住所，也用作敬称。

大约两个半月后的十月一日，幕府也正式实施了这项新制，并单独向各国的地头代[1]发出了13条指令。

随后于十一日，在各国的本补地头、新补地头即将治理庄园和国衙领地时，幕府再一次向领家[2]、国司[3]明确了他们应该职守的界限和领域，并向商人发布了关于木柴、炭、芒草，以及稻草、糠等喂马草料价格的“沽价法”（物价统制令）。此前，院评定已经就“沽价法”进行了讨论，因此这可能也是为了响应院评定的决议。

西面的朝廷和东面的幕府相互呼应，制定新制，试图建立一个符合新时代的政治体系。然而，其中所显露的为政者的意图是什么呢？

我们现在所了解到的新制5条，首先，对负责神事和佛寺修建的官司、国司等执行不力的情况给以严厉警告；其次，对于神社的神人[4]、天皇家的供御人[5]等数量急剧增加的情况，下令停止增员。此外，虽然具体的文本并没有保留下来，但毫无疑问，针对京都、镰仓的公家和武家，还存在一系列禁止“过差”[6]的条文。当然，在过

1　地头代，即代理地头。地头，镰仓时代的官职名，设置于全国的庄园、公领（公家领地），负责管理土地、征收租税等。下文的本补地头是指承久之乱（1221年）以前即拥有领地的地头，新补地头是指承久之乱后得到幕府分配的领地的地头。

2　平安时代中期以后，庄园领主为了得到有权势者的保护，在名义上把自己庄园的土地捐给权门势家。此时，接受捐赠的权门世家就被称作本所或本家，捐赠者称作领家。

3　中央派往地方各国的地方官，其工作机关称作国衙。国司广义上包括守、介、掾、目四等官，以及其下的史生等职员，一般指一国最高长官“守”。

4　神人，也叫神民，指通过服务神社而得到神社保护的拥有宗教特权身份的人。除了手艺人、工商业者，武士和农民也可以成为神人。

5　供御人，平安时代至室町时代，隶属于朝廷，为天皇贡纳饮食的人。其中有些人后来取得了通行、交易的特权，也有人取得售卖的垄断权。

6　过差，即失度，过分奢侈。

去的新制中也包含这类性质的法令。然而，这次的新制不是一般性地向神社、寺院强调这些情况，而是具体指出了当前存在的懈怠问题。特别需要注意的是，新制抑制了神人和供御人的增加。这些人曾经在神社和天皇家获得特权，从事工商业活动，而新制限制了他们的活动。这与前文的"沽价法"、对镰仓商人的控制，以及幕府在前一年禁止卖酒等政策是一脉相承的。

这一时期东西两面的为政者显然对超过一定限度的工商业的发展，至少在表面上都采取了严厉的抑制措施。禁止"过差"也是基于相同的立场。幕府禁止镰仓的御家人和不断增加的来自京都之人的"过差"，无疑是对工商业——尤其是对货币渗透引起的奢侈现象——的警惕。

政道与抚民

然而，这只是体现了执政者态度相对消极的一面。更为消极的一面则明确体现在幕府以宫将军的名义向各国地头和地头代发出的多项指令中。

在这些指令中，幕府严令地头不得侵犯国司和领家的权限，并告诫他们应该基于"政道"而施"抚民"之计。比如，即便是重刑犯，也不可仅凭嫌疑就逮捕或通过拷问强迫其供认，并以此定罪；对于犯有杀人、盗窃、买卖人口等罪行的人，不得追究其父母、妻子、亲属和随从等人的责任；不得任意剥夺百姓的名田[1]和财产；让

1 名田，平安后期到中世，庄园和国衙领地的田地交由个人进行耕作，并将取得土地之人的名字登记在册。这些冠以人名的田地即为名田。

百姓在地头的领地内进行耕作，但不得以此为由将百姓的子嗣、随从纳为自己的随从或奴婢；必须承认百姓迁徙的自由等。总之，地头不能成为蛮横的“东夷”，拥有众多下人和随从，任意驱使百姓。幕府要求他们和领家、国司一道成为“政道”的具体实践者、实施“抚民之计”的统治者。

此后，建长元年（1249 年），幕府从西国各地调阅了田文。田文即大田文，是当时最基本的土地台账，记录了庄、乡、名等庄园、公领的田数，以及领家、地头等的信息。幕府多次命令守护指挥国衙里的在厅官人制作和提交田文。田文中所记录的田数，是如伊势神宫在“式年迁宫”时征收的役夫工米[1]那样具有国家性质的赋税的基数，这些田地此时被称作“公田”。幕府要求地头作为公田的管理者来管理百姓。

在此，我们已经可以清晰地了解幕府的立场，它不再仅仅是东国的一个政权，而是在与朝廷相呼应的同时，欲明确地表明自己在名义上和实际上都是整个国家的统治者。当然，既然要求地头实现“政道”，那么幕府的领导者自己也必须具备这样的能力。幕府教导将军宗尊亲王学习《帝范》（唐太宗亲自撰写并赐给太子的书，记录了作为合格皇帝的行为规范）。北条时赖本人抄写了《贞观政要》（唐太宗与群臣讨论政治得失的对话录）。此外，北条一族的北条实时聆听与宗尊亲王一同来到镰仓的清原教隆讲授《群书治要》（唐朝的魏徵等人选编的政治要领），并收集、抄写了许多书籍，奠定了

1 指作为伊势神宫式年迁宫的建造费用，对各国的公领、庄园征收的临时课税。式年迁宫即定期建造新神殿、转移神座的仪式，伊势神宫每 20 年一度的迁宫规模最大，也最为著名。

“金泽文库”[1] 的基础。

将军也不能仅仅是“东夷”御家人的首领。幕府试图教导宫将军，使其成为能与西面的统治者、其父后嵯峨上皇相匹敌的东面的统治者。

以幕府强大的武力为基础，东面的武家和西面的公家遥相呼应、相互渗透，同时基于“政道”来统治人民，幕府正致力于巩固的这种体制大概可以这样来表述吧。然而，仔细想想，这一体制在幕府取得承久之乱的胜利、北条泰时政权得到巩固的时候就已经实质性地建立起来了，而现在的幕府则有意识地继承和完善了这一体制。最近能看到的“执权政治的完成”“最盛期”等普遍的看法，正是基于这一事实。无须多言，它的领导者正是北条时赖。

北条时赖

安贞元年（1227 年），北条时赖出生了。他的父亲是北条泰时之子时氏，母亲是安达景盛之女。安达氏这一支曾对幕府的开创有功。他的母亲后来被唤作松下禅尼。《徒然草》里有一则故事说，松下禅尼曾亲手用小刀把脏污的障子切割下来，并告诉年轻的时赖：“只需修复破损之处，物品就能够继续使用。”正如该书作者吉田兼好所说：“治世之道，以俭约为本”。北条时赖成为执权以后，谨遵母训，不断告诫自己莫要“过差”。

吉田兼好还记录了这样一个故事：一天夜晚，北条时赖叫来族

1 镰仓中期，北条一族（金泽北条氏族）在自家宅邸内建造的图书馆。

里的大佛宣时，从厨房的架子上找到沾有一些味噌的陶罐，两人以此为肴，饮酒畅谈。这个故事可能发生在他30岁左右出家，被称为“最明寺入道”[1]的时候。那时的时赖是一个“一所不住”的漂泊僧人，时常游历各地，听到了那些因违法而沉沦的不幸之人的呼声，并将其经历应用于政治。这个曾经在谣曲《钵之木》中颇为著名的“游历传说”，在《太平记》和《增镜》中也以不同的形式出现。从镰仓时代末期到南北朝初期，这个故事在民间广泛流传。这个故事是否真实，自古就颇多争议，但它充分表达了时赖强调“抚民”的一面。

在这样的“传说”中，北条时赖一直保持着“名执权”的声望，这一点绝非言过其实。而且，从迄今为止提到的种种事实来看，他也并非徒有虚名。但是，我们是否可以简单地接受这一“声望”呢？同样被誉为名执权的北条泰时稳健、谦逊地巩固了幕府，与之相比，北条时赖的政治却显得有些严格和僵硬，我们甚至可以察觉到一种向内外夸耀“新时代”到来的态度，这样的看法是否偏颇呢？

请回想一下之前提到的北条时赖对各国地头代的指示。地头代在各方面都受到“这也不许，那也不行”的制约，被要求成为谨言慎行的人。幕府在镰仓的施政也是如此，如不可聚众宴饮、禁止念佛信众集会、禁止赌博、不可戴斗笠等。北条时赖似乎要使镰仓成为“让人窒息的城市”。

前述的“抚民”政策与这种苛刻呆板的态度，究竟在哪里产生了关联呢？与族中年轻人开怀畅饮的时赖，与禁止饮宴的时赖，在

---

1 入道，指虽然遁入佛门，却剃发、着僧衣在家修行的皇族、公卿等。

何处产生了重合？这个时代真正的问题就隐藏在这里。为了揭示这个问题，我们需要重新追溯北条时赖在现实中的足迹，而不是他夸耀的“新时代”的表象。

北条时赖及其时代

名越光时之乱

由于兄长北条经时重病，宽元四年，年仅19岁的北条时赖继承了执权的宝座。这时的时赖被许多敌人包围着，最可怕的强敌就是同族的名越光时（北条义时之孙）。名越光时与千叶秀胤、后藤基纲、藤原为佐、三善康持（问注所[1]执事）等评定众的重要人物结为同党，并与被称为“大殿”的拥有隐形势力的前将军、“入道大纳言”藤原赖经保持着联系，甚至有取代时赖的企图。

时赖对事情的发生早已有所预料。闰四月初一，北条经时去世，情势立刻变得明朗。周边各国的御家人纷纷赶往镰仓，身披甲胄的武士遍布街头，镰仓的紧张气氛达到了顶点。北条时赖率先采取行动。他得到了北条政村、北条实时一族，以及舅父安达义景的支持，还把御家人中最有实力的三浦泰村拉到自己一边。他派心腹武士守卫自己的馆舍和街角各处，成功切断了藤原赖经对名越光时的支援。

被逼入绝境的名越光时和弟弟时幸被迫于五月二十五日出家。

1　镰仓幕府和室町幕府设立的负责管理诉讼事务的机构。

数天后，时幸自杀身亡。接着在六月七日，北条时赖罢免了评定众中的光时派。十日，北条时赖迅速完成善后处置，将名越光时流放到伊豆。成为阴谋中心的前将军藤原赖经也被许多武士包围，六月十一日被遣返京都。名越光时之乱是北条时赖成功度过的第一次危机，但是对北条时赖的怨恨和反感仍在各处涌动。据说，一直侍奉藤原赖经到京的三浦泰村的弟弟光村与相处了20年的藤原赖经依依惜别，还对人们说："我一定会请他再次前往镰仓。"

哪怕些许的懈怠都是危险的。遣返藤原赖经之后不久，北条时赖又通过六波罗探题北条重时向后嵯峨院提出改革朝政、公正叙位、公正任命的请求。同时，他还预先通报将更换“关东申次”这个负责联络幕府和朝廷之间重要事务的职位的人选。在此之前，这个职位由藤原赖经的父亲、前关白九条道家担任，他在庙堂中的权势相当强大。北条时赖看到了其中的危险，计划趁此机会一举肃清这股势力。

按计划，十月十三日，东使[1]安东光成上京，向后嵯峨院传达北条时赖的意愿，将九条道家驱离，并以太政大臣“西园寺实氏”取而代之，同时强烈要求“实行德政”。九条家的权势就此跌落，而西园寺家在朝廷中的地位从此得到加强。我们必须注意的是，前文提到的院评定制度实际上是在北条时赖“实行德政”的要求下制定的，而“建长新制”也是在这一背景下建立的。在这背后，实际上暗潮汹涌。

---

1 东使，也叫关东御使，镰仓幕府为了传达幕府的重要事项而派往京都的朝廷、六波罗探题、关东申次等处的使者。

宝治会战

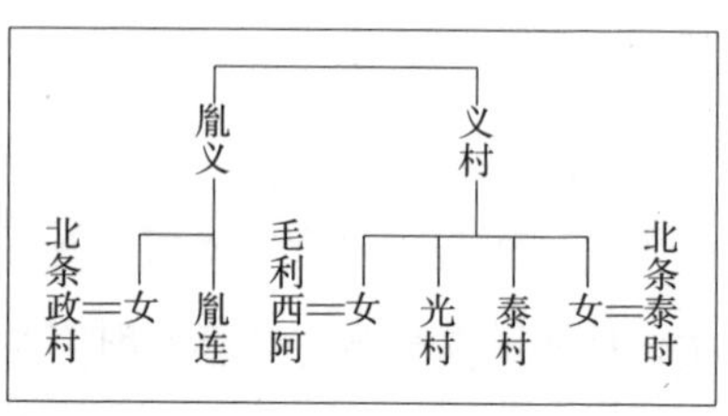

图 1–1 三浦氏系谱

宝治元年（1247 年），对北条时赖权力的怨恨逐渐形成以三浦一族为核心的反对势力。三浦一族作为幕府最具实力的御家人，拥有足以与北条氏比肩的实力，其急先锋就是前文提到的三浦光村。惣领[1]三浦泰村虽然试图阻止这场危机的爆发，但却逐渐被推到反时赖派的中心。

北条时赖当初似乎也很信任三浦泰村。五月十三日，北条时赖的妹妹（将军藤原赖嗣的夫人）去世，北条时赖因为服丧曾暂住在三浦泰村的府邸。然而，三浦一党的动向让安达义景之父景盛（高野入道觉智）感受到危机。他从高野山匆匆返回镰仓，责备了安达义景和孙子安达泰盛，并敦促他们行动起来，准备对抗三浦氏。于是，事态演变成三浦氏与北条时赖的外戚安达氏之间的对立，紧张局势迅速升级。

看到这一情况，北条时赖于二十七日突然从三浦泰村的府邸返回自己的府邸，并派出使者质问感到惶恐的三浦泰村。三浦泰村回答说没有反叛之意，可是众多武士已经如云霞一般开始向双方的馆舍聚集。

六月五日，北条时赖的使者再次来到三浦泰村那里，向其转达

1 也叫总领地头、总地头。镰仓时代武士家族的族长，一般由嫡子继承、统领分割继承家族领地的作为小地头的庶子。

和平之意，令三浦泰村十分欣喜。随后，安达景盛鼓励安达义景和安达泰盛召集同心协力的武士，向三浦泰村发动进攻。火药已经点燃。终于，面对正在防御的三浦泰村，北条时赖也开始进军。经过激烈的战斗，三浦一族的屋舍被焚毁，他们被迫退守到源赖朝的墓地法华堂，在源赖朝的遗像前略述往事之后，与进攻的军兵战至全军覆没。

在这场战斗中，包括三浦泰村在内的500余人战死或自杀，其中还包括大江广元之子毛利西阿、常陆的大族关政泰等三浦氏的姻亲。次日，北条时赖开始讨伐上总的千叶秀胤。七日，秀胤一族灭亡。经过血战，北条时赖取得宝治之战的胜利，度过了第二次危机。至此，反对派几乎被彻底清除，北条时赖的权力得到巩固。

关于北条时赖克服这两次危机时所采取的态度，人们有各种不同的看法。如果将北条时赖面对三浦氏时所表现出来的“犹豫”视为一种故意的姿态，那么北条时赖就是一个精于算计的可怕的谋略家。这也不是没有可能，但我以为，从一开始就把只有20岁的北条时赖想成这样的人似乎有些苛刻。“犹豫”总还是有的。不过，历经两次内乱危机，北条时赖无疑被结结实实地上了一课，终于明白现实中的“政治”究竟是什么了。既然事情已经发生，那么就必须毫不留情地击碎敌人。北条时赖就是以经过锤炼的坚定意志来贯彻这一点的。

北条时赖对被认为是幕后主使的前将军藤原赖经及其父九条道家的追究是极其严厉的。九条道家不得不多次起誓，表明自己没有谋反的意图。尽管藤原赖经之子、将军藤原赖嗣此后仍留在镰仓，但他的命运似乎已经注定了。建长三年年底，有传闻称效忠藤原赖经父子的近亲千叶氏的矢作常氏和了行法师企图谋反，于是北条时赖褫夺了藤原赖嗣的将军职位，并将其押送回京。九条家族也受到后嵯峨上皇的申斥。也许是因为这次打击，九条道家突然去世。

这就是那场宫将军东下的华丽场面背后的故事。如果说武家与公家（东西两地）的“新时代”的开始伴随着这样的暗斗和大量的流血牺牲，那么，作为这个时代真正的当权者，北条时赖所主张的“抚民”政策也就不可能简单地被全面接受了。

寻求御家人的支持

在宽元四年平定了名越氏之乱以后，北条时赖明确表示要废止京都的篝屋。自北条泰时起，篝屋就设立在京都的各处街角。为了履行大番役职责，各国的御家人轮流上京值守。他们夜间燃起篝火，负责市中的警备治安，一直以来都很有效果。然而，北条时赖决定自次年正月起，篝屋全部废止。尽管有一些贵族感到愤慨，认为北条时赖蔑视朝廷，但这显然是他为了减轻御家人的负担并赢得他们的支持而迈出的第一步。

接着，在宝治之战胜利那年的年末，北条时赖发布了新的大番役编制表，同时又将以前 6 个月的服役期限减少到 3 个月。篝屋不久又恢复了，但这回规定只由从畿内和西国的御家人中挑选出来并派驻到六波罗的在京武士（在京人）来执行。结果，御家人最大的负担大番役减少了一半，篝屋役[1]也被完全废除了。

1 篝屋役，镰仓幕府为建造篝屋向御家人临时征收的费用。

翌年（宝治二年），北条时赖颁布了一项法令，规定当御家人因本所（庄园、公领的支配者）掌握任免权而受到不利的判决时，幕府可以接受御家人的诉讼，并向本所提出抗议。在西国，有许多人本来是国衙的在厅官人，同时也担任庄园的公文[1]、下司[2]，后来又成为幕府的御家人。他们的职务由庄园领主或国司任命。虽然幕府在《御成败式目》中确立的原则是不干涉本所管辖的领地和职务，但北条时赖进行了大胆的修正，明确了保护御家人的方针。

不仅如此，在这个时期的西国，由幕府自己任命的地头正在利用各种借口将在厅官人、庄民和百姓的名田纳入自己的控制之下。北条时赖尖锐地揭露了这一情况，并要求地头自我约束。这样不仅保护了西国御家人，也稳住了名主[3]阶层的百姓，进而让本所方面安心。

要彻底击败敌人，就必须获得广泛的支持力量，使敌人孤立无援。北条时赖正是遵循这样的“政治”铁则行事的。如果考虑到承久之乱时西国的大动荡，那么他在将摄关家（九条家）变成敌人的宝治之战后实施这一方针无疑是明智的。

北条时赖与若狭之人

让我们举一个例子。在幕府成立之初，若狭国有30余名御家人。最大的在厅官人是掌管税所（处理国衙租税的机构）的稻庭时定。太良保的公文“出羽房云严”等也都是在厅官人或庄官。建久

1 负责处理庄园文书、征收年贡等事务的庄官。

2 在庄园内处理实务的庄官。

3 平安后期到中世的名田所有者。

七年（1196年），稻庭时定的领地被没收，岛津氏的一支若狭氏从关东来此地担任地头。此后，情势发生了巨变。到度过承久之乱的宽元三年（1245年）时，御家人几乎减少了一半，仅剩十六七人。建长二年（1250年），御家人的详细记录中写道，御家人减少的原因几乎都是地头和领家抢走了他们的职位和领地。

例如，太良保的开发领主[1]出羽房云严，他的公文职位就被地头若狭氏夺走，其土地成为预所（庄园领主一方的管理者）的名田。云严家因此完全没落了。御家人一没落，就没有人履行大番役的职责了。若狭的御家人早在宽元时期就诉苦说，这些负担都落在剩下的御家人身上，实在令人难以忍受。他们受到北条时赖政策的鼓舞，于建长三年再次向幕府提出申诉。

鉴于此，对于被地头控制的领地，幕府命令若狭氏履行与其占有领地相应的大番役职责；对于被领家夺走的名田，幕府要求领家承认那些本是御家人又主张自身权利的人是这块名田的名主。结果，关于出羽房云严的土地，稻庭时定的曾孙中原氏女和宫河乘莲都声称应该用自己的名字登记。经过相当长时间的争论，最终领家把土地登记在宫河乘莲名下。

北条时赖的政策就这样把握住了当时的实际情况，在一定程度上成功地缓解了西国御家人的愤怒。不仅仅是御家人，百姓对地头的强取豪夺的抵制也在一定程度上起到抑制作用。当太良保变为庄园时，田地被划分为12个名田，有12个百姓成为管理名田的名主。然而，由于无法忍受地头的非法行为，许多百姓或逃亡，或成为地

1 即依靠私有力量开垦田地并保留领有权之人。

头的下人。承久之乱后，名主仅剩 6 人。

对于留在当地继续抵抗的欢心、真利和时泽等百姓来说，地头的暴虐更加疯狂。他们把无辜者认定为盗贼，交给流露出不满的百姓看管，然后以百姓放走了盗贼为由处以罚款。他们还诬告百姓偷盗本已缴纳的年贡（地租），责令罚款 11 贯，百姓拿出的任何凭据他们都声称无效。邻乡的井水涌来，田地险些被淹，有人挖开围堰放掉无用的水，他们却诬赖引水之人是盗水贼，还加以处罚。这种无理的刁难无穷无尽。

恰在此时，东寺成为庄园的统治者，实际的庄务权在当时著名的“仁和寺菩提院”的行遍手里。欢心等人依靠来到庄园的“预所代官”定宴，向六波罗控诉了地头的种种非法行径。宽元元年（1243 年）的执权是北条经时，六波罗裁决百姓全面胜利。得到支持后，宝治元年（1247 年），预所代官定宴在镰仓与地头若狭忠清的代官对峙，由北条时赖领导的评定众承认了定宴的部分主张。这样一来，重建庄园的条件总算得到了保证。其后不久，欢心等 6 个百姓通过定宴重新确立了名主的地位，此后他们的名田就叫作欢心名、真利名、时泽名等。

北条时赖的“抚民”并非只是空话。至少对于御家人和名主级别的百姓来说，“抚民”的确得到实现。正是由于这些人有形无形的支持，北条时赖才能够击败众多敌人，巩固自己的权力。

新设引付

建长元年，北条时赖新设立了一个专门处理御家人诉讼的审判机构——引付。

在此之前，幕府的审判是通过评定众的合议做出的，但现在，诉讼案首先要在引付会议上进行评议，形成判决草案后提交评定会议来做决定。此时，幕府设立了一番至三番共三个局（局数时有增减），各局的长官被称为“头人”，兼任评定众，其下配属数名评定众、引付众[1]和若干奉行[2]。

可以说，这是对诉讼机构的充实和补充。全国各地都发生了类似太良庄的诉讼，诉讼状不断地被送到幕府。无论是过去还是现在，审判都会花很长的时间。太良庄的定宴和地头之间的官司也花费了六七年时间。《十六夜日记》中著名的阿佛尼诉讼，诉主阿佛尼即使在镰仓滞留了4年也仍未解决讼案。最终历经了16年，大概是在她去世以后，判决才被下达。迅速而正确的审判，是御家人进而也是本所和百姓的强烈愿望。

北条时赖对此做出了回应。当时，幕府只在地头或御家人为一方当事人的情况下进行审理，而解决本所之间的争端则是由公家方面负责的。因此，北条时赖强烈要求朝廷设立院评定。可以说，东西呼应的“政道”核心就在于此吧。此后，作为武家的诉讼机构，引付一直存续到室町时代。作为其创始人，北条时赖的名字将被长久铭记。而在那时，由于这些措施，御家人对北条时赖的信任是毋庸置疑的。

然而，北条时赖是否真的信任御家人呢？新设引付、任命引付

1　协助评定众处理诉讼和一般事务的官职。

2　平安时代至江户时代，幕府中处理各类行政事务的主要官职。

众，北条时赖政权的领导层人事结构至此已经大体完备。人事的安排体现了政权的风格。在稍微深入思考这一点的同时，我们来介绍一下此后将参与公武政治的人物吧，因为这样做有助于自然而然地揭示出“抚民”政治家北条时赖的真实面貌。

担当后嵯峨院政的人物

迄今为止，关于镰仓时代各项公家制度的研究相对较少，很多事情还未明了。最近，桥本义彦的研究使这方面的情况变得相当清晰。在此基础上，我们先来谈一下执掌公家的中枢——后嵯峨院政的成员。

宽元四年十一月三日，院评定众首次召开会议，成员共5人，包括太政大臣西园寺实氏、前内大臣土御门定通、内大臣德大寺实基等高级贵族（A组），以及中纳言吉田为经、参议叶室定嗣等中层廷臣（B组）。院评定众会议的参会人数通常在5—10人之间，时有增减，但由A、B两组组成的架构在整个镰仓时代保持不变。评定会议通常在上皇的主持下每月召开6次，摄政和关白随时出席，他们后来实际上也成为评定众的成员。在后嵯峨院政下，摄政一职在九条家衰退后由近卫兼经担任，后由其弟鹰司兼平接任。此时，九条家已经分出一条家和二条家，所谓的五摄家[1]分立此时业已发端。

1 摄家，又称“摄政家”“摄关家”，镰仓时代出自藤原氏的五个家族，也是公家之中最高位的家格。镰仓初期，藤原北家分出近卫家和九条家；镰仓中期，九条家分出一条家和二条家，近卫家分出鹰司家，合称五摄家。直至江户末期，摄政、关白均由五摄家轮流担任。

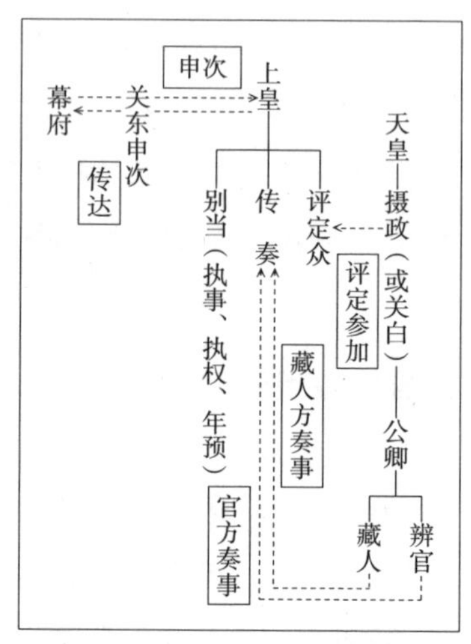

图 1–2 后嵯峨院政机构图，据桥本义彦《NHK 大学讲座・历史 1》)(『NHK 大学講座』，日本放送出版协会，1974 年)

在 A 组评定众中，西园寺实氏和德大寺实基属于“闲院流藤原氏”，这是一个自白河院政以来一直都很繁盛的家族。特别是西园寺家，在西园寺实氏的父亲西园寺公经时期就与九条家密切联系，紧紧依附幕府，在宫廷中拥有强大的实力。在西园寺实氏取代九条道家得到关东申次的职位以后，西园寺家就确立了在整个镰仓时代都不可动摇的地位。关东申次可以说是公家与武家交涉中公家方面的窗口，处于掌握政局的关键地位。此后，西园寺家就独占并世袭了这一地位。西园寺实氏的女儿姞子（大宫院）成为后嵯峨院中宫，生下了后深草天皇和龟山天皇。从那以后，该家族又为皇室提供了众多的后妃。

德大寺实基是实定的孙子，在当时以其独特的政治家形象而闻名。《徒然草》记载了实基的两则轶事。其中一则是：某次，有一头牛进入了检非违使厅，蹲在了别当[1]的座位上，人们因此大为震惊，吵嚷不休，而实基只说了句“牛没有分辨的能力，有脚自然就可登上任何地方”，便不再理会。另一则是：在龟山殿（天龙寺池边的离宫）的建筑用地上，有一个聚集着许多条大蛇的土冢，人们认为这是此

1 别当，检非违使厅、藏人所等机构的长官。

地的神灵，应该保留下来，只有实基一人主张“应该全部挖掉”，最终将土冢扔进大井川。这两则故事生动地展示了德大寺实基的胆识，他对于那个迷信时代的人们以为怪异的事情全不在意。多贺宗隼认为，这种态度基于儒教的政治思想，说明实基对《帝范》《贞观政要》等的造诣颇深。特别应该注意的是，京都的领导层在行动上也存在与镰仓领导者保持一致的倾向。

土御门定通属于久我源氏，是镰仓初期权臣土御门通亲的儿子、后嵯峨天皇的舅父。他的妻子是北条义时的女儿。通过这一姻亲关系，他为后嵯峨天皇的即位立下功劳。因此，他自然拥有了仅次于西园寺实氏的权势，成为实际上的院执事。此后也有多名院评定众来自土御门家、堀河家、久我家等久我源氏家族的分支。此外，也有评定众来自后白河院政以来拥有权势的花山院家。

B 组评定众中的中层廷臣，包括叶室定嗣、吉田为经等，自此之后大部分来自“劝修寺流藤原氏”各家（如叶室、吉田、万里小路、中御门等)。劝修寺家以劝修寺为氏寺，自院政时期开始，世袭辨官职务（掌握太政官实务)，开辟了经藏人头[1]晋升至公卿的晋升路径。这个家族具有浓厚的实务官僚色彩，许多人成为院的近臣或摄关家的家司。

在这个时期，除了有关东申次处理重要事项，还有一个被称为“传奏”的职务，负责将诸事奏报给上皇。上皇对于传奏奏报上来的所有事项都会下达带“仰”字的指示和裁断，涉及各种诉讼、仪

1 藏人头，藏人所的长官，直接听命于天皇，权势较大。藏人，设于平安初期，职责为保管朝廷机密文书、传宣诏敕、负责宫中各种仪式等。

式的人选、费用的调拨等。上皇要对方方面面的事务下达指示，这也绝非易事。传奏既要上奏，同时也要辅佐上皇，通过引导上皇的意愿来顺利处理事务。这项工作若非政务练达之人，实难胜任。后嵯峨院政的传奏几乎都出自劝修寺流。院中的实务负责人、执权也大多出自这个家族。

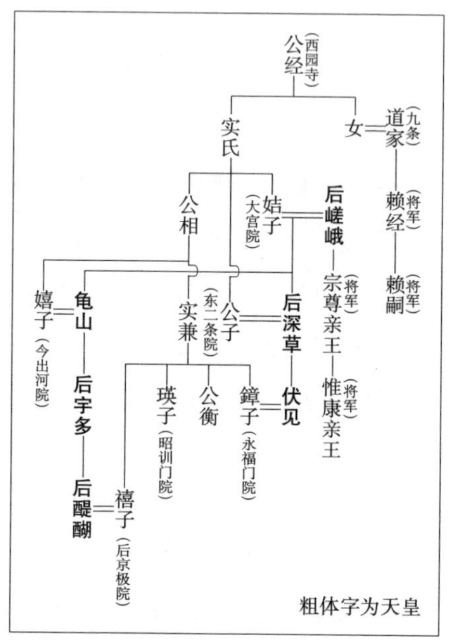

图 1-3　天皇家、西园寺家、九条家系图

类似的家族还有日野流藤原氏（日野、广桥、柳原）和平氏（亲信流），镰仓时代的 B 组评定众中有九成以上来自这三家。在当时，这些人虽然不可能直接左右政治大局，但可以通过掌握实务来为政局施加隐形的影响力。

由这些人组成的院评定要讨论（甲）内外的重要问题、（乙）促进朝仪恢复的策略和资源的调配、（丙）与领地和人事相关的诉讼等。如（甲）的例子，可举出后文将述及的对蒙古牒状的答复等。尽管这些问题被提交给院评定，但实质上的决定权仍然掌握在幕府手中。皇位继承问题本就不是交给评定的工作，实际上也是由幕府决定的。后嵯峨天皇就是第一位在北条氏的支持下即位的人。A 组的成员也都与这样的院和北条氏保持着联系。

至于（乙）（丙）等与政局多少有些关系的问题，评定必须先听取幕府的意见才能做决定。结果，只有这些问题之外的所谓日常性的问题才真正是由评定来做决定的。虽说如此，被称为杂诉的（丙）的比重还是比较大的。公家的诉讼制度虽然受到幕府的影响，但在这方面也逐渐发展出一些独有的特色。

执掌北条时赖政权的人物

让我们重新回到掌握着实际权力的幕府吧。宝治之战胜利的次月，北条时赖就将北条重时从六波罗召回，任命他为连署。北条重时是北条义时的儿子，于宽喜二年起担任六波罗探题，驻守京都。他历经北条泰时时代以后的复杂政局，与贵族们的交涉甚是艰难。他任职长达 18 年，没有大的过失，也出色地履行了作为镰仓耳目的职责。北条重时传给儿子们的家训（《六波罗殿御家训》）体现出他的良苦用心。比如，要细心关怀下属，饮酒时绝不可独自享用，要邀请伙伴共饮；宴席上要与“贫苦之人”攀谈，当这些人拘谨地退到下座时，也尽量招呼他们坐到身边；即使席间混乱，也不可取用他人面前的鱼禽；不要把鱼禽吃到只剩下骨头；出门前要仔细照镜子确保仪表完美，一旦走到人前就不可再整理装束等。

将这样的人迎到一直空缺的连署之位上，无疑给北条时赖的政权增添了坚如磐石的力量。北条重时的女儿是北条时赖的妻子，因此两人还是翁婿关系。北条时赖虽说是一个意志坚定如铁的政治家，但时年也仅 20 多岁。对他来说，这位脾性相合的五旬老者的辅佐无疑是一种强大的支持。北条重时之后，六波罗探题一职由其子北条长时接任。被称作极乐寺流的这一脉，因北条重时建立的极乐寺而得名，是与北条氏嫡脉联系最为紧密的一脉。

在北条时赖和北条重时的领导下，建长元年构成幕府高层的评定众有 15 人，引付众有 5 人。佐藤进一将这些人分为 3 类：（a）北条氏一门；（b）豪族领主阶层（出身自源赖朝以来的御家人）；（c）文笔系职员（出身于来自京都的下级官员）。让我们按照这个分类来看看这些人吧。

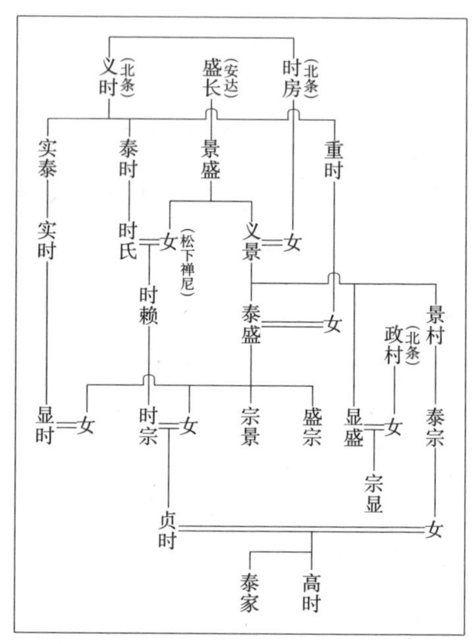

图 1–4 安达氏、北条氏系谱

（a）北条氏一门

北条氏一门的惣领北条政村是北条义时的儿子。义时去世后，政村在母族伊贺氏势力的支持下与北条泰时争夺执权宝座，最终失败。其后，他在泰时手下担任评定众超过 18 年，是北条时赖最为信任的家族成员之一。他的一个女儿后来嫁给北条时赖的儿子宗政，另外两个女儿分别嫁给北条重时的儿子时茂和安达义景的儿子安达显盛。当时他 45 岁，是一番引付众的头人。

其次是北条朝直。他曾历任六波罗探题和连署，是北条时房的儿子、所谓的“大佛流”之祖、二番引付众的头人。同为时房之子的北条资时担任三番引付众的头人。北条时房终其一生都是北条泰时的左膀右臂。从嫡脉的角度来看，时房流是最远的一支，但整体上是嫡脉的辅助力量。

最后是名越时章。其兄名越光时事件发生时，他迅速表白自己没有野心，从而保住了地位。但是以北条泰时的弟弟名越朝时为始祖的名越流一脉与正宗嫡脉之间长期存在着宿命般的对立关系。

总的来说，北条氏一门在评定众中占有四席，还独占了三番的引付众头人的地位。

（b）豪族领主阶层

首先是伊贺光宗。其兄伊贺光季在承久之乱时担任京都守护，受到后鸟羽上皇的讨伐。后来，光宗因欲与北条政村的母亲伊贺氏一起除掉北条泰时而被流放。然而，北条泰时去世后，他在北条经时时期重新成为评定众。他与北条政村的关系自不必说，与后面将要提到的二阶堂氏也有着很深厚的关系，逐渐接近（c）的性质。

接下来，我们来看历代世袭“宇都宫检校”的下野豪族宇都宫景纲。他是自幕府建立以来的古典型东国御家人，被任命为伊予和美浓两国的守护。其子经纲娶了北条重时的女儿，而景纲则娶了安达义景的女儿。他自己的女儿分别嫁给北条重时之子业时和前执权北条经时。宇都宫景纲与北条氏一门有着难以分割的关系。

与宇都宫景纲齐名的安达义景，是藤九郎安达盛长的孙子，深得北条时赖的信任。这个家族世代担任秋田城介[1]，也曾补任上野、

1 秋田城介，负责管理出羽国秋田城的官员。

三河、出云等地的守护。安达义景的姐姐松下禅尼是北条时赖的母亲，他的孙女是北条时赖的嫡子时宗的妻子。安达义景与北条氏嫡脉关系紧密，利用宽元、宝治政变铲除了三浦、千叶、后藤等家族，确立了在幕府中的主导地位。此外，安达义景的妻子是北条时房的女儿，嫡子安达泰盛的妻子是北条重时的女儿，而安达泰盛的女儿嫁给了金泽显时。正如前文所述，他与北条政村一脉和宇都宫氏都有联系。

除此之外，大曾祢长泰和武藤景赖也是引付众。前者是安达义景的堂弟，后者也与安达氏有密切关系。安达一族的三浦氏引燃了宝治之战的导火索，而大曾祢长泰和武藤景赖都加入了对三浦氏的进攻。

总之，在评定众中，有豪族身份的御家人仅有 3 人。与宽元政变前的 8 人相比，数量大幅减少。如果加上引付众的 2 人，我们就可以看出安达氏势力的显著增长。

（c）文笔系职员

这一类的代表人物是中原师员。中原氏乃明法道之家。自从嘉禄元年设立评定众开始，中原师员就位列首班。他首次出现在《吾妻镜》中也是在这一年，他凭借阴阳道和天文学等领域的学识被幕府从京城聘请来，专任奉行之职，通过阴阳道占卜吉凶、选定吉日。他历任恩泽奉行、政所别当等职务，在整理制定幕府的典礼仪式方面是不可多得的人才。中原氏家族世代担任“摄津守”，其子孙被称为“摄津氏”。

地位稍次的是二阶堂氏。这一家族先有二阶堂行盛担任政所执事，然后又向幕府中枢输送了行义、行久等 3 名评定众，行方、行泰、行纲等3名引付众。他们属南家流藤原氏，在行盛、行义等人的祖父藤原行政时就东下镰仓，自幕府建立时即参与政所工作，并以其馆舍所在地二阶堂为姓。元仁元年（1224年），二阶堂行盛任政所执事，特别是在宝治之战时，二阶堂行义、行久带领二阶堂一族英勇战斗，北条时赖时期又有大量族人进入幕府高层，巩固了二阶堂氏的地位。后来，二阶堂行盛一脉世袭政所执事，并与安达氏、北条氏等家族联姻。二阶堂家族虽然行事低调，却保持着潜在的势力。

相比之下，大江广元则是作为来自京城的幕府首脑而闻名的。他的子孙毛利氏、海东氏等因宝治之战而尽皆失势，唯有长井泰秀忠于北条时赖，并因此保住了地位。长井泰秀给儿子时秀娶了安达义景的女儿，并与金泽流北条氏保持着紧密的联系。此外，源赖朝时代的问注所执事三善康信的后代中有一位太田康连，他在三善康持失势后成为执事，与对马伦长一起担任评定众。清原满定出自与中原氏同样性质的家族，名列评定众末席。这样一看，文笔系职员共有8人，占据评定众15人中的半数以上。

北条时赖政权的表与里

在前文中我提出了一个问题：“北条时赖真的信任御家人吗？”但我没有直接作出回答。在对实际掌握北条时赖政权的人物审视一番后，如果现在来回答这个问题，那么答案倾向于“否”。

首先，宝治之战后，幕阁里代表御家人势力的（b）组豪族领主的数量与名越光时之乱以前相比，急剧减少到原来的三分之一。动乱以前，这个阶层约占评定众的一半，现在仅占五分之一。尽管北条时赖政权声称要保护御家人，但其首脑层里御家人的势力却大幅减少。在这一点上，这个时代之矛盾的一方面清晰可见。

（b）组剩下的伊贺、宇都宫和安达三氏都与北条氏一门联系紧密，因而保住了自己的地位。在这个时代，姻亲关系的意义远比现在大得多（这与女性的地位也有关系）。因支持三浦氏而导致灭亡的千叶秀胤、关政泰和毛利西阿等都是三浦氏的亲家。这么看来，可以毫不夸张地说，这三氏也因姻亲关系而被网罗进北条一门。这当中只有安达氏通过与北条氏嫡脉的关系而保持着一定的独立地位。

更值得注意的一点是，引付一番到三番都是保护御家人的机构，而其头人全部都被北条氏一门垄断了。有一种看法认为，这个机构是为了提高处理诉讼的效率而设立的，对北条氏有利。如果我们注意到这一点，那么这种看法就能充分成立。

取代（b）组而显著增加了权重的（c）组是与院评定众中的B组相当的实务官僚层。整体来看，与任何时代的官僚一样，这些人也具有实现当权者意愿的技术官僚性质。即使当权者发生变化，他们仍会像变色龙一样顺应形势，一直保持着潜在的力量。虽然也有例外，但在中世，能够历经政治剧变而长久生存下来的就是这个阶层。从这个意义上说，（c）组在那时不是北条氏的威胁，反而是为了实现其意图所必需的存在。

如此一来，可以说这一政权是由通过婚姻关系结成紧密联盟的北条氏和安达氏联合组成的。主导权无疑掌握在北条氏手中，北条氏通过拉拢安达氏来实现其意志。但是，假如北条氏是为了压制御家人的势力而在表面上标榜保护御家人的话，那么幕后的世界当然也是必不可少的。

在名越光时之乱时期，北条时赖经常把北条政村、金泽实时和安达义景召集到私宅召开秘密会议。三浦泰村也曾一度被召集来，因而放松了警惕，结果招致灭亡。此后，北条时赖有时也在私宅召开被称为“寄合”的会议，召集相同的成员讨论重要的政治问题。

在这些成员当中，金泽实时 20 岁出头，还不是评定众，却是与之同龄的北条时赖最信任的族友。在年轻的朋友、叔父和族中长者的陪伴下，时赖才能放松心情，展露出真实的面孔。这绝不是御家人保护者的面孔，而是北条氏嫡脉、一门家督（得宗）的真实面孔。时赖从一开始就不得不拥有这样的幕后世界。在这方面，前述的矛盾更加深刻地显现出来。

寄合在这个时期是一种临时性的非正式会议，但不久就发展成正式机构，成为得宗专制的中枢。作为执权政治的完成者，北条时赖却亲自开辟了一条否定这种政治形态的道路。

从这个角度再来审视被称为“武家之都”的镰仓，我们会发现一些令人意外的事实。所谓“镰仓七口”，即极乐寺、大佛、六浦（金泽）、名越、巨福吕（得宗领地）、化妆坂（常叶）和小坪都是北条氏一门的领地。不仅如此，京都周边的摄津、河内、和泉、丹波、伊势等国的守护也都由北条氏一门掌握。不久后，播磨也加入其中。东西两个“都”都被北条氏包围了。

然而，这种表与里的矛盾也反映了北条时赖内心的矛盾，促使他将“政治”客观化为一种“道”，并产生学习它的意愿。北条时赖和北条实时学习“政道”绝不是因为他们喜好学问，而是作为执政者对解决表里矛盾的一种认真探索。如果这种矛盾是时代本身的矛盾，那么公家的德大寺实基表现出相同的志向也是理所当然的事情了。

在这个时期，一本名为《管见抄》的书编写完成(正元元年，1259年)。该书是《白氏文集》的摘录，书中有意识地选录了《白氏文集》中的“策”“判”等政治实务文章。太田次男揭示了这一事实并指出，这种对政治的新态度是平安时代完全看不到的。我认为，这也为接受宋学奠定了厚实的基础。

与此同时，为了在这种有表有里的世界中生存，周到的准备就十分必要。为了牢牢抓住下属的心，为了不受他人轻视，北条重时给孩子们制定了烦琐到几乎可以称作神经质的家训(《六波罗殿御家训》)。这不是小心翼翼的处世训诫，而是生存在一个“每一步都事关生死”的世界中的北条重时从其生活中总结出的经验。这些教诲中已经孕育了后来成为武家家法的核心内容。

“抚民”与专制

然而，这种矛盾是根深蒂固的。北条时赖强调的“抚民”政策不可避免地伴随着一种“令人窒息的”严苛，其原因也在于此。毫无疑问，他的保护政策的确暂时缓解了御家人和名主阶层百姓的不稳定状态。北条时赖的“游历传说”几乎就是在这些人中诞生的。然而，这种保护所针对的现实问题并没有从根本上得到解决。

建长元年二月，闲院的皇宫发生火灾，重建工作由幕府负责。次年，幕府把这一负担分摊给各地地头的御家人，并将西配殿的建造交给了千叶氏(常胤流)。千叶龟若丸(赖胤)此时正当值京都大番役，并且领地也已减少许多，便向幕府申诉说他无法承担这一重负。实际上，千叶氏的经济状况已经是捉襟见肘了。他曾寄过一封信给在镰仓的下属，信中描述说，由于他四处借钱，催讨利息和米的催债人从四面八方不断涌来，使得他家门前简直如集市一样热闹。

连曾为下总、伊贺守护的大豪族千叶氏都是这般光景，那些个普通的中小地头御家人的情况也就可想而知了。许多人不得不抵押领地来换取米和钱财。因此，北条时赖若想继续维持稳定状态，就不得不采取强硬手段。禁止“过差”、禁止酒类买卖、强制降低物价等严厉措施都是由此而来。对于被“保护”的御家人而言，这些措施还算可以忍受，但对工商业者和借上来说，这无疑就是一种压制。

百姓的情况也是如此。在这个时代，穷困的百姓将自己的身体作为借贷的质押是普遍现象。诱拐、买卖人口的人贩子也很猖獗。无论是公家还是武家都严禁这类行为，北条时赖也采取了制止措施，但这种情况依然屡禁不止。建长七年（1255 年），幕府决定没收买卖、抵押人口所得的钱财，并捐出来建造大佛。先前所说的作为“武家之都”象征的大佛造像中，其实还熔入了这些人口贩子的金钱。

不仅如此，这个政权还从一开始就严厉镇压恶党和海盗。宝治二年，为了铲除山城国的恶党，幕府试图在本所控制的所有庄园里设立地头。建长二年，幕府指出，在陆奥、常陆、下总等地有许多以四一半、双六等赌博为业的“放游浮浪”之人，并下令禁止。

关于这些人，我将会在后面谈到，他们本来就不是北条时赖“抚民”政策的对象。在“抚民”名义下，通过对工商业者、借上、恶党和海盗等进行专制的压制，时赖的政权得以维系。这就是他的“政道”的真实面目，而这个时代最本质的矛盾也在这里显现出来。

随着时势的发展，这个政权也不得不逐渐显露出它专制的一面。

仿佛是为了避免直面这一矛盾，康元元年（1256 年）十一月，北条时赖未满 30 岁时就以生病为由将执权之位传给北条重时的儿子长时，自己出家隐居到镰仓山内的别邸（最明寺）。同年三月，北条重时也辞去连署并出家，连署之职由北条政村接任。北条长时上任后，弟弟时茂上京担任六波罗探题。就这样，幕府中枢在表面上焕然一新。然而，北条长时担任执权是有条件的，即他只是在北条时赖的嫡子时宗年幼期间作为代理人上任。被称为“最明寺入道”的北条时赖仍以得宗的身份保持着幕府实际领导者的地位。

出现批判者

正嘉饥荒

正嘉二年（1258 年），幕府宣布宗尊将军将于次年上京，并开始选拔随行的御家人。东面的统治者将与西面的作为太上皇的父亲会面，这是向世人展示幕府与朝廷、武家与公家统治者一体化的大事件，所以准备工作的规模前所未有的庞大。然而，幕府严格指示各方不能使民众因负担加重而逃散。说到底，这必须作为“抚民”之“政道”的伟大形象的体现。

五月，京都御所的建设在六波罗的指挥下正有条不紊地准备着。然而，八月一日，一场猛烈的狂风摧毁了这项计划。据说，“诸国田园悉以损亡”，将军上京的计划由于“民间有愁之故”而被推迟。这便是正嘉饥荒的开始。

次年，即正元元年，天下大饥，疫病流行，据说在京都有尼姑吃死人。为了抵抗饥饿，人们成群结队去山里和海里寻找食物，迅猛的势头甚至连地头也无法制止。山野河海本来就应该是任何人都可以进入的，可是那些地头却试图设定边界加以阻止。人们对此的强烈反感在这场危机中突然爆发出来。面对这一形势，幕府也不得不在“不可有过分之仪”的条件下认可了人们的自由进入。

尽管如此，和宽喜饥荒时一样，情势依然十分惨烈，各地庄园中死亡和逃亡的人不计其数。然而，就像我们刚刚看到的民众上山入海的情景那样，人们的反应方式似乎与宽喜时期有很大的不同。他们并没有被饥饿压垮，反而在生命最危险的时刻爆发出愤怒，坚强地寻找生存之道。

“抚民”的破绽

纪伊国山区的阿氐河庄也饱受饥荒之苦，逃亡和死亡的百姓众多。其中，一个叫汤浅宗信的地头向六波罗提交了如下内容的诉状：

> 由于饥荒，关东地区向各国发出通知，要求停止临时课役，不得禁止人们上山入海。领家开仓给百姓分发粮食，停止常规和临时的公事。然而，这个庄园的预所不仅没有分发一粒粮食，反而责令苦力搬运数千根木材。因此饿死者不计其数。此外，该预所还在春季索取大量米粮，谓之“来纳”。他们还闯入地头的住宅，绑走两名随从，送往京都。其中一女怀有身孕，尽

管其父母痛哭流涕，仍被强行带走。

地头的口中就差说出“饥荒不是天灾而是人祸”了。实际上，这种说辞是在前述的那个预所与地头发生激烈冲突的背景下产生的。领家寂乐寺（京都的白川寺喜多院）的预所播磨法桥以运输木材和服京都的劳役为名随意驱使百姓，使得地头没有可使唤的百姓，也不能履行“八条篝屋番役”（汤浅氏在京都的职责）。于是，地头以此为借口提交了诉状。不久之后，这个地头自己也因“割耳朵，削鼻子”等虐待行为受到百姓的指控。在施虐这一点上，地头和预所没有任何不同。

然而在这里，饥荒已成为地头攻击预所和逃避责任的借口。在地头言辞的背后，无疑是百姓自身的困境和对预所积压已久的愤怒。甚至可以说，是百姓为了利用双方的对立来摆脱当前的压迫者预所，而让地头发表了这番言论。百姓也逆向利用了饥荒，使其成为减轻负担的机会。

位于濑户内海的小岛上的伊予国弓削岛庄，是一个以盐为年贡的庄园。即便是这里，也在正嘉饥荒期间出现了许多死亡者和逃亡者。

当时的弓削岛庄虽然处于东寺（教王护国寺）供僧的控制之下，但是为东寺设立供僧制作出贡献、又劝说宣阳门院（后白河法皇的女儿）把这个庄园捐献出来为供僧提供财物的仁和寺菩提院的三河国僧正[1]行遍却对经营庄园的供僧非常不满。

1 僧正，管理僧人的最高级官职。开始只由一人担任，后来分为大僧正、僧正、权僧正三级，人数也增至十余人。

当饥荒发生、百姓不交年贡的情况越来越严重时，行遍就抓住这个机会介入庄务。他把练达的庄园经营者、心腹“真行房定宴”派往当地。定宴与地头交涉，做好和解的准备，同时召集百姓努力重建庄园。然而，被夺去庄务权的供僧们对这一措施感到不满。此后，菩提院与东寺供僧之间的关系逐渐恶化。饥荒在庄园统治者之间制造了裂痕，成为他们之间公开对立的导火索。

在这一点上，正嘉饥荒明显表现出与宽喜饥荒的不同。正嘉饥荒一方面导致很多人因无法熬过饥饿而死亡，另一方面也成为触发潜藏已久的矛盾和对立的导火索。这在某种程度上是由于北条时赖的“抚民”政策本身带来的百姓群体的成长壮大，同时也是被压抑在他所整顿的体制之底层的民众情绪的爆发。无论是“游手浮食”的人们、百姓、地头还是领家，都开始为了追求自己的利益而行动起来。尽管受到幕府的压制，但这些行动也经常会演变为“过分之仪”。幕府对包括这些人在内的“恶党”的压制逐渐加强。“抚民”之“政道”早已开始出现破绽。

正元落书与山僧暴动

饥荒之年过去了。正元二年，人们在院御所中发现了这样的落书：

年始有凶事　国土有灾难　京中有武士　政有不当事
朝议有偏颇　诸国有饥馑　天子有二言　院中有念佛
当世有两院　有随性出行　女院常生子　神社有回禄(火灾)
大内有焚毁　河滩有白骨　……　……

园城寺有戒坛　山诉讼有道理　……　……

东寺有行遍　南都有专修　……　……

武家有过差　圣运已末日

这在各个层面上都是对北条时赖“政道”的强烈讽刺。“武家有过差，圣运已末日。”落书把讽刺之词连缀在一起，仿佛是在嘲笑北条时赖为开创新时代所作的一切努力。但这些讽刺并非泛泛而谈。“园城寺有戒坛，山诉讼有道理”一句就是对时赖政治本身的直接批判。

园城寺的僧人隆辨自文历元年（1234 年）来到镰仓以来便被誉为“有验[1]无双”，一直与幕府关系密切，特别是在宝治之战胜利后深得北条时赖信任，时赖甚至恳请他出任鹤冈八幡宫的若宫别当。园城寺本来就与幕府关系密切，隆辨抓住这个机会，成功把振兴园城寺正式确立为幕府的政策。

有此强大背景，园城寺于正嘉元年开始向朝廷施加影响，争取一举实现设立独立戒坛的愿望，而这一设想此前一直受到延历寺的阻挠。于是延历寺僧众发生暴动，试图动用神舆来加以阻止。可是在隆辨的奔走之下，三摩耶戒坛终于在正元二年设立。对于园城寺而言，这可是期盼了两百年的愿望。然而，延历寺的愤怒和强诉之激烈远远超出了北条时赖的预料。延历寺山僧关闭了各处寺院，抬着日吉、祇园和北野的神舆大举进京，甚至与六波罗的武士发生了冲突。这实际上是与北条时赖政权的直接对抗。前述的落书就是在

1　指祈福、祈愿仪式有效果，也指能进行此类仪式的僧人。

这次动荡中写下的，它尖锐地揭示了时代的矛盾。

面对延历寺的进攻，北条时赖和后嵯峨上皇最终不得不退让。朝廷决定让园城寺退还已经颁发的戒坛敕许官符[1]。“天子有二言。”园城寺一方对此感到十分无奈。

他国侵逼之难，自界叛逆之难

对北条时赖的政治发出批判声音的不仅是正元落书。早在建长五年，日莲就在安房国的清澄山表达了对《法华经》的坚定信仰。其后数年，他一直在镰仓的街头宣讲法义。正嘉饥荒的惨状深深地触动了他，文应元年（1260 年），他撰写了《立正安国论》并递交给幕府。这部书中始终贯穿着对法然念佛行径的激烈批判。“崇净土三经而抛众经，仰极乐一佛而忘诸佛”的法然之徒不过是“诸佛诸经之怨敌，圣僧众人之仇敌”罢了。日莲认为这种“邪教”的广泛传播才是近来灾难的根源。

日莲的批判基于他对地头的无比愤恨。这些地头蛮横无理地压迫名主，还把日莲赶出了故乡（他曾被安房国东条乡的地头东条景信驱逐）。在这一时期，法然的教义已被地头们广泛接受。

日莲满怀热情地这样“预言”：如果现在抛弃净土教教义，不遵循真理之源《法华经》的教导，那么“自界叛逆之难”（内乱）将不可避免地发生，“他国侵逼”（侵略）的危险也将逼近。如果这是

---

1 官符，一般是“太政官符”的简称，由太政官（朝廷最高议政机关）向八省诸司或各国发布的官方文书。

从被地头压迫的名主那里发出的声音，那么向名主伸出抚民之手的北条时赖政权就不可能忽视。日莲的期待或许就在于此。事实上，日莲通过得宗（北条时赖）的下属——有实力的御内人[1]“宿屋入道最信”将这本书递交给了北条时赖本人。

然而，对于这场激烈的论争，地头的反弹当然也非常激烈。把日莲赶出安房的地头东条景信是幕府长老北条重时的下属，而当时的执权北条长时是他的儿子。川添昭二即是从这一点来寻找这一时期幕府压迫日莲的原因。日莲的茅庵经常受到念佛者的袭击，最终在松叶谷的茅庵被烧毁后，日莲不得不暂时躲藏起来。

弘长元年五月，日莲被以谤法、邪见、恶言、犯禁等罪名流放到伊豆的伊东，度过了长达3年的第一次流放生活。对于为了应对饥荒带来的混乱而越来越专制的北条时赖政权，日莲已经不抱任何希望了。

次年，90岁高寿的亲鸾在京都的一隅去世。对于试图阻碍念佛的领家、地头和名主，亲鸾主张“应该怜悯地、诚恳地念佛，帮助那些阻碍念佛者”。这样的念佛修行无疑超越了地头的“念佛者”和与之对立的领家、名主。亲鸾平静地宣扬“应为敌人祈祷”，他的教义渐渐地、深深地渗透进那些不可能像日莲那样高声批判的底层百姓当中。在当时，这对于当权者来说尚未构成直接的威胁，但它可以说是最为严厉的批判之一。

1 镰仓时代服务于执权北条氏的家督和得宗的武士、下属、随从。

律僧睿尊与北条时赖

弘长二年（1262 年）二月四日，“思圆上人”睿尊带着数名弟子离开了奈良西大寺，前往镰仓。他向人们宣讲说，遵守戒律就能打开拯救之路。同时，他也致力于帮助贫困孤独的人和不幸的病人。律僧睿尊的声望在京畿地区逐渐上升，许多人渴望得到他亲自授戒。

早在文应元年，院评定众叶室定嗣就已皈依睿尊。从次年（弘长元年）秋天到现在，金泽实时多次派人邀请睿尊前往镰仓。金泽实时表示，现在佛法衰败、国土荒芜，希望请睿尊以其教法来纠正。这也是北条时赖的意愿。时赖本人也想受戒，因此也郑重邀请睿尊前来。入宋学佛并把律书传入日本的定舜、在常陆国守护小田氏领地三田村的忍性等当时在关东的睿尊弟子对北条氏一门也施加了影响。

62 岁的睿尊接受了这些热切的邀请，与担心他老迈身体的弟子们告别，于二月五日翻越逢坂关。一路上，他不断给人们授戒，并于十日到达尾张的长母寺。这座寺院是尾张源氏的后裔山田氏建立的，住持良圆是山田次郎入道的儿子。睿尊在此逗留数日，给 30 余名僧人和约 200 名在家信徒授戒。

睿尊于二月二十七日进入镰仓。他拒绝了金泽实时迎请他入住金泽称名寺的邀请，选择了新清凉寺（释迦堂）。北条时赖的妻子（北条重时的女儿），以及金泽实时一族、北条政村一族、执权北条长时等，还有京都来的公家、女眷，以及评定众、奉行人等相继前来受戒。这些人听从睿尊的劝告，向他献上发誓在自己领地内禁止杀生的誓书。据说，连宗尊将军也受到他的教诲，把别人进献的活贝放归大海。

睿尊不仅给从远方慕名而来的人们授戒，还在从常陆赶来的弟子忍性等人的协助下，进入镰仓的疥癞宿，为患者提供食物、进行授戒。

北条时赖曾邀请睿尊到最明寺。三月十三日，他亲自前往释迦堂拜访，与睿尊亲切交谈。睿尊也应邀于十八日带着弟子前往最明寺，为北条时赖授戒。据说，北条时赖对这次访问由衷地感到高兴，在睿尊告退时亲自下到庭院目送睿尊离开。北条时赖试图重整正嘉饥荒后的荒废和混乱，而睿尊以杀生为“恶”，试图加以严禁，并拯救贫困孤独之人。通过这两位人物的深刻共鸣，北条氏一门与律宗之间从此建立起牢固的联系。

六月七日，在净住寺出家的叶室定嗣（入道定然）派使者前往关东。由于睿尊来到镰仓，关东的人们都开始“赴断恶修善之道”，“思理世抚民之计”。定嗣对此感到十分高兴。以定嗣的皈依为契机，睿尊的影响力也波及后嵯峨上皇的宫廷。甚至可以说，东西两面的统治者都在顺应这股潮流。

睿尊取得了出乎意料的巨大成就。他婉拒了北条时赖的多次挽留，也拒绝了捐赠的庄园，离开了镰仓，于八月十五日回到西大寺。十一月八日，北条时赖派御内人安东莲圣给睿尊送去一封信，还有绀青、绿青各 500 两。

弘长新制

睿尊前往镰仓的前一年，也就是弘长元年二月二十日，幕府发布了《关东新制条款》，总共包括 61 条。随后，朝廷于五月十一日宣布实施“德政”，制定了新制 21 条。这一年是辛酉年，也因此改元弘长。借此机会，东西两大统治者再次相互呼应，为一举匡正正嘉饥荒引起的混乱、整顿政治而行动起来。

虽然新制的具体内容尚不清楚，但在睿尊前往镰仓的第二年，即弘长三年八月十三日，为响应幕府的新制，朝廷正式宣布了41条公家新制。这是武家和公家在整个镰仓时代内容最为充实、涵盖问题最为广泛的新制，汇集了迄今为止的各项法令，被视为以后新制的重要标准。

首先，新制通过详细列举事实来强调对神社和寺院的尊重，并反复强调公正而迅速地解决诉讼是“政道之源”。新制告诫评定众、引付众和奉行人等要以“抚民”为先，规定地头御家人不得将大番役等幕府的课役转嫁给百姓。这是北条时赖政治的基本方针，新制只不过是使其更加具体。在限制“过差”的同时，新制还要抑制神职人员的增加，对商人、“各行各业的工匠和生意人”的活动都加以制约。

然而，在武家和公家这两套新制中，特别引人注目的是禁止规定的显著增加。尽管它们可以被视为是在重复以前一直反复强调的内容，但值得注意的是，这些禁令已经变得更加具体，针对性也更强。

比如说，禁止僧徒携带武器，禁止山僧（延历寺的僧人）利用其财力背景承揽诉讼，这是很早以前就有的规定。然而，我们有必要思考在那场激烈的“正元强诉事件”之后再次颁布这项法令的意义。

再者，将杀生视为最为严重的罪行并规定在六斋日（一个月中应该守戒的6天）和二季彼岸[1]期间禁止杀生，也不是从这个时候才开

1　彼岸，日本二十四节气以外的杂节之一，包括春分、秋分及其前后各3天在内的7天时间。二季彼岸，指春秋两季的彼岸。

始的。然而，新制还强调禁止神社供祭以外的鹰猎活动，包括毒饵捕鱼、烧山狩猎等；强调僧侣要守戒，除了道心坚定者，那些招来女人举办酒宴、大吃鱼禽的念佛者都要给予严厉的处罚等。从这点来看，这次的杀生禁令显然不是泛泛而谈。由于它与睿尊将杀生视为“恶事”根源并积极劝导不杀生的教义产生了共鸣，所以我们还必须从当时的政权正式强调这一点的行为中去探寻它特别的意义。

博弈也是“诸恶之源”。“盗窃放火之辈”多出于此，与买卖奴婢的人贩子一起被严厉禁止。如前所述，公家新制还禁止“风流”舞等过分的祭祀道祖神之类的路祭活动，并全面禁止飞石活动。公家新制还特别指出，“白河药院田”一带有称为“印地”（抛石者）的“结党恶徒”，新制对这些人加以警告并规定说，如果不遵守制法，将命检非违使厅或武家等对其处罚。

新制在同一条款中还禁止在祭典上供奉神舆等的人身着“绫罗锦绣”，佩戴“金银珠玉”以显“风流”。众所周知，公家对服饰的规定非常严格。这一新制特别详细地规定了公家和武家的服装颜色和种类，以及随从的数量等，因为这是当时身份秩序的象征。而那种异样的“风流”和奇特的服装——这是后来“婆娑罗”（basara）风气的源头——本身就是对现有秩序的挑战，因而被禁止。

对于以“诸恶”为事的集团（即恶党）的弹压也呈现出与以往不同的特点。武家新制规定，守护、地头如对山贼、海盗、夜袭者和强盗等视而不见、听而不闻，其领地将被没收。这条规定在宽元三年的法令中再一次发布，于弘长二年再进一步具体化，体现出前所未有的严厉。

对于偏爱使用恶党的人、隐匿恶党不加处置的地方，守护、地头都要上报。不仅是地头御家人，就连本所的领地，如果藏匿恶党，也要揭发。即便是本来不应由武士介入的本所领地的问题，新制也表明了必要时也可暴力压制的态度。不仅如此，新制还规定，一旦风闻有“恶党主谋”，应迅疾捉拿，送往关东。极端地说，这就是恐怖政治吧。如果被人说成是“恶党主谋”，那就一切都完了。

为了重建“抚民”之“政道”，北条时赖领导的幕府和朝廷相互呼应，毫不留情地压制批评自己的人，暴露出要击碎“恶”的专制态度。弘长新制的本质正在于此。为了实现这一目标，为政者就需要自我约束，因此时赖才迫切请求睿尊东下镰仓。

北条时赖之死

现在正是落实因饥荒而未能成行的将军上京计划，向日本内外展示东西两地统治者之间牢固关系的时刻。

弘长三年五月，宗尊将军入京之事再次成为幕府评定会议上的议题。此时，甚至连地头向百姓摊派的人马数量都已经确定了下来。准备工作正在有条不紊地进行。八月九日，幕府作出决定，把将军的出发日期定在十月三日。供奉人和随行士兵的名单也已经确定。十日，幕府向畿内各国的守护下达指令，要求他们负担将军在京都驻留期间的费用，并将费用送到京都。十三日，仿佛是为了欢迎即将进京的将军，朝廷颁布了前文所述的公家新制。

北条时赖成为执权以来的一大构想似乎终于要结出硕果了。可是第二天，京都和各国再次遭受大风的肆虐并受到巨大的损害。石清水八幡宫所在的山上有许多树木被刮倒，镰仓的和贺江上系着的数十艘船也漂走或沉没了。这场大风使进京计划再次（而且是永远）受挫。二十五日，幕府不得不通知各地，由于各地庄稼受损，为了减轻民众的负担，进京计划延期。第三天，大风仍在肆虐，导致许多人溺亡，从镇西驶往镰仓的 61 艘船也被吹离航线，不知所终。

北条时赖的挫折感肯定是十分强烈的。就像紧绷的线突然被拉断一样，十一月十三日，北条时赖突然生病。仅仅过去 10 天，二十二日，他就在最明寺结束了充满矛盾的一生，时年 37 岁，正是年富力强的时候。包括评定众和引付众等，出家的御家人不计其数，幕府不得不向各地发布法令来遏制这一情况。

北条时赖成为执权时，中世的“古典时代”就已经结束了。因此，时赖不得不为其内心中矛盾的“两个灵魂”的冲突而感到痛苦。这可能是“政道”与“恶”之间的矛盾，也可能是代表御家人的执权与北条氏家族的家督、得宗之间的矛盾。然而，无论怎样，时赖终其一生都体现了这种矛盾。北条时赖在西面的合作者后嵯峨上皇也是一样。直到这位上皇为止，皇位总算还没有分裂，但这种统一性却在此二人的时代宣告终结。从社会内部涌现的矛盾导致了统治者的分裂，并将在被统治者当中扩大裂痕。从现在起，中世即将进入真正充满猛烈风暴的时代。

第二章

两个世界，两种政治

耕作田地的人们

何为“恶”

何为“恶”？提出这样的问题可能会被认为是非常愚蠢的。“恶”就是坏事，“恶党”就是坏人。答案似乎已经很清楚了。然而，事情并未就此结束。

“恶源太”“恶禅师”“恶权守”“恶左府”等说法从平安时代末期至镰仓、南北朝时期经常出现。“恶源太”是指平治之乱（1159 年）时活跃的源义平，“恶左府”是指在保元之乱（1156 年）中战败而死的左大臣藤原赖长。这种场合下的“恶”通常被解释为“表示性情刚烈或性格刚强之意的前缀”。至少可以确定的是，这里不涉及道德判断。被认为“恶”的通常是异常激烈和强大的，这个前缀有时甚至还包含敬畏和赞美的情感。即使在现在，“坏家伙”这个词也不一定包含道德评价，很多时候被用来指有出人意料之举的“捣蛋鬼”。前文提到的“恶”与此相似。

然而如前所述，律僧睿尊和这个时代的当权者将杀生视为“恶事”，将赌博称为“诸恶之源”而加以严厉禁止。抛石之党也被称为“恶徒”，这些人作为“恶党”受到弹压。亲鸾说:“善人犹以遂往生，况恶人乎? ”这里的“恶人”在相反的意义上与前文的看法相通。对于这里的“恶人”是指哪个阶层，人们有各种不同的看法。赤松俊秀认为，这是指“屠沽下类”——杀活物来卖的人，特指商人。池见澄隆认为，这是指不得不以杀生为业的“屠儿”——猎人、渔民等。也有观点认为，这是指下层的耕农和武士。“屠沽下类”因贫困而不得不从事杀生的职业，“屠儿”则不得不以杀生立身。从结果来看，可以说这些观点都与前文的说法相通。

然而，将杀生和赌博视为“恶”的并不仅仅是当权者。随着睿尊的教义广泛传播，反而是亲鸾的声音能入“恶人”之心，这一事实证明，这种看法在当时的普通人中已经有了一定程度的普及。正因如此，当权者发布的禁令才具有实际效用。

当然，这与那种对“恶”抱有敬畏感并加以赞赏的世界显然是不同的。但值得注意的是，在这个时代，这两个世界各自坚持自己的主张，相互交织而又并存。在此先提一句，将杀生视为“恶”并加以回避的世界是以农业为基础的，而对“恶”抱有亲近感，又赞美其“猛恶”的世界则是以农业以外的生业为基础的。

我认为，这两种观点能够并存，本身就说明这个时期的日本社会尚未真正发展为一个成熟的农业社会。由于这与近世以降的社会，也就是我们熟悉的社会之间存在着很大的差异，因此我们应该暂时放下“常识”来审视生活在这个时代之人的真实情况，进入这两个不同的世界中去。

“名”的实际状态

一提起农民，我们的脑海中浮现的就是那些深深扎根于祖先传下来的土地、辛苦劳作的人们。在我们的印象中，这些人的村落和耕地似乎从很久很久以前就静静地存在着，没有任何改变。然而，柳田国男认为，现代农村中三分之二或四分之三的村落是在室町时代以后形成的。这种说法的准确性另当别论，但其主旨可以说是正确的。即便在与现在的村落相同的地方一直有人居住并耕种田地，镰仓时代的村落情形也与现在或江户时代的大相径庭。

“村”这个词的普遍使用并不是很古老的事情。在中世的公共土地制度下，以乡、名、庄、保等单位最为常见。相比之下，“村”所占的比重较低，通常更多是作为这些单位内部的、私人性质浓厚的单位而出现。甚至有时候，“村”指的并非村落，而是指新开垦的田地本身。到了江户时代以后，“村”这个称呼才开始用来表示村落，完全成为公共制度上的术语。不仅仅是在词语方面，甚至当时从事耕作的人们之间所形成的关系以及共同体的形式都与近世有很大的不同。

在若狭国的西南部，以南川流域为中心，有一个名为名田庄的大型庄园，现在这里仍被称为名田庄村（今大饭町），中世的痕迹仍很清晰。这个庄园如今虽被称为庄园，但实际上几乎都是山地，现在的村落也是分散在南川及其支流形成的细小河谷间，耕地也只是开发了极少的部分，是一座典型的以山地劳作为主要生计的山村。大约在镰仓时代中期，这座庄园分为上村、坂本、下村、中村、田村、三重、知见、井上、须惠野等村庄，每个村庄都由公家的子女

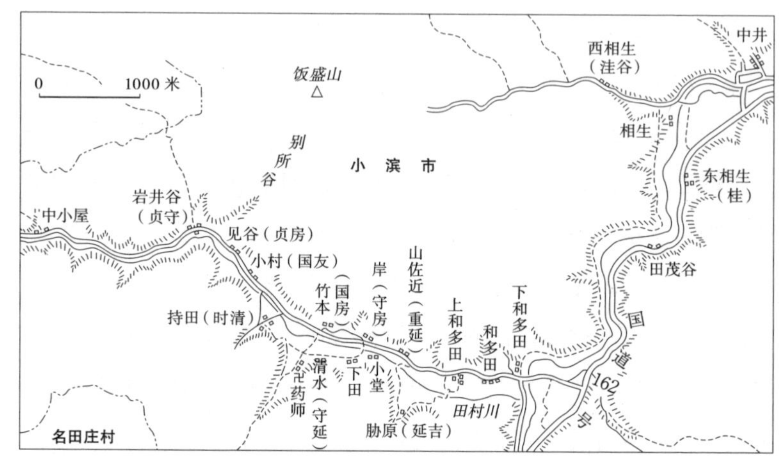

图 2–1　名田庄村的名和小字

来管理。各村又分成若干个“名”，从拥有最丰富史料的田村来看，“名”就分布在嵌入田村川河岸的一个个小山谷中。

现在，这个村子里还存在着“地神讲”[1]。地神祠位于山脚和山谷深处的大树旁，神体多是几块圆石头。每年的旧历十一月二十三日，村里各家就会举行属于地神讲（株讲）的家庭聚会。目前，我们对三重地区的这些情况了解最为详细。兵濑（三重小字[2]）的早川株由19户人家组成，下三重的田中株由15户人家组成。值得注意的是，在早川株和田中株的地神祠中，保存着江户时代中期的建筑标牌，上面写着“下司名”“金正名”等文字。这与其他一些标牌是相同的。前些年，承蒙早川株的株亲早川义雄先生的好意，我到此地进行调

1　日本农村祭祀土地神的集体活动，通常在春季和秋季的社日举行。

2　町、村的区划进一步细分即为“大字”，把“大字”进一步细分即为“小字”。

查，试图确认中世文献中出现的“名”与标牌上出现的“名”之间的直接关联，但未获成功。然而，这里的株讲却为我们提供了关于中世“名”的信息。

有趣的是，属于这个株讲的各家，与整合在现在小字（相当于近世的村）中的地缘性村落（这些村落崇拜山神）里各家明显属于不同层次的联系，倒更像是同族的联合。这些家庭在地理上的分布也是交错复杂的。当然，很难说现在的株讲直接是从中世延续下来的，但我认为，这个事实已然表明中世的“名”实际上就是以血缘为纽带的群体。

从祭祀地神的圆石头上，我以非专业的方式联想起与前文所述的道祖神非常相似的东西。这些同族群体在山谷深处、山脚下的大树旁摆放石头，祭祀地神，然后在各处山谷开垦田地。这让我想起《常陆国风土记》中所描绘的很久以前的世界，那时人们在山谷祭祀夜刀神，然后开垦田地[1]。

这样开垦出来的田地仍然相当不稳定。即使到了镰仓时代中期，谷地中的田地仍有一半到三分之一常常因洪水而淹没成河。人们在旱地种植桑树（称为上叶田），也养了蚕，但生活还得依赖农业，山里的劳作也占有相当大的比重。

而且这里的山甚至田地，都不是开垦它们的群体或其首领（名主）的私有地。庄园的统治者按照被称为“名”的单位编组这些土

1　这里是指《常陆国风土记》中“行方郡”条目所载故事。继体天皇时期，有个叫箭括氏麻多智的人，他砍掉郡西山谷的芦苇，开辟新的田地。当时有许多令人恐惧的蛇——夜刀神常来捣乱，使人无法耕作。愤怒之下，他打杀驱赶这些蛇，并在山脚下竖起一根界桩，宣布自此以上为神界，以下为人界。——原编注

百姓名	6斗4升8合代	8斗代	5斗代	6斗代	石代	佃	一色计
	反	反	反	反	反	反	
真利	1.0	1.0	5.0	5.0	9.0	1.0	5.220
时泽	1.0	1.0	5.0	5.0	9.0	1.0	6.080
劝心	1.0	1.0	5.0	5.0	9.0	1.0	6.070
宗清	1.0	1.0	5.0	5.0	9.0	1.0	0.150
宗安	0.180	0.180	2.180	2.180	4.180	0.180	1.310
时安	0.180	0.180	2.180	2.180	4.180	0.180	3.050

表 2–1 太良庄均等的百姓名，建长八年（1256年）劝农簿

地，交给人们耕作，但将每个“名”下的田地中一反[1]多最为稳定且富饶的田地定为“佃”，要求交纳其上几乎所有的收成。统治者可以按照自己的意愿随意夺走“名”下的田地，并重新编组。

百姓动荡不安的生活

太良庄位于若狭国北川沿岸的一片开阔的山谷中。建长六年（1254年），东寺派来使者，和预所代官真行房定宴一起对田地进行了详细的调查，将以前的12个“名”改编为6个“名”（其中2个是半“名”，实际上是5个“名”）。这一调整是基于此地的实际情况：地头的横行霸道导致许多百姓逃亡，只有劝心、真利、时泽等6个主要的百姓留在了庄内。这些百姓在谷地深处的山脚下有住宅和田地，并让自己的亲戚和仆人住在那里。他们通过姻亲关系等相互联系，形成了一个被地头称为“一味”的群体。

1 反，日本古代的土地面积单位，1反=1000㎡。

按照各自的“名”，这些百姓都被平均分配了一反的佃田和负担完全相同年贡量的二町[1]二反的田地。统治者可以这样人为地分配土地，这一点充分说明百姓对田地所拥有的权利是非常有限的。在这些均等田之外，还要根据百姓的实际能力增加几反由预所管理的“一色田”（只负责年贡，没有公事的田地）。于是劝心等人被要求负责管理这些名田，同时还要均等地负担这些田地的年贡，以及丝、棉、菰草席、稻草席、盒子、桧木方盘和点心等各种琐碎的公事。当然，他们也能得到与这些义务相应的若干收益。他们可以将这些权利转让给子女，但必须得到庄园统治者的同意。当时的百姓对于土地的权利仅限于此。

此外，太良庄还有一个名为“末武名”的公文的“名”。如前所述，这个“名”被地头侵吞，给了一个名叫宫河乘莲的人。自称御家人的宫河乘莲原本是被称为开发领主的出羽房云严的随从，耕作着紧邻的宫河庄的田地。据说在云严去世前，乘莲一直在照顾他，但后来一度消失了。周围的百姓都以为他逃亡了，但他突然再次出现，并已经靠着当时若狭国守护北条时茂的下属和那些在六波罗供职的有实力的人物，成功地坐到云严的位置上。面对百姓对他是否逃亡的质疑，乘莲坦然辩解说：“不，我是去越前迎娶新娘了。”

在被周围人误以为逃跑的这段时间里，他去别国迎娶新娘，而回来后就坐上名主的职位。按今天的常识，这真是难以想象的。且不说宫河乘莲的辩解是否属实，这个故事很好地展现了当时名主阶层百姓的实际情况。那种认为当时的人们（甚至包括侍从在内）总

1　町，日本古代的土地面积单位，1 町 =10 反。

是多少代都扎根生活在同一片土地上的想法并不一定正确。

如果处在庄官、名主地位的人尚且如此，那么那些没有保障的普通百姓无疑就更加不稳定了。在太良庄，大约有40人在预所和名主的管理下耕作田地。这些百姓中虽然也包括预所的下人和名主的亲戚，但无论何人，他们所耕作的田地都处于“每年重新分派”的状态，没有任何权利保障。仅靠一两反田地是无法维持生活的。和名田庄一样，这些百姓，包括名主在内，都得通过寻找山中之物和养蚕来获得生活所需。

同属于东寺领地的丹波国大山庄虽然是位于较深山区的庄园，但那里的百姓需要提供给领家的杂事公事也多种多样，包括七叶树果、甘栗、生栗、串柿、山药、山萆薢、牛蒡、蒟蒻、笔头菜、干蕨、核桃、零余子、平菇、梨等山货，足桶、杓、桧木方盘、饼柜等木器，还有菰草席、松明、线等。从这些东西中大致可以管窥他们的生活状况。

可以说，那时的生活是与自然深度融合的。庄园统治者和地头又给农民添加了各种各样的负担。一旦自然灾害来袭，百姓的生活就会受到沉重的打击。然而，对于统治者来说，百姓的逃亡或死亡才是打击。百姓逃亡或死亡之后，当时的预所和地头不得不利用关系找来浪人填补空缺，增加百姓的数量。预所和地头的主要任务就是向农民提供种子和农事费用，修整灌溉设施（劝农），并将田地分配给百姓（散田），促使他们充分耕作。所谓“抚民”的内容正是这些。

通过与残酷的自然做斗争、顽强抵制预所和地头的肆意妄为，百姓的生活逐渐得到改善。然而不可避免的是，一旦饥荒来临，许多人就会为了寻求生计而逃亡，在山野中漂泊流浪。同时还有不计其数的人处于被迫出卖自身、典卖孩子的艰难境地。

下人与随从

在宽喜年间的饥荒中，下总国有许多人饿死，“动垂弥太郎国光”的继父和亲戚也不知所终。国光因陷入困境而离开家乡，前往下野，最终在堀笼乡安顿下来，被人们称为“住人”。然而，过了大约 20 年，他的马还是作为继父债务的抵押而被牵走了。即使连亲自给自己起名叫“住人”的人也处于这样的境况。

无住曾住在尾张的长母寺，他在《沙石集》中记录了这样的故事：文永年间，干旱严重，美浓和尾张有很多人饿死，还有很多人流落到其他地方。此时，在三河的矢作宿，有人看到一个人贩子带着许多人前往东国。其中一个年轻人在大声哭泣，被问及原因时，他说：“我来自美浓，为了救助我的母亲，我卖身前往东国。我安慰哀伤的母亲说：‘只要我们还活着，总有一天可以再见面。’但现在，我再也看不到母亲了，我不知道我将在东国何处流浪，也不知将在哪里结束我的生命，这让我非常痛苦。”他说着，又大哭起来。像这样的故事肯定有很多。

当然，这也不仅限于饥荒时期。有许多人因为无法缴纳年贡而背上债务，最终连同屋舍和附属的田地一起，甚至还有自己都被迫卖掉了。在安艺国，有一位有势力的在厅官人“田所氏”，他世代掌管着田所和船所。正应二年（1289 年）的让状[1]中记载了他有的许多

---

1 让状是中世特有的、在转让财产时制作的文书。

田地和屋舍，以及 56 名随从，其中大部分人都是这样成为随从的。一旦成为随从或奴婢，他们的子孙也会成为“重代”随从，同样属于主人。例如南滨乙若丸，他的祖父宗门借了 5 贯钱，为了还钱，不仅将屋舍和田地，还把自己都卖给了田所氏，因此南滨乙若丸作为孙子也成为田所氏的随从。当时有非常多的下人、随从被称为“一类”，形成一种不完整的家族结构，被主人召唤使用。

大隅国的在厅官人祢寝清纲在建治二年将 94 名随从分给他的 16 个子女。在这种情况下，像“新次郎一类四人（包括袈裟女及其女儿、被遗弃的孩童等）”“松女母子二人”这样的大多是以小家庭的形式被转让的。与将奴婢等同于牲畜、所生子女归属母亲的律令不同，《御成败式目》所定原则是，主人的不同奴婢之子，男孩归父亲，女孩归母亲。然而，在祢寝氏的随从中，似乎有许多母子家庭，因而并未完全遵循这一原则。田所氏和祢寝氏都是御家人，但在这个时代，武士拥有这种程度的随从是普遍的情况。

这些下人和随从通常被分配田地，负责耕作。其中一些人仍住在原来属于自己的住宅中，而被转化为主人财产的田地则作为“给恩”又分配给他们。在前面提到的田所氏的例子中，我们就可以看到这样的情况。这些人有时也会跟随主人参加战斗。对主人来说，下人和随从不仅是基本的劳动力，也是军事力量。因此，当时的地头会以各种理由将百姓转化为下人和随从，还在百姓逃亡后将其家屋和田地转给自己的下人和随从，从而将这些财产纳为己有。这是因为，作为主人的财产，下人的一切都归主人所有。

从拥有家庭、房屋，并耕作田地的角度来看，将这个时代的下人和随从视为“农奴”的学说目前更有说服力。然而，尽管他们组成了家庭，这些家庭也随时可能被主人随意拆散并买卖或转让。既有这样的事例，如近江国的某个随从，他的每一个孩子都被认为是主人子嗣的财产；也有像田所氏和祢寝氏的随从那样多数没有形成“一类”的例子。至于耕作的田地，虽然确实存在随从的实际占有权被承认的情况，但说到底那只是一种“给恩”，主人对随从的人身支配一直贯穿其中。至于被人贩子买卖的下人，那就更不用说了。因此，被称为“奴”的下人和随从在人格上仍然隶属于主人，是不得不在自身归主人所有的状况下得到给养而拥有生命的人。即使他们被视为具有农奴的某些性质，但从基本特征来看，我们仍不得不认为他们是奴隶。

当时武士的主从关系就是建立在这样的隶属关系之上的。既然地头和御家人是这样，那么幕府本身无疑也将其作为一个重要支柱。但是我们也不能忘记，对于地头强制将百姓变为下人和随从的行为，许多百姓及其群体也进行了顽强的抵制。前面提到过的太良庄的劝心等人就是一个很好的例子。北条时赖时期的幕府在支持这种抵抗的过程中，找到了“抚民”之道。当然，并不是说幕府认为地头对下人和随从的占有本身是错误的，但超出限度的粗暴行为被视为非法，买卖人口和做人贩子这类违背人伦的行为也被严厉禁止。

北条时赖面临的困境之一就体现在这里，但至少在表面上，幕府持续强调的方向是明确的。那就是让农民安定在农业上，以此为基础来稳定统治秩序，并要求地头作为统治者而不是主人来对待百姓，从而实现“政道”。

下人和随从的社会比重

但即便如此，那些不得已降低身份成为下人的人依然很多。在那个时期，从整个社会来看，他们的比重有多大呢？文献史料中，下人和随从最常出现在像前面所提到的让状上。但这样的例子并不多，甚至可以说是稀少的。因此，自然会有人认为下人和随从在社会中的比重相对较低。然而，我认为这种看法有一个非常重大的盲点。

现在我们能看到的从神社和寺院，以及公家、武家等传下来的古文书，大部分都与所谓的领地和职位等土地财产权及基于此的收益有关。当时，这类与权利相关的诉讼被称为“所务沙汰”，现存的诉讼文书几乎都与所务沙汰有关，即使是让状等，也主要是显示领地和职位的转让。不管人们是否意识到，前述观点的背后似乎都有这样的事实存在。

这表明，在当时领地和职位是何等重要，以及与之相关的文书对当时人们有着怎样重要的意义。自律令时代以来的文书主义传统深深地渗透到拥有这些权利的人当中，持有这些文书本身就与保留领地、职位的权利有着一样的意义。这无疑是在思考中世纪社会时最为重要的事实。

然而，这事实反过来也表明，现存的文书很可能是当时特定阶层的人有意识地选择并传承下来的。当然，那些被认为没有必要留下的文书肯定已经被大量销毁了。我们可能永远也无法再看到它们了。然而，即使是被销毁的文书，哪怕只是一小部分，也不是完全没有机会被看到。我们偶尔可能会幸运地遇到这样的机会。

市川市（千叶县）中山有一座日莲宗的寺院，叫法华经寺。这座寺院是由日莲的弟子、千叶氏的家臣富木常忍在下总国“八幡庄谷中乡”建立的，至今仍保存着许多珍贵的典籍和古文书。其中，尤以日莲亲笔所写的“圣教四册”最为著名。这部经书大致写于建长年间，写在寄给富木常忍的多达 128 通信函的背面。

这些被用作书写典籍和记录的古文书被称作“纸背文书”或“里文书”。这正是我们能够了解本该丢弃的文书的珍贵例证。这些文书最初并不是有意被保存下来的，而是因为恰巧被用作书写典籍的稿纸才一直流传至今。通常情况下，它们肯定早已经被毁弃了。

现在，通观这部圣教的纸背文书，特别引人注目的一点是，其中包含许多涉及下人和随从以及借贷关系的文书。之前提到的动垂国光和近江国随从的例子就是其中之一。除此之外，还有涉及富木常忍的两名随从被因幡国一宫[1]公文藏匿的诉讼，以及被当作父亲借米的抵押而成为随从之人在偿还借米之后仍被原来的主人使唤的诉状等。此类信息在这些文书中的比重远大于通常在神社、寺院、公家和武家传下来的文书。

当时，与借贷关系、奴婢等有关的诉讼被称为“杂务沙汰”，而在这些纸背文书——富木常忍废弃的文书中，可以看到大量与之相关的内容。与领地和职位之类不动产不同，与随从、借米和借钱等动产相关的文书，从对象本身的流动性质来看，长期保存的必要性可能不大。

因此，我们可以肯定地说，那些现在我们绝对无法看到的被废弃的无数古文书中，这些与杂务沙汰有关——即与下人和随从等有关的文书肯定非常多。当然，虽然无法确定数量，但可以肯定的是，

1 一宫，各国规格最高的神社。

在当时的社会中，下人和随从所占据的比重远远大于我们现在于史料中所能看到的。

纸背文书的世界

承受着漫长时间的重压而幸运地传承至今的文献史料，即使只是古文书的极小片段，也是不容忽视的宝贵之物。它们承载着生活在已逝时代的人们各种不同的思想和努力，而我们所有人共同肩负的重要义务就是阻止它们正在遭受着的迅速毁坏和散佚。然而，我们不能忽视的是，文献史料本身是由写字的人——大部分是属于统治阶层的人书写的，其传承也受到这些人选择意愿的影响。只有在严格分析这些特性和限制时，文献史料才能充分展示其自身所包含的无限丰富的内容。

如果我们忘记了这一点，而且还心安理得的话，那么教条难免会产生。刚刚提到的纸背文书确实是用文字书写的，但是正因为其中没有选择的意愿，它们在我们认识普通传承文书的局限性时就变得非常珍贵，并且为我们展示了一个以前鲜为人知的令人惊讶的世界。

我刚刚提到了“教条”，我认为将镰仓时代的社会视为一种完全依赖农业的成熟农业社会便是“教条”之一。如前所述，现存的大部分文书都与土地财产权——领地和职位相关，这一事实支持了这种观点，说明田地—农业构成了这个社会的重要基础。

然而，我们一旦接触到纸背文书所描述的世界，就会觉得这种观点与之前提到的下人和随从一样，至少是片面的。特别是写在公家记录纸上的纸背文书，大量描述了生长在海边和山里的人们，描述了商人、手工业者和从事狭义上的艺能之人的形象。这些人的生活如后文将要描述的，流动性强，与田地的联系少。因此，他们大多与前述的杂务沙汰有关。相对而言，他们与所务沙汰的关系较少，自然留下的文书就少。这也是这些人直到今天也没有受到太多关注，几乎没有成为历史学真正的研究对象的客观原因。

然而，通过观察纸背文书中经常出现的这些非农业民的活动，可以看出他们在镰仓时代社会中的作用并不小。在这里，我想观察一下那些脱离了农业、专门从事非农业生计的人们的生活。

以海为生的人们

若狭湾的海人

虽然现在已经不多见，但在濑户内海和九州西北地区，曾经有很多人一辈子都在叫作“家船”的船上生活。此外，很多人都听说过被称为“叉鬼”（matagi）的以狩猎为生的人，还有被称为“山稼”（sanka）的山中漂泊之人。这些人有时被视为稀有的来自古代的事物，有时又被人当作“异人”，但这是极大的误解。镰仓时代虽然在海边和深山中生活的人相对于从事农业的人来说数量较少，但他们在人口中仍占有相当的比重。而且那些以海和山为主要生活场所的人在当时社会中的角色与农业一样，也是不可或缺的。

横跨越前、若狭和丹后三地的若狭湾现在仍然是一个渔业发达的海域。日本海清澈绿色的海水切入细长的里亚式海岸，散布在一

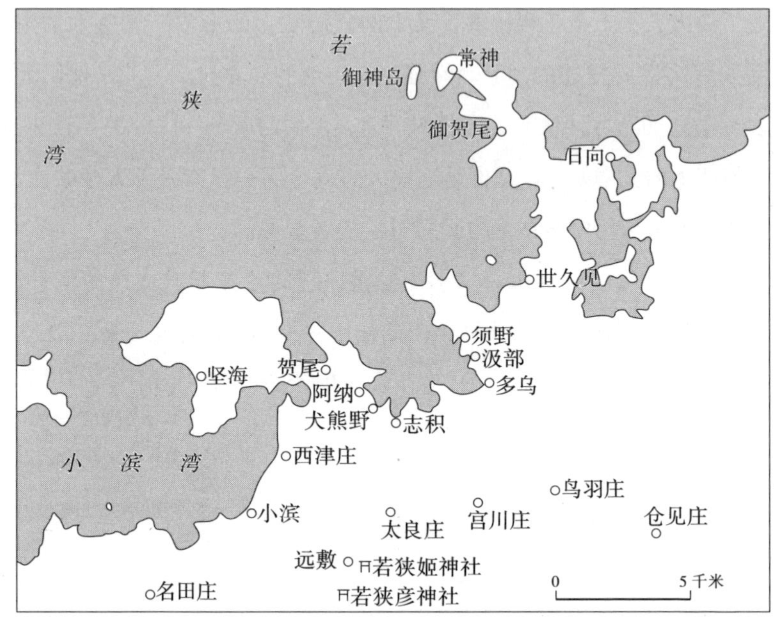

图 2-2 若狭的庄与浦

个个海湾入口处的聚落直到最近仍然保持着近似纯粹渔村的风貌。从极其古老的时代直到中世，被称为“海人”的人都在这片海域活动。对渔业和渔民十分关心的研究者“羽原又吉”视若狭为“海人之国”，给予了特别关注。这个地区也因将大量的盐作为“调”提供给朝廷而闻名。此外，海人当中还有向天皇贡献禽鸟的集团。镰仓时代末期，青保是春宫[1]御厨[2]领地，大概就是继承了这个传统吧。

1 皇太子的宫殿，也指皇太子。

2 御厨有两个意思，一为神社内制作神馔的地方，特指伊势神宫、贺茂神社的神馔所；一为日本的古代、中世时期，为皇室、伊势神宫、贺茂神社等提供神馔材料而设的领地。

可是，海人们在这些海湾定居并过上稳定的生活，这并不是很久以前的事情。12 世纪末，由秦氏率领的一小群海人离开他们曾经居住的耳西乡日向浦，迁移到须野浦。但在那里，这些海人仍然没有找到稳定的居住地。他们遵照当时最有权势的在厅官人稻庭时定的指示，从佐分乡渡海，在多乌浦（今福井县小滨市田乌）建起两间空房，才算安顿下来。这时，多乌浦对岸的犬熊野浦还是一片无人的荒地。尽管曾经有海人在那里居住过，并开垦了大约一町的土地，但建久六年（1195 年）时的情况是："那里已成为野猪和鹿的栖息地，没有海人居住。"然而在大约 70 年后的文永六年（1269 年），终于有海人在那里定居下来。总之，12 世纪若狭湾海人的迁徙行为非常活跃。

一旦在某个海湾安定下来，他们就开垦出一小块土地，还使用盐木山的木材作为燃料，大量煮盐。他们还在海湾前开阔的海上拉网捕鱼、架起渔网进行渔业活动，并熟练驾驭船只，从事年贡和商品的海上运输。例如，多乌浦的船只曾经到达出云，而山阴、北陆甚至东北的海上运输也是由这些海人完成的。

若狭湾的海人集团由被称为"刀祢"（他们自己称作"村君"）的村长领导。刀祢通常带领一些下人和随从，与数名百姓一起构成集团的主要成员。他们拥有开垦盐木山和渔场的权利。多乌浦和相邻的汲部浦，在镰仓后期形成了两浦及其主要成员都可平等使用所有渔场的惯例。因此，主要成员之间的权利是平等的。此外，还有一些被称为"胁"的人，是主要成员（百姓）的亲戚，他们的权利由百姓代表。在集团定居后，后来迁入的人被称为"间人"，没有使用山地和渔业的权利。

对于当时的统治者来说，将这些活跃的海人集团纳入自己的组织之下是一个重要的任务。从 12 世纪到 13 世纪上半叶，神社、寺院与权贵之间组织海人并掌控各个海湾的竞争异常激烈，其中最占优势的是国衙和在厅官人。在律令时代，山野河海被认为是“公私共其利”的地方，每个人都可以自由进入，由国衙负责管理。这一情况在这一时期也有利于国衙，正如之前所提到的有实力的在厅官人稻庭氏那样，他通过对海人提供保护而将其置于自己的统治之下，并将各个湾浦变成国衙的领地。根据文永二年（1265 年）《若狭国惣田数帐》（大田文）记载，若狭的海湾中有 11 处是国衙的税收领地。而到了镰仓时代中期，这些有实力的在厅官人大多兼任守护，这些海湾最终都处于守护的统治之下。

在此期间，中央的权贵也在扩展其势力。除了自古就与海人有关系的天皇家、贺茂神社之外，12 世纪以后，特别是在若狭地区，延历寺和日吉社尤为活跃。延历寺的使者将无人的海湾视为延历寺的领地，并招揽海人前来。日吉社则将已成为他人领地的各海湾的海人视为日吉神人。他们采取各种手段来扩张，占据了大约 6 处地方。

已经在国内拥有庄园的权贵，也努力将相距很远的海湾作为“片庄”收入怀中。西津庄因文觉的插手而成为神护寺的领地，但文觉也成功使距离西津庄很远的多乌浦成为其“片庄”。新日吉社的领地仓见庄也将遥远的御贺尾浦（现在的神子浦）变成了庄园的一部分。从这些情况可以看出，这一时期的寺社和权贵为了获得海湾和海民付出了多么大的努力。

海民的分布

海民和若狭的海人集团一样，也在海边各地活动。从常陆的霞浦、北浦一直到下野的水乡地区，都有被称为“海夫”的集团。这些人向香取社和鹿岛社献上祭品。千叶氏支配下的海船本来也是由他们来驾驶的吧。还有，如果我们把将在石桥山之战中失败的源赖朝经海路送到安房的船，以及护送他们的相模三浦氏的水军与这些人联系起来，这也并非不自然的推测吧。

在伊豆也能看到他们活动的踪迹，从环抱滨名湖的远江，经三河的渥美半岛、尾张的知多半岛、海部郡，以及筱岛、佐久岛、神岛等岛屿，一直到伊势、志摩，还有三河湾和伊势海，都是这些海民集团活跃的舞台。众所周知，这些人中有自古就与天皇家有联系的、向天皇贡献禽鸟的集团。他们生活在伊势和志摩等地，一直到这个时代仍维持着这种传统，并且作为藏人所的供御人（供货人）享有特权，这在整个中世都能得到确认。

然而，大约在12、13世纪，这片水域的海民与伊势神宫建立了最紧密的联系，包括滨名神户在内，许多神户和御厨分布在海边。特别是志摩的海民，他们非常活跃，活动区域延伸到了面向熊野滩的各个海湾，他们还在那里设立了神宫的御厨。因此，在近世属于伊势国的贽浦以及属于纪伊国的须贺利和木本等地，此时都是志摩国的御厨。

伊势国安浓津（现在的津市）的刀祢也享有特权，他们可以自由往返于神宫和各国之间进行贸易。尽管不清楚这种特权是否被赋予了所有与神宫有关系的海民集团，但这种特权与后文将要提到的供御人的自由通行特权性质相同。毫无疑问，通过获得这些特权，许多与神宫有联系的海民集团能够在以东海道沿岸为中心的广大地区从事海上运输和贸易活动。

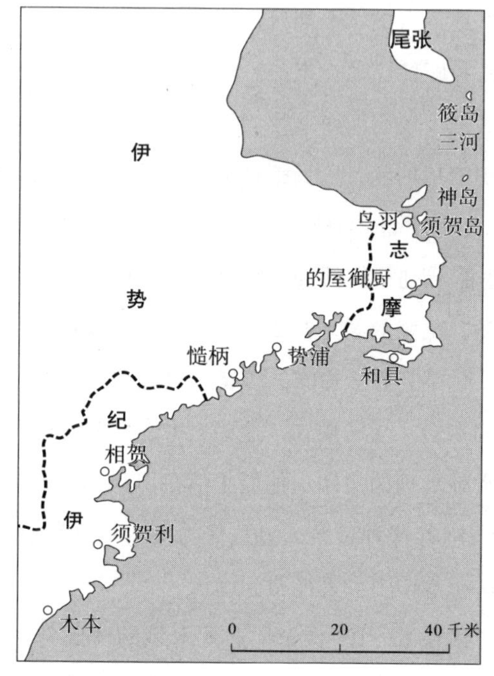

图 2-3　志摩国的御厨

上下贺茂社（贺茂社和鸭社）也把与安浓津刀祢拥有的同样的特权给了作为其供祭人的海民集团，其内容包括“禁止武士在畿内近国及西国各浦、各关滋扰”，免除他们的通行税，如关料（通关费）和津料（码头费）等，允许他们自由往来各国从事贸易。在这种情况下，他们的活动范围仅限于畿内近国和西国，这与上下贺茂社的御厨和庄园主要分布在以濑户内海沿岸为中心的西国的水边有很大的关系。

然而，这些供祭人特别活跃的地方是山城、摄津和近江。在此，让我们首先概述一下包括这类人在内的活跃在琵琶湖的湖民。

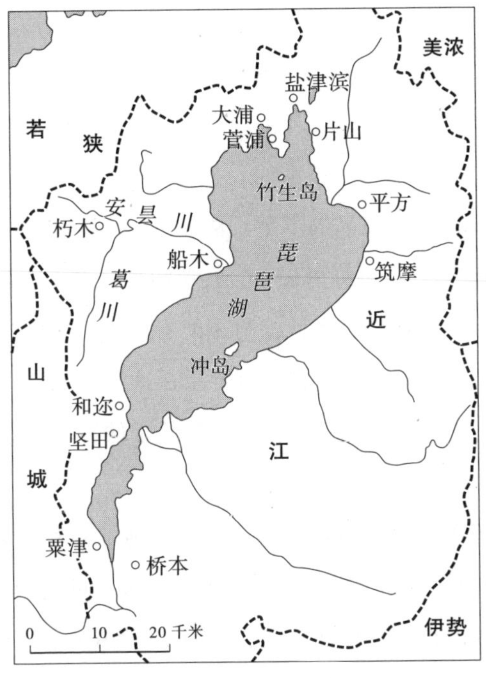

图 2-4 琵琶湖关系图

湖民

12、13 世纪以后，在琵琶湖活动的湖民的主要据点位于湖北的菅浦、湖西的坚田和船木、湖南的粟津和桥本等地。

在势多川河口的粟津和桥本、竹生岛对岸的菅浦，有筑摩御厨（在湖东朝妻一带）的贽人后裔。据说，筑摩御厨是天智天皇时期就设立的。这些人作为天皇家的供御人有在各国之间自由往来的特权。菅浦的供御人主要从事湖上运输和贸易，而粟津和桥本的供御人则以鲜鱼贸易为主，作为商人在各国之间往来，并不断发展在这一领域的活动。他们都隶属于藏人所管辖的御厨子所，向天皇贡献湖中的鱼和交易所得作为贡品（贽）。

镰仓时代初期，建久三年（1192 年），御厨子所奉行纪宗季允许进出京都的来自粟津、桥本的人在六角町开设 4 个店铺，并从中抽取交易税，以弥补贡品的不足。从那以后，这些人就被称为“六角町四宇供御人”，从事鲜鱼买卖。有趣的是，这些供御人似乎都是女性。直到今天，我们在各地渔村还能看到头上顶着桶，沿街叫卖售鱼的女子。六角町的女供御人可能是在这种普遍习俗的背景下出现的，但这个时代的女商贩获得了天皇给予的特权，并以此来从事商业活动。

船木是贺茂社供祭人的据点，而坚田则是鸭社供祭人的据点。毫无疑问，这些人与贺茂社的关系源远流长，可追溯到 11 世纪以前。直到最近，船木的人们仍按照特有的习惯在安昙川架鱼梁捕鱼。他们继承了船木供祭人的传统，被允许控制安昙川所有的水面，可以架设鱼梁、拉网捕鱼。此外，贯穿整个近世，坚田的渔民一直拥有在湖中随意捕鱼的绝对特权，这也是坚田供祭人特权的遗留。

被赋予如此巨大特权的供祭人不仅从事渔业，在湖上交通方面也不可或缺。他们不仅在近江，还在更广泛的区域进行贸易活动。他们还是湖上的强大军事力量，后来成为人们所熟知的海盗。

江人、拉网人的子孙

说到海盗，宽元元年至宽元四年，摄津的渡部有一位名叫“柴江刑部丞纲”的武士被控告为海盗并被幕府处决。这个人也叫源纲，来自源氏，单字名纲，与跟随“源三位赖政”而出名的渡部竞一样都是被称作“渡部党”的武士团成员之一。这个武士团世袭大江御厨的“渡部惣官”一职。

当时，摄津、河内、和泉的水域比现在要广阔得多，自古以来就是许多海民的栖息地。在律令制度下，这里是被称为“杂供户”的向天皇献贡的江人、拉网人的主要活动区域。

11、12 世纪，摄津国长渚的人们成为鸭社的供祭人，而摄津国滨崎以及和泉国近木、堺的人们则成为春日社的神人。这些海民纷纷寻求与权门建立联系。同时，江人和拉网人的子孙也成为天皇家的供御人。拉网人以和泉的佐野附近为基地，成为内膳司下属的网曳御厨供御人。从战国时期到近世初期，到对马、五岛打渔的勇敢的佐野渔民的祖先正是这些人。摄津的江人成为津江御厨的供御人，隶属于御厨子所，从事鲜鱼交易。这些供御人也像粟津、桥本的供御人一样进入京都，被称为“今宫供御人”。而河内的江人设立的御厨就是大江御厨，甚至还包括摄津的渡部。

我一直将这些供御人和供祭人视为被赋予自由往来各国权利的海民式商人。当然，在这一点上，摄津、河内、和泉的人们也是一样的。但这些供御人和供祭人并非与农业无关，相反，这些人都在各自的栖息地周围开发了一些田地，以此来贡献贡品。从 11 世纪中叶开始，他们中的一部分人因此被免除了年贡和公事。这些供御人和供祭人的给田（免除年贡和公事的土地）、杂免田（免除公事的土地）等名田便构成了当时御厨的实际形态。因此，从御厨的田地来看，供御人也是名主和百姓。

与前面提到的若狭的海民集团相比，这些集团的规模较大，同样也形成了各自大小不一的群体。这些群体的主要成员是正员（正供御人、本供御人），各自辅以二三名胁（胁住）。为遵循平等原则，给予正员的给免田、名田是均等的。这在近江也是完全相同的。

在此，我们回顾一下前述的太良庄的名主们。尽管东国和西国多少有些不同，但这类集团无论是农民还是海民，性质基本上是相同的。可能是由于海民具有流动性的特点，供御人的给田——御厨的田地相当分散。因此，主要田地位于河内的大江御厨供御人，在摄津的渡部也有给田。所以，如果从田地的角度来考虑，御厨和庄园其实并无太大差别。这类田地既有本家也有领家，而近江的坚田御厨的田地则成了延历寺的领地。人是鸭社的供祭人，而田地属于延历寺，这样的情况在中世是很常见的。

统管这些供御人和供祭人集团的人被称为"惣官"。可是在像大江御厨这样田地分布广泛的情况下，惣官的职位并不限于一人。其中一位惣官是水走氏，他是河内国大江御厨的山本、河俣的执当，负责管理一定范围的水域。从建长四年的让状来看，他的住宅是拥有惣门、中门的寝殿造式建筑，包括马厩、仓库等设施。他所拥有的领地和职务也广泛多样，包括附近庄和乡的长者职、下司职和公文职，以及平冈社的社务职等。他还拥有许多下人和随从，应该算是一名堂堂正正的武士了。事实上，水走氏曾是镰仓幕府的御家人。

同一御厨的渡部惣官和渡部党显然性质完全相同。在镰仓时代中期，渡部氏的这一地位被其姻族远藤氏夺去。但是，无论是出了一个狂暴僧人文觉的这一家族还是渡部党都是御家人，同时作为泷口武士[1]奉仕朝廷。

这里很好地展示了两国武士团的特点。毫无疑问，水走氏和渡部党一方面具有开发领主的特征，另一方面也是海上武士团。

海上武装商人——海盗

松浦党也具有完全相同的特征。他们在九州西北、肥前的多岛海水域的各岛上开发田地，极力扩张。这些武士是古代向大宰府[2]进贡禽鸟的宇野御厨贽人的后代。他们的活动多种多样，包括在牧场饲养牛马、在盐屋煮盐、拉网捕鱼等。支撑这些活动的，是他们带领下人和随从所组成的名为“海夫”“船党”的海民集团。源平之战时，松浦党水军的船只就由这些人操控。他们驾船渡海，甚至远至高丽进行贸易。他们有时也会当海盗。嘉禄二年（1226年），松浦党的数十艘战船突然袭击了高丽沿岸，焚烧民宅，抢夺物资后离去。

比利时著名中世史家亨利·皮雷纳（Henri Pirenne）曾说：“海盗行为是商业活动的第一阶段。”这句话恰如其分地描述了这些人的活动。率领海民集团的海上武士是武装的海上商队，有的时候也会成为海盗。霞浦以及前文提到的海民的活动区域后来都成为海盗活跃的水域，这并非偶然。

---

1 泷口武士，在藏人所的指挥下负责天皇居所警卫任务的武士。

2 大宰府，公元7世纪后半叶至12世纪后半叶，日本管理九州地区的行政机关，设于筑前国，也是外交和防卫方面的重要机构。

然而，“海盗”一词主要来自受害者或禁制者的立场。人们成为海盗应该有其理由和根据，忽视这一点的思考将是片面的。供御人和供祭人享有在各国自由往来的特权，我们可以这样理解：他们设立关卡，不允许没有特权的人随意通过自己的地盘，这正是特权的另一面。实际上，供御人和供祭人的地盘，如近江的坚田和船木、摄津的渡部等地都设有关卡。如果有人侵犯了这些特权，企图自由通过这些地方，他们会突然袭击并夺取货物，这是特权的正当行使。这无疑为他们带来了超出一般交易所得的财富，并发展成为下一步的掠夺行为。或者，这也有可能发展成为另一种形式，即只要支付过路费，他们就会保护那些通行者（后来的海盗就是这样做的）。

幕府本来是承认供御人的特权的，并没有否定商业本身。但是，对于海上武士过度行使武力和海上武装商队的强制交易，幕府施加了严厉的禁止和压制，将他们视为海上“恶党”——海盗。北条时赖多次打击海盗，将抓获的海盗流放到“夷岛”（北海道）。

然而，这里再次出现了一个困境。表面上，北条时赖政权试图压制这些武士团的海盗行为，并将他们转变为百姓的统治者。然而，海上交通和贸易却不断发展，海上武士的商人特性也日益增强。这是不可避免的时代潮流，但情况还不仅如此。

在现实中，确实存在那些在交易中寻找利益的统治者，而且这甚至已经形成一种制度。这些统治者自然会鼓励并促进贸易的发展，因此，他们会容忍海盗，甚至肯定“恶”。我们可以预见，与北条时赖的“政道”直接完全对立的“政治”就这样出现了。

在深入探讨这一点之前，让我们暂且追随那些不畏“恶”的人，看看他们是如何行动的吧。

以“杀生”为业的人们

山民

对日本人而言，大海既遥远又神秘，既亲切又熟悉。船在当时是最常见的交通工具，因此海上武士的行为似乎并不显得特别“异样”。南北朝时期之后，对“海盗”一词的负面评价就消失了，这个词在使用上等同于“水军”。这也反映出海洋与日本人生活的深刻联系，以及海民群体的重要地位。

相比之下，人迹罕至的深山则被视为敬畏的对象。正因如此，平原地区的人们带着某种恐惧看待以山为生的人们。这个时期开始逐渐形成将深山视作鬼怪、天狗等“异类异形”生物栖息之地的看法。

八濑童子即是一例，他们自称是“鬼的子孙”，别人也这么称呼。这些人当过天皇的轿夫，住在京都北边的八濑里，属于延历寺的青莲院门迹[1]。11世纪中叶，在刀祢的带领下，以烧炭、卖柴等山中劳作为生的山民已经形成了固定的群体。大原里的居民也形成同样性质的集团，大原女与前述的粟津、桥本供御人一样，都是卖炭的商人。然而，我们不能将这个时代的大原女想象为朴素优雅的女商人。她们可能也拥有特权，就像后面会提到的桂女一样，是强悍、无畏的女性。铃鹿山上有女盗贼，检非违使别当的家里也曾被看似温和侍女的强盗闯入，这些都是不久之前的事。

1　门迹，平安时代以后，皇族、贵族等出家后所居住的特定的寺院，或指该寺院的住持。室町时代以后表示寺院的级别。

海民粗野，但山里人更加凶悍。嘉祯元年（1235年）至次年，发生了一起使朝廷震骇、引起京都大骚乱的事件。在京都偏南部与河内接壤的山中，石清水八幡宫神人和春日社神人之间发生了几次激烈冲突，双方均有人员死亡。受害一方每次都会动用神舆和神木向朝廷申诉。

石清水一方在薪庄和橘园，春日社一方在大住庄，双方发生争端的直接原因是用水纠纷。冲突的激烈程度远远超过了农民之间的普通争斗。石清水神人正如其庄园的庄名所示，是为八幡宫供奉柴薪和柑橘而在大山中劳作的人。大住庄则是隼人司的领地，是被迁来的隼人的居住地。大家都知道，隼人是一种在河上架鱼梁捕鱼、做竹编的山民，而大住庄的人们也承袭了这种性格。这个时期，已成为春日社神人的这些人与前述的供御人一样，也是由正员和胁构成的集团，在庄内拥有免田，从事农耕。石清水神人也是一样。但是一旦发生争端，他们会拿起斧头、镰刀，在山野中你砍我劈，互相杀伤。这仍是山民之间的争斗。

山野武士与强盗

这时，石清水神人的"沙汰者"交野右马允贞宗和他的孙子宗胤犯下了这样的"恶行"：他们带领四五十名随从闯入山中，掘开大住庄的堤坝，并杀害了抵抗的春日社神人。"沙汰者"相当于供御人的惣官，是神人的领导者，但在这种情况下，他们实际上是在山野中横行的一群武士。贞宗的姓氏所在地河内国交野位于大住、薪庄的南面，原来是一片广阔的原野，自古以来就被设定为皇家禁野

（天皇的狩猎场）。这里也是鹰饲[1]和石清水网曳神人（抬神舆的人）的据点。

后鸟羽上皇时期，同样以地名交野为姓的交野八郎是一个强盗。他“隐居山林，潜入水中”，使得追捕他的人无法靠近。据说上皇亲自率人来抓住了八郎，并因八郎对其手段的赞扬而心情大好，于是把八郎召入宫中当作仆人使用。这个故事出自《古今著闻集》，上皇是否亲自率人抓捕了交野八郎姑且不论，但这种情况完全有可能发生。交野八郎可能是交野贞宗的同族，山野武士有时会变成凶猛的强盗。上皇把交野八郎召了去，而石清水八幡宫则担任神人的统领者。

《古今著闻集》中还有这样一则故事：石清水八幡宫子弟、擅长吹觱篥的小殿平六，在一次领地纠纷中杀死了叔父，之后就做了强盗。他在西部当海盗，在东部做山贼，在京都为强盗，在乡下路边劫道，做尽了坏事。后来，小殿平六向一位检非违使自首，表示悔罪。这位检非违使把小殿平六当作同僚，推荐给德大寺公继做侍从。平六于是便被召入德大寺家。据说，后来小殿平六利用他超凡的能力和智慧，于山林中跑得比鸟飞得还快，还能潜入水中抓捕强盗，为德大寺家立下了汗马功劳。检非违使，用现代的词来说就是警察。曾经的强盗被警察所用，来捉拿其他强盗。近世将“非人”用为刑吏的权力之可怕在这里还未显现。作者在叙述这个故事时，是怀着对强盗非凡能力的赞赏之情的。实际上，在《古今著闻集》中，与政道、文学、和歌，以及武勇、弓箭、马术、蹴鞠等并列的，还有

1 日本律令制国家设有“主鹰司”这个官署，其下有负责养鹰的“鹰饲”。

赌博、偷盗等。在当时的社会中，偷盗也几乎可以与艺能相媲美。

然而，幕府将这些人视为恶党，并严厉追查。在前述的大住、薪庄事件中，幕府认为有恶党在石清水境内射杀野猪和鹿并企图为盗，因此设置了男山守护。另外，在嘉祯四年（1238 年），曾是薪庄神人的山城国恶党薪平太越狱逃亡，3 年后在大和境内仍未被抓获。对此，幕府在畿内和西国全域发布了追捕恶党的命令，两个世界的明显差异在此已经展现出来了。

鹰饲和散所

在这个时代，交野的鹰饲正像今样所唱的“禁野的鹰饲敦友，只在斗鸟时，出来转一转”那样，已经失去了野性。然而，驯鹰正像在埴轮[1]中也能看到的那样，是一种古老的狩猎方法。从令制中的主鹰司隶属于兵部省来看，鹰饲也具有军事意义。像桓武天皇这样喜欢鹰猎的天皇不在少数，其狩猎场不仅有交野，还有宇陀野、北野等多处。随着时间推移，鹰饲转归藏人所，鹰猎也逐渐走向仪式化。最初各个氏的人都驯鹰，但后来鹰饲由下毛野氏世袭，禁野也逐渐成为专指交野的说法。12 世纪，鹰饲在交野有免田，归下毛野氏管理。但下毛野氏的发展路径与前述的交野氏略有不同。

在陪同摄政藤原忠通前往天王寺的途中，路过山崎时，下毛野武正从马上摔了下来。后来，他们再次经过山崎时，忠通想起这件

1 埴轮是在日本古坟之上或周围竖立的黏土造陶制品，有人物、动物、房屋、武器、交通工具等各类造型。

事，对武正说："武正之地是这儿吗？"武正回答："是的，正是此地。"然后他接着说："既然殿下说这是武正之地（领地），那么应该就没问题了吧。"于是强行将山崎变成自己的领地。这个故事收录在《古今著闻集·兴言利口卷》中。虽然事情可能并非如此，但下毛野氏掌控山崎确有其事。

近卫家（摄关家之一）的领地目录中记载着山科、淀、宫方、山崎、草刈等散所。从这个目录中可以明确看出，分为左方和右方的淀散所处于下毛野氏的控制之下。而在藤原兼仲的日记《勘仲记》的纸背文书中，也有显示草刈散所由下毛野氏管理的文书。因此，如果山崎散所也在其控制下，这也并不奇怪。因此，我们可以认为，近卫家的大部分散所都处于世袭驯鹰人的下毛野氏的控制之下。

一提到驯鹰人和散所，我立刻就想起林屋辰三郎的观点。林屋认为，这些设立在交通要道的散所与河滩一样都是不征税的土地，我们从中可以看到中世"歧视"的一种形式。他还认为，居住在这些地方的人们在中世是被视为"卑贱"的。从这种观点出发，林屋将楠木正成视为散所长者的观点已成为一种常识。然而，最近胁田晴子反对这种观点。她认为，正如定员外的杂役相对于正规杂役而被称为散所杂役那样，散所是相对于本所而言的。这一观点引发了争议。

的确，在这种情况下，带着"饵取"[1]的鹰饲与散所是有关联的，草刈也出现在《职人歌合》中，不能单纯看作地名。考虑到这一点，林屋辰三郎的观点看上去似乎能够成立。但是，鹰饲下毛野氏并没有受到歧视。这个家族都是近卫府的下级武官，是摄关家的

1　隶属于鹰饲，负责收集鹰的饲料。

贴身卫士，也是近卫家领地调子庄的预所庄官。当然，下毛野武正能陪同藤原忠通就是因为这种关系。而且，从前文提到的纸背文书来看，人们在草刈散所开垦了田地，并建立了百姓名。散所绝对不是免税之地。基于这点，我对使这方面研究取得飞跃式发展的林屋辰三郎敏锐的历史眼光表示敬意，但我更赞同胁田晴子对于散所的解释。

那么，饵取的情况又如何呢？我对于“这些人在镰仓时代普遍受到歧视”的看法持否定态度。12 世纪初期，近江有向天皇贡献野鸡的雉供御人，也有鹰饲。这些人后来的情况不是很明确，但我认为，镰仓时代在御厨子所的管理之下，被赋予与六角町的鲜鱼供御人相同特权的鸟供御人集团就是他们的后身。由此我们立刻就会想到，捕捉、贩卖野鸟的供御人和饵取之间存在密不可分的关系。但是，鸟供御人是被赋予在各国自由往来特权的人，从前面供御人的情况来看，很难说他们是社会歧视的对象。

当然，确实存在着将鹰猎视为“恶”并试图禁止的动向。虽然鹰猎是这个时代的武士所喜爱的狩猎方式，但幕府发出了除神社的供祭外禁止鹰猎的法令。如果不辨明这两种看法和两种社会的复杂性，而是简单地将现在的问题与过去联系起来，我认为“歧视”问题将永远无法得到明确的阐述，也无法得到解决。

鹈饲和网代

鹈饲的捕鱼方法类似于鹰饲，自古以来在日本就很盛行，现在只是供人享受夏季情调的娱乐活动。镰仓时代，用鱼鹰捕鱼渐渐成为武将们的运动项目和观赏对象。然而，在这个时期，全国各地仍然有鹈饲以鱼鹰捕鱼为生，将捕获的鲇鱼、鲫鱼作为贡品贡献给朝廷、神社。

按照律令制度，向天皇献贡鱼的鹈饲与拉网人、江人一样都是杂供户。12 世纪以后，他们以桂御厨为居所，被称为桂供御人。他们有将桂、大井、宇治等以山城为中心的河流作为鹈饲渔场的特权，可以充分利用鱼鹰。不仅如此，他们操纵的鱼鹰船也用于这些河流的船运。这些利用鱼鹰捕鱼的女人被称为桂女。这些群居在上桂、下桂的女人同大原女一样都是头上缠着白布、头顶装着鲇鱼和腌鱼的桶，走街串巷卖鱼的女商贩。从室町时代到近世，桂女被视为一种佩戴特殊头饰的游女，并因其优雅美丽而闻名。但在这个时代，拥有自由往来各国特权的桂女并不是那样的优雅美丽。

宝治二年，上桂和下桂的供御人因为渔场问题发生了争执。上桂方在这场争执中获胜，但下桂方试图利用与摄关家的关系来实现自己的主张。据说上桂女对此不法行为感到愤怒，她们集体前往院御所，冲着正好退出来的摄政近卫兼经的背影高声斥责。此前，桂供御人的“沙汰者”之妻与恶名昭彰的远江守（佐原盛连，属三浦氏一族）勾结，赶走了前来抓捕他们的官府下级官员。由此看来，这些强悍的女性中出现女强盗也绝不奇怪。这些鹈饲可能也在桂川上架鱼梁，而在宇治川和势多川，自古以来就存在设置鱼梁之一——鱼簖的网代。

物部八十氏，
宇治川上鱼簖木。

波缓水徘徊，

不知何处去。

因“柿本人麻吕”的和歌而著名的鱼簖仍是为了向天皇献贡而架设的。这些网代同时也是贺茂社、鸭社两神社的供祭人，由真木岛村君统管。这个村君也被称为真木岛惣官，是与真木岛长者、宇治长者相似的人物吧。就是说，他们是朝廷乐所的乐人狛氏一族，也是靠宇治猿乐[1]承担宇治离宫社祭典表演的人。但是另一方面，真木岛惣官和渡部惣官一样，所带领的都是正规的武士团。被曾经当过强盗的小殿平六抓捕的强盗叫真木岛十郎，他就是在真木岛的家中被小殿抓住的。

鹰饲、鹈饲和网代都是以杀生为业的。包括狩猎的山民在内，这些人都是直接与动物打交道，具有与在平原耕作的人群不同的敏捷和耐力之人。因此，他们成为强盗时，行动也惊人地敏捷。如擅长觱篥的小殿平六和真木岛氏，他们都擅长狭义的艺能也是出于同样的原因。与海民有很深关系的江口的游女，被称为狩猎民的傀儡师也是如此。林屋辰三郎从贽人的禽鸟贡献中寻找艺能的起源，在这层意义上可以说是深刻触及事物的本质了。

当然，他们并非从一开始就喜欢杀生。为了在“无常的此世”中谋生，他们不得不在海里和山里劳作。“被万佛所疏远，来世我该如何自处？”这样的哀叹正是来自他们自身深深的烦恼。另一方面，

1 平安时代到镰仓时代进行滑稽模仿和台词表演的艺能。在举行祭礼等活动时，由隶属于寺院和神社的职业艺人（猿乐法师）在街头表演。

有很多人将他们视为“可怕之人”。在这样的背景下，禁止杀生、根除“恶”源的行动也迫在眉睫。

与交通和货币流通有关的人们

游手浮食之辈

这个时代的旅行者比人们通常所想象的要多。我不是指那些往来于京都和镰仓之间，留下往还记、游记的人。虽然这样的人也不少，但我想要讨论的是那些形成小团体或者独自漂泊游历的人。可能有以某个地方为基地，为了交易而奔走的武装商队；也有为找工作而漂泊的手工业者；也有寻找猎场、渔场的山民和海民；还有傀儡师、游女、赌徒之类，以及说经师、修行者等。这些人通过漂泊和行旅来维持生计。不仅如此，还有那些从庄园或公家领地逃亡出来的流浪者，不幸患有残疾或疾病的行乞之人，被人贩子卖掉或带走的人等。

当时，人们常使用“游手浮食之辈”一词，前文曾提到在陆奥、常陆和下总有许多以赌博为生的“放游浮浪”之人。此外，建治二年，在京都的祇园御灵祭期间，“游手浮食之辈”一边供奉神舆，一边兴奋地向守卫的武士投掷飞石，在近卫室町一带引发了骚乱。投掷飞石的人被认为是杂役或京中下人等。13 世纪中叶，在流经近江的安昙川深处的葛川，有流浪各国的“恶党”建排屋居住。他们放养牛马，从事杀生职业，砍伐山林中的树木，并进行木材的买卖。

然而，简单地将这些人全部视为流浪者是不正确的。工商民、海民和山民，以及其他各种走江湖的艺人，大部分无疑都有权贵的保护。此外，那些在都城祭典中负责扛神舆的人都与神社有某种关系。实际上，为公家服务的杂役当中就有很多投掷飞石的人。甚至“葛川有‘恶党’”也是竞争对手伊香立庄的人们说的。总之，这只是一种视角，即来自前面提到的一方的世界或立场的看法，不能原封不动地接受。

那些流浪的人有时也会出现在庄园里。仁治二年（1241年），正值稻谷收割季节，在若狭国太良庄，地头的下人和百姓一起出去割稻。这时，一个已盲的乞食法师恰巧路过，乞求一些稻子。地头的下人说：“先帮我们在地里开路，然后再给你稻子。”旁边的百姓也附和说：“叫你帮忙开路没问题，地头做得没错。”至于最后这个乞食法师是否真的帮忙开了路，那就不得而知了，但他确实得到了四五把稻子，并借宿在这个庄园的“间人”大门傔仗家。傔仗家常常有行脚之人借宿。然而，地头代这时正对反抗的百姓感到愤恨，就指控乞食法师从地头亲自耕作的田里偷走了稻子，并将其赶走。他还抓走了收留乞食法师的家主大门傔仗夫妇和女佣，并将他们卖掉。最后，他还以百姓附和为借口，责备他们说：“随便说是地头的命令，还不给食物就让乞食法师开路。”于是向他们征收了两贯钱的罚款。

这是百姓讲的故事。但是，如果我们在脑海中真实地浮现出前述的割稻场景，立刻就会发现地头的做法是多么残暴。即使百姓对乞食法师多少有些戏弄的心态，但在繁忙的收割季节希望得到帮助的心情是很自然的。这里并没有黑暗的禁令和歧视的影子。事实上，乞食法师确实得到了稻子，并在庄园内找到了住宿。

尽管统治者对“游手浮食之辈”怀有厌恶，但普通民众对这些人的歧视并没有形成。在这个时期，农民自身就带有“浮浪性”，根本不可能对外来者产生歧视。

客栈里的人

前面提到了乞食法师在太良庄的大门傔仗家中找到了住宿。傔仗家只是使唤小女佣，还不算是一个正规的客栈。但在这些漂泊、游走的人们比较集中的交通要道上确实是有客栈的。

在越前国三国凑附近的金津宿有 22 户人家，由长者和番头统管。那里也有佛堂和神社，也有像美浓国青墓那样由带着游女的长者经营的客栈。游女在客栈里很常见。在骏河国宇都谷乡的今宿，有傀儡师以家庭的形式聚居在那里，他们还曾状告这个乡的统治者、预所久远寿院的非法行为，并在建长元年得到幕府的正式判决。

有时，客栈中有长吏（非人头目）管理“非人”。非人的数量各不相同，多者如山城国附近有 917 人、北山宿有 394 人、和迩宿有 143 人、额田部宿有 173 人，而像今宿这样的小客栈只有 10 人，井出宿有 8 人。然而，从傀儡师在幕府法庭上大胆成为一方当事人这一事实来看，如果一见到游女、非人就想到近世景象的话，我想那就大错特错了。

宽元二年（1244 年），属于兴福寺的奈良坂非人和属于清水寺的清水坂非人之间发生了激烈的争斗。事情的起因是，在此之前，由于清水坂长吏的“苛法之政”，吉野法师等非人都被驱赶出去。

对此感到愤怒的阿弥陀法师、筑前法师、久奴岛的河内法师、野田山的因幡法师、丹波国金木宿的筑后法师等被称为“长吏下座”的8人集结起来，谋划杀死清水坂长吏。清水坂长吏听闻此事，立即召集河尻小滨宿的长吏若狭法师、荐井宿长吏吉野法师等人进行防备，双方在淀津发生了冲突和争斗。最终，清水坂长吏被驱逐，逃进小滨宿。而此时，奈良坂长吏却劝兴福寺的寺务雅缘僧正，请他恢复清水坂长吏的职务。

可是在仁治二年，清水坂的长吏竟然企图控制奈良坂的真土宿。他与该宿的长吏近江法师勾结，企图集结非人强占该宿。不过，由于近江法师的弟弟法佛法师的反对，这一计划未能实现。清水坂长吏对法佛怀恨在心，欲除之而后快。他谎称法佛的熟人病危，让纪伊国山口宿的法师把法佛带出来，然后将其杀害，并在真土宿杀害了他的妻子和孩子。奈良坂非人对这一非法行径极其愤慨，他们攻击了清水坂非人，放火焚烧他们的住所。

这大约是奈良坂方面主张的事件经过，无论如何，这起事件都充分说明了当时客栈里的人们的实际情况。奈良坂、清水坂和北山的长吏作为客栈总店的长吏，不仅自己统管着大量的非人，还将畿内、丹波、伊贺、纪伊、近江等广泛地区的各客栈作为自己的分店。原本每个客栈都有长吏带领的非人，从前述山城国附近非人的数量推测，畿内及附近诸国可能存在着庞大的非人组织。

非人包括各种人，如那些患有残疾或疾病的不幸之人，他们都自称法师，以僧人的形态出现。然而，这些人并没有被置于社会之外。正如我刚才提到的，他们属于兴福寺、春日社、清水寺等大型神社或寺院。他们自己毫不羞愧，甚至带着某种骄傲为这些神社、寺院承担着叫作“清目”[1]的“重役”（重要职位）。

非人通过为神社、寺院提供清扫或送葬等服务，被神社、寺院承认拥有管理“宿”的特权。从某个角度来看，甚至可以说他们与前述的供御人和神人没有任何不同。的确，他们中有些人不得不靠乞讨生活，但另一方面，我们也必须考虑到他们携带武器参与争斗的事实。

前述的争论，我们通过保存在《春日神社文书》和《神宫文库所藏文书》中的奈良坂非人的陈述状（对诉讼的反驳）得以知晓。尽管这些文档中有一些平民状纸中常见的混乱、白字，还夹杂着假名，但它们大体上是以日式汉文书写的堂堂之作。他们认为清水坂长吏“虽为非人之身，却好猛恶”，并痛斥说：“虽言畜类，尚不忘恩，而有情之人类岂能如此？”

我们可以将其拿来与江户时代在“歧视”的重压下呻吟的人们所写的诉状作个比较。镰仓中期，这些非人的话语中甚至包含对“清目”工作的自豪感，道出了作为人类应有的感情。我从中看不到“歧视”的阴影。在开始使用“非人”这个词的地方确实已经显露出“歧视”的迹象，但还没有达到使非人的内心蒙上阴影的程度。

钱与借上

假如客栈分布广泛，行旅之人意外的多的话，那么完全可以想象，钱币的流通也会十分活跃。从宋钱开始流通的平安时代末期起，已历经了一个世纪的时间，此时正是与宋朝频繁交往的时期，甚至

1　指清扫污秽、不净之物，也指从事这种工作的特定身份的人。

频繁到不得不限制“唐船”数量的程度。宋钱大量涌入，并广泛地渗透到社会各个层面。当然，在镰仓时代中期，还有不少事例说明钱币仍然短缺。宽元时期，太良庄的百姓被地头征收两贯罚款时是用700文外加一匹马来支付的。到了文永六年，钱币仍是难得之物。一般认为，当时人们还要在市场上购买钱币，这似乎还不能说钱币已经完全成为一般性的流通手段。

不过，这只是在农村从事农耕的人们的情况。对于我们之前看到的非农业民——海民、山民和工商民等来说，钱币的渗透肯定要早很多。弘长新制所禁止的各神社供御人的“绫罗锦绣”“风流过差”，还有那种“婆娑罗”风气的背后一定有钱币的力量。

各神社的供御人大概都是神人，但当时拥有提供借贷的能力、在金融方面特别活跃的却是延历寺的下级僧侣——山僧。山僧被人称作“恶僧”，身着武装，是强诉时的主力。他们当中的不少人与神人和供御人出身相同。他们提供米钱时，将其当作“日吉贡物”，采取的是将本应献给日吉社的贡物借贷出去的形式。这样做可以对拖欠不还的人施加恐吓，警告他们可能会受到日吉社神灵的惩罚，利用神威强行回收债务。其他寺院、神社也是如此，熊野三山的僧人也在以“熊野御初穗物”（献给熊野神的头茬稻穗）的形式进行借贷。

这个时期，幕府最厌恶的就是山僧的金融活动已渗透到地头御家人当中。这种活动正以多种形式进行，“山僧寄沙汰”的方法即是其中之一。在发生领地纠纷等诉讼时，当事的地头御家人请山僧代为诉讼，在法庭上，山僧就成了名义上的当事人。无法支付高昂诉讼费用的人们就采取这种依靠山僧财力和延历寺、日吉社权威的方法。当然，山僧不可能免费接受诉讼，他们会要求诉主将领地的一部分捐献给自己，或者永久占有一部分年贡。这实质上导致地头御家人不得不将领地抵押或出售。尽管幕府多次禁止这种做法，但收效甚微，情况反而是愈演愈烈。

此外，为了摆脱当前的困境，人们会从山僧和商人那里借来米钱。作为回报，他们将自己领地上的年贡征收权委托给山僧或商人。这通常以采取任命代官的方式实现，所谓租借庄园指的就是此类情况。虽然幕府加以禁止，但本所领家和地头御家人仍然不断使用这种方法。

当时，人们把这样的金融业者称为“借上”。正如人们常常把“山僧”和“借上”并称，当时有非常多的山僧以此为业。当然，借上不只有山僧。特别值得玩味的是，还有相当数量的女性借上。《病草纸》中有一幅画，描绘了一位走路都显得困难的肥胖女性。这位女性就是住在“七条渡”的“家境殷实”的借上。镰仓时代末期，若狭的小滨有一位名叫“滨女房”的人，她的子侄都在从事借贷活动。此外，还有不少女性作为贷款人出现在借据上。这是一个女性商人极其活跃的时代。与其说是奇特，倒不如说是奇怪吧。但我们必须要说的是，这一事实本身已清楚地表明，钱（货币）首先是在怎样的世界中深入渗透的。

山僧与得宗御内人

货币的魅力逐渐吸引着人们。本来与供御人、神人等非农业民有着密切接触的公家、寺院和神社自不必说，连武家也想在方针政策上压制住山僧和借上，但这种难以抑制的力量却渗透到了武家内部。

之前提到的仁和寺菩提院的行遍，在正元时期的落书中也被提到，提到他的那句话是“东寺有行遍”。他是一个个性很强的人，几乎被认为是乱世中的一个象征。东寺率先设立了常住供僧，而实际上中世的东寺就是靠此人的力量才得到巩固的。他早就与后白河院最爱的皇女宣阳门院走得很近，也受到九条道家的信任，虽然出身低微，但最终升至东寺的首席长者。当他与幕府有实力的御家人安达景盛支持的醍醐寺的实贤争夺长者之位时，其激烈程度广受议论。他的生活方式相当奢华。晚年的行遍似乎从各处借了相当多的钱，其中一位债主就是安东莲圣。

安东氏是北条氏家督的家臣——得宗御内人中颇具实力的一族。后来，安达氏和得宗御内人之间陷入了宿命般的对立，而最终在安达景盛—实贤勾结之下失败的行遍站在了安东莲圣一边，因而向他借 150 贯巨款也绝非偶然吧。行遍为人很机敏，也许他早就察觉到周围气氛微妙的变化。后来据安达莲圣说，行遍借款金额太高，当时他把从住在横川的山僧暹寻那里借来的钱都拿给了行遍。于是，就在本应厌恶山僧与御家人勾结的幕府的鼻子底下，得宗北条时赖的心腹御内人与山僧结成了密切的关系。

文永元年（1264 年），行遍突然去世，留下了大笔债务。随即，债主开始向菩提院的继任者了遍等人追讨债务。如前所述，菩提院的权利延伸到了东寺供僧领下的庄园中，弓削岛（伊予）和新敕旨田[1]（安艺）也差点被其他债主以债务抵押的方式夺走，这导致本应

1 敕旨田，平安时代到镰仓时代受皇室命令耕作的土地，其收成被充作皇室开支。

关系密切的菩提院和东寺供僧之间爆发了激烈争执。当然，安东莲圣也多次催促菩提院偿还债务，由于事情毫无进展，便委托山僧暹寻来追债，这违反了幕府严禁“山僧寄沙汰”的规定。

暹寻作为专业人士，手法果断高效。他立刻在近江的坚田扣押了菩提院领地越中国石黑庄山田乡的年贡米。坚田设有延历寺的关卡，他在那里扣押了年贡米，用以偿还借款。文永八年（1271 年），菩提院的杂掌[1]强烈质问幕府：“安东莲圣世代为武家御家人，当时正为得宗效力，却破坏了严格的禁令，做出如此恶劣行径，该如何处置？”这种指控是合情合理的。这正是两种政治路线相矛盾的典型表现，这种矛盾已经在幕府中枢显露出来。

13 世纪的日本

13 世纪中期以后，日本社会迎来了一个涉及其根本制度的重大变动时期。当时农民的土地所有权尚未稳定，生产力低下，农业仍不成熟。虽然在栖息之所的定居逐渐稳固，但非农业民仍需靠游历、漂泊来维持生活。13 世纪上半叶，农业民与非农业民形成了一种稳定的分工体系，中世社会得以确立。它很容易被大自然压倒，仍具有与自然高度融合的一面，所以还是一个不成熟的农业社会。

在这个社会中，活生生的人被当作下人、随从和“奴”进行买卖和转让，这已成为日常行为，这种情况越来越严重。尽管如此，人们仍然通过血缘关系紧密联系在一起。尽管社会分为正员和胁的阶

1　本所、领家属下的庄官，负责诉讼和征收年贡、公事等。

层，但在正员之间、百姓之间始终贯彻平等原则的共同体依旧保持着旺盛的生命力，顽强抵抗着成为下人和随从的命运。在这里，父权正在确立，而女性仍然保有作为一个成员的权利。中世社会的统治者，无论是公家、武家，还是寺院和神社，都将这些下人和随从，以及百姓作为其立足的两大支柱。

我认为，当时的社会与其说是以农奴制为基础的社会，倒不如说是仍多少保留了一些未开化特质的共同体、以家内奴隶制为基础的社会更为合适。一方面，在这个以农业民为中心的世界中，正在形成以“杀生”为恶，将以杀生为业之人视为“恐怖之人”的看法；另一方面，在非农业民的社会中，与动物搏斗、与人战斗所产生的强悍、敏捷和耐力等被视为值得敬畏的对象。两者看似矛盾，却相互并存，各自保持着自身的特性。而且，一方对另一方的固有歧视在当时并不存在。

当时，这两种基础都开始了各自的发展。农民的土地保有权、下人和随从对于被分配土地的占有权正在逐渐稳固，地缘性共同体——村落开始得到发展。非农业民的游历范围逐渐缩小，伴随着他们向各地的迁徙、定居，早已渗透到这个世界中的货币终于在整个社会开始了真正的流通。在北条时赖时期，这种动向才刚刚开始。而对于已经开始变化的社会，掌权者和佛教徒都敏感地产生了反应，开始了积极的探索。

在这个背景下，掌权者当中自然而然地出现了两种政治路线：一种是之前所说的作为“抚民”之“政道”的方向，目的是作为统治者君临以农业为基础的社会。在此背景下，特别是在非农业民社会中明显表现出的异常行为被视为“恶”而受到排斥，统治者通过对“恶党”的严厉打压、对随着货币渗透而产生的过度奢侈实行严格管制，试图确立秩序。另一种则是积极肯定那些面向非农业世界的新动向，毫不犹豫地将这种力量为己所用，来加强自己的权威。走这条路线的人喜欢召唤“恶党”，与山僧结盟，投身于货币流通的世界。在这里，“过差”是理所当然的，“婆娑罗”也受到青睐。

这两条路线并非一开始就形成明确的形态。在北条时赖时期，它们尚处于萌芽阶段。也正因如此，北条时赖才能作为一位政治家，有效地运用执权与得宗、表与里的两面策略来完成自己的角色。然而，随着时间的推移，这两条路线逐渐明晰。在这个过程中，武家和公家、御家人和御内人、持明院统和大觉寺统等，种种不同形式的势力形成对立局面。

生活在这个时代的人们，或多或少都不可避免地被这两种极其矛盾的灵魂所撕裂。因此，对于那些对人心敏感且诚实的人们，特别是宗教人士来说，这是一个严肃的问题。睿尊、忍性等律僧将杀生视为“恶”的根源，劝人禁杀，背负起救赎非人的重担；道隆、祖元等禅僧则通过遵循严格仪式的坐禅，试图平静动摇的内心。这些行动都是他们对灵魂矛盾的问题提出的解决之道，而这自然而然地与第一种政治路线联系在一起。日莲猛烈批评这两者，并坚称自己是“旃陀罗之子”，而一遍则将自己投身到拯救四处游历的人们当中。他们都是从相同的苦难中坚定了自己的信念，他们的教义不久就得到走上第二种路线之人的支持。

然而，时代的发展不可避免地催生了分别代表这两种政治路线的个性人物。多次政变和内乱随之而来，并将进一步使问题明晰化。然而，简单地将这两条道路中的任何一条归类为“进步的”或“反动的”都是毫无意义的，也是不可能的。

但我认为，有一点是确凿无疑的，那就是历史明显地开始向这样一个社会迈进：一个成熟的农业社会，一个由各自独立的工商业和农业构成的社会，一个基于深刻影响人心且影响力不容易消逝的货币流通的、城市和乡村开始分化的社会。对此，未开化力量的最后反击也逐渐开始了。

然而，就在日本社会开始逐渐进入这一重大转折期时，北亚草原正在迎来宏伟的“英雄时代”。与日本的变动相比，这是一场更为朴素、粗犷且规模宏大的剧烈变革。

第三章

“苍狼”的子孙

蒙古帝国的出现

铁的力量

长城以北，广袤的戈壁沙漠延展开来。自10世纪起，散布在其周边草原上的游牧民族中开始掀起大规模的动荡。首先是契丹在内蒙古东部崛起，其次是来自北满洲的女真人，最后是一波最大的浪潮：蒙古从草原上崛起。这些民族都处于游牧甚或以原始农耕为基础的未开化部族社会阶段，但随后相继进入“英雄时代”，出现在欧亚大陆的文明世界中。始于10世纪并在12—13世纪达到顶峰的草原“英雄时代”，其推动力是铁。在中国，自唐末起就出现使用煤炭的新的铁精炼法，铁的生产力迅猛发展。这对契丹和女真产生了影响，蒙古也因此获得了爆炸性的能量。

也有一种观点认为，应该从北亚当地去发现其独特的“铁之路”。中泽护人注意到，6世纪在北亚建立起强大帝国并与唐帝国对峙的突厥就是制铁的民族，他们把铁矿资源丰富的于都斤山当作他们的圣山。“草原之路”向遥远的西面延伸，“铁之路”的源头可以追溯到公元前5世纪的斯基泰人。斯基泰人居住在距离“独目人”（他们与金属，特别是铁的种族的传说关系密切）不远的地方，祭祀以古老的铁剑为神体的主神阿瑞斯。他们的故乡甚至可以追溯到公元前1800年左右建立，约600年后突然从历史中消失的赫梯帝国。

成吉思汗的幼名叫铁木真，意思是“制铁人”或“铁匠”。在蒙古族举行的仪式中，铁匠们要在新月前夜在皇帝面前锻打灼热的铁，并将其献给天神表示感谢。有一个打铁的部族乌梁海族，从属于成吉思汗祖先的部族，被称作“森林之民”或“山之民”。中泽护人由此将蒙古族崛起的推动力——铁，视为北方的“铁之路”带来的结果[1]。

中泽护人曾质疑从青铜器到铁器的继承说，而我自然没有资格去评判这一宏大且意味深邃的理论的对错。但正如他所指出的那样，若非用铁来保护马蹄，蒙古骑兵就不可能以如此惊人的速度横扫欧亚大陆。无论如何，点燃草原游牧民对13世纪世界产生决定性影响的能量的，正是炽热的铁的力量。

---

1 这处的记述是依据中泽护人的哪篇论文或著作，尚无法确切知晓，但他所著的《铁之路·绪论》(「鉄の道·序説」,《季刊创造的世界》15号，1974年，小学馆出版）中写道：“每年正月，蒙古诸王都会召来铁匠，让他在王前锻刀。”或许文中提到的“新月前夜”乃为“正月”之误。——原编注

成吉思汗的诞生

有一匹苍狼，应天命而生。

他的妻子是一只白色母鹿。他们渡过大湖而来。

他们居住在斡难河源头的不儿罕山，生下了一个名叫巴塔赤罕的孩子。

《蒙古秘史》(《元朝秘史》) 是讲述蒙古族始祖传说的作品，是“充满大草原气息的雄浑的英雄史诗”[1]，是“成吉思汗的故事”。村上正二说，“苍狼”和“白色母鹿”代表了蒙古部族中以这两种动物为图腾的两个群体，最早的蒙古部族就是由这两个父系外婚集团构成的。

12 世纪中叶，蒙古部族——蒙古·兀鲁思，与塔塔儿部、克烈部、蔑儿乞部、汪古部和乃蛮部等部族集团进行了激烈的争霸战。这显示出蒙古·兀鲁思已经远远超出了最初的原始结构，其中已经明显出现了占统治地位的氏族集团(尼伦等)，并且有许多氏族集团隶属于它。尽管统治隶属关系仍然是“整体性的、基于氏族谱系的”，但蒙古·兀鲁思已经是一个内部包含分裂阶级的大型同族组织了。在与其他部族集团的激烈抗争中，从占统治地位的氏族中涌现出许多被称为“那颜”的军事指挥官和领导者。他们亲自率领着自己的随从，通过草原战场上的胜利成为兀鲁思的王者——汗。这些那颜

---

1 这一表述出自苏联历史学家鲍里斯·弗拉基米尔佐夫(Boris Vladimirtsov)的评语，引自村上正二译注的《蒙古秘史》第一卷(「モンゴル秘史」1，1970 年，平凡社东洋文库版)序言。——原编注

正是蒙古部族的英雄。

蒙古部族正在从未开化状态向文明迈进。蒙古社会具有三位一体的制度，即民会、族长议事会和随时准备获取真正王权的军事指挥官。应该说这项制度最适合当时的蒙古部族。而蒙古·兀鲁思将用他们的铁蹄踏破“使这个制度感到满足的边界”。

然而，蒙古·兀鲁思走上的文明之路是充满凶险的。早在11世纪末到12世纪初，原本从事狩猎和原始农耕的女真族迅速摆脱了未开化的状态，于1115年击败了契丹建立的王朝以及辽的军队，建立了以“阿骨打”为皇帝的大金国。金致力于建立一个中国式的中央集权专制国家。它不仅灭亡了辽，其实力也压倒了因辽的压迫而迁移到江南的南宋。同时，它还加强了对北方游牧民族的政治压迫。蒙古·兀鲁思正逐渐发展成为一个以汗为首的国家组织，也因此一度陷入了崩溃状态。他们在金和塔塔儿部的攻击下不得不再次进行残酷的英雄般的争斗。

然而，在这种铁与火的严酷考验中，世界史上罕见的英雄诞生了。12世纪末，铁木真，即后来的成吉思汗，一个孤独且贫穷的少年，在金的阴谋中失去了父亲，由成为寡妇的母亲抚养长大，并在此时踏上了他的征程。铁木真曾得到克烈部的王——王罕的庇护，曾与他的盟友同时也是命中注定的敌人扎木合争斗。他历经诸多充满戏剧性的苦难，最终在与他曾经的庇护者王罕的战争中获胜，于1206年在斡难河畔举行的忽里勒台（占统治地位的同族集团的大会）上被推举为王者，取名成吉思汗。当时在日本是建永元年，北条氏正在以源实朝为将军的幕府中逐渐扩张其势力。

蒙古的和平

成为王者的成吉思汗立即解散了游牧民族以往基于氏族和血缘的组织，将人民重新编组为十户、百户、千户等军事和行政单位，并强化了他的亲卫军。由此，一个新的游牧民国家诞生了。蒙古向着文明世界迈出了决定性的步伐。成吉思汗作为这个国家的首领，确立了自己作为君主的崇高地位，成为集新生国家年轻而粗犷的能量于一身的可怕的征服者。

征战和扩张开始了。成吉思汗首先攻打西南方的西夏——创造了西夏文字的党项族国家。1211—1215 年，他越过长城，攻入金并攻陷了其首都燕京。随后，蒙古再次将兵力转向西方，目标是西亚的伊斯兰帝国花剌子模。1222 年，蒙古军队攻入印度河流域，灭亡了这个帝国，进而又征服了西夏王国。就在这个时期，日本的幕府在承久之乱中取得了胜利。然而，日本人并不知道这场席卷草原的猛烈风暴。

成吉思汗于 1227 年去世，他的第三子窝阔台汗继承了父亲的征服大业。蒙古骑兵在窝阔台汗的侄子拔都的带领下，出现在伏尔加河河畔，冲入东欧草原。1241 年，他们在列格尼卡（Legnicą）附近粉碎了波兰和条顿骑士团的 3 万军队。西欧封建社会遭遇了一次重大危机，这是对其全部力量的严峻考验。然而，由于窝阔台汗的去世，拔都撤回了东方，这场危机最终没有发生。

早在此之前，窝阔台已于 1231 年征服了高丽，于 1234 年灭亡了金。蒙古的统治几乎覆盖了整个欧亚大陆的中央部分。蒙古帝国急剧膨胀之后，进入了内乱和动荡时期，直到其统治秩序重新完成整顿。在这个动荡时期，忽必烈汗出场了。他致力于完全统治北方游牧民的蒙古高原和中国农耕民定居的地区，建立大元王朝。

蒙古的远征伴随着大量的杀戮，无数的血在流淌。肥沃的农田在他们的铁蹄下荒废。然而，绝不能说其他民族因为这些游牧民特有的残酷性，就有资格谴责他们疯狂的扩张。

各民族从未开化状态走向文明时所迸发出的能量都具有爆发性，其民族个性也因此应运而生。在历史上的任何民族当中，这都是从对内残酷压迫人民、对外征服周边其他民族开始的。任何一个文明民族都没有资格只谴责蒙古，这与不应该只从农业社会的常识出发、看到不同就轻视乃至“鄙视”在日本国内仍然占有相当比重的非农业民社会是完全相同的道理。

正如拯救陷入死胡同的罗马帝国和垂死挣扎的罗马文明、为人类历史开辟新道路的是未开化的日耳曼人一样，蒙古在激烈的征服战争之后将东西方各自繁荣的文明纳入其统治之下，为东西方世界的宏大交流提供了舞台。

马可·波罗（Marco Polo）、孟德高维诺（Giovanni de Montecorvino）、伊本·白图泰（ibn Baṭūṭah）等许多广为人知的旅行家往来于东西方之间，成为东西方文化交流的重要桥梁。特别是从西方到东方的文化交流，包括景教、天主教和伊斯兰教等宗教，以及医学、伊斯兰科学等各种技术。同时，伊朗的蒙古王国——伊儿汗国的建立，在东地中海和黑海引起了政治动荡，为威尼斯、热那亚等意大利商人向东方的发展提供了契机，为西欧向近代社会的过渡铺平了道路。

日本位于这个所谓的“鞑靼和平”之外。然而，从那里产生的种种力量，试图将一切都吸纳到其内部，并作为前近代唯一的真正的外寇袭击了日本，对日本的社会和文化进程持续产生不可估量的影响。

苦恼的高丽

武人政权与“贱民”的抵抗

当蒙古在草原兴起时，高丽正处于武人政权的时代。高丽原本是由文臣掌握政治实权，他们还一直歧视武人。然而，到了12世纪末，武人的反弹开始表面化。1170年，许多文臣被杀害，武人政权随之建立。这大约与日本平氏政权兴起、幕府建立的时间相同。

拥有家臣、门客、私兵、家兵等私人武装的高丽武人与日本源平两氏的武将有类似之处。但是日本的武将在某种程度上从王朝中独立出来，建立了自己的政权。与之不同的是，高丽的武人是在现有的国家组织内部通过兼任文官、废立国王等手段来掌握政治实权。支撑日本武家政权的各地庄官级武士，与高丽地方豪族中担任地方农民和地方军队指挥官的乡吏极为相似。然而，日本的地方武士只有集结到武家政权中才能打开掌握实力的道路，而高丽的乡吏则甘于接受在统治阶层中受歧视的低下地位。高丽武人政权的性质与这一点似乎有着深刻的联系，但无论如何，随着这一政权的动摇，农民和官私奴婢的起义频繁发生，高丽王朝进入了一个巨大的动荡时期。

1231年开始的蒙古入侵给高丽带来了巨大的冲击。当时，在掌握着王朝实权的武人崔氏的指挥下，各城的地方土豪、农民、贱民和奴婢等都进行了英勇的战斗。特别是奴军——由官私奴婢与叫作“杂类”的贱民组成的被称为“奴军杂类别抄”的军队，尽管因为由文官、武官的家族组成的军队“两班别抄”早已逃亡而处于孤立无援的状态，但他们仍坚决抵抗，一步不退。还有那些被称为“草贼”的人也非常活跃。据说，这些高丽民众的战斗表现甚至让经历过多次战争的蒙古老将都感到惊叹。

旗田巍强调说，对于随后反复发生的入侵，居住在部曲的贱民（部曲与郡、县等区分开来，是贱民居住的地区）、在以铁为贡物的铁所干活的贱民等贱民集团的抵抗尤其激烈。在高丽，有人居住在像罪人或被视为罪人的人们居住的部曲或铁所那样为了贡纳手工业产品而设立的“所”中，有人居住在津、驿、馆等交通要地，还有人居住在岛上，他们在身份上都类似于贱民。[1]

如旗田先生所云，我立刻想到前述的日本的供御人、供祭人和神人等非农业民集团，高丽的这些“贱民”的性质与日本的这些人似有共通之处。如前所述，中世日本的非农业民绝非贱民，甚至还具有拥有特权的武士团的性质。在这些人被视为“贱民”这个方面，可以说高丽社会与日本社会之间存在着微妙的差异。然而，仔细观察这一事实，我们不得不说两者的相似性更是极为显著。

如果以旗田巍的研究作为参考，完全外行地将地方豪族（乡吏）比作地方武士团，将草贼比作恶党，将奴婢比作下人和随从的话，

---

1 作者有关蒙古入侵时期朝鲜半岛形势的记述，除了依据卷末参考文献列举的《元寇》，还参看了旗田巍的《高丽武人与地方势力——李义旼与庆州》（「高麗の武人と地方勢力——李義旼と慶州」，旗田巍先生古稀纪念会编《朝鲜历史论集》上，1979 年，龙溪书舍出版）等著述。——原编注

那么我们似乎可以大致把握高丽抵抗蒙古的真正动力所在了。

崔氏将都城迁至江华岛，并采取将各道的民众疏散到山城和海岛的清野战术来进行抵抗。这也似乎显示了武人政权是多么依赖军事力量。

朝鲜民族国家拥有悠久的历史，而朝鲜半岛的地形起伏复杂，这些都使得蒙古骑兵难以快速移动。即便是花费数十年时间和巨大财力完成的国宝《大藏经》被焚毁，高丽也依然继续抵抗。然而，在蒙古第二次（1232 年）、第三次（1235—1239 年）和第四次（1247 年）的入侵下，高丽国土遭受严重的破坏。每次媾和时，高丽都不得不逐步接受蒙古提出的各种条件。

蒙古皇帝与高丽王

在始于 1253 年的第五次蒙古入侵时，高丽国王高宗不得不离开岛屿去迎接使者，并承诺让二王子“安庆公淐”入朝蒙古。虽然王子已经去往蒙古，而蒙古军队也撤退了，但崔氏的武人政权仍然留在江华岛上，显示出坚决抵抗的意志。为了对此追责，1254 年，蒙古再次入侵。这次侵略前后持续了 6 年，高丽人“所掳男女，无虑二十万六千八百余人”，被杀害的人不计其数，“骸骨覆野”。尽管遭受如此惨重的打击，他们仍然继续抵抗。这个时候，前述的铁所的贱民仍勇敢战斗，屡立奇功。

可是在蒙古入侵时，人们不断郁积的对崔氏政权的不满因崔氏和国王之间的矛盾而逐渐表面化了。1258 年，江华岛发生政变，持续 60 年的崔氏政权被推翻。林衍等武人虽然没有失去实权，但蒙古与高丽的关系此时却迎来了一个转折点。和议达成后，次年，太子倎启程前往蒙古。两个月后，国王高宗在毁坏江华岛都城的“疾雷”一般的轰响声中去世了。

太子倎此时正在中国内地旅行，还不知父亲已经去世。他遇见了忽必烈。忽必烈听到蒙哥汗（元宪宗）去世的消息，正要北上夺取汗位。这次邂逅对蒙古与高丽日后的关系具有象征意义。当时，在蒙古内部，试图建立一个游牧帝国的势力与试图建立一个中国式农业型王朝的势力尖锐对立。忽必烈汗凭借其长期统治中国的经验，在蒙哥汗之后登上帝位，成为推动蒙古走向后一条道路的关键人物。

同样，高丽也面临着两条道路的选择：一条是与蒙古抗战到底的道路，武人政权是这条道路的象征，其背后有“贱民”——非农业民的军事力量。另一条是这一时期高丽国王所代表的归顺蒙古的道路，这条道路得到文臣和希望复兴荒废国土的农民们的支持。

太子倎摆脱了力量被削弱的武人政权的掣肘，正走在后一条道路上。他与忽必烈——他志在成为中国式征服王朝的皇帝——的邂逅，可以说是象征着后来的蒙古帝国与高丽王国——忽必烈汗与从元宗到大元皇帝世祖及其女婿忠烈王（元宗之子）的高丽王族之间紧密的蒙丽关系的开端。忽必烈欢迎了太子倎，并在自己登上帝位之后，将太子倎郑重地送回高丽都城。倎随后登基，成为元宗。忽必烈汗向其宣布，今后蒙古与高丽的关系将转变为基于朝贡的和平关系，从而开启了两国关系的新篇章。随着蒙丽关系的确立，忽必烈长期以来渴望诏抚日本的梦想终于有了现实的基础。而高丽也迎来了新的深重苦难的时代。

勿以风涛险阻为辞

1266年11月，来自蒙古的兵部侍郎黑的、礼部侍郎殷弘带着忽必烈的两封诏书来到高丽。其中一封命令高丽国王派向导带领蒙使前往日本，另一封则是要求日本国王前来通好。

忽必烈给高丽国王发出了严厉的指示：

> 勿以风涛险阻为辞，勿以未尝通好为解。恐彼（日本）不顺命，有阻去使，故托卿之忠诚。卿其勉之！

这是一道绝不容许有任何托词的严令。而在写给日本国王的诏书中，忽必烈这样说道：

> 高丽，朕之东藩也。日本密迩高丽，开国以来，亦时通中国。至于朕躬，而无一乘之使以通和好，尚恐王国知之未审，故特遣使持书，布告朕志。冀自今以往，通问结好，以相亲睦。且圣人以四海为家，不相通好，岂一家之理哉？以至用兵，夫孰所好？王其图之。

诏书以“不宣”作结，遵循了中国诏书的格式，表明不以其为臣属的态度。确实，这表面上无疑是中国式帝国专制君主对周边民族提出建立通交关系的要求。但是，在文末隐约暗示的“以至用兵……”这一威胁语句中，却隐含了以“苍狼”为祖先的成吉思汗的子孙对于征服的强烈意志。高丽君臣和后来的日本武家政权都没有忽视这一点。

黑的、殷弘由高丽的使者引领，离开合浦，去往巨济岛。在那里可以清晰地看到对马岛，但是对于使者们来说，横亘在眼前的大海仿佛是“大洋万里，风涛蹴天”。然而，蒙古的使者却没有前往日本，而是原路返回了。而且，高丽还向忽必烈呈送了一封解释信。这封信中暗藏着高丽宰相李藏用和蒙古使者黑的之间的默契。

意谓危险若此，安可奉上国（蒙古）使臣冒险轻进。

高丽的辩解也是蒙古使者黑的自己的话。朝鲜距对马岛很近，据说在晴朗的日子里，从对马岛的西北端通过精巧的望远镜观看，甚至能看到朝鲜的人影。“风涛险阻”本来就是一个“辞”（借口），其中却包含着拥有一片荒芜国土和疲惫人民的高丽的迫切愿望。

但是忽必烈对这个回答感到极为愤怒，这似乎更加激发了这位专制的征服者对新征服的渴望。他再次下达了严厉的命令。这一次，他命令高丽自行承担谈判的责任。拒绝已经不可能了。1267 年 8 月，高丽使者潘阜从江都出发，经过对马，于次年（文永五年）抵达大宰府。在蒙古草原上掀起的巨浪终于开始冲刷日本的海岸了。

然而，我们不可忽视的是，这与曾经在草原上奔驰的蒙古骑兵的铁蹄，与刚刚席卷“英雄时代”的狂风巨浪已经有了很大的不同。至少从表面上看，忽必烈的意图是作为统治华夷的中国式帝国的皇帝，要将日本也纳入朝贡体制。而且，当下为了渡海而不可缺少的同盟者高丽也迫切希望重建以农业为基础的王国。

我必须提到的是，曾经成群出现在东欧草原上的蒙古骑兵的威力在这里根本就不存在了，但草原狼的魂魄从未消逝。而且，越是敢于拒绝和抵抗，越能燃起专制君主忽必烈内心的怒火。面对日本的拒绝，元世祖忽必烈命令高丽动员 1 万军队，并建造 1 千艘军舰。这项动员不仅是为了征服日本，还包括了与南宋激战的意图。中国的正统帝国南宋依然在拼死抵抗蒙古的进攻。

三别抄叛乱

元世祖第三次（1269 年）、第四次（1269—1270 年）派遣使节前往日本。第三次使节仅到达对马，带着两名岛民返回。第四次使节也遭拒绝，空手而归。在此期间，高丽王朝内部一些反抗蒙古压迫的武人当中，出现了反抗亲蒙古的国王元宗、试图迁都江华岛、再次掌握实权的动向。经过一系列曲折，1269 年，武人林衍终于废黜了元宗。但这无疑引起蒙古的干涉。

元宗世子谌入朝蒙古，请求出兵。以位于高丽西北部的林衍政权发动叛乱为借口，元世祖命令大军出动，迅速将西北部置于蒙古的直接控制之下。在此期间，复位的元宗在 1270 年带着世子入朝，试图以更加友好的态度恢复领土，但未能如愿。世祖随后又向高丽派遣了更多的部队。江华岛的高丽政府动摇了。林衍在决心武力抵抗的武人与想要顺从蒙古并离开岛屿的文臣官僚之间的对立中死去了。最终，反对迁都的“三别抄”在六月一日同时暴动，彻底投入抵抗。高丽的两大势力因此彻底分裂。

三别抄是一个军事组织的总称，分为左右两个部队，名为夜别抄和神义军。它是武人政府的军事基础，在与蒙古的战斗中功不可没。从其活动来看，三别抄具有基于船只的水军特性。我想，朝鲜南岸的海民可能发挥了重要作用吧。蒙古与紧紧依附蒙古的高丽国王共同对抗高丽政府。三别抄分乘1千余艘船只南下，把全罗道的珍岛作为根据地。不久，耽罗（济州岛）也落入其控制，南部的众多岛屿也完全被三别抄压制。庆尚南道发生了与之呼应的叛乱，甚至在首都也发生了官奴叛乱。

蒙古对日本的招抚不得不暂时搁置。但在1271年，元世祖在凤州设立了屯田经略司，调派其管辖下的6千屯田军进驻，并命令高丽提供牛、农具、种子和粮食。这是想把高丽变成真正的军事基地。曾经的游牧民子孙想让士兵拿起农具来应对海民性质的叛乱。这一点鲜明地展示了历史进程中富有讽刺意味的一幕。

但是，针对三别抄的进攻得到加强，珍岛最终陷落。三别抄依托耽罗，继续进行抵抗。世祖几乎完全控制了高丽后，第五次派招抚使赵良弼前往日本。面对日本的坚决拒绝，赵良弼又于第二年，即1272年（文永九年）再次前往日本，并在日本逗留了约一年。赵良弼回国后，将这段经历告诉了世祖。

> 臣居日本岁余，睹其民俗，狠勇嗜杀，不知有父子之亲、上下之礼。其地多山水，无耕桑之利，得其人不可役，得其地不加富。况舟师渡海，海风无期，祸害莫测。是谓以有用之民力，填无穷之巨壑也。臣谓勿击便。

这是年迈的女真人赵良弼凭借着“臣虽死绝域，无憾矣”的坚定决心，两次前往日本，并基于这些经历所表达的话语。我认为，这些话确实准确地描述了日本至少一个方面的特点。当时的日本确实如此。

即便如此，元世祖仍未放弃对日本的征服计划。据说，这是因为他想通过攻打与当前大敌南宋有联系的日本来孤立南宋。也有人说，世祖是对据传盛产黄金的日本抱有野心。可能确实如此。但我在这里更多看到的是，曾在成吉思汗心中躁动的强烈的扩张和征服欲望的最后燃烧，因为在忽必烈的心中，确实有一些用各种合理的解释都完全无法说明的东西在激荡。

1271年，世祖改国号为大元，成为名副其实的中国皇帝。君临农业社会的元世祖开始更加缜密地实施他的征服计划。用于征服日本的蒙古军队不再是如前所述的草原上的骑兵，而是持犁携种的屯田军。在彻底控制高丽之前，世祖多次派遣使臣前去招抚日本，却绝不肯动用军队。

然而，局势已迫在眉睫。高丽元宗世子谌娶了元世祖的女儿，成为忽必烈的女婿。高丽王族通过血缘关系与元朝皇室绑在一起。三别抄继续抵抗，他们出击沿海地区，抓走蒙古士兵，烧毁准备用来征服日本的战舰。1271年，这样的行动持续了整整一年，导致高丽的海上交通陷入瘫痪，粮仓地区受到了威胁。但到了次年，元朝把所有驻扎在高丽的屯田军都派来增援，又动员高丽军兵和水手，全力攻打三别抄的根据地耽罗。

四月，耽罗陷落。高丽反蒙力量的根基几乎被全部拔除。但是，三别抄通过彻底的破坏来与异民族的非法统治战斗到底的不屈精神一直在朝鲜民族中流传。

随着征讨日本的障碍被完全消除，1273年7月，元世祖下令出兵。元将忻都和洪茶丘，以及高丽主将金方庆被任命为征讨军的将领，高丽的造船计划开始加速进行。“蒙古袭来”的幕布即将拉开。

第四章

文永之役

北条时宗登场

流放宫将军

在得宗北条时赖去世后不久，仿佛是跟随着他的脚步，文永元年五月三日，评定众的首席、一番引付头人大佛朝直（北条时房之子）去世。随后在八月二十一日，执权北条长时也离世了。通常情况下，北条时宗应该会在父亲的庇护和族中有实力者的支持下，等待成年之日的到来。可是，现在时宗只有 14 岁，就不得不被推到政权的前台了。

对于北条时宗来说，成为执权还太年轻。因此，在不得已之下，北条长时时期的连署、60 岁的耆老北条政村担任了执权，而得宗时宗暂时就任连署。但这仍是在时宗成人之前的一个临时且异常的安排。这些中枢部门的变动和不稳定的人事安排，给政局带来了无法预测的动荡。

十月，与北条政村一样也是北条时赖的良好合作者的金泽实时、安达泰盛被任命为越诉奉行（越诉头人）。越诉制度用来纠正原判决的错误，虽然这种制度在以前就存在了，但设立与引付一样的拥有自行审理诉讼权限的越诉方尚属首次。新政权首先通过表明审慎处理幕府政治的核心（即审判）的态度，试图稳定御家人已经动摇的信任。除此之外，这个新机构的负责人中被安插了最值得信赖的金泽实时和安达泰盛，显示了北条时宗和北条政村的真正意图。

北条时宗有一个比他大 3 岁的哥哥相模三郎时辅，其母侍奉将军藤原赖嗣，被称作赞岐局。相对于母亲是北条重时之女的嫡子时宗，北条时辅从一开始就不得不甘于庶子的地位，没有任何官职。同年十月，他被任命为六波罗南探题并前往京都。怀抱着某种期望的时辅的内心肯定是不平静的。

北条朝直去世后，评定众的首领、一番引付头人变成名越时章（法名见西）。不久后，其弟名越教时也加入其中，名越时章的儿子公时也升为引付众。

这样一来，名越氏占据了北条氏一门评定众 4 人中的半数。如果再加上引付众，则在 8 人中占据了 3 名。一直与北条氏嫡脉对抗，还在北条时赖时期就引发过乱局的名越光时的兄弟们现在正试图在中枢部门培养庞大势力。

宗尊亲王下关东 14 年，已成长为一个充满活力的青年将军。对于年幼的得宗时宗来说，宗尊完全有可能成为一个可怕的敌人。名越光时之乱会再次上演吗？这样的不安始终像一块乌云一样压在时宗等人的心头。让相模三郎时辅远离镰仓，任命金泽实时、安达泰盛为越诉奉行，这显然是北条时宗、北条政村应对不安的布局。文永二年平静地过去了。只是在年初，天空曾出现彗星，似乎引起了人们的不安。文永三年（1266年），在比企谷发生了以前在关东未曾有过的飞石大战，引起了许多纷争。

三月六日，幕府突然废除了引付制度。小型的诉讼转移到问注所，而重大案件则由分作三番的评定众处理，由执权和连署直接裁决。我认为，这一举措的目的就在于废除名越时章作为头人指挥的一番引付。越诉奉行金泽实时、安达泰盛的职权依然保持不变。即使名越时章仍然是评定众首领，压制名越氏的体制也已经建立起来。同时，幕府也秘密派遣使者上京。问题的焦点仍然是宗尊将军。使者向后嵯峨上皇作了汇报，并携带后嵯峨上皇对宗尊的婉言规劝之词于六月五日返回。这表明，幕府首脑也希望避免爆发冲突。

但令人意外的是，将军的护持僧[1]"松殿僧正良基"和将军的御息所（近卫兼经之女宰子）私通之事被揭发了。六月二十日，宗时、政村、实时和泰盛在时宗宅邸召开秘密会议。良基逃跑了。御息所宰子和她的儿子惟康王等被转移到时宗家中。镰仓人心惶惶，一片混乱，仿佛捅了马蜂窝一般。邻国的御家人纷纷穿上盔甲，拿起弓箭，聚集在一起。有人破坏房屋，也有人藏匿财物。

只有宗尊将军的住所显得格外安静，住所中只有不多的几个供奉人。有一天，名越教时率领几十个骑兵出现在塔辻宿所，引发了骚动。据说，时宗派遣使者来平息了局势，但教时并没有道歉。尽管最终没有爆发战斗，但是结局已经注定。七月四日，宗尊被安排坐着夫人之轿，在供奉人的簇拥之下离开了镰仓。或许，当年到达

1 指专为皇族、贵族等祈祷的僧侣。

镰仓时的美好记忆与此时的遗憾一同涌上了心头吧。“将军谋叛”的传言传到京城，据说良基在高野山断食而亡。不过，这些似乎只是表面上的传闻。不久，京城又流传说，良基和御息所宰子结为夫妇，幸福地生活在一起了。

宗尊被驱逐之后，北条时宗等人让宗尊不到三岁的儿子惟康王登上将军之位。然而，风暴过去后，“谋叛”并没有发生，对此，明眼人都是心知肚明。幕府也在次年向宗尊亲王贡献庄园，以示自己没有他意。

但对于亲王本人来说，这是难以释怀的遗憾。

回到京都后，宗尊写下了一句诗：“尚求北野雪，埋没此身，晨晓无痕迹。”

然而，引发骚动的根源绝不简单。总之，为了平息社会深层不断加剧的动荡，宗尊不得不再次离开镰仓。历史的车轮碾过宗尊那“无痕迹”的慨叹，继续前行。

延历寺的动荡

不仅在镰仓，同一时期在京都的朝廷也发生了剧烈动荡。文永元年，延历寺发起激烈的强诉。该事件与前一年的事情有关，当时延历寺的宿敌园城寺被给予了天王寺别当一职，并获得了丹波国作为建造堂塔的捐献。然而，直接的导火索是日吉社的宫仕[1]在丹波国一宫出云社的领地被杀害。这片神社的领地已经变成了西园寺实藤

1 负责卫生等杂务的低级神职人员。

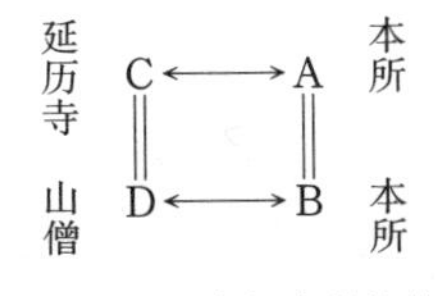

图 4-1　延历寺与本所的关系

的家族领地，但是实藤任命的预所借用了日吉神社的贡品，还杀了要求返还的宫仕，由此激怒了延历寺。他们要求惩罚预所并发动暴乱。

朝廷虽然答应延历寺的要求，将预所投入监狱，但暴乱并未平息。在骚乱中，延历寺的讲堂甚至堂塔都被烧毁。僧众无视座主[1]的制止，将神轿扔向后嵯峨上皇、后深草上皇的御所。无奈之下，后嵯峨上皇流放了西园寺实藤。因此而得势的延历寺于五月二日向园城寺进发，再次将其焚毁。终于，延历寺、园城寺都被烧毁。这是前所未有的事态。不仅是延历寺，兴福寺也爆发了僧徒对别当圆实的强诉。六月，奈良坂的非人冲向宇治坂的乞丐住地，焚毁了他们的住所。

尽管并非所有情况都是如此，但从前述的菩提院行遍以及当前丹波国出云社的情况来看，这些动荡的背后都有钱币流通和金融活力的激发，以及领地频繁转移等因素。这可以概括为以下情况：B把从A那里获得的领地作为抵押向D借钱，在无法偿还时不得不将其转让给D。当然，A不希望把领地转交给D，而B也利用这一点拒绝D的要求。争议由此产生，有时还会导致械斗事件。D借助C的力量起诉A，试图一举解决问题，结果引发中央的政治问题。这样大小不一的争端在各地发生，一波接一波，动摇了京都的朝廷和镰仓的幕府。

骚动的第二年（文永二年），朝廷特别禁止公卿、殿上人无故巡

1　指日本中世以来，延历寺、金刚峰寺和醍醐寺等大型寺院的最高等级僧职。

查各寺各山的领地，并进一步禁止山僧使唤俗人。这是为了尽可能减少寺家的领地与公家、俗人的领地因相互混杂而产生纠纷。

地头御家人的领地也处于这股动荡之中。我们可以将前述的 A 视作幕府，B 视作地头御家人。幕府自身也不知道是否会被卷入此类政治问题。幕府禁止山僧担任代官，不喜地头御家人与山僧借上相接触，部分原因就在于此。但情况已经发展到不能在这个层面上解决的地步了。

首个“德政令”

为了严厉追究延历寺、园城寺的首谋者并平息这次骚乱，幕府通过更换将军稳定了内部的动荡局面。文永四年（1267 年），幕府废除了之前新设的越诉奉行。这表明，中枢部门在某种程度上已经稳定了。在此基础上，十二月二十六日，幕府在评定会议上制定了 3 条法令，这被称为首个“德政令”（御家人领地恢复令）。

这项法令首先禁止御家人之间的领地抵押或买卖，即使已经抵押或买卖的领地，只要将原物（原价的钱或物）返还给买主，原主就能重新收回领地。这一条对御家人之间的交易有效。如果是非御家人的凡下购买了土地，则这些领地将被没收。这一条曾在延应二年（1240 年）的法令中已有规定，德政令再次加以确认。其次，禁止以“和与”（无偿转让）为名将领地转让给他人，并命令返还这些土地。这是为了遏制实际上是买卖行为的和与。最后，禁止已离异的妻子将前夫转让给她的领地交给现任丈夫，也禁止非御家人女子、傀儡子、白拍子[1]等女性管理丈夫的领地。

这些措施背后的意图很明显，就是尽可能抑制御家人领地的转移，特别是坚决阻止其落入非御家人或凡下之手。然而，这反过来也说明了在这个时期，御家人的领地通过买卖、抵押、和与等方式，是如何剧烈流动的。这项法令通过行使强权，意在给这种流动加以限制，以稳定动荡的幕府。

然而，这一措施在各地引发了许多摩擦。文永五年，守护代及其家人以该法为挡箭牌，占据东寺领地安艺国的新敕旨田三町九反，并声称这是买卖地。这引发了东寺的强烈反对。此外，在本金返还之前，有些原主强行开始耕作自己原来的领地，或者即使返还了本金，有的债主仍继续耕作而不返领地。这类纠纷在各地不断发生，幕府不得不在这一年详细规定在这些争议田地上种植的作物的归属。幕府承袭了北条泰时、时赖时期的政策，努力为御家人的领地提供充分保护，试图恢复其本来的状态。但这反而成了新的纠纷之源。这里展现出幕府面临的严重困境，社会的动荡竟已经发展到了如此地步。正是在这样的时期，高丽的使者首次出现在日本，传达蒙古皇帝的意志。

蒙古国书到来

文永五年年初，高丽使臣潘阜携带蒙古皇帝的国书和高丽国王的国书，到达大宰府。这些国书被大宰府当地的最高负责人、筑前

1　指平安末期至镰仓时代流行的歌舞，也指表演歌舞的游女。

国守护少贰觉惠（武藤资能）接收，并在次年闰正月初送达幕府。二月初，朝廷正式接收了幕府送来的国书。国书到来的消息已经传开，幕府和朝廷都被异常的紧张气氛所笼罩。关白近卫基平在日记中写道："国家之珍事、大事也，令万人惊叹。"

经过连日的讨论，院评定决定不回复国书。同时，各神社和寺院进行了降伏异国的祈祷，幕府向22座神社供奉币帛，派遣公卿敕使前往伊势神宫，派遣山陵使前往七陵等，向神佛和祖灵报告和祈愿。这些都是当时朝廷认为能做且应该做的事情。

面对这种情况，二月二十七日，幕府向赞岐国守护北条有时下达指令：

> 蒙古人包藏凶心，窥探本朝，近日将遣进牒使。尽早准备之主旨，当相告于赞岐国御家人等。

这指令不仅发给了赞岐，可能还广泛下达给了西部各国（山阳、山阴、南海和西海各道，即现在的中国、四国和九州等地区）的守护。蒙古国书尚未明确表露出兵意图，但幕府从中嗅出了蒙古窥视日本的"凶心"，并下达了准备战斗的指令。

三月五日，执权和连署的位置发生了变化。18岁的得宗时宗成为执权，而宿老北条政村成为连署，辅佐执权。面对异常情况，幕府首脑通过这样的人事安排表示了对于执权、得宗的地位不容他人干涉的坚决态度。就这样，青年时宗不得不担负起坚决应对内外矛盾的使命，登上了历史舞台。

蒙古国书的到来也引起了佛教界的各种反应。睿尊早就在四天王寺进行了驱除异国灾难的祈祷，自那以后一直热心地进行着类似的祈祷。我们可以在这里看到律宗僧侣对于形势的敏感反应，但特别引人关注的是日莲的行动。日莲重新抄写了《立正安国论》，通过得宗的御内人宿屋入道最信将其献给时宗，并陈述了自己的意见。日莲高调地发表"我的预言准确无误"的声明，并将其写成书信发送给各方。当时，睿尊的弟子忍性自前一年起就住在镰仓的极乐寺，与建长寺的禅僧兰溪道隆一起取得了北条氏一门的信任。日莲此前针对念佛宗的批评，从这时开始特别针对律宗和禅宗，并且进一步扩展到真言宗。

> 念佛者无间地狱业，禅宗天魔所为，真言亡国恶法，律宗国贼妄说。

日莲宣称，高举上述所谓"四个格言"能退蒙古的，只有日本第一法华经行者，也就是他自己。但是幕府并未对此作出回应。

三年的空白期

幕府无视国书，潘阜无功而返。元世祖再派黑的、殷弘前往高丽，命令高丽作为向导前往日本。文永六年的三月，一行人来到对马，捉拿了两个岛民后返回。同年九月，以送还这两人为名，蒙古再次派使者携带蒙古中书省牒状和高丽国书来到对马的伊奈浦。

面对这一情况，朝廷决定回送答复，由菅原长成起草文案。现存于《本朝文集》的案文中写道，"蒙古之号，于今未闻"，"凡自天照皇大神耀天统，至日本今皇帝受日嗣，圣明所覃，莫不属……故以皇土永号神国”。文中主张用兵不义，并拒绝通交。然而，幕府的评定在之前处理牒使时曾表示不应有回牒，而此次则认为不能给予回牒，因此压住了此事。由此可见，当时外交权实际上掌握在幕府手中。

一般的观点都把幕府的态度解读为坚决拒绝。的确，相比于朝廷的软弱，幕府的态度更为坚定。然而，幕府真的对这些使者采取了如此积极的态度吗？直到蒙古使者赵良弼来朝的文永八年，幕府为了防范蒙古袭来究竟做了多少准备？

文永六年，幕府在时隔 3 年后又恢复了五番引付，随后在次年又废除了文永四年的法令（御家人领地恢复令）。这可以说又恢复到北条时赖时期了，并不能被视为一种新的积极政策。相反，幕府在这个时期更多地专注于应对激烈动荡的延历寺。

在之前的骚乱之后，延历寺内部发生了梨本门迹的门徒与座主青莲院门迹尊助法亲王及其门徒之间的激烈冲突。文永五年年底，幕府介入并采取强硬措施，撤销两个门迹的资格。此举引发了东西两塔僧众的抗议，他们在次年抬神舆进京，与武士发生了冲突。朝廷重新任命了两个门迹，暂时平息了事态。但幕府严厉追究事件的责任人，不顾众人的抗议，最终让其交出了 51 人名单。时宗政权的专制性质在此已显露一端。文永七年（1270 年），针对在本所一元化统治下的庄园中发生的争斗，幕府也展现了坚决抑制的意志，这一点也清楚地表明了幕府的专制性质。

虽然这并不意味着以前的不干涉原则发生了改变，但幕府政权对于本所一元化领地显示出不宽容的态度。幕府政权在这里的态度与之前扣留朝廷返牒的做法有着共同的性质。

然而，这并不特别意味着新政策的推出。如果是那样的话，那么幕府就不可能浪费了蒙古国书送达后的宝贵的 3 年时间。至少可以确定的是，幕府根本就没有全面实施过防备外来袭击的措施。

北条时宗政权面对内外的重大问题，未能迈出果断的步伐，屡屡陷入停滞状态。横在他们面前的内政问题包括以延历寺为代表的本所一元化领地问题，还有御家人领地动荡的问题，甚至还有幕府中枢存在的问题。

正如金泽显时后来所说："自文永六年以来，无论何事，在世间动乱之中，皆难辨他人、自身安否。"这种莫名的不安阻碍了北条时宗等人前进的步伐。

最终，前进的契机来自外部。

蒙古袭来的前夜

北条时宗政权的启动

文永八年八月，高丽使者到达大宰府，并带来一份高丽独有的牒状，牒状中警告日本如果拒绝招抚，则蒙古的入侵就不可避免。紧接着，九月十九日，赴日信使赵良弼带着 100 多名随从抵达今津。他以亲自进京，直接向国王和将军递交国书的强硬态度向大宰府施加压力。这清楚表明蒙古的入侵已经不远了。已经不允许再浪费时间了。幕府一方面对赵良弼带来的国书置之不理，另一方面也开始为加强防御迈出真正的第一步。

九月十三日，幕府为应对“蒙古人袭来”，向居住在东国但在镇西拥有领地的家臣发出指令，要求他们亲自或让代官前往镇西，负责“防御外国”。住在武藏国的小代氏便是在这时前往其领地肥后国野原庄的。东国的武士们以此为契机，纷纷迁往西国。这本来是为了加强镇西的军事力量，但幕府同时也命令西迁的御家人镇压其领地内的恶党。对抗外敌的第一步，也是镇压内部叛乱者的第一步。时宗的权力终于开始全面启动。阻塞在这种决心面前的所有障碍都必须通过强权来清除。

高木丰评论说，对日莲未实施死刑而改为流放佐渡的处罚就是这样发生的。这时，日莲的攻击矛头特别针对极乐寺的“良观上人”忍性。

日莲主张遵守戒律，禁止杀生，呼吁阻止天下人饮酒，号召修建道路和桥梁，被尊称为“生身如来”。同时，日莲尖锐批判忍性对贫民的行为只是伪善，“贮布绢财宝，以借贷求利为业”，在七道设置关卡收取费用，“在饭岛的渡口收取六浦的关米”。特别是在那年大旱期间，他还向忍性提出挑战，欲争祈雨之法验。

正如后文将要描述的那样，忍性等律僧当时与北条氏一族联系紧密，利用日莲批判他的手段涉足货币流通以及各种流通渠道，即设立关卡收取通行费、通过金融活动获得利息等。忍性确实是为了救济非人和贫民而投入大量精力。然而，即便是通过改善宿泊处、道路和桥梁而使交通更加便利，实际上也使那些旅人——游走四方的非农业民感到苦恼，这怎么能不是伪善呢？日莲的批评正是针对这一点。

并不只针对律宗，日莲对同样与北条氏一族联系紧密的净土宗（与重时流、大佛流关系密切）和禅宗的攻击也同样猛烈。

日莲声称，北条时赖、重时都已堕入地狱，应当烧掉净土、禅、律三宗的寺院，砍下念佛者的头颅，否则日本必将灭亡。对此，忍性及净土宗的良忠等许多僧侣自然发起了激烈的谴责。不仅如此，对于开始直接批判北条氏权力的日莲，开始运作起来的时宗政权也以严厉的镇压来回应。

在发出下镇西令的前一天，即九月十二日，侍所所司、得宗御内人中最有权力者平赖纲决定逮捕日莲，并将其流放至佐渡，同时开始大规模镇压日莲的门徒。对于日莲的处罚曾内定为斩首，眼看就要在龙口执行了。然而，日莲最终还是被救下，并被流放至佐渡。关于斩首未遂的原因，高木丰、川添昭二等人认为这与时宗的妻子怀孕，以及其兄弟、幕府最有权势的御家人安达泰盛的进言有关。我也认为有这种可能。事实上，幕府核心的两位实权者平赖纲和安达泰盛已经形成对立，这种情况很可能影响了对日莲的处罚方式。

然而，在经历激烈的镇压时，日莲却从中看到了对《法华经》之真理的证明。日莲的声音从这种坚定信念中诞生了："我是贱民之子"，"是片海海人之子"[1]。这虽然并非在直接表明他的出身，但我认为，"安房国东条乡清澄山住人也"（作为武士身份的称谓）与"海人之子"之间的距离，比通常认为的要近得多。日莲敢于明确地称自

1 这一时期日莲的著述中能看到类似于"我本出身于安房国东条片海，生于石隙之间，乃贱民之子"（文永七年，日莲致义净房的信）等的表述，还未能找到"片海海人之子"一词。——原编注

己是“贱民”,这声音正是来自他因残酷的镇压而得到证明的作为“日本第一法华经行者”的骄傲，以及他所弘扬的自觉。权力施加的严酷流放，造就了一个不屈的思想家。

二月骚动

一旦开始行动，时宗政权似乎就不知停止，迅速转向了下一步。在督促迟迟不动的东国御家人加快前往镇西的同时，时宗对已经前往任职国的丰后国守护大友赖泰发出指令，要求他动员御家人去守卫筑前和肥前两国的要害之地。

大友赖泰立即将这一命令传达给在丰后国的御家人，并亲自前往分配的警戒地点，指挥御家人执行警备任务。当时筑前和肥前的守护是少贰觉惠，他也接到了与赖泰相同的命令。此后，这两人分别被称为镇西东奉行和镇西西奉行。他们指挥九州各国的御家人执行警备任务。这就是所谓“异国警固番役”的开始。

九州各地的御家人受命驰往博多。其中一些人考虑到战场上可能发生的意外情况，将自己的领地交给年幼的子嗣后才出发。萨摩国御家人延时忠俊就将其领地转让给了儿子熊寿丸。他抵达博多后，从少贰觉惠那里得到执行警固番役的证明(覆勘状)。

文永九年二月十一日，镰仓突然发生战斗。大藏次郎左卫门尉、涩谷新左卫门尉、四方田泷口左卫门尉、石河神次左卫门尉和萨摩左卫门三郎等人都被视为得宗御内人，他们与众多武士一起攻击并诛杀了名越时章及其弟教时，同时抓捕了曾经侍奉宗尊亲王、来自京都的贵族中御门中将实隆。4天后，自去年十二月以来一直在京都担任六波罗探题的北条重时的孙子北条义宗（北条长时之子）接到了来自关东的急报。北条义宗出兵急袭，并消灭了南探题、北条时宗的庶兄北条时辅。这一事件被人们称为“二月骚动”。

自文永元年至文永三年，在宗尊将军被流放后一直潜伏着的动摇幕府的矛盾终于以这样的形式爆发了。以北条时宗为中心的核心层显然认为这是以名越氏为核心的反对派的阴谋，并采取了先发制人的攻击。在武士们行动的二月十一日，幕府禁止各国御家人擅自前来。但次日，北条时宗亲自给奔驰到幕府北门的武士盖了表示认可的印章。这些武士中既有但马国的御家人，也有被看作得宗御内人的人物。从他们也是之前的讨伐者这一点来看，至少在那个时候，时宗已在积极地指挥这场战斗了。许多人在战斗中死去，安达泰盛在京城的哥哥赖景也因受此事件牵连而被没收了领地。北条时宗似乎从一开始就在思考一个巨大的阴谋了。

但是，不久后情况就发生了逆转。名越时章并无异心，他被诛杀只是个误会。结果，之前的大藏等 5 名武士因此被问责，并于九月二日被处决。在骚动中幸存的名越时章之子公时的许多领地得到了确认。但杀死北条教时的武士既未得到奖赏，也未受到惩罚，反而成了人们的笑柄。从这一点来看，教时可能确实有些许叛心，但这使得按照时宗的命令努力工作的武士们完全变成了喜剧演员。

我们目前还没有直接描述这一逆转情况的史料，但这次骚动的结果是，北条时宗政权确实将权力掌握在了自己手中。其成果之一便是收回了名越时章在九州担任的守护职位——筑后、肥后、大隅的守护职。在面临警戒异国这一重大任务时能够按照自己的意愿安排最重要的九州三国守护的人选，这无疑使得时宗政权未来的政策更加容易实施。因此，从这个结果来看，名越时章可被视为为了在九州贯彻时宗政权的意志而不得不做出的牺牲了。而且，这次收回的守护之职没有任命给任何一个北条氏的人。筑后的守护由大友赖泰担任，肥后由少贰觉惠（不久后改为安达泰盛），大隅由千叶氏担任，而北条时辅任守护的伯耆则由佐原赖连补任。这些都是豪族级别的有实力的御家人，特别是佐原赖连，属于后来在霜月骚动中灭亡的安达泰盛派。操纵这次继任者任命的，肯定是幕府中最有权势的人物安达泰盛。

二月骚动最初是由得宗御内人主导的。直接的契机可能是警戒异国开始时，幕府内部在包括人事在内的各种问题上没有取得一致。通过诛杀名越时章，问题得以解决，随后安达泰盛逆转了局面，打击了御内人，又通过收拾残局进一步加强了他在幕府中枢的实权。根据以上事实，我做出了这样的推测。

确实，这次流血事件成为契机，使北条时宗政权首次正面应对内外局势。但受到安达泰盛打击的御内人的反弹可能潜藏得很深，他们中最有实力的人物平赖纲和安达泰盛的对立反而愈发明显。而评定众首席被诛杀和诛杀者被处决这样的逆转剧，无疑进一步在幕府内部加剧了“如履薄冰”一般的不安。时宗政权远非铁板一块，在其内部孕育着两股力量的激烈对立，以及被夹在中间的人们那难以言状的不安，同时，它还必须面对可怕的外敌。

幕府的动荡使得被流放到佐渡的日莲更加坚定了信念，他认为这正是“自界叛逆之难”。日莲提到：“宝治之战已经过去 26 年，今年二月十一日、十七日又将发生战斗。”他大声宣称：“作为关东一门的领袖、日月、龟镜、眼目，日莲被抛弃时，必将发生七难。”他回想去年九月十二日被判流放的那一刻，更加尖锐地将攻击的矛头指向幕府。

这一年，二月骚动发生 6 天后，后嵯峨法皇在嵯峨如来寿量院驾崩。随着这位在北条时赖时期作为西面统治者君临天下的法皇之死，皇统的分裂已然不可避免。不仅是幕府，激荡的波澜逐渐席卷整个日本。

文永十年的“德政令”

随着蒙古的攻击日益迫近，赵良弼再次来到日本，并在日本住了一年。既然日本对此没有回复，也没有接受招抚，那么蒙古入侵就已经不可避免了。

文永九年十一月十日，幕府命令各国提交大田文。幕府让各国守护调查庄园和公有领地的田地数量和领主的名字，并汇总上报。大田文是当时的基本土地台账，幕府向御家人征收的关东公事也是以这些土地（公田）的数量为基准的。当然，即将到来的与蒙古的战斗也必须以这些台账为基础，从人力和经济资源等方面动员军事力量。幕府试图通过这样的调查来准确把握实际状况。

然而，随着调查的进行，幕府出乎意料地发现御家人所拥有的土地发生了大量转移。很多土地因为买卖、和与等原因转到他人手中，其中一些非御家人和凡下甚至自称御家人，拥有了御家人的土地。这种情况下，动员可靠的军事力量是不可能的。

幕府对这一事态的反应非常迅速。十二月十一日，幕府决定，以和与的方式将御恩之地（将军授予的领地）转让给他人的，除非有特殊的缘由，否则不得进行转让，而已转让却无合理理由的领地将被没收。文永十年五月，连署北条政村去世，幕府立即通过任命北条重时的儿子义政为连署来填补这一空缺。七月十二日，幕府颁布了御家人领地恢复令。根据这一命令，御家人可以无偿收回抵押的土地。不仅如此，对于正嘉元年以后转让的土地，已交到债权人手里的，幕府给予承认；对于给予了安堵[1]文书的土地，承认本主的异议申请（文永八年，即1271年《不易法》颁布，规定幕府在康元元年，即1256年北条时赖任执权的时期以前做出的决定均不得更改）。

这种情况自然引起了相当程度的混乱，涌现出各种形式的大量诉讼。为此，幕府在同一天命令引付众和奉行人迅速处置，公正审判。

与此同时，在龟山天皇亲政下的朝廷，议定众（继承院评定众职能的机构）拟定了继承弘长新制的新制度。朝廷首先于四月二日颁布了关于神事、佛事、节俭、任官和杂诉决断等的5条新制，接着在九月二十七日颁布了25条详细新制。这显然是一次东西呼应的“德政”行动。后来，领地恢复令被称为“德政令”，其由来便在此。

通过德政令，幕府再次对社会发展踩了急刹车。然而，幕府认为这还不能应付紧急事态，于是进一步加大了打击力度，于八月三日发布了一项指令，要求上报田文时应注明被抵押出售领地的位置和领主的名字。这不仅仅是解决个别问题的举措，更是幕府试图通过权力直接将这些领地恢复给原持有者的措施。当然，这将导致激烈的冲突。面对这些冲突，幕府督促守护和御家人，通过严厉镇压

1 本是“安心”“放心”的意思。在日本历史上，是指主人承认与从者的主从关系，以及承认从者领地的所有权。特别是镰仓后期以后，意味着朝廷承认其对所辖地域的统治，对领地的所有权等。

“各国之恶党”来控制局面。

这无疑是一种令人震惊的专制性压迫。在这种压力下，有许多人含泪忍受，其中一个典型的例子可以在若狭国太良庄看到。

为悲惨命运哭泣的非御家人

如前所述，这个庄园的末武名原本是御家人出羽房云严的领地，云严衰落之后，自称为御家人的宫河乘莲继承了该领地，并将名田让与女儿藤原氏女。然而，同样声称继承了云严权利的御家人胁袋范继的妻子中原氏女提起了诉讼，这两位女性一直都在争吵。正好在这时，老僧圣宴作为庄园统治者东寺的预所出现在现场。由于种种原因，他热心支持藤原氏女，使得中原氏女处于不利的位置，几乎败诉。

幕府的各项法令产生了震撼性的影响。以恢复“御家人迹”[1]为旗帜的若狭国御家人揭露了乘莲只是一个普通农民，而藤原氏女是非御家人的事实，并提交联署状支持胁袋范继和中原氏女。守护所也随之采取行动。守护声称自己“近年受命守护御家人迹，特别是现在已得到关东命令”，最终进入庄园，在名田立下了点札（表示禁止收割的木牌），并没收了土地。形势因此一举逆转，中原氏女占据了优势，而藤原氏女以及支持她的老僧圣宴则不得不面对悲惨的命运。

利用金钱的力量和各种手段来获取御家人领地的非御家人和凡下，都处在同样的命运之下。那些尝试反抗的人被当作“恶党”受

1　迹，指御家人过去所拥有的土地、宅邸等财产，也包括地位或功绩等。

到弹压。在这些人中，可能也包括了我们之前看到的那些借上和富裕的得宗御内人。

可以说，幕府的一系列政策是建立在对这些非御家人和凡下的强制压制之上的，说到底还是坚决保护御家人的。在幕府这种顽固态度的背后，我们可以清楚地看到御家人的保护者安达泰盛的态度。执权时宗无疑也接受了这位实权人物——他也是时宗之妻的兄弟——的主张，并深深信任着他。虽然是建立在许多牺牲之上，但安达泰盛的决断基本成功地在国内营造了一种异常紧张的气氛，并为对抗外敌做好了准备。

在这样的氛围中，文永十一年（1274 年）二月，日莲在佐渡岛收到了赦免状。三月，他回到镰仓，与平赖纲再次会面，并阐述了自己的观点。虽然这次赦免背后的具体情况不明，但日莲的主张遭到了坚决的拒绝。他说："我最终还是一个人，注定要在日本国内流浪。"这次会面之后，日莲带着深深的孤独感，独自前往甲斐国的身延。

此时，高丽应蒙古的严令，为远征日本而昼夜不停地加紧造船。袭击的威胁已经迫在眉睫，只剩下半年的时间了。

与异国人战斗

元军来了

远征日本的军队定在七月出发。五月，2 万名元军和 1 万多名高丽军在合浦集结，用高丽人的血汗建造的900艘战舰也在六月全部完工。高丽世子与元朝皇女的婚礼之后，这支庞大的军队本应出发前往日本。但是，由于高丽国王元宗突然去世，出发时间被推迟了。

元宗去世后，刚成为元朝皇室成员的世子即位为忠烈王，并在九月完成元宗的葬礼。十月三日，由都元帅忻都、副将洪茶丘和刘复亨率领的元军，以及由勇将金方庆指挥的高丽军乘坐的战船开始向日本进发。远征日本的大幕就此拉开。

十月五日下午，许多战船出现在对马岛的佐须浦小茂田的海域。当时，对马全岛属于地头少贰氏，守护也由他兼任，宗资国为该岛的代官。宗资国带领军兵半夜前往现场，并于清晨派出使者去了解详细情况，但使者却遭遇了船上射来的乱箭。不久，七八艘大船上的大约1000名异国人开始登陆。宗资国随即迎战，他拼命抵抗，但最终战败身亡，许多武士也同时战死。对马岛上有组织的战斗就此结束。元军放火烧了佐须浦，杀害或活捉了许多男性，女性则被集中起来，用绳子绑着一起拖到船上。

至今，在对马各地仍然流传着与元军战斗并阵亡的武士的故事。在上对马的比田胜，有下野次郎盛忠与袭击比田胜湾的元军战斗并阵亡的传说，江户时代的人还为他建了墓地。此外，在吉田也有与侵入三根湾的敌军战斗并战败身亡的甲斐六郎墓。加志的河岸有越前五郎墓，尾崎有蒙古冢。十月十四日，元军进攻壹岐。在此前的9天里，元军进攻对马各地也并非不可能。然而，目前没有办法证实这些故事，只能将它们视为传说。但值得注意的是，这些故事都与文永之战相关。这些传说似乎表明了，这场最初的悲惨失败给对马人留下了极其深刻的记忆。

壹岐的守护也是少贰氏。守护代"平左卫门尉景隆"率领百余名御家人，与在"西面"登陆的元军战斗。战斗持续到第二天，在城里抵抗的景隆力竭自杀。这里也重演了与对马相同的惨剧。元军继续向九州进发。日莲在他的书信中说，元军途中袭击了平户、鹰岛等岛屿，杀害或活捉了数百名松浦党的武士，屠杀了各地的百姓。为了赞颂八幡神的灵验而写就的《八幡愚童训》也记载了同样的事情。对此也有否定的观点。然而，根据福田以久生最近介绍的《有浦文书》来看，松浦庄内佐志村的地头佐志房与他的儿子直、留、勇 4 人都在文永之役中战死，加上已知的山代谐战死的情况，可以肯定松浦党遭受了重大损失。

竹崎季长的战斗

"元军来了"的消息，从对马、壹岐传到了博多。十月十七日，快马抵达了六波罗。京都和镰仓都陷入骚动，九州的武士纷纷集结到博多。十九日，元军抵近北九州沿岸，二十日凌晨开始从百道原等地的海岸登陆，目标直指博多。已经在海边集结的武士们与之展开了激烈的战斗。让我们看看肥后国御家人竹崎季长的战斗吧。

那天在博多列阵的大将是少贰觉惠的儿子景资。他可能也是肥后国的守护代。竹崎季长虽然是御家人，但可能是庶子，而且正因涉及领地的诉讼而处在"无足"（无领地）的境地，仅带领五骑随从。与一门的武将相比，他的装备相当简陋。虽然有人说，如果他成为自己手下的随从就愿意照顾他，但季长拒绝了，因为这样一来，战功将归主公所有。尽管装备寒酸，竹崎季长仍然高举起自己的旗帜，作为一个独立的武将出征。

大将少贰景资对竹崎季长说，元军登陆后在赤坂列阵，你人员太少，就在息滨迎战吧。但竹崎季长为了脱离“无足”的身份，非常渴望在这里立功。他决心成为肥后国的先锋，于是便离开了大将少贰景资，冲到了他们的前面。

> 我只有五骑随从，不可能在大将面前杀敌立功。我只有勇往直前，才能立下战功。现在我来作先锋。请您为我向上峰报告。

竹崎季长这样对少贰景资说。景资回答说：“我可能无法生还，但如果能活下来，我一定会上报的。”季长颇受鼓舞，向赤坂冲去。他一冲到赤坂，就遇到了用太刀和长刀挑着元军首级、率领数百骑撤回来的武将。这位武将是与竹崎季长同一国的御家人菊池武房。竹崎季长因此更加兴奋。

元军不断受到菊池武房的追击，大部分退到麁原，少数退至别府的冢原。他们试图在鸟饲的滩涂集结。竹崎季长也追赶到这里，但由于滩涂影响马的驰骋，元军得以逃脱。急躁的季长准备向在麁原举旗列阵的元军大部队发起冲击。跟随其后的随从对他说：“盟友跟随在我们身后，可以先立证人然后再战斗。”季长却大声呼喊道：“弓箭之道，胜者为王。只管冲锋！”然后直冲向元军。步行的元兵包围了突袭而来的季长等人，并还以箭矢和枪弹。很快，旗手被射落马下，季长的马也受了伤，剧烈地跳跃起来。这时，肥前国御家人白石通泰率领大军赶来，驱散了元军，季长得以脱险，他的这次战斗成功地被记录在少贰景资的军功簿上。

从这场战斗可以看出，元军并非像以前在草原上那样以骑兵为主力。他们击鼓鸣金，发出吼声，引导步兵集团前进、后退，发射涂有毒物的短箭，并使用装填了火药的“铁炮”。一些自报家门并冲入敌阵的武士因锣鼓之声而大惊失色，马匹也受惊狂跳，结果被毒箭射中。枪弹的爆炸也让他们目眩耳聋，陷入苦战。许多武士都战死了。虽然在局部地区，像菊池武房和竹崎季长那样的武士击退了元军，少贰景资甚至射中了一名元将（可能是刘复亨），但整体战局逐渐对日本不利。

无奈之下，大将少贰景资选择将水城作为下一个战场，并暂时退往大宰府。武士撤离后，元军进入博多，还焚毁了箱崎的八幡宫。《八幡愚童训》云，由于没有料到敌情如此严峻，人们未能及时疏散妻子和子女，许多人因此成为元军的俘虏。武士撤退后，老人和孩子在逃亡中备受煎熬。

暴风雨真的发生过吗

然而，元军并未留在博多，而是全部撤退到船上。高丽将领金方庆主张决战，并建议焚烧船只，以破釜沉舟的气概与敌人决一死战，但元军将领忻都表现软弱。由于副将刘复亨受伤，再加上元军士兵在与日本武士的激战中疲惫不堪，忻都认为最好的策略是让士兵们上船休息，于是便舍弃了陆地。次日清晨，博多海域上只剩下一艘停留在志贺岛的船，完全看不到元军的船队了。

到目前为止，元军突然撤退的原因被认为是二十日午夜发生的被称为“神风”的大暴风雨。然而，昭和三十三年（1958 年），气象学家荒川秀俊批评了这种通说。他指出，十月二十日（公历十一月二十六日），台风季节已经结束，可靠的文献中并没有提到暴风雨。因此，他否定了这一天有“神风”存在。筑紫丰也支持这一说法，他认为暴风雨大约发生在十一月五日。针对这一新说，荒川等人与基本承认通说的龙肃、中村荣孝等人发生争论，但最近，川添昭二提出新的史料，对两种说法重新加以细致的研讨，提出基本支持通说的见解。

现在，我们来看看认为十月二十日有暴风雨的依据：

（1）十一月六日，当时在京都的藤原兼仲在其日记《勘仲记》（兼仲卿记）中提到有人说：“逆风刮起，元船几乎都被吹回本国。只有少数登陆的船员被大友赖泰的部下所俘，不久便被带到京都。”这个人还将此视为“神明的庇佑”。

（2）大约一年后的建治元年（1275 年），在对朝廷提出的诉求中，萨摩国天满宫和国分寺[1]提到：“神风狂暴，异贼丧命，其船只沉没于海底，被风浪吹向海岸。”他们强调了神佛的庇护，以此来请求建造宫寺。

（3）乾元二年（1303 年）四月，肥前国河上社座主的诉状中写道：“文永、弘安年间，风雨神变，将许多贼船摧毁于波涛之中……”

（4）朝鲜方面的《高丽史》和《东国通鉴》等史料中写道：“碰巧夜间有大风雨，战舰撞上岩石，遭遇了海难。”并列举了溺水身亡将领的姓名。

1　朝廷在各国建立的佛寺，分为国分僧寺和国分尼寺。奈良的东大寺是总国分寺。

这一说法的问题在于,(1)是基于他人的传闻,而(2)(3)虽然年代较近,却是后来的史料,可能是出于强调神灵庇护的意图而写。(4)提到的“碰巧”也很难使人直接将风雨与二十日夜相联系,同时也存在着特别强调这一点作为撤退原因的可能性。

否定二十日有大风雨的观点,可以列举如下根据:

(1)描述当时战况最为详细的《八幡愚童训》中写道,武士们在二十一日早晨突然就看不到船只了。该书本身重在强调八幡神的威力,与弘安时期不同的是,在文永之役中并没有提及遭遇任何暴风雨。

(2)元禄年间,根据西大寺睿尊的自传编撰的《西大寺敕谥兴正菩萨行实年谱》中记载,十一月五日狂风大作,元军大船沉没。

(3)《元史》中并未提到大风雨,将战败归因于“官军不整,又矢尽”。

(4)根据中央气象台《日本台风资料》过去50年的统计数据,该时期并未发生过台风。

这一观点的弱点在于,(4)是现代的统计数据,(3)不能成为积极的证据,(2)则是江户时代编纂的,与《勘仲记》完成的日期接近,报告只涉及京都附近的可能性较大。虽然这些史料都是后世(镰仓末期)编撰的,但(1)仍然值得关注。由于缺乏决定性证据,我无法拿出最确凿的答案。但如果非要推测的话,我倾向于以下观点:

暴风雨确实来了。然而与弘安时期不同,这次的暴风雨并没有强大到使所有舰船沉没的程度。激战没有取得决定性的胜利,而元军士兵已经筋疲力尽,暗夜降临,暴风雨袭击了船队。在此之前,高丽将领金方庆与蒙古将领忻都之间的矛盾已经加深。虽说元军已然退回船上，但日本武士的抵抗确实也很顽强，甚至元军副将也受了重伤。元军兵力太少，难以摧毁敌方的抵抗。决定权在蒙古一方。当下的同盟者高丽将领越主张决战，作为征服者而藐视高丽的蒙古军将领就越要采取相反的行动。在风雨中颠簸的船上，有人认为远征已经不可能完成，最终大将忻都做出了撤退的决定。元军船队立即起锚，清晨撤离北九州沿岸，开始返回朝鲜。

我想这样假设：日本武士的抵抗与风雨——自然的条件共同作用，使征服者与被征服者之间的民族矛盾表面化，结果就导致了有意识的撤退。根据《高丽史》记载，有13500余名未归者，可以认为他们中的部分是在战斗中阵亡，还有部分可能是当时在途中发生的风雨造成的损害，这样或许能够解释清楚这个问题。

当然，这并不是武士们的胜利，实际上，那一天的战斗很明显是元军取得了胜利。如果暴风雨并非撤退的决定性因素，那么元军撤退的基本原因就只能是异民族联军自身的脆弱性。来到日本的元军已经不再拥有当初蒙古军横扫欧亚大陆的朝气，任何征服者都必然会受其侵蚀的弛缓和怠惰已经在蒙古军队内部滋生，这就是产生这一结果的原因吧。

“战后”的动员强化

元军撤退的消息传到京都是在十一月六日。在那之前，幕府和朝廷都在尽全力应对。十一月二日，龟山上皇亲手写下告文，将其献给安息于陵墓中的祖灵，祈求击退元军。第二天，他命阴阳头进行占卜。十一月七日，他向伊势、石清水等16座神社献上币帛，祈求降服异族。这些都是掌管院政的上皇的分内之事。东寺长者在十一月二日、延历寺座主在十一月三日也进行了降伏异国的祈祷。寺院以祈祷为使命，神社也是如此。

对于负有与外敌作战使命的武家——幕府来说，首要任务是加强军事力量。十一月一日（元军已经撤退，但幕府尚不知情），幕府做出重大决策。这一天，幕府发布了两项指令：一是向镇西东方奉行大友赖泰发布，指示凡是在与蒙古作战中立下战功的九州居民，即使非御家人也给予恩赏。二是发给安艺国守护武田信时，命令他去安艺，并动员国内的地头御家人以及“本所领家统治下的住民”（非御家人）共同进行防御。

前一项指令很可能也发布给了镇西西方奉行少贰觉惠，后一项指令可能也发给了山阳道、南海道各国的守护。十一月三日，幕府又指示石见国的地头回到他的领地。可以推测，这时山阳、山阴、南海道的地头御家人多数都收到了此类命令。

幕府试图动员在九州和西国拥有领地的所有武士，全力增强这些地区的防御。特别重要的是，幕府甚至将自己的权力扩展到以前以不干涉为原则的本所一元化领地——处在公家、寺社掌控之下的领地。不仅御家人，连非御家人也都被纳入动员之列，处于守护的指挥之下。这可能是在幕府的紧急请求下，朝廷也认可的决定。警戒异国是不分公家和武家的“均等的职责”，这是一个新的原则。幕府基于此原则发出了这些命令。

然而，这是自幕府成立以来对其基本原则的重大修正，也是幕府政治史上最重要的事件之一。由于这不是国内问题，而是与强大外敌的紧急战斗，幕府和朝廷做出这样的决定更加容易。这项修正仅限于当前的“警戒异国”。当时，双方可能都没有意识到这一修正的重大意义。但从结果来看，幕府利用外敌的力量，为以前一直面临的重要的内政问题开辟了解决之道。显然，本所一元化领地的壁垒在此被打破了一角。

这一决策的效果很快显现出来。接到幕府命令的安艺守护武田信时迅速行动，最迟在十一月十一日就到达任所，并立即带领地头御家人前往丰前国门司关进行防御，还征用了百余艘船只。运载东寺领地新敕旨田年贡的船只也被扣押，没有船导致年贡无法运送。不仅如此，农民们还被告知，年贡将全部转为兵粮米。虽然幕府并未直接下达这样的指令，但在各地本所领地肯定也发生了类似的情况。实际上，类似的情况早已经开始。北九州（筑前、肥前等）许多庄园的年贡从文永七年左右起就已经停止运送了。如果与元军的战斗持续更长时间，情况无疑会变得非常严重。

不管是幸运还是不幸，元军意外地迅速撤退了。因此，幕府的干预也再没有进一步深入。然而，开始崩塌的壁垒是脆弱的，武家的力量将会逐渐从这个缝隙中渗透进去。蒙古的巨大压力使日本社会内部的矛盾在时机尚未充分成熟的时候迸发出来，推动时宗政权向着成为日本全国统治者的道路迈进。

第五章

建治元年的日本

蒙古袭来的余波

幕府及其周边

元军给予日本以沉重的打击，而后突然撤退。这在日本国内造成了深远的影响。为了防备再次遭受袭击，沿海地区的防御必须进一步加强。文永十二年（1275 年），幕府迅速明确了北九州的防御方针（异国警固番役）。九州的武士们受各国守护的指挥，春天负责筑前、肥后的防御，夏天负责肥前、丰前的防御，秋天负责丰后、筑后的防御，冬天负责日向、大隅、萨摩的防御。春夏秋冬，每季 3 个月轮流负责警备。当然，非御家人也被动员起来。

实际上，那年年初，元世祖听闻败将们的报告后，立即决定再次征伐。

“军国之需，敛于贫民……已有采木实、草叶而食者。民之凋敝，莫甚此时。况兵伤水溺不返者多……若复举事于日本，则其战舰、兵粮实非小邦所能支也。”高丽将领金方庆的这段吐血上奏之文也未能引起世祖的重视。二月九日，赴日宣抚使礼部侍郎杜世忠、兵部郎中何文著从大都（北京）出发，带着高丽翻译，于四月十五日到达长门的室津。

长门同样是一个需要严密防守的要冲。如果在此切断九州与本州的联系，幕府就会失去行动能力。日本于1275年4月25日变更年号，是为建治元年。五月十二日，幕府还让周防、安艺的武士加强警戒。二十日，幕府又增加了对备后的警戒。幕府在这四国建立了防御体系，准备迎击入侵。在这种备战的紧张气氛中，杜世忠在七月二十一日离开镇西，没有经过京都，直接被护送到关东。对他们的处置已然确定。九月七日，杜世忠和其他4人在龙口被斩首。被处决时，他们留下了这样的绝命诗："出门妻子赠寒衣，问我西行几日归……"

由于这次处决，元军再次入侵已是必然。战时状态需要进一步加强。幕府决定，原本是御家人最重要义务的京都大番役，现在只让在京人来执行，而御家人则全力准备对抗外敌来袭。对于在京之人，可能是因为已经给了他们领地，所以幕府要求他们为了防御外国来袭而设立兵粮料所。同时，朝廷和武家也被强调要厉行节约，积蓄力量。从这时开始，幕府还命令各国的守护到所辖国内的寺院和神社去进行降服异国的祈祷。

幕府进行了大规模的人事调整，安排有能力的守护到镇西和西国的沿海地区。自二月骚动以来一直空缺的六波罗南方探题由北条时国（时盛之孙）担任。北条时国携辅佐他的79岁前探题北条时盛、引付众伊贺光政、二阶堂行清和町野政康一同进京。六波罗的势力得到了显著的增强，幕府对以镇西为中心的西国的控制和统治显著加强。

至迟在十二月之前，幕府做出了重大决定，即来年三月派遣“征服异国”的军队。这里的异国是指高丽，大将是少贰经资（觉惠之子）。

镇西各国的军士本来就是主力，但在人手不足的情况下，还将动员山阴、山阳、南海道等地的船老大和船夫。十二月八日，幕府向这些地区的拥有沿海领地的地头御家人、本所一元化领地的住人（非御家人）发出指令，指示他们一旦接到少贰经资的命令，要立即把船老大和船夫运送过去。

建治元年，对于幕府来说，几乎是在战时状态中匆忙度过的。

无足的御家人

这一年六月三日清晨，竹崎季长从家乡——肥后国名叫竹崎的地方出发了。他只带了两个随从，没有人来送行。季长为了寻求恩赏而提起诉讼，并打算前往关东。这一冒险行为被许多家族成员阻止，但他还是决然出发了。家族成员没有提供帮助，他不得不卖掉马匹和鞍来筹集旅费。季长对家族成员充满怨恨，他暗下决心，如果不能达到目的，便会离开这片土地，再也不回这里。

即便如此，当季长到达长门的赤间关时，他的元服义父、守护代三井季成（守护二阶堂行忠的属官）招来游女热情地迎接他，还赠送了一匹马。季长的姐姐嫁给了三井资长，与地位显赫的三井家结成了姻亲关系。石井进推测，季长可能来自肥后国相当有势力的一个家族。季长在这样的鼓舞之下，于八月十日到达伊豆三岛，十一日到达箱根权现，十二日到达镰仓。在去住处休息之前，他还前往鹤冈八幡宫参拜。他用自己贫瘠的钱包献上布施，全心全意地祈求“弓箭技艺的精进”。季长同样也是一名深信神佛庇护的镰仓武士。

然而，随从只剩下一个了（比出发时少了一个），季长破衣烂衫的样子也使得没有任何奉行愿意受理他的诉求。季长在镰仓白白度过了大约一个半月的时间，似乎已经看不到希望了。但可能是得到了神的帮助吧，十月三日，他终于有机会在幕府最有实力的官员、当时的恩泽奉行安达泰盛面前陈述自己的诉求了。

季长急切地向安达泰盛陈述自己的情况。他回忆起去年十月，自己只带了5名骑兵作为先锋就冲入敌阵的情景。少贰景资将他放在战功簿的第一位，但景资的哥哥、继父亲觉惠之后成为镇西西方奉行的少贰经资，并没有将这一先锋的功勋上报给镰仓。安达泰盛对竹崎季长的迫切诉求提出了尖锐的问题。

安达泰盛：“经资应该已经上报了。你说没有上报，那你知道经资究竟上报了什么吗？”

竹崎季长：“我不知道。”

泰盛：“你都不知道，怎么能说没报呢？”

季长：“因为我从经资那里得到的表扬信中没有提到我作为先锋的事，所以我这么认为的。”

泰盛：“你有击败敌人、取得首级或战死的记录吗？”

季长：“没有。”

泰盛：“那么，这就不能说是战场上的忠勇了。从表扬信来看，你好像是受伤了，这应该就足够了。”

季长：“不，我是来告诉您，我作为先锋被放在战功簿的第一位，这件事却没有被上报，您并不知道这件事。如果您觉得可疑，可以去问景资。如果我所说的是谎言，我愿意放弃所有功勋，即使被斩首也无妨。”

泰盛说这没有先例，无法实现。但季长坚持不让步，称与异国的战斗也没有先例。

季长：“我并不是急于要求恩赏。如果我关于先锋的说法是谎言，请您斩下我的头颅。如果是真的，我愿意与您见面后再次奋勇参加战斗。只求您能听取我的这个请求，否则我将无比悲痛。”

安达泰盛对竹崎季长的坚持感到非常惊讶，同时也被这位武士毫不退让、宁愿被斩首的坚定态度打动。于是，他转变了态度。

泰盛：“我明白了，我一定会上报的。我相信你会得到应有的奖励，所以请你赶快回去，再次展现你的忠诚。”

但竹崎季长其实没有可以回去的地方了。他诉说着作为“无足之身”的悲哀，泰盛深感同情地回应说：“那真是一件令人困扰的事情。”安达泰盛也很清楚，有很多像竹崎季长那样没有领地的御家人，而他可能再次强烈地意识到，正是在这些御家人中才会出现像竹崎季长这样拼命的人。

第二天，竹崎季长到安达泰盛的宅邸时，遇到了来自肥前国的御家人中野藤二郎。他告诉了季长前一天的情况：泰盛曾对身边的人讲述季长的言论，并称赞季长是“奇异的强者”，认为他在“日后的重要事情上”一定会有所作为。中野藤二郎的话让季长感到既高兴又不安，他又等待了大约一个月。

十一月一日，季长再次被召见到泰盛的宅邸。泰盛把季长叫到身边，亲自将恩赏文书交给他，并问他："不久就要回镇西了吗？"季长担心如果回答"马上回去"，泰盛可能会认为他之前的话只是为了得到恩赏，于是再次重复了之前的说法。泰盛为了缓解季长的紧张情绪，就告诉他："今天将给予120余人功勋赏赐，大宰府已经收到通知，但你的文书是要求我直接给你的。"泰盛甚至还说："我想再给你备上马和装备，你看怎么样？"季长真是感激得不得了。

季长怀着对神的感恩，还有对泰盛接纳了自己的坚持不懈的感激之情，满心欢喜地返回被赐予的恩赏地肥后国海东乡。这120多人获得的恩赏文书中，现存的一份是赐予松浦党的山代荣的。

蒙古入侵时，不少武士扬言要守护边境却不赴战场，有的即使出现在战场上也没冲上去战斗。竹崎季长的事迹充分说明，在这些武士中，那些"无足"之人和庶子们倒是表现得更加勇敢。这种勇敢并非源于保卫国土的意识，而是出自这样的愿望，即通过获得恩赏来摆脱"无足"的境遇，过上摆脱惣领的独立生活。然而，这无疑是抵抗外敌的力量源泉之一。

对神佛的"恩赏"

武士们凭借武力与元军展开战斗，而神官和僧侣则想通过向神佛祈祷、引导神佛的加持来抵御元军。正如竹崎季长一样，当时人们对神佛的信仰是非常真诚和朴素的。而且，对于元军突然撤退的情况，有人声称这是由于神灵的征伐和观音的庇佑。因此，尽管之前提到当时的风可能并不强烈，但人们已经将其称之为"神风"了。

那一年的十一月，萨摩国的天满宫和国分寺的神官与僧侣声称元军撤退是因为神佛的作用，并向朝廷请求资助来修复荒废的建筑。他们的请求在十二月三日得到认可。东寺的 18 名供僧也联名提出了诉求：

> 现在用于供养僧侣的 4 个庄园的收入仅是“九牛一毛”。因此，寺院荒废，僧侣贫困。当此异国将要来袭之时，以此状况显然无法应对。我们希望以朝廷之力使寺院兴隆，并修习“护国秘法”。

这无非是要求对神佛加以“恩赏”。许多神社和佛寺都提出了这样的要求，向朝廷和幕府寻求“恩赏”。在给竹崎季长等人发放恩赏的十天前，幕府向伊势神宫捐献了伊势国桑名神户地头职，又向宇佐八幡宫等许多主要神社捐献领地，并寄托了降伏异国的祈愿。就像之前对各国守护下达的指示，幕府与朝廷一样在降伏异国的祈祷方面表现出十分积极的态度。

睿尊、日莲、一遍

这一年，西大寺的睿尊先后参拜了伊势神宫、河内枚冈社、摄津住吉社和广田社等地，还在四天王寺诵读《最胜王经》。人们推测，睿尊已经意识到异国的行动了。因此，作为降伏异国很灵验的人物，睿尊从此开启了接近朝廷的途径。然而，特别引人注目的是，这年八月，睿尊从 7 名非人的长吏那里取得起誓文，并给许多非人授戒。当时，长吏们向睿尊宣誓了以下 4 条内容：

（1）丧葬时，不向葬家强求礼物。

（2）供养堂塔等时，不向施主提出过分的要求。

（3）当患有无法在家居住的严重“麻风病”的患者进入非人的住所时，不要过分索取费用，不要让许多非人来责备他们，不要羞辱他们。

（4）当重病的非人在都城乞讨时，不要羞辱他们。

和岛芳男指出，睿尊在“曾将非人视为文殊菩萨来供养，现在却为了施与而对非人加以严戒”这方面发生了值得关注的变化。确实，这里存在着各种意义上的变化。将患有“麻风病”的人拉来住宿，是因为长吏与听从他的非人试图从中获利，这是一个前所未有的动向。这似乎与后面将提到的交通和货币流通的发展有着深刻的联系。这种情况无疑将迫使睿尊采取一种不同于以往的“严戒”态度，并最终使他接近掌权者。

日莲当时住在甲斐的身延山，得到了那里的领主波木井实长和骏河富士郡的南条时光等人的支持。身延山成为日莲安定下来的居所。在那里，日莲得知“蒙古袭来”的消息，得知在对马、壹岐发生的惨败与杀戮、大将少贰觉惠的窜逃和松浦党的失败。日莲深知自己在正嘉年间以及前一年在平赖纲面前所做的预言得到了应验。他愤怒并悲叹于依赖“美丽的日本国之大诅咒恶法”（即真言宗的祈祷）的人们之难以救助。他向许多人寄去了书信，并撰写了《撰时抄》。

日莲劝诫信徒说：“如果蒙古再次来袭，你们将无处可逃。京都和镰仓可能会变得像壹岐和对马那样。在此之前，做好逃跑的准备吧，随时准备好逃往任何地方。”他悲叹日本国民成为《法华经》的敌人，毁灭了自己也毁灭了国家，表达了对于不能斩杀日本的敌人，如念佛宗、真言宗、禅宗和律宗等宗派的法师，却斩首了无辜的元朝使者的悲悯。

> 可悲啊！可叹啊！日本国之人皆堕无间地狱。可悦啊！可喜啊！不肖之身将佛种植入心田。如今来看看吧！如若大蒙古国派数万艘战船攻打日本国，则上自一人下至万民，皆应抛弃一切佛寺、一切神社，齐声高诵“南无妙法莲华经、南无妙法莲华经”，合掌高呼“救救我们，日莲大师，日莲大师”。

在静寂的身延山深处，50岁的日莲心中燃烧着坚定而平静的火焰。他的思想也传播到前往筑紫作战的、带着悲伤和叹息的人们那里。

同年，一遍智真获得了一种坚定的信念，从熊野回到了家乡伊予，准备开始他花费了一生的巡游遍历之旅。一遍出身于伊予豪族河野氏。前一年的二月八日，他带着超一（妻子）、超二（女儿）和念佛房（仆人），开始了第一次巡游旅行。他经过四天王寺时，分发了写有六字名号的符牌。他们前往高野，然后进入熊野。在熊野，一遍遇到了一位僧侣。一遍劝这位僧侣说：“起一念之信，唱弥陀名号，持受这些符牌吧。”僧侣坚辞不受：“现在未起信仰之心，若接受符牌，就显得虚伪了。”经过多次劝说，一遍最终硬是让这位僧侣接受了符牌。这件事给一遍留下了巨大的烦恼。

带着这份烦恼，一遍闭关修行。据说，他受到了化身山伏（在山中修行之人）的熊野权现（熊野之神灵）的启示。

> 不是因为你的劝导，众生才得往生。众生的往生已经由阿弥陀佛的誓愿决定了。不要分净与不净、信与不信，而要把符牌分发给有缘者。

受到这个启示，一遍坚定了自己的信念。他“放弃了”同行的家人，独自一人，戴着头巾，身披袈裟，腰挂手巾，开始了他在各国的巡游教化之旅。在乞丐当中，在被称为“恶党”“异类异形”的人们当中，一遍都以这样的装束来救度他们。

不顾外敌威胁

割耳削鼻

“他说，如果我们不服从，他就带走我们的妻子，割掉耳朵，削掉鼻子，剃掉头发，让她们作尼姑，把她们用绳子绑起来。”

这一年的十月二十八日，纪伊国阿氐河庄上村的百姓们写下了这样的控诉，状告地头汤浅宗亲的残酷暴虐。这份用片假名书写的、长达 13 条的状纸清清楚楚地表明农民对地头横暴的愤怒。

他们被强迫重复交纳隐田的年贡，被 20 多人强取麻和棉，被强迫在附近和去京都服劳役。他们的栗子和柿子被抢走，无论早晚都要去给地头喂马。地头还带着二三十人到百姓家中大吃大喝，动不动就带上武器来虐待百姓。地头代还用“割耳削鼻”的残酷刑罚来威胁百姓。可以说，这种残暴在当地的统治者中是常见的，甚至让人感觉如恶魔一般。

然而，面对地头暴虐的压榨和逼迫，百姓会愁苦哀怨吗？不，绝非如此。生活在这个残暴时代的百姓已经充分具备了能够忍受这些残酷的坚韧。这份状纸上的所有内容都值得仔细审视。百姓在这个群情激奋地谴责残暴地头的著名条文中究竟在控诉什么，又在向谁控诉呢？他们对领家寂乐寺说，木材的进贡将会延迟，其中一个原因就是地头的残酷行为。所谓的“割耳削鼻”实际上是对领家催缴木材的一种辩解方式。

之前提到的庄园地头自身的控诉也很有必要。地头认为，领家指派的预所才是干尽残忍之事的加害者，他们强行带走怀孕的妇女，强占木材等。木材问题同样成为焦点，而地头的陈述无疑是为了回应百姓的控诉。当时，地头和预所也围绕着庄务发生争执。同年，地头汤浅宗亲和领家寂乐寺指派的预所从莲正处在激烈的诉讼之中。

仅从这些事实来看，就不能简单地认为这份状纸只是百姓为了诉说压榨之严酷而发出的哀叹。无论是地头还是预所，他们的残酷都没有差别。无论向谁控诉，狼终归是狼，对于这一点，百姓应该比任何人都更清楚。尽管如此，他们仍然列举了预所和地头种种残暴行径。并且，他们有时说是由于预所的残酷而无法完成地头的任务，有时又说是因为地头的扰乱而无法应对预所对木材的催促。

百姓是经过深思熟虑的。他们所控诉的地头和预所的残酷行径，即使有些夸张，也绝不是虚构的。百姓试图将现实中的残酷行径转化为减轻自身负担的手段，这种笨拙的状纸背后闪烁着他们的机智。如果忽视了这些，那将是一个巨大的错误。中世前期的百姓并不会因为这种程度的事情而发出悲鸣。恰恰相反，百姓不再像以前那样按照地头和预所的要求来交纳年贡和承担劳役，而这正是地头和预所之间冲突的起因。百姓在两者对立的情况下，仔细计算有利与不利，然后选择靠拢对他们有利的一方。这一年，他们把赌注押在预所一方。

实际上，这种计算非常准确地命中了目标。根据仲村研的研究，在提交这份状纸之前，寂乐寺任命了新预所从莲。从莲是一个非常重要的人物，他是得宗御内人南条赖员的岳父，也是在二月骚动中被处死的前六波罗南方探题北条时辅的监护人。推荐他到寂乐寺的是《贞永式目》最早的注释书之一《唯净里书》的作者、六波罗的引付奉行人斋藤唯净。这场诉讼将在六波罗的法庭上进行。尽管幕府严厉警告，但当时的现实是，如果不送上酒肴费、不能及时地设宴款待，六波罗的诉讼就很难顺利进行。因此，这种人脉关系无疑对领家寂乐寺方面极为有利。

百姓对这些情况有着充分的了解。预所从莲也很了解这些百姓的情况，为了创造条件使诉讼对自己有利，他可能给了百姓一些暗示，与他们进行了交易。这种用假名书写的“笨拙”的状纸就是这样产生的。

因此，表面上看起来残酷的压迫者地头——这当然确切无误——实际上是因预所利用当权者得宗的权威拉拢百姓而陷入困境并失去已有权利的受害者，真正的压迫者就变成了得宗和他的御内人。如果是这样，我们就不能单纯地把百姓视为被压迫者。

实际上，当时有些百姓在市场上买卖年贡和木材，利用市场价格的波动来获取利润。通过这样的活动，有田川谷地的百姓之间产生了联合意识。一旦有需要，他们甚至准备“结成同伙，饮用神水”，拒绝统治者的征调，集体逃亡。他们之前一二代的祖先曾因自然的压力和统治者的压迫而被迫逃亡，现在他们则将这种逃亡转化为对抗统治者的武器。百姓的生活正在明显地发生转变。如果对自己有利，他们会毫不犹豫地利用预所或地头。这种策略是建立在他们被磨炼出的力量之上的。

大约在宽喜年间，与亲鸾时代的情况相比，这种转变表现得尤为明显。亲鸾时代的人们不得不放弃在现实世界中得到拯救的想法，而与之不同的是，这个时期的百姓展示出一种甚至能将残酷的压迫转化为生存和追求利益之手段的坚韧。反过来看，这实际上与前述的非人长吏的行动有着共通之处。这正是生活本身的发展，时代前进的体现。然而，被压迫者那些撼动人心的真实声音却越来越难以被听到。因此，思想家们的观点开始变得模糊不清，一些人强制实行戒律，一些人走上孤高之路，而另一些人则不得不投身于游历。思想界的混乱已经开始显现。

证明法令的存在

围绕着阿氏河庄的庄务权，预所从莲和地头汤浅宗亲之间的诉讼在六波罗进行。在那个时代的审判中，原告（诉人）会向法庭（引付）提交诉状，被告（论人）需要回应诉状。在武家的案件中，这个过程会重复三次（三问三答，公家和寺家的案件则是两问两答）。之后，原告和被告会进行辩论，最终由法庭做出判决。法庭不会自行对争议点和证据进行调查。原告必须自行证明其主张，而被告也必须自证其陈述有据可依。这里贯彻的是彻底的当事人主义。

这起诉讼中最重要的论点之一是预所职的归属问题。汤浅宗亲主张他最初就是预所，而从莲则完全对立，认为这一主张没有根据。笠松宏至从这起诉讼的进程中发现了一个非常有趣的事实。

地头汤浅宗亲为了支持自己的主张，引用了幕府在文永五年四月二十五日颁布的法令。该法令规定，如果持续担任某个职位 20 年以上，那么对该职位的其他异议将不予承认。汤浅宗亲早在嘉祯元年就已经成为地头，后来还被寂乐寺任命为预所，于是这个庄园就完全由地头来管理了。现在已过了 20 多年，因此现在提出异议是违反这个法令的。

然而，从莲方面对此提出了异议，他们不是质疑预所的任命事实，而是质疑这项法令的出处，认为这可能是一份伪造的文书。他们主张，这样的法令根本不存在。我们以为这种事情法庭应该知道，只要询问一下法律专家肯定就能弄清楚。但事实并非如此，法庭完全没有介入。双方的三次问答持续至第二年，反复地激烈辩论这个法令是否存在。地头方面说，这项法令是从公家的分国因幡国的一个杂掌那里抄写来的，而预所方面则反驳说，这项法令连地点的写法都有问题。

最终，这场争论似乎是以地头方面的主张获胜而告终。但是，关于法令是否存在的问题并未得到解决，法庭也没有明确说明。双方都必须自行证明一项法令是否存在，这从我们的常识来看是令人惊讶的。正如之前所述，当时的审判完全采取当事人主义。不仅如此，笠松还指出，当局方面可能也没有保存过去的所有法令以便随时使用。

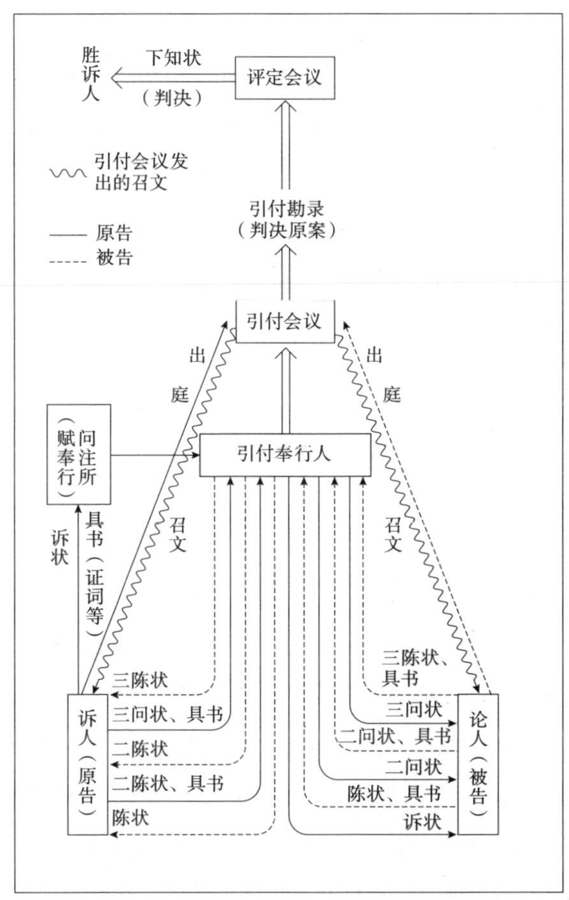

图 5-1　镰仓幕府诉讼程序（所务沙汰）

在中世，尤其是镰仓时代，情况就是这样。幕府会为了解决当时的问题而立法，即使这些新法律与过去颁布的法律相矛盾，只要幕府的立法者忘记了旧法的存在，就会继续制定新法。所以，同一主旨的法律可能会被多次颁布。这样一来，法律极易受到当时政治权力得失的影响，这是不言而喻的。当然，也有奉行收集了过去颁布的法令。当事人提交的证明文件、旧法，特别是源赖朝时代的先例等都会受到尊重。从与现在大不相同的当时的社会习俗来看，法官不会作出太过离谱的不公平判决。然而从现代人的角度来看，当时的审判确实是非常不可靠的。

因此，那个时代的人们不得不依靠自己的力量来解决问题，无论是武力、财力，还是他们背后集团的力量。在那个时代，古例和先例逐渐失去了影响力，问题开始越来越多地依靠实际的力量来解决。百姓、地头和预所等都开始寻求这样的力量。

宫廷的左义长

正月十五日是小正月。在这一天，民间直到现在仍会举行各种各样的活动。在甲信地区，人们在这一天会祭祀道祖神，开展所谓的“祭火烧”活动，烧掉各种东西。自古以来，宫廷就有在清凉殿东院将青竹捆扎并竖立起来，悬挂三个毬杖，系上短册[1]和天皇的吉书并一同焚化的节日活动，这被称作“左义长”。现在，民间还有在这一天吃小豆粥的习俗，人们用煮粥的柴火敲打女人的腰，以此祈求生男孩。这被称为“粥杖打”。

这一年（文永十二年），后深草上皇御所里的粥杖打非常热闹。上皇亲自召集近侍的男子，一边追逐逃跑的女官一边乱打。这让包括二条在内的女官们感到非常恼火，她们在十八日那天设伏上皇，

1 短册，也写作“短尺”或“短籍”，是将薄木片、竹皮或纸裁成细长形状，用于书写简短文字。最初用来传递简单的信息，后来多用于占卜、祈愿，或用来写短歌、俳句等。

痛打了他一顿。

“我错了。”上皇一边这样说，一边继续恶作剧。晚餐时，他向公卿抱怨了这件事，最终使二条作为始作俑者而被迫承担罪责。二条的监护人和亲属为了赔罪，给上皇和公卿送去了许多礼物。二条的外祖父四条隆亲给上皇送去了直衣[1]、饰有枫叶图案的小袖[2]十件和太刀一把，给公卿每人一把太刀，给女官们送去100帖檀纸。西园寺实兼也送出了很多礼物。而讲出这件事的上皇自己，作为类似二条父亲的角色，也不得不为自己的失言而负责，陷入十分尴尬的境地。作为恶作剧的始作俑者，18岁的二条觉得这件事非常有趣，便记录了下来。

拜祈祷之福

然而，在这样的热闹背后，人们的各种情感正在激烈地涌动。二条是久我雅忠的女儿，母亲大纳言典侍在二条幼年时就去世了。据说正是大纳言典侍教会了年幼的后深草上皇与异性的初枕。也许是因为通过二条可以追寻到这位典侍的影子吧，从二条14岁时起，上皇就称呼她为“吾子”，对她宠爱有加。二条甚至为上皇生下了一位皇子（但在2岁时夭折）。这种宠爱激起了中宫东二条院公子的强烈嫉妒。

二条得到上皇的宠爱，并与上皇保持着密切的关系。同时，二

1　平安时代以后天皇、太子、宫廷贵族等所穿的常服。

2　日本的一种传统服饰，袖筒袖口狭窄，垂领向前交叉穿。

条也得到权势显赫的关东申次、西园寺家当主西园寺实兼的爱。皇子出生后，她立刻又怀上了实兼的孩子（文永十年）。她与实兼的往来完全是瞒着上皇秘密进行的。当二条生下女儿后，实兼立即偷偷地将这个孩子与正妻产下的死胎进行了调换，并派人向上皇报告说二条流产了，将一切都秘密掩埋。据说这个女儿长大后，成为伏见天皇妃永福门院，或者是龟山法皇妃昭训门院。

这一年，第三个男性出现在二条面前。通常情况下，后白河院国忌时的“法华八讲”会在六条殿的长讲堂举行，由于六条殿在前年被烧毁，所以改在正亲町的长讲堂举行。在这次法会上，一位高贵的僧侣向二条表白了他坚定的爱意。这位僧侣是后深草上皇的异母弟、仁和寺御室性助法亲王。

八月，后深草上皇生病，性助参加了延命供的祈祷。在此之前，性助已多次向二条送去充满情感的信件。尽管二条对此感到困扰，但她的心也动摇了。在这次祈祷仪式期间，为了上皇的事情，二条独自一人去了听闻所，并在那里遇到了性助。她被引到道场旁的一个房间里，突然被性助拉住了手。二条在那里与性助度过了短暂而匆忙的时光，连“佛的心中也会感到羞耻”的话都没来得及说。此后，性助的情感更加强烈，他甚至表示“即使堕入恶道也在所不惜”，向二条表达了强烈的爱意，并对想要躲开的二条表达了强烈的怨恨。不久（弘安四年，1281 年），后深草上皇得知此事，出乎意料地成为两人之间的调解者。在后深草上皇的认可下，二条与性助继续交往。

上皇、高位的公卿和御室的法亲王与女官二条之间的这些交往，都被描绘在二条的作品《不问而语》（『とはずがたり』）中。

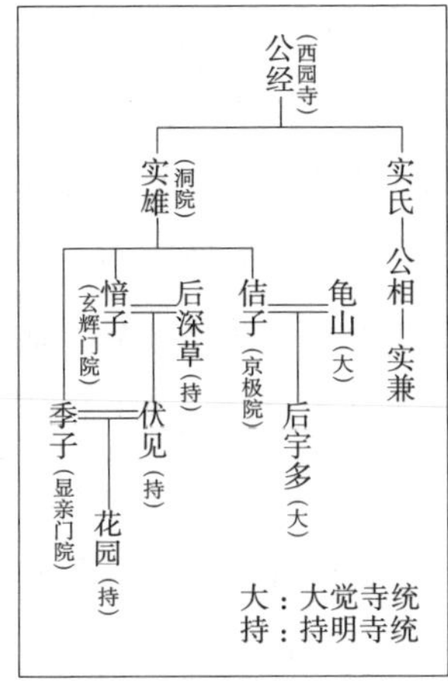

图 5-2　洞院系谱

两统对立的萌芽

在男女之间发生这般纠葛的同时，宫廷内部此时也正发生严重的政治纠纷。后嵯峨法皇去世后，后深草上皇与龟山天皇之间的裂痕正逐渐加深。

这种情况实际上在后嵯峨法皇在世时就已显露端倪。后深草上皇自幼体弱多病，性格阴郁，相比之下，后嵯峨法皇老早就喜欢健康且豁达的皇子恒仁。恒仁即位成为龟山天皇以后，后嵯峨法皇不顾已经出生的后深草上皇的皇子，于文永五年立龟山天皇只有两岁的皇子世仁为太子。可以说，他的意志已明显地表露出来了。

然而，后嵯峨法皇在即将去世时，并未明确表达自己的遗志。他在处分状中只明确了对后深草上皇和龟山天皇的领地分配，而对“治天之君”的问题则只字未提。由谁掌握“治天下”的实权，是上皇还是天皇？这完全交由幕府决定。这正是承久之乱后，后嵯峨法皇自己即位时幕府所行使的权力。后嵯峨法皇是在效仿自己当初的例子。

然而，在二月骚动后被迫收拾残局的幕府避免做出决定，而是向后深草上皇、龟山天皇的生母大宫院姞子询问后嵯峨法皇的遗愿，并采取遵从的态度。大宫院的答复是龟山。于是，龟山天皇实现了亲政。不久后的文永十一年，八岁的皇太子世仁即位，是为后宇多天皇。龟山院政由此开启。

这一事态的发展在天皇家周边也引发了巨大的反响。作为天皇家的外戚并担任关东申次的西园寺家，在西园寺公经之后分为西园寺实氏和洞院实雄两支，实氏一脉保持了关东申次的地位。然而，实氏之子西园寺公相早逝，而实雄的女儿洞院佶子（龟山皇后、京极院）所生的皇子世仁被立为皇太子，实雄的势力得到增强。年幼的西园寺实氏之孙实兼虽拥有关东申次的地位，但在洞院实雄面前相形见绌。为了对抗洞院实雄，西园寺实兼开始接近后深草上皇，特别是在文永十年实雄去世后，他便积极谋划，想通过扶持后深草上皇来加强自己的权势。二条正好夹在后深草上皇和西园寺实兼之间。

然而，对于后深草上皇来说，去年（文永十一年）后宇多天皇的即位看起来已是一个决定性的局面。皇位完全有可能由龟山上皇一脉垄断。这一年年初，热闹的粥杖打的背后隐藏着后深草上皇的无奈。四月，后深草上皇终于决定辞去尊号、随身和兵仗，出家为僧。他命令几名亲近之人陪同他出家，二条也在其中。然而，幕府一直试图安抚、调解两位上皇的关系，后深草上皇也因此改变了主意。九月，为了重新和好，龟山上皇前往后深草上皇的御所富小路殿拜访，二条也在席间侍奉。两位上皇亲密交谈，在酒宴与娱乐中度过了一天，龟山上皇到点灯时分方才返回。次日，龟山上皇的使者来到二条处，转达了他的思念之情。这样的情况在以后也时常发生。

不久之后的十一月，可能是西园寺实兼的努力产生了效果，后深草上皇的皇子熙仁成为皇太子，这再次给后深草上皇带来巨大的希望。尽管后深草上皇和龟山上皇在表面上仍然像兄弟一样亲密，彼此互相拜访，但内心的鸿沟却越来越深，无法弥合。

建治元年，日本在相互交织的各种动荡中度过。幕府为了应对蒙古的再度来袭而忙碌着，武士们在拼命寻求赏赐，寺院和神社在祈祷，睿尊、日莲和一遍等思想家也很活跃。在这里，我们可以直接观察到一个剧烈动荡的时代。通过纪伊国有田川的百姓、地头和预所之间的争斗，我们可以窥见这种动荡的根源之一。然而，前一年蒙古的来袭对于这些人来说仍然是一个遥远世界中的事件。甚至在《不问而语》的世界中，前一年的来袭也丝毫没有被提及，北九州的激战似乎也只是与自己无关的事情。所谓的日常生活，可能也就是这样。

通过后深草上皇对二条的宠爱，以及一心向佛的御室法亲王内心燃烧的可怕诅咒般的情欲，我们也许可以窥见一种被压抑而无法完全爆发的力量的一部分。并且，在后深草上皇与权势人物西园寺实兼之间围绕着二条的深刻联系，以及隐藏在看似随意的娱乐活动背后的、性格迥异的两位上皇之间微妙的对立中，我们可以清楚地看到即将到来的分裂的萌芽。现在这也许只是一个微小的裂隙，然而，来自社会深处的矛盾将通过贵族之间、权臣之间大大小小的斗争而渗透其中，并引发无法挽回的大分裂。

第六章

弘安之役

准备应对元军再袭

“征伐异国”计划的中止

建治二年三月，由少贰经资率领的军队将向高丽进发。这项准备工作一直持续到闰三月初。

二月二十日，大将少贰经资向肥后国守护安达泰盛以及九州各地的守护下达指令，要求他们提供可参与“征伐异国”行动的人员、武器装备和马匹的数量，以及作为计算基础的领地大小等信息。特别是那些拥有沿海领地的人，要将领地内的大小船只数量、水手和舵手的名单及年龄等上报。同年，在西国有大量大田文被调阅（在播磨、备后、但马有这方面的证据）。这似乎与后文将要提到的防垒的建造有关，而这次的征调可能也与此有关。因此，我们可以推测这个命令也下达到了山阴、山阳、南海道等地。值得关注的是，幕府不仅关注田地数量，还试图掌握可动员的水军。这是幕府首次正式确立了水军的动员方式。

接到这一指令后，各国的守护要求国内的御家人及本所一元化领地的居民提交报告。我们现在能够最为清楚地了解到的是肥后国的情况，不仅是御家人，连庄园的预所、庄官都提交了报告书。在太平洋战争期间，甚至连女性和老人都热心提交报告的事情被广泛用于战争宣传，以提高士气。

女性的例子是鹿子木庄的北山室地头尼真阿。在这个时代，女性也有继承领地的权利，因此也存在女性地头和御家人。女性提交报告书并不是什么新奇的事情。但是尼真阿作为代官，让女婿和儿子“夜以继日”地前来报告，确实是积极响应动员。当然，正是因为有不少这样的武士，“征伐异国”计划才得以实施。但是，尼真阿的报告是在最初的指令发布一个多月后才提交的。虽然不能排除她是因为报告晚了才这么做的可能性，但我们还是应该承认这是一个积极的例子。

同样是在鹿子木庄，老人井芹秀重的情况则完全不同。秀重在报告书的后半部分提到，自己已经 85 岁，行走困难，而嫡子永秀 65 岁，孙子经秀 38 岁，亲属秀尚 19 岁，高秀 40 岁等，能够参与动员的人数、武器装备和马匹的数量都得到了报告。由此，有人说连 85 岁的老人也对这次征伐充满热情。但是，正如佐藤进一所指出的那样，秀重的报告书前半部分写有领地的田数，记录了秀重和高秀的领地因被他人侵占而大幅减少的情况。秀重报告说，自己目前实际拥有的田数远少于作为人数和武器装备分配标准的大田文所记载的田数，他正在基于实际情况重新计算并报告可动员的人数和武器等。因此，可以确定这次陈述与“勇敢出战”的情绪完全无关。相反，该报告更有可能是出于尽可能减轻军役负担的意图而写的。这个例子很好地说明了直接阅读史料的重要性，以及带有特定意图解释史料会导致多大的错误。

无论如何，在被多次催促之后，到了闰三月初，这样的武士报告几乎都已经收齐，各国的守护从中选出可参战的武士，并分别指示他们参加“征伐异国”行动。然而，这些准备工作到此突然中断了。“征伐异国”行动被中止了。

直接原因很清楚，文永之役后，以博多为中心的北九州沿岸防御工作正式开始。幕府进一步计划在北九州到长门的沿岸建造防垒（石筑地），并从这一年的三月，也就是预定“征伐异国”军队出发的月份开始实施这个计划。当然，最初的想法是，参加“征伐异国”的人将免除这项工程的负担。但实际开始施工后，幕府很快就发现同时进行这两项计划是不现实的。虽然有一些武士对“征伐”行动很积极，但即使是幕府直属的御家人，也会像之前提到的井芹秀重那样，强烈希望减轻负担。更不用说首次被幕府动员起来的本所一元化领地的居民也不太可能会积极参加。

是主动进攻还是坚固防守？闰三月，站在这个岔路口的幕府选择了后者。这在决定当时日本的发展道路方面是一个极其重要的决策。幕府的中枢内部肯定存在相当大的分歧，这个问题到后面再详细说明。在这里，我首先想提及的是替代“征伐异国”的重大项目——石筑地的建造。

元寇防垒的现状

从博多沿着海岸线往西走一段距离，可以看到右侧的毗沙门岳。从其西麓开始一直到柑子岳山脚的大约 3 千米的范围内，在现今的海岸线往南大约 90 米的沙丘上，仍然保存着完好的防垒遗构。穿过田间的道路，进入松林，爬上沙丘，就能看到沙子表面露出的顶部沿着沙丘连绵不断。这里是后文将要提到的正在发掘的区域，现在有部分防垒已经去除沙子，进行了保护工作，并对公众开放，人们可以看到这部分防垒的全貌。

这里是元寇防垒最西端的部分。从这里开始，向东一直到香椎地区，前面的石墙高度为 2.6 米，后面的石墙高度为 1.45 米，顶部宽度为 2.5 米，底面宽度为 3.1 米，如此规模的石垒延伸了 20 千米。与当时相比，海水已经后退，所以现在这些留下来的遗构大部分位于距海较远的陆地上，如今津、生松原和百道原等。近世，贝原益轩在写《筑前国续风土记》时提到，在百道原有一块刻着九州国名的石头，但最近的发掘并未确认这一事实。

进入明治时代，山田安荣搜集了与元朝和高丽有关的涉及蒙古袭来的历史资料，编纂了史料集《伏敌篇》，并首次开始对石垒进行实地调查。当时遗迹的保存状况远比现在好。随后人们又进行了多次调查，如大正二年（1913 年）以后中山平次郎（九州帝国大学医科大学教授）进行的调查、大正十一年（1922 年）以后的调查（川上市太郎在昭和十六年，即 1941 年将其整理为《元寇史迹》）等。相田二郎也从文献史学的角度出发，对防垒和异国警固番役进行了精确的实证研究。

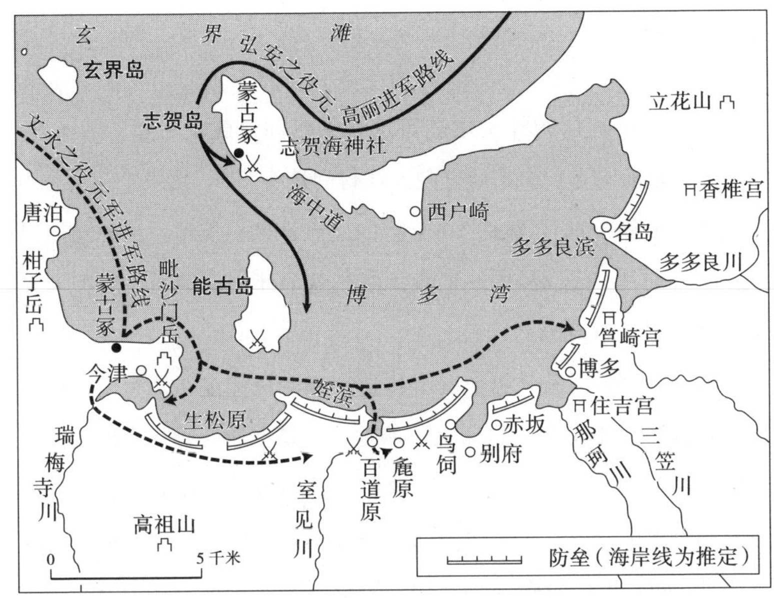

图 6-1　博多附近防垒遗址

然而，“二战”后随着福冈市的城市化发展，遗迹开始迅速遭到破坏。因此，福冈市教育委员会在昭和四十三年（1968 年），由九州大学的川添昭二带队进行了一次全面调查，并取得了重大成果。特别是川添先生，除了编纂《注解元寇防垒编年史料》，还积极推进关于蒙古袭来的研究。笔者有幸直接从川添先生和有川宜博先生那里学习了关于这些防垒的知识。以下，笔者想根据相田和川添的研究来叙述这些防垒的建造过程。

石筑地的建造

我们可以确认的开始建造石筑地的时间是建治二年三月十日。这一天，肥前国守护少贰经资向深江村的地头下令，要求在三月二十日之前带着雇工前往博多，在分担的地点建造石筑地。当时已经排除了即将前往“征伐异国”的人，但在这个计划取消后，这些人显然也要去建造石筑地。

看一下大隅国的分担情况。建造完成的目标定在八月，根据田地的数量，无论是地头御家人的领地，还是本所一元化领地，都按庄园、公领的田地每一反一寸的比例建造石筑地。比如，拥有三町五反田地的人，就要负责建造三尺五寸的石筑地。只有在特殊情况下，如寺院、神社的料田等，才会免除分担。

九州各国的人们按照分配的范围，沿博多湾沿岸的海岸线分段建造石筑地。其所分担地点如石筑地建造分担表所示。这些资料在战前基本上已经由相田二郎明确，只有丰后国的建造地区仍然不明。直到昭和三十二年（1957年），人们发现了大分县杵筑市生桑寺所藏《大般若经》的纸背文书，才证实丰后国御家人负责香椎前滨石筑地的警戒任务。现在只有百道原地区的情况仍然不明。

石筑地的后方用土沙堆成了缓缓的斜坡，这部分被称作“里加佐”（urakasa）。为阻止敌人登陆，前方的沙滩和潟湖上也设置了乱桩和石头桩。石材似乎是从各国分别采集的。例如，姪滨的防垒就使用了所谓的姪滨石，这是一种砂岩，而生松原主要使用了伟晶岩，这些都是在最近的调查中发现的。各国在建造方式上有些许差异。不仅如此，在同一个国内，不同的分担者（或组）在石头的堆叠方

分担地区	国名
香椎地区	丰后
多多良滨	筑前
筥崎地区	萨摩
博多袖滨 博多前滨	筑前
博多庄滨	筑后
百道原地区	不明
姪滨地区	肥前（开始是博多）
生松原地区	肥后
青木横滨（今宿）地域	筑前
今津地域	大隅 日向

表 6-1　石筑地建造分担表

式、石材选择等方面也存在一些差别。武士们各自建造了分配给他们的石筑地。

然而，在八月这个规定的完工时间到来时，工程尚未完成。第二年，即建治三年（1277 年）正月，萨摩国守护岛津久时向该国御家人比志岛佐范确认了佐范分担的五丈一尺四寸石垒建造完成。所有的工程可能都是在这一年完成的。

从这时起，石筑地的建造地区成为各国武士异国警固番役的工作地点。个别武士的警备地点也可能与他们负责的建造地点一致。之后长期进行的维护和修补工作也是一样。正安二年（1300 年），幕府规定，每十町田地负担一面盾牌，每五町负担八尺长的一杆旗，每一町负担两支征矢。虽然比率有所不同，但武士们出于防备的目的准备了这些物品。另一方面，与博多湾防垒建造同一时期，长门国也建造了石筑地，由山阳和南海道的武士负责警备。山阴道武士守卫的地点尚不清楚，但出云国的御家人似乎警备着靠近筑前国远贺川河口的黑崎，也可能参与了北九州的警备。这样，至建治三年上半年，武士们已开始在完工的防垒后方进行警戒异国的任务了。

安达泰盛与平赖纲的对立

在紧急建造石筑地的同时，北条时宗政权自建治元年以来，一直致力于在镇西和西国各地重新配置有能力的守护。这一过程虽花费相当长的时间，但在建治年间已基本完成。佐藤进一通过细致的论证整理出守护的大规模人事轮替表。

这次轮替的明显特点是北条氏嫡系的显著扩张。北条宗政、宗赖都是北条时宗的弟弟，实际上可以说是得宗时宗的分身。这样一来，得宗时宗在这次轮替中就一举获得了四五个国的守护（备中的情况尚不明确）。但同时，在该表中也不应忽视的是，被视为安达泰盛派的人物在这次轮替中也不在少数。安达泰盛本人成为肥后国的守护，他的女婿金泽显时成为丰前国的守护，足利满氏成为越前国的守护，伊藤氏接替大佛宗宣成为石见国的守护。他们在后来的霜月骚动中作为安达泰盛派战死。这意味着，尽管后来伊藤氏被替代，但泰盛派在这次人事调动中仍确保了三国的守护。

这次守护的人事调动一方面意味着自北条时赖时代以来，形成幕府中枢的得宗和安达氏联盟的全面推进；另一方面也可以被视为得宗派和安达派之间激烈竞争的结果。由此看出，处于顶峰的北条时宗所面临的困境比北条时赖时代更为严重。时宗的妻子是安达泰盛的姊妹。尽管有时因年轻气盛而发生抵触，但时宗非常信任这位

国名	轮换前	轮换时间	轮换后
筑后	大友赖泰	建治三年	北条宗政
丰前	武藤资能		金泽显时
肥后	武藤资能	建治二年之前	安达泰盛
长门	二阶堂行忠	建治二年	北条宗赖
周防	长井泰重	建治二年	北条宗赖
石见	伊藤三郎左卫门尉		大佛宗宣
越前	后藤基赖		足利满氏
播磨	小山长村		得宗
备中	?		得宗

表 6-2　镇西、西国的守护轮换

义兄弟。最重要的是，泰盛作为恩泽奉行被授予了赏赐的实权。在文永之役期间，时宗在安达泰盛的指导下开展政治活动。然而，得宗时宗也不可能不信任自己的家人——御内人，尤其是得宗公文所（得宗的家政机关）的家令平赖纲，时宗对他的信任尤为深厚。北条时赖时代，在得宗私邸召开的幕府中枢的影子机构、可谓得宗权力基地的寄合，到了这个时期已经成为一个正式的机构，在幕府内部确立了自己的地位。

问注所执事三善康有的日记《建治三年记》记载，寄合每月举行两三次，成员构成和审议程序也有一定的规定。会议对与公家相关的问题、重要人事等幕府的最重要事项进行审议和决定。正是在这个时期，寄合“展现了形式上的完整，夺取了评定制的核心权力，实质上将自己置于评定制之上”[1]。

1　该引文虽然未在正文中标明出处，但经查证应出自佐藤进一的《论镰仓幕府政治的专制化》（「鎌倉幕府政治の専制化について」，原载于竹内理三编《关于日本封建制形成的研究》，1955 年，吉川弘文馆出版；后收于佐藤进一《日本中世史论集》，1990 年，岩波书店出版）。——原编注安达泰盛和平赖纲当然也都是最重要的成员。在平息二月骚动事件时，安达泰盛在打击御内人的同时确立了自己的领导权，而御内人肯定也进行了不少反抗。平赖纲出于反抗的立场，明里暗里地与泰盛竞争和对立。关于前述的守护人事调整，两者之间也可能有过激烈的竞争。在新任命基本稳定之前不得不花费 3 年时间，原因可能就在于此。

北条时宗刚刚 20 岁，处在这两位最值得信赖的实力派之间，有时不得不陷入深深的困惑。毋庸置疑，社会深处涌动着的两股时代力量通过这两人的对立撕裂并折磨着这个年轻人的灵魂。

这不仅仅是北条时宗的问题。建治二年到次年，发生了两起奇怪的事件。建治二年九月，泰盛的弟弟、评定众安达时盛（道供）突然出家，悄悄进入寿福寺。他的领地被没收，泰盛兄弟断绝了与时盛的关系。随后在建治三年四月六日，因病出家的连署北条（盐田）义政在五月二十二日也突然出家，没有告知家人就悄悄进入信浓的善光寺。北条时宗得知此事后虽派人去劝说，但义政决心不变，他的领地也被没收。

我认为幕府要员接连出家的背后，存在着安达泰盛和平赖纲之间相当危险的对立。北条义政的同母姐妹（重时的女儿）是安达泰盛的妻子。她虽是北条氏一族，却与泰盛关系更近，在两者对立中的地位极其微妙。相反，安达时盛的情况也可能是如此。我推测，这两人可能深切感受到了脚下的“薄冰”即将崩裂。

实际上，在此前后，评定众等一切重要人事似乎都牵涉到了安达泰盛和平赖纲的对立。建治二年，虽非北条一门却没有当过引付众就一跃成为评定众的佐藤业连成为寄合的成员，并兼任得宗公文所的右笔。他曾任公事奉行人，凭借其行政能力而被任用，属于御内人系列。弘安元年（1278 年）成为评定众的摄津亲致也是同样的情况。这一年，安达泰盛派将金泽显时、安达显盛（泰盛的兄弟）纳入评定众。另外，在建治二年，六波罗北方探题北条义宗回到镰仓，成为评定众后不久就去世了。建治三年的五月，为了填补先前上京的长老北条时盛去世后留下的空缺，北条政村的儿子时村（时村的姐姐是安达显盛的妻子）上京接替。然而，北条时宗与安达泰盛、三善康有秘密决定的六波罗奉行等人事，6 天后在加入了平赖纲与诹访真性（御内人）的寄合中被重新讨论，并进行了相当大的修正。这里也反映出双方微妙的对立。

这种对立绝不仅仅是围绕人事的派系争斗，其背后无疑存在着御家人和御内人的对立。到了建治年间，使两人的对立突然表面化的直接诱因，无疑是来自蒙古的强大压力。当前的焦点是“征伐异国”还是建造石筑地——是外征还是防御的选择。至于谁主张哪一方，在这里暂且不谈。

不管怎样，幕府在面对蒙古的再次侵袭时，内部存在的实力人物之间的激烈对立使他们决定采取放弃外征、全力加强防御的态势。安达泰盛在幕政中的主导权随后得到进一步的加强。建治三年，评定众不再审议对御家人赴京都任职的官职推荐，而是改由将军直接决定，但实际上，这一实权掌握在恩泽奉行安达泰盛的手中。

经过种种波折，这一年，幕府基本完成了重要的人事变动，大体上解决了留下许多不满的恩赏问题，确保了稳定。幕府决定将文永之役时设立的兵粮料所和在京人受领的领地返还给本所和领家。同年，北条时宗得到肥前、肥后的安富庄，新任命的镇西守护在所管辖的国内也保住了相当多的领地。这是为了避免不必要的摩擦而采取的措施。同时，幕府还发布命令说，警戒异国是不分武士和公家的“平均”课役，本所管辖的庄园、公领和社寺都不能违抗守护的催促，关东御领同样不能例外。幕府明确了违反者将受到严厉惩罚的态度。这样，幕府为迎接再次侵袭做好了准备。

空前的大远征军

《建治三年记》在六月八日的条目中记载，从大宰府来的使者报告说：“宋朝灭亡了，处在蒙古统治之下，今年春天前往宋朝的商船等未能进行交易便匆忙返回了。”在元军猛攻日本之前，1276 年的正月，南宋首都临安（杭州）沦陷，皇帝恭宗向元军投降。这一详细消息晚了一年半才传到幕府。

宋朝将领文天祥、张世杰等人仍然奉迎宋朝皇族，持续抗战，但大势已定。3 年后的 1279 年，南宋最后的皇帝赵昺在厓山之战中失败，跳海自尽。宋朝彻底灭亡，元朝名副其实地继承了中国正统帝国的地位。

临安沦陷后，元世祖召集包括宋朝降将在内的臣子们，征求关于再征日本的意见。以后来远征日本的将领范文虎为首的宋将们主张攻打日本，但耶律希亮（耶律楚材的玄孙）以不宜连续征战为由，主张推迟行动。世祖采纳了耶律希亮的意见。事实上，为了避免同时面对日本和南宋的两面作战，世祖早些时候已经命令高丽停止战船和武器的制造。当幕府全力准备防御时，实际上再次来袭的危险已经远去。

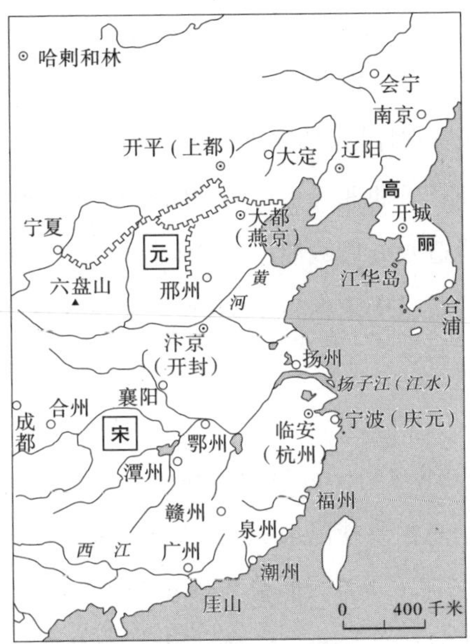

图 6-2　元与宋关系图

当然，再征日本的计划只是被推迟了。世祖已经构想了一个包括新的征服地旧南宋在内的，动员整个大元帝国力量的大规模计划。然而，在世祖亲自主持这一计划之前，高丽方面为实现这一计划提供了契机。

1276—1278 年，高丽相继发生了多起针对忠烈王和国王所信任的金方庆的诬告事件。这些事件背后的策划人名叫洪茶丘，他虽是高丽人，却尽忠于元朝而厌恶高丽。金方庆经受了多次严酷的拷问，依然拒绝认罪，这些情况最终传到了元世祖的耳中。此时，洪茶丘建议元军全面占领高丽。对此，忠烈王不得不前往上都（开平）直接向世祖辩白。元世祖接受了忠烈王的辩解和主张，撤回了所有元军，并同意召回洪茶丘。但为了得到世祖的批准，忠烈王必须付出巨大代价。他亲自提出积极协助再征日本的请求。世祖因此不费吹灰之力就抓住了实现计划的契机。

1279 年 2 月，元世祖命令旧南宋的扬州、湖南、赣州和泉州四省为远征日本建造 600 艘战船，并向宋朝降将范文虎等人询问远征方策。范文虎建议基于宋朝和日本长期的友好关系，再次派遣使者。世祖接受了这一建议。于是，作为南宋旧臣的周福和栾忠出发前往日本。

一直到 1280 年 4 月，世祖始终在等待这些使者返回。尽管杜世忠被斩首的消息很快就传来了，但周福等人却迟迟未归。因为幕府将他们也斩首了。八月，世祖最终决定全面启动再征日本的计划，设立赴日远征军的指挥部“征收日本行中书省”（又叫征日本行省、征东行省），任命忻都、洪茶丘和范文虎三人为长官（中书右丞）。世祖又将高丽的忠烈王纳入其中，召开作战会议并确立了基本方针，即由洪茶丘和忻都率领蒙古、高丽（高丽投降者）和汉族（北方中国人）4 万人组成东路军，从合浦出发；由范文虎率领的“蛮子军”（南宋人）10 万人组成江南军，从江南出发；两军将在壹岐会合，共同进攻日本。

忠烈王主动提出担任征东行省的长官来指挥远征军，并强烈要求给予金方庆等高丽将士与元军同等的地位。虽然这背后隐藏着忠烈王对洪茶丘的深深愤怒，但世祖最终还是批准了这一请求。

至此，远征的准备已经完成。1281 年（至元十八年，忠烈王七年，弘安四年），世祖把阿剌罕、范文虎、洪茶丘和忻都召到燕京。高丽的金方庆接到世祖的指示返回开京。二月二十日，世祖集合了即将出征的诸将，颁发诏令并告诫他们：

朕闻汉人言："取人家国，欲得百姓土地。若尽杀百姓，徒得地何用？"

这里已完全看不见游牧帝国首领的影子了。作为以农业为基础的中国帝国的合法皇帝，元世祖意图将日本的土地和百姓纳入其统治之下。事实上，这时的元军携带着锄头、锹和日常生活用具，打算作为屯田军去控制日本。

与此同时，世祖最担心的是上次远征军中将领之间的不和。这种担忧是自然的，因为率领远征军的大将们可以说是互为宿敌。"当日本人提出谈判时，你们要同心应答，恰如一人语。"世祖恳切地要求诸将团结一致。

于是，这支空前的大远征军开始行动了。

压制"恶党"

范文虎的使者周福和栾忠在弘安二年（1279 年）六月带着从日本入宋的僧人抵达博多。可以说，这是最后的劝说使者。

使者携带的牒状上说："宋朝已被蒙古攻陷，日本岌岌可危。"朝廷对此进行了评定，而幕府像对待杜世忠一样，也在博多将这些使者斩首。对幕府来说，再次遭受来袭已经是预料之中的事情。

弘安元年，正如在"对于当世如此恶行之人，应予惩罚"中所表示的那样，幕府专门加强力量镇压国内的恶党。在伊贺国，弘安三年（1280年），六波罗下达了抓捕国内恶党的命令。当时，受到寺院领地黑田庄恶党困扰的东大寺认为命令中没有写明“清扫本所一元化领地”，希望幕府能够利用其力量镇压这些恶党。本所也开始要求幕府介入本所一元化领地的事务。

根据元军将在明年四月再次来袭的情报，十二月八日，幕府指示武士们前往指定的防御地点，进入警戒状态。同时，幕府也指出，守护和御家人之间发生各种争斗，彼此不和，不能同心，并严厉告诫说，御家人以下军兵要听从守护的命令，守护要公平地上报军功，赏罚分明。如元世祖教导诸将一样，幕府也在努力压制国内的矛盾冲突，准备迎接即将到来的战斗。

然而，无论使用多么强硬的手段，矛盾都不能被消除。当年的十一月十三日，飞鸟井雅有奉后深草上皇和春宫熙仁之命前往关东。当他通过美浓国的不破关时，想起皇太子即位时将会在这里举行的固关仪式，感慨万千。雅有的任务是请求幕府尽快让皇太子即位。但对于当时实行院政的龟山上皇来说，这就是在催促他放弃权力。在表面友好的交往下，后深草上皇和龟山上皇之间的对立已悄然形成并逐渐加深。不和就是在这些方面逐渐积累起来的。

龟山上皇意识到后深草上皇方面的动向，于是积极开展治理活动，以此来保住自己的权力。西大寺的睿尊开始接近龟山上皇。弘安二年，朝廷向全国发布圣旨，命令在石清水放生会之前的15天（八月一日至十五日）内禁止一切杀生行为。这与同年龟山上皇从睿尊那里受戒有关。当时，龟山上皇还赠送了睿尊一本宋本《一切经》。次年，睿尊前往伊势神宫，将此经献给神宫，并祈祷异国撤退。

与此同时，睿尊、忍性与得宗的联系也越来越明显。早在建治元年，忍性就已经成为摄津国多田院的别当。那里是得宗的领地，由安东莲圣担任营造总奉行。莲圣还在建治三年于奈良购买了和泉国久米田寺的别当职务，将该寺改作律宗寺院，并将经营权委托给睿尊。如后文将要描述的，得宗的御内人，特别是安东莲圣与律僧之间的关系非常密切。亀山上皇将睿尊拉在身边，与此也不无关系。弘安二年，从宋朝逃亡来的禅僧无学祖元[1]在道隆逝世后被迎入建长寺，并得到北条时宗的信任。尽管临济宗也受到得宗的重视，但律僧与得宗属官之间的联系更具实质性。

然而，这对日莲的信徒来说，却意味着新的受难的开始。建治三年，遵奉日莲的檀越、武藏国池上的地头池上宗仲由于信仰日莲的教义，被其父左卫门大夫逐出家门。同一时期，另一名信奉日莲的著名檀越四条赖基也因为对日莲的信仰而被主人江马光时（名越光时，此时已被赦免了流放之罪）怀疑不忠，并接受了讯问。池上宗仲的父亲和江马光时都是忍性的信徒。日莲给宗仲的弟弟池上兵卫志写了一封名为《给兵卫志的回信》的书信，给四条赖基写了《给四条赖基的陈状》等多封书信。日莲在信中说，应该谴责的是“天下第一不诚实之人”，是那些宣称守戒的“破戒”者，是律僧，是忍性。日莲还鼓励二人，无论发生什么，都不应失去对《法华经》的信仰。在这个过程中，亲子关系和主从关系都出现了很大的裂痕，而信仰上的对立使这种裂痕不断扩大，难以弥合。

但是，对日莲信徒来说更为严酷的迫害发生在骏河国富士郡的

1　无学祖元（1226—1286），南宋临济宗僧人。1279 年应北条时宗之邀渡日，在圆觉寺开山，对日本禅宗发展有巨大影响。谥号佛光国师、圆满常照国师。

热原。在富士郡，像南条时光那样遵奉日莲的檀越越来越多，日莲的弟子、浦原四十九院的日兴通过这些人在甲斐、骏河传播日莲的教义，使其门徒数量不断增加。富士郡“下方”的热原泷泉寺的信徒日秀也是其中之一。但从弘安元年开始，这一地区的信徒遭到迫害，日兴被四十九院驱逐。

第二年，迫害也波及了泷泉寺的日秀。富士郡的下方是得宗的领地。泷泉寺的院主代“平左近入道行智”与得宗在当地的管理机构“下方政所”勾结（或许行智本身就是得宗的属官），指控日秀及其信徒闯入院主代的居所，破坏田地。结果，约 20 名百姓被逮捕并被带到镰仓。日莲代表日秀写了《泷泉寺申状》，为他们辩护。日莲说，事实正好相反，搞破坏的是行智，而日秀等人试图阻止，从而引发了这起事件。

然而，辩护没有成功。在审判中，平赖纲要求被逮捕的百姓放弃他们的信仰（在得宗领地发生的事件由得宗的法庭审理）。据说当时平赖纲 13 岁的儿子饭沼助宗用蟇目（一种用桐木、朴木制成的箭头）随意射击百姓，还威胁他们、逼迫他们念佛。但百姓没有屈服，3 人被斩首，其余的则被投入监狱。在这种残酷的镇压之下，他们始终诵念着“南无妙法莲华经”，抵抗至死。

日莲怒气冲冲地说，对于“恶党”（日兴、日秀等人被称为“党类”）的镇压太过残酷，面对即将到来的第二次蒙古入侵，如果国家还是重视忍性而压制《法华经》的信徒，那么国主将会受到惩罚，那些说要去调伏异国的人将会疯狂至死。人们将会“像老鹰抓小鸡、猫捉老鼠一样”被屠杀，女性将被掳往他国。在这样的愤怒之中，日莲还提到“患有白癞、黑癞和各种重病之人会有很多”。日莲对患有“癞”病（麻风病）之人的态度，与忍性愿意背着患病之人，还试图拯救他们的行为形成鲜明的对比。横井清敏锐地指出，日莲的话语深刻地向我们揭示了人类“歧视”意识的根深蒂固。我们绝不能忽视的是，在这种激烈的信仰对立中，歧视思想正逐渐渗透到人们的心中。

跳舞的一遍

同样是在弘安二年春，一遍与乞丐一起睡在京都五条乌丸东的因幡堂檐下。从九州到伊予，再到备前，一遍一直在行脚云游。前一年冬天，吉备津宫（可能是备中二宫）中有一位神官的儿子，因其妻子成为一遍的信徒感到愤怒，差点在福冈的街市杀了一遍，结果却反而成了一遍的信徒。现在，一遍来到了因幡堂，这里聚集着祈求病体康复的病人。

八月，一遍离开这里，前往信浓的善光寺。年末，在佐久郡伴野的市集和小田切的乡里，他与聚集的人们一起，敲击着食钵，一边念佛一边舞蹈。乞丐和患有麻风病的人们也随着他一起跳舞。

人们摇头摆脚，高声念佛并且跳起了舞。

> 跳吧跳吧，舞吧舞吧，骑着竹马
> 那条路，人们都知道
> 一起跳吧，即使这样也要舞蹈
> 极乐净土之道
> 闻听便令人欢喜

在舞蹈和念佛中，人们被带向欢喜。从这开始，舞蹈念佛就成了那时僧俗信众的仪式，并在世间广泛传播。虽然在一遍之前也存在“融通念佛”和“安魂舞蹈”这样的念佛形式，但正如五来重所说，这些可以说是“具有完全不同于佛教经典或佛教故事的民俗起源的东西”。一遍随心所欲地摇晃手脚，随心所欲地跳舞、放声歌唱，暂时唤醒了人们心中被压抑的自然野性之喜悦。

第二年，一遍前往祖父河野通信墓地所在的奥州江刺。弘安四年，他穿着草鞋，在常陆荒凉的山野中，与同行者一起向南走去。那一年，元朝大军正在逼近日本。

元军的溃败

东路军的行动

江南军和东路军原定于六月十五日在壹岐会合。四月十八日，忠烈王检阅了由忻都、洪茶丘率领的元军和金方庆率领的高丽军。这是一支由4万将士和900艘战船组成的大舰队。忠烈王也是大元皇帝的女婿(驸马高丽王)。他以征日本行省长官的身份面对元朝将领，连洪茶丘和忻都也不得不在他面前低头。对高丽人民来说，这无疑是十分振奋人心的。

然而，由互相之间可谓宿敌的金方庆和洪茶丘率领的这支东路军，其行动从一开始就显得有些异常。他们比原定与江南军会合的日期提前了一个半月。五月三日，东路军从合浦出发，抵达巨济岛。

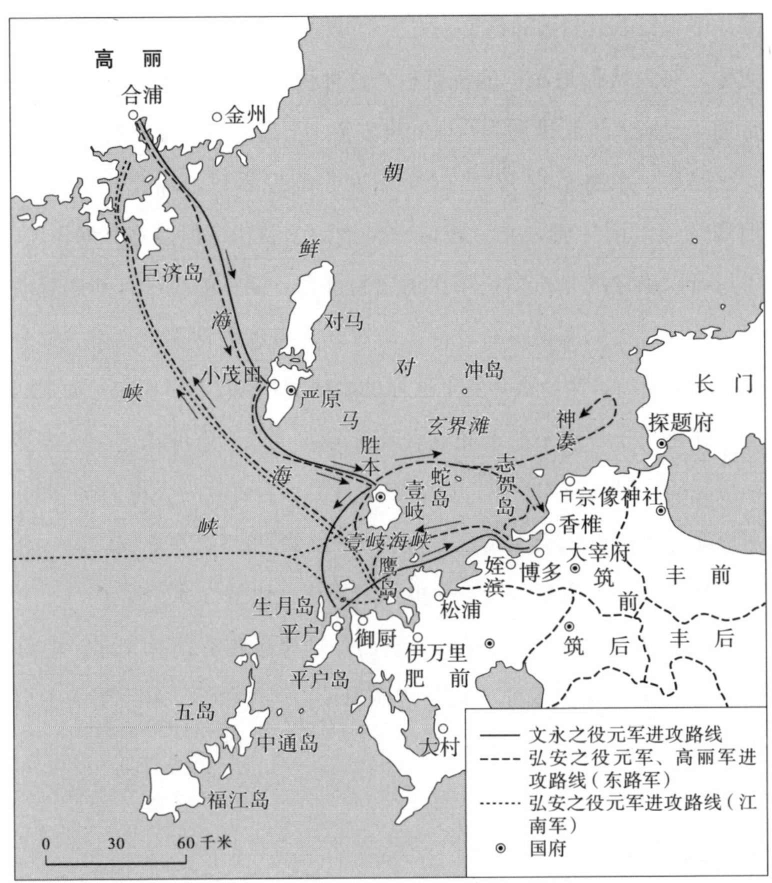

图 6-3　元寇航路图

此后大约半个月，这支大舰队似乎一直停泊在此。为何会有这样的延宕，原因至今不明。

到了五月二十一日，东路军才出现在对马。一部分高丽军在“世界村大明浦”登陆，并与武士们交战。高丽军见人就杀，当地人带着妻儿藏匿于山中。据说，有些人甚至为了避免婴儿的哭声暴露行踪，不得已杀死自己的孩子。关于“世界村”的具体位置，至今没有定论。有人认为是东岸的佐贺村，这种说法看似有力，却有些不合常理。也有人将其推测为西岸的志多留、下岛的久田或豆酘湾。

之后，东路军在五月二十六日左右遭遇暴风，虽有一些伤亡，但还是继续前往壹岐。壹岐似乎也遭到了袭击，但具体日期不明。不过可以确定的是，东路军比预定的会师日期提前半个月到达壹岐附近，而且主力军队没有等待江南军就直接前往博多湾，有一部分还突入了长门。为什么会发生这样的事情呢?原因不得而知。通常认为，这是由于东路军想要抢在江南军前面为自己争取功名。这当然是可能的，但我还想指出，这支舰队是由互为宿敌的大将们带领的。东路军这种奇怪的行为可能是其内部的元军和高丽军之间的竞争和对立造成的。但无论如何，元世祖的担忧很快就变成了现实。

六月四日和五日，元军攻打长门。这里也建有防御工事，但好像没有发生大规模战斗，元军就撤退了。六月六日，东路军的主力出现在博多湾。

志贺岛之战

早在六月一日，来自大宰府的急报就已经送达京都。四日，朝廷命令22座神社进行祈祷，祈求降伏异国。各大寺院也开始祈祷。随后，在十四日，长门遭到袭击的消息传来，京都陷入一片混乱。敌人已经占领九州，不久就将打过来了。流言四起，人们陷入恐惧之中。在此期间，龟山上皇在十八日祈祷，后深草上皇在十九日祈祷，而宫廷的权贵们则每天都在举行盛大的祈祷。当时，北九州正在经历激烈的战斗。

这次的进攻虽然比原来预测的四月来得更晚，但武士们都已经准备就绪。据说这一年的正月（也有说是前一年的五月），“倭贼”曾出现在高丽。情报早就以这样的形式传来了吧。当东路军出现在博多湾时，防垒上已经准备好盾牌，武士们加强了防御。敌船一靠近，武士们就跑上石筑地，向敌人射出猛烈的箭雨。东路军发现难以上岸，于是转向防守薄弱的志贺岛和能古岛，并在那里停泊。

面对这种情况，六月六日（或七日）夜晚，筑后国御家人草野经永率领两艘小船带头发动夜袭。他们不断发起进攻，并登上敌船放火。但是，据说元军用锁链连接船只，并用弩反击接近的小船，小船接连遭到破坏。

由于伤亡过大，夜袭受到压制。但是急于立功的武士们不听劝阻，依然继续发起攻击。其中有一位伊予国的御家人河野通有，他曾写下起请文（对神起誓之言）献给三岛社（伊予一宫）：“若十年内蒙古不来，我一定要渡海到异国与之作战。”宣誓后，他将起请文烧成灰烬后吞下，然后离开了家乡。河野通有率两艘战船冲向敌人，虽然受了伤，但他放倒桅杆当作桥登上敌船，俘获了一名貌似将军的人物。

这个消息激发起竹崎季长的斗志。竹崎季长拜访了河野通有，关心了他的伤势，并详细询问了敌船的情况。随后，他立即从肥后国的警备地点生松原出发了。六月八日傍晚，他路过在文永之战中立下功勋的菊池武房坚守的石筑地时大声喊道（季长与菊池武房似乎关系密切）：“我听说敌军将船的桅杆是白色的，很容易识别。我打算见您一面，然后前去参战。如果您还活着，请把我的事情告诉给人们。”竹崎季长在战斗中受了伤，但仍与岛津长久的部下一起发起了攻击。然而，由于水手们畏怯并停止划船，他们未能登上敌船。

尽管如此，他们仍被守护代安达盛宗（泰盛之子）作为肥后国第一先锋记录下来。

在此期间，东路军已经在志贺岛登陆。在作为先锋部队的小船队发动夜袭的同时，陆地上的战斗也十分激烈。八日，负责守卫香椎的丰后国武士在守护大友赖泰的率领下，在“海中道”与元军和高丽军作战。与此同时，安达盛宗率领的肥后国人马也参与了陆战。在这场战斗中，武士们击败了高丽军，迫使元将洪茶丘败走。尽管激战持续到十三日前后，但武士们仍未能完全将东路军从志贺岛上赶走。

东路军和江南军会合

约定会师的日子是十五日。日期快到了，可是由于天气炎热，船上暴发了疫病。战死者也在不断增加，无奈之下，东路军不得不撤回到壹岐，而江南军尚未到达。由于船体开始腐烂，粮食也越来越少，洪茶丘和忻都提出撤军。在最初的会议上，金方庆对这个提议保持沉默。又过十天，当大家再次讨论这个提议时，金方庆坚决反对：“我们带来了足够 3 个月的粮食，现在至少还有 1 个月，我们等待江南军的到来吧，这样我们一定能够摧毁日本。”在这个有理有据的论点面前，洪茶丘沉默了。与文永之役时不同，金方庆现在与元将处于平等的地位，能够坚持自己的主张。

大约 50 艘战船组成的江南军先遣队约在六月十四日或十五日到达对马，并在下旬到达东路军停泊的壹岐。先遣队向东路军通报了江南军延迟的原因和计划的变更。

三月左右，江南军的将领们从一艘日本漂来的船上详细了解到北九州的情况后，决定将会合地点改在平户，并得到元世祖的批准。他们发现，比起壹岐，平户更接近日本本土，对进攻更有利。出发前，主帅阿剌罕突发急病，不得不于六月二十二日由阿塔海代替，这也导致江南军的出发时间大大延后。先遣队将这些情况告知了东路军。就这样，虽然计划大受干扰，但阿塔海和范文虎率领着由十万大军和3500艘战船组成的前所未有的大舰队，从六月中旬开始，浩浩荡荡从宁波（庆元）出发了。

东路军在壹岐停泊了一段时间。在这期间，日本本土的武士乘船发起了攻击。六月二十九日，萨摩的武士发动了攻击；七月二日，肥前松浦党等的武士也跨海发动了一波又一波攻击。东路军也时不时袭击北九州沿岸，但在得知江南军计划变更的消息后，便开始向平户移动。七月初，江南军的船队陆续从平户开到五岛沿海地区。约一个月的延误之后，东路军和江南军终于会师，形成了包括14万大军和超过4000艘战船的巨大舰队，自七月下旬开始逐渐向东进发，准备攻击日本本土。尽管舰队的前锋已经抵达博多湾，但大部队还在平户岛、五岛一带，甚至还有一些船只仍在东海向平户航行。在九州西北的海域，元朝的船只成群结队。面对这些移动中的船只，日本武士乘坐小船发起了攻击。但元军击退了他们的攻击，继续向东进发，主力部队最终抵达肥前的鹰岛。全面的本土攻击即将开始。

弓箭之道，以进为荣

七月三十日，风开始刮起来了。到了夜晚，暴风雨愈发猛烈，次日，即闰七月的第一天，暴风雨肆虐了一整天。八月二十三日，一场大型台风袭击了九州地区。这场风暴使元朝的大型船队陷入困境，许多船只遭到破坏，士兵们被抛入汹涌的大海中溺亡。特别是江南军，由于船只结构脆弱，他们遭受的损失尤为惨重。“尸体随潮汐漂入海湾，海湾因此而堵塞，人们可践踏而行。”大量尸体被冲到九州西北部的各个海湾。

当然，并非所有船只都被摧毁。在鹰岛，幸存的船只集结起来，而那些停留在平户还未开始东进的船只则幸免于难。当风暴稍微平息时，范文虎等将领开始讨论后续方针。虽然有人主张聚集幸存者发动必死的攻击，但诸将已完全失去战斗意志，一心只想回国。就在这时，日本武士对残余的敌人发起了猛烈的攻击。特别是在闰七月五日，漂浮在九州西北御厨海域及鹰岛附近的船只遭受的袭击尤为激烈。范文虎等将领抛弃了争先恐后欲登上剩余船只的士兵，逃离了战场。

竹崎季长在御厨附近的海滩听到了这个消息。当武士们纷纷乘船出发追击时，本应从生松原出发的季长的船却迟迟不见踪影。竹崎季长非常焦急，担心错失立功的机会。正巧这时，挂着连钱图案旗帜的肥后国守护代安达盛宗的船正从海上经过，从关东来担任军奉行的得宗属官合田五郎和安东左卫门二郎正欲派出使者前去拜访。竹崎季长伪装成守护的部下，搭乘这艘使者的船成功登上了远处海中的大船。

然而，竹崎季长登上的那艘船是安达盛宗部下的船。由于船上没有多余的空间，季长被迫下了船。无奈之下，他只能乘坐小船匆忙赶往战场，但由于船速太慢，他似乎赶不上战斗了。恰巧，季长发现一艘船从旁边经过，便谎称自己船上有守护殿下，要求经过的船靠近。船主“高正”听从命令，将船驶近。当他知道这是季长的谎言后，便愤怒地要求季长离开。面对可能被抛弃的处境，季长搓着双手一个劲儿地恳求。见此情景，高正心软了，同意让季长一人上船。季长的随从感到失望，但季长坚持“弓箭之道，以进为荣”，独自上了船。

由于把头盔留给了随从，季长便将护腿绑在头上代替头盔。高正提出要把自己随从的头盔借给他，但季长拒绝了：“我不能为了自己而让您的随从遭遇不测。”就这样，头戴护腿的季长登上了敌船，并成功斩杀了一名貌似大将的人物。

七月六日，竹崎季长向军奉行合田五郎报告了这一过程。合田五郎称赞道：“不止一次地甚至撒谎也要登上船，终于赶上干大事，真是一个‘大猛恶’之人啊。”竹崎季长还向守护代安达盛宗展示了他所斩获的首级，并接受了查验。

七日，武士们又发起了进攻。丰后国御家人都甲惟亲、萨摩国御家人比志岛时范等人乘船前往鹰岛发动进攻。范文虎等将领逃跑之后，留下的士兵们砍伐木材制造船只，设法返回。武士们趁机发起了攻击。许多人被杀，还有很多人被俘虏。据说，俘虏多达二三万人。九日，武士们将这些俘虏带到博多，将蒙古人、高丽人、“汉人”（居住在中国北方的中国人和女真人）全部杀害，只有“唐人”（旧南宋统治下的江南的中国人）没被杀，而是被当作了奴隶。由于当时的日本人与宋朝长期保持交流和活跃的贸易关系，他们对曾在宋朝统治下的中国人抱有亲近感。然而，对蒙古人和高丽人的残酷处决反映出当时日本人对东亚的复杂而扭曲的态度。

在这些被奴役的“唐人”中，有于阊等 3 人趁机逃回，报告了战况。人们常在战争前说的所谓“还者三人”的说法即指此，当然这并非事实。战死、溺死的元军约十万人，高丽军约 7 千人。这支 14 万人的大军损失了约四分之三。忠烈王在闰七月十六日（高丽历八月），在庆尚南道安东行宫听到了金方庆率领残余的高丽军返回合浦的消息。

幕府强化统治权

与文永之役不同，这次战斗持续了很长时间。六月二十八日，幕府为了准备应对可能的长期作战，决定在镇西九国以及因幡、伯耆、出云和石见等国的国衙领地和本所一元化领地征收年贡，当地富有之人所拥有的米粮也要被征收，以充作军粮。幕府还请求朝廷认可这一措施。文永时期，幕府也对本所一元化领地采取了同样的紧急措施，但这次是将其作为正式法令来执行的。此时，“有德之仁”——以借米形式向富有之人征税的方式，已在春日社等社寺中广泛实施。幕府也采取了这一措施，以备不时之需。

不仅如此，幕府于闰七月九日提出了进一步的要求：（1）由“职掌人”（以特定职务服务于神社的人）替换原本负责保护神社的武士（地头御家人或庄官），以便让这些武士转而与异国战斗。（2）寺社、权门的领地以及本所一元化领地的武士应遵从武家的命令，赴战场作战。幕府希望朝廷发出宣旨，明确这两点内容。当然，这些都是为了增强武力。特别是第（1）点，这是一项新的措施。虽然第（2）点自文永时期起就已开始实施，但在实际操作中并不顺利。因此，幕府打算借助宣旨的力量强行动员。

的确，幕府动员了所有力量，准备与 14 万外敌作战。平时看似坚固的本所一元化领地的壁垒，在这股势头面前也变得微不足道。元军的巨大压力促使幕府内部产生一股非同寻常的力量与之对抗。借此力量，原本难以进入的西国本所一元化领地一举被武家控制。

公家方面也形成了自然而然地接受这种态度的趋势。他们确实因恐惧异敌而颤抖，但这种转变的原因不仅是恐惧。为了对抗有意让皇太子即位的后深草上皇，亀山上皇和后宇多天皇父子二人不得不响应幕府的态度，为降伏异国而全力以赴。亀山上皇亲自前往春日社和日吉社等地进行祈愿，而后宇多天皇则派遣敕使前往山阶（天智天皇）和大原（后鸟羽天皇）等陵墓，还命令五畿七道进行祈祷。有人曾向伊势神宫祈愿说，如果日本因异国而受损，便愿意献出自己的生命。至于做此祈祷的是亀山上皇还是后宇多天皇，人们的说法不一。但无论如何，从这两人的立场来看，发出这样的祈愿也并不奇怪。通常来说，公家在这个时间点已经准备好接受幕府提出的对于公家来说可谓惊天动地的要求了。

然而，就在提出这一要求的当天，即闰七月九日，元军溃败的消息传到了京都。在沸腾的喜悦中，紧张情绪一下子缓解了，这个要求似乎也变得无关紧要了。但战争是政治的延续，一旦恢复到平时状态，被战争遮蔽的政治的冷酷逻辑就显露出来。幕府听闻元军溃败的消息以后仍然坚持原有态度，反复提出要求。二十日，敕许终于下来了。幕府要求将日期改为九日，宣旨最终也确实是按此日期发出的。这种做法至今仍很常见，然而，这种日期的追溯意义重大。幕府想要表明，这一宣旨是在非常时期发出的。他们试图以人们自然能够认可的方式，来巩固其权力的决定性扩张。

在此之前，即十一日，“胜利”的消息还没有传到镰仓，幕府派北条氏嫡脉的时业（后来的北条兼时，时赖之孙，宗赖之子）前往播磨，命令当地的武士们，一旦元军侵入濑户内海，必须遵从命令参战。播磨国的守护是得宗时宗，而时业是作为他的代表被派遣出去的。同一天，幕府也向武藏国御家人儿玉氏下达了指令，让他们派遣子嗣到安艺的领地，如果元军通过门司关，就应遵从守护的命令，赶往长门参战。

在西国拥有领地的东国御家人普遍接到了命令。幕府预计元军可能侵入濑户内海，于是加强了防备。在同一时期，北条时赖的弟弟时定（后来的北条为时）作为守护前往战事激烈的肥前。无论是时业还是时定，都显示出北条氏得宗一脉的进一步扩张。这一点也是值得关注的。这些部署在“战胜”的消息到来以后也未更改。就这样，幕府（得宗）的权力利用外部压力得到进一步的加强。

战后日本国内的反应

由于意料之外的大暴风雨，元军溃败并撤退了，但动荡的余波仍旧持续了一段时间。幕府严禁九州的武士随意进京，让他们继续负责警戒，同时封锁海上交通，严格检查往来港口的船只，防止异国残兵逃跑，并禁止新的异国人入境。

如同文永时期，幕府又提起“征伐异国”的话题，发出了备战指令。大将由少贰经资或大友赖泰担任，幕府不仅要召集三国（相田二郎认为是少贰经资、大友赖泰为守护的筑前、丰前和丰后这三国）的御家人，还计划要动员山城和大和的“恶徒”。据说在 8 月份，有 56 个“恶徒”被命令前往镇西。

这一情况被记录在当时东大寺的劝进上人圣守的书信中。之前提到的《勘仲记》的纸背文书中也有这样的记录：兴福寺的僧侣们请求免除对大和国寺众及国民（从属于兴福寺和春日神社的御房人和神人）参与“征伐异国”的动员。

为什么幕府特别要动员山城、大和的“恶徒”呢？关于这个问题，人们有各种观点，比如有人认为“恶徒”指的是勇敢的人，也有人认为这是幕府取缔恶党的一种策略。我认为，这些观点都有可取之处。如前所述，山城和大和地区有很多不从事农业生产的勇猛之人。其中有些人被幕府称为“恶党”，成为禁压的对象，同时也有人成为兴福寺的寺众和国民。苦于“恶党”肆虐的幕府正想利用这个机会，将这些力量转向外部。既利用他们的勇猛武艺“征伐异国”，也将内部矛盾转移出去。然而，由于兴福寺的抗议等原因，这个计划并没有像建治时期的计划那样顺利推进，最后不了了之。这可以说是在外部重压突然消失后出现的一种痉挛现象吧。

有人将暴风雨视为神的威力，并强调祈祷的效果。这种声音在战后不久便自然而然地传播开来。还有种种故事开始流传。伊势神宫的神官们向朝廷报告说，二宫末社风宫的宝殿从七月二十七日开始鸣动了三天，二十九日清晨，有红云从神殿升起，向西方飘去。高野山金刚峰寺的镇守丹生社两次报告说，丹生四所明神在四月五日和十二日两次托梦说神祇已去往“蒙古”。闰七月一日，睿尊与南北两京的 560 余名僧人一起在石清水八幡宫祈祷，祈求“以东风吹送敌船回异国”。作为回应，睿尊所持的爱染明王像的箭矢向西方飞去。

类似的故事还有许多。

在此之前，就有将日本视为“神国”、神明加持之国的观点，这些故事进一步加强了这种观念。以神为本，认为佛乃是神之变化的所谓“反本地垂迹说”、伊势神宫外宫的神官度会氏所倡导的伊势神道等都是在这样的氛围中形成的。将那次暴风雨视为“神风”的看法逐渐渗透在人们心中。

元军败退的原因

确实，这次偶然的大风暴拯救了日本人，使其免于元军大规模登陆可能会造成的巨大牺牲。当时相信神佛庇护的人们将其视为“神风”也不是没有道理的。然而，元军的失败并非仅仅因为一夜之间的暴风。如我之前多次提及的，这里有更为深刻的原因。

从本质上来看，这可以归因于征服者组织的由不同民族拼凑起来的大军自身的弱点。元世祖的担忧最终成为现实。已经转变为农业型帝国统治者、彻底摧毁了勇敢的高丽海上势力的蒙古，其以征服者的身份组织起来的军队，无论规模有多大，从一开始就缺乏往日的强大威势。

此外，靠专制手段强制建造的船只，特别是江南军的船只，据说由于船匠的偷工减料而极其脆弱。再加上将领们的行动因宿敌关系而从一开始就缺乏统一性。东路军的匪夷所思的行动、全军集结时间的明显延迟等，虽有种种偶然因素的叠加，但这些都是紧密团结的舰队不可能出现的情况。原本计划在台风季节到来之前的登陆因此错失了良机。可以说，元军的入侵注定是一场失败。

然而，日本方面也充满了矛盾。所谓“举国一致”的说法并非全是奉承话，的确有很多武士勇敢地战斗，同时幕府也拥有并发挥了足以被称为“执权政治鼎盛时期”的实力。然而，不愿参与过重的军役、拒绝作战的武士也不断出现，武家和公家内部也存在着严重的对立。尽管这种情况可能会激发出异常的强硬态度与活力，但反过来也会加剧内部的矛盾。如果外来力量更强一些，那么这些矛盾很快就会显现出来。

因此，将北条时宗视为“伟大而英雄的青年执权”完全是违背事实的。如前所述，北条时宗的执权是建立在两个实权人物安达泰盛和平赖纲之间尖锐的对立之上的。他究竟能做些什么呢？北条时宗命令伯父北条经时之子、鹤冈八幡宫别当北条赖助进行降伏异国的祈祷，并亲自用自己的血书写经文，供养无学祖元。实际上，这可能是北条时宗所能做的全部事情。他内心深处无疑充满了混乱和分裂。如果要评价时宗的能力，我认为他仅仅是因偶然得到了两位实权人物的支持而坚持下来，并且在元军来袭时，尽量不让两人的对立表面化罢了。

蒙古袭来的影响

日本前近代唯一一次真正的外敌入侵就这样戛然而止了。蒙古带来的恐怖给对马、壹岐和九州留下了深刻的烙印。“蒙古、高丽来了。”这句话曾长期被用来吓唬孩子。然而，即便一时陷入恐惧，对于贵族来说，这毕竟也还是另一个世界的事情。《不问而语》中仅仅只有一两句话提到蒙古，甚至也不是所有武士都参与了这场战斗。

似乎有一种说法认为，全国的武士大举参加了战斗，但这是不准确的。实际上，真正参战的仅仅是在九州拥有领地的武士（如伊予的河野通有）。确实有相当多的东国人移居到西国领地，这虽然带来了新的问题，但对于仅在东国拥有领地的人来说，这次外敌入侵只是产生了一些间接的影响。除了九州，对于大多数普通民众来说，战斗是发生在遥远世界的事情。我认为，蒙古袭来的直接影响对于当时的人们来说，实际上比普遍认为的要小得多。

然而，正是因为戛然而止，对元朝和日本来说，这次入侵的余波才在多种意义上持续了很长时间。元世祖怀着执念计划了第三次远征，而日本也长期承受了被入侵的压力。自此以后，它对日本社会内部的矛盾产生了重大影响。从这个意义上说，这次外敌入侵对日本的发展产生了巨大影响。

但这次外敌入侵因一夜的暴风而结束，对日本人来说真的是“幸运”吗？牺牲确实减少了，这无疑是一种幸运。然而，这种不彻底的结局却把“神风”这一幻想作为思想遗产保留下来，长久地束缚着许多日本人。从这个意义上说，朝鲜民族尽管战败，但把彻底战斗过的三别抄留在了历史当中，因此朝鲜民族拥有只有经历过苦战的人才能拥有的真正的幸运。而日本人直到数十年前仍然沉迷在700多年前偶然的“幸运”之中，我们不得不对这样的自己感到深切的羞耻吧。

身延的日莲在得知元军溃败之后，给富木常忍写了一封信：“只是秋风荡起一点水花，敌船便已破损，虽说是活捉了大将军，但据说是祈祷成就了这一切。如果遇到那些人，你可以问问他们，蒙古大王的头颅送来了吗？对于其他的，无论对方怎么说，你最好都不要回答。”

日莲的孤独感越发深重，再也不愿提及蒙古的事情。他的身体日渐衰弱，为了休息和疗养，他离开身延前往常陆。途中，他停留在武藏国池上的池上宗仲的府邸，便再也没有离开。弘安五年（1282年）的十月十三日，这位战斗不息的61岁思想家走完了他的一生。

十多年后，远在西方的意大利热那亚的监狱中，一位被囚禁的威尼斯人向同牢房的囚犯讲述了一个奇异的故事："在远离大陆的东方之海中，有一个名为'吉旁古'（Zipangu，即日本）的岛屿。岛上的居民皮肤白皙，美丽动人，他们自行建立政府治理国家。这个国家拥有大量的金子，但居民不知其价值。君主的宫殿用金子覆盖，房间的地板铺设着金板。岛上还有许多珍珠宝石。蒙古皇帝忽必烈曾派遣大军试图征服这个岛屿，但由于大风，船只被摧毁，许多人溺亡，剩下的人大都逃回了本土。留在小岛上的士兵高举起岛上国王的旗帜，曾一度欺骗性地占领了该岛的首都。但后来，他们与外界失去所有联系，最终全部投降，成为岛上国王的臣民。"这位威尼斯人就是马可·波罗，而记录下这部游记《东方见闻录》(《马可·波罗游记》)的则是同牢房的囚犯鲁斯蒂谦（Rustichello da Pisa）。

蒙古袭来的事实就这样传到了西欧各国。元世祖信任的马可·波罗可能是从逃回来的士兵那里听到了这个故事。在他那充满传奇色彩的长篇故事中，我们可以隐约看到在北九州海上受苦的士兵们的影子。200年后，对黄金之岛"吉旁古"的梦想俘获了哥伦布的心，并引导他去发现美洲大陆。

然而，这些都是遥远的未来的事情。我们还是回到弘安之役以后，在狭小的日本发生的种种事件上来吧。

第七章

弘安“德政”与安达泰盛

弘安改革

慎重的战功调查

从弘安四年八月十一日开始，为庆祝“覆灭异国”，龟山上皇来到石清水八幡宫贡献报赛[1]，睿尊也被召来带领百名僧侣举行了盛大的法会。法会一共持续了7天。从蒙古入侵时起，龟山上皇就越来越信任睿尊了。

同年十月，春日神木被从奈良抬进京都，停留了一年多的时间。京都在这样的喧嚣之中逐渐恢复了日常生活。不管龟山上皇和后深草上皇在内心是怎么想的，他们在表面上却显得更加亲密，经常一起游乐。

幕府在忙于战后处理，毕竟这场战斗持续了两个多月。参战的

1　指因祈祷得以实现而感谢神佛的谢礼。

武士数量众多，从竹崎季长的例子可以看出，驱使他们上战场的动力是立功受赏。这是武士们生活的基本需求，幕府必须对此做出回应。文永之役的次年（建治元年），有 120 多人获得恩赏，但仍有人不满，致使幕府最终不得不重新调查。这次战斗的规模远大于文永之役，幕府必须变得更加慎重。

不仅如此，在竹崎季长的案例中，他首先将战功报告给从关东来的军奉行得宗御内人合田五郎，而后再一次得到肥后国守护安达盛宗的认可。战场的情况姑且不说，但在政治上，御内人与安达盛宗处于对立的立场，因而有时在战功评价上也不可避免地出现微妙的差异。为了克服这一问题并尽量保持公平，判定恩赏的基础资料必须非常严格。从弘安四年十一月开始，直到弘安九年（1286 年），对武士们战功的审议一直都在进行。

为了证明自己的战功，武士们必须确保有非亲属关系的证人。这一过程与将领地继承给子女并向幕府请求确认、获得安堵状时的程序完全相同。如果本人与证人的陈述不一致，就会采用类似于解决领地争议时原告和被告的问答方式来决定对错。这些审议由守护（与一般的守护不同，九州守护早已有裁决御家人领地诉讼的权利）执行，并将确认过的内容报告给关东。

神社、寺院的情况也是如此。弘安五年十二月二十八日，幕府将常陆国大贺村赠给鹿岛社，作为祈祷异国的料所。这可能是弘安之役后幕府首次向社寺捐赠领地，也是对供奉武神的鹿岛社的特别措施。

然而，对于一般的社寺来说，“恩赏”并没有很快到来。

幕府以审慎的态度对待恩赏问题，花费时间进行审议。我认为，幕府内主导这一过程的人肯定是安达泰盛。尽管没有确切证据表明安达泰盛此时也和文永时期一样担任恩泽奉行，但考虑到他是坚持这种细致程序的人，并且完成了后文将描述的引付制度，我认为这是最自然的推测。

当然，在推行这种方式的过程中，安达泰盛面临着诸多困难和抵抗。肯定有不少渴望尽快获得恩赏的武士抱有不满。另外，由于这次战争是与异国作战，所以没有可没收的土地。恩赏地的决定无疑是极为困难的。平赖纲等得宗御内人因这些不满和困难，经常与安达泰盛产生对立，这是很容易推测的。

然而，安达泰盛有信心克服这些困难并控制住局面，坚定地走自己的路线。弘安五年的评定众 17 人中有 6 人、引付众 13 人中有 5 人是泰盛的同族，明显属于泰盛派。如果稍微宽泛地看，这个数字还会更多。泰盛的势力得到了这些力量的支持。

安达泰盛的儿子宗景在前一年成为引付众，仅仅任职一年，就在 24 岁时被提升为评定众。泰盛自己担任陆奥守（这是北条氏一门几乎独占的官职），并把秋田城介的位置让给宗景。显然，泰盛正在稳固与北条氏相匹敌的权势。当然，也有人从中看到安达泰盛的“骄慢”，特别是得宗御内人对此强烈反感，而且感受到了危机，这也是很自然的。安达泰盛有自己的抱负和打算，他很清楚那些困难和抵制不可能通过常规手段解决。泰盛坚信，只有大胆的改革才能打破僵局。他与义弟北条时宗一起谋划，稳步推进着准备工作。

当时，北条时宗正致力于为无学祖元建造圆觉寺。这一年的十二月，寺院建成，祖元被迎接为住持。次年，即弘安六年（1283年），北条时宗将尾张国富田庄等多处领地捐给这座寺院，并将其作为将军家的祈祷所。也许只有在这样的场所，时宗的内心才能获得平静。然而，安达泰盛已无暇犹豫，不仅是为了对抗得宗御内人，更是因为第三次元军袭来的危险正在逼近。

第三次远征计划

远征失败之后，元朝为了应对日本可能的反攻，加强了朝鲜和中国南部沿海的防御，并于1282年1月暂时废止了征东行省。但是，元世祖并没有放弃征服日本的念头。从次月开始，他立即在江南和高丽启动了3000艘兵船的建造。1283年1月，他重建了征东行省，任命阿塔海和高丽的忠烈王等人为指挥官。如果一切按计划进行，第三次远征军在8月份肯定就可以出发了。

然而，在高丽，由于壮丁和粮食短缺，甚至连儒生和学生都被征召入伍，俸禄也被用作兵粮。逃亡者不断出现，国王也成了怨恨的对象。江南地区也时常发生中国人的骚乱，但元世祖仍然想要强行发动远征。但是，由于江南的骚乱最后发展成叛乱，元世祖不得不派出军队镇压。直到5月份，他才最终停止出兵。

但这只是暂时的。8月，元朝再次开始征兵和建造战舰，动员海南岛的居民，并开始进行远征日本的训练。同时，元世祖派遣国信使王君治和舟山岛普陀山的僧人如智，携带招抚诏书前往日本。然而，这两人直到8个月后才出发，而且一出发就遇上了风暴，于是又折返回来。

当时，广东和福建已经爆发了大规模的叛乱，征东行省的军队也已经出动。然而，世祖在1284年（弘安七年）再次派出国信使王积翁和如智出使日本。这一次，使节团在7月14日抵达对马，但那里发生了骚乱，王积翁被杀，如智则侥幸逃回。现在每个人都知道，如果去日本就肯定会被斩杀。没人愿意去送死。

与此同时，中国南部的叛乱愈演愈烈，范围进一步扩大。不仅如此，南越的占城也反抗元朝的统治。同年，世祖命令远征日本的指挥官阿塔海率领1.5万名士兵和200艘战船攻打占城。但是，这次出兵因遭遇暴风雨而以失败告终。1284年5月，世祖不得不废止征东行省。尽管如此，世祖依然念念不忘远征日本。不用说，元朝的这些活跃的行动也以各种方式传到了日本。

公方和御内

春日神木在京都停留了一年多之后，终于在弘安五年年底返回奈良。接着，该轮到比睿山了。弘安六年一月六日，比睿山的山僧们要求将天王寺的别当职授予延历寺，他们抬着日吉和祇园的神舆涌向禁中。龟山上皇不得不迁移居所，六波罗和守护的武士们因怠慢职责受到强烈指责。然而，在七月一日，从关东来的使者安达长景和二阶堂行忠（法名行一）进京，向关东申次西园寺实兼做出这样的解释：

> 确实存在怠慢的情况，但有传言说异国会在今年秋天入侵，文永的牒状中也写明，至元二十一年（1284年）会有大军来袭。明年就是至元二十一年。现在我们应该专注于防御，每个勇士都是宝贵的，请原谅他们的罪过。

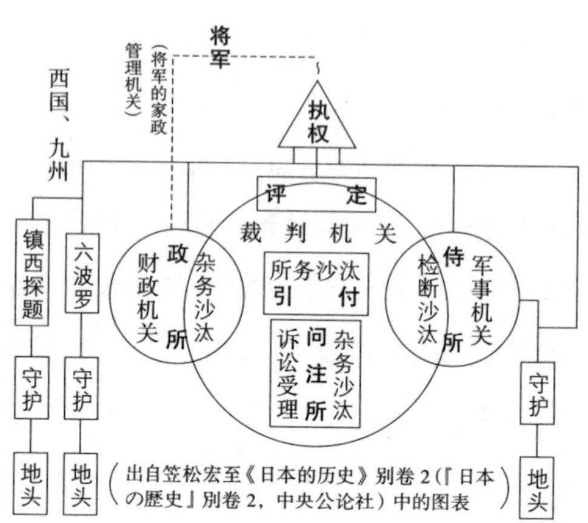

图 7-1　镰仓幕府机构图

东使在返回东国之前还提出，天王寺不应该是众多寺院中的末寺，而应该任命一位“净行持戒之人”为别当。幕府就是这样判断形势的。早在此前的四月，北条重时的儿子、一番引付头人业时就任连署。在连署一职空缺 6 年以后，执权、连署的体制再次得以完备。安达泰盛一边观察着元朝的动向，一边开始部分地实施改革了。

临近岁末的十二月二十一日，幕府开始行动。“明年春天，异国将会来袭，武士们应迅速到达警戒岗位。守护和御家人之间因领地纠纷等问题而产生对立，这是极不可取的。御家人应服从守护的命令，守护也不能有不公平的行为。此外，关于本所一元化领地的动员，仍按照之前的命令执行。”这一指令至少传达给了镇西各国的守护。与此同时，二十八日，幕府命令各国守护在国内的寺院和神社中广泛进行“降伏异贼”的祷告。前者是在弘安之役前一年发布的指令上又加了对本所一元化领地的规定，后者则在建治元年已有先例。

但值得注意的是，在这次要求祷告的指令中，幕府首次正式地称将军为“公方”。通常，幕府对守护的指令是通过执权和连署奉将军之命发出的文书（“关东御教书”）来传达的。然而，当执权（得宗）还是守护的时候，连署执行的文书则是发给得宗的。从这时起，幕府开始称这些文书为“关东公方御教书”（或“公方御教书”）。为何要使用这样的称号呢？我认为，这反映了安达泰盛的意志。

安达泰盛可能赋予了这个称号两层含义。第一，是为了赋予全国事实上的统治者（将军）一个与其地位相符的称谓。不仅御家人，将军还能动员本所一元化领地的居民。将军也可以通过守护来命令国衙管辖下的各国寺社进行祈祷。即使没有实质性的权力，将军的地位也已远远超出了武士的“栋梁”、征夷大将军等称号所能表达的极限。安达泰盛可能认为，原本被认为是指代朝廷的“公方”一词，与将军的这一面最为吻合。

第二，安达泰盛意图通过这个词明确区分将军（公方）和得宗（御内）的差别。得宗拥有家政机关“公文所”，发出由家令执行的奉书和得宗亲自签署的下知状。这与将军拥有政所，发出由别当（执权）、连署执行的奉书（关东御教书）以及下知状是相似的。

当然，两者的级别完全不同。到了这个时期，实力更多地掌握在得宗手中，人们有时甚至会将得宗和将军的下知状混淆。不仅如此，关东御领（将军家领地）和御内御领（得宗领地）之间的界限也存在混乱，还同时出现了既是御家人又是御内人的人。安达泰盛试图明确区分这些。在这个意义上，“公方”这个词相对于御内—“私”，更加明确了“公”。

北条时宗之死

我们在这里已经展示了安达泰盛主导的改革方案的一部分，而北条时宗似乎也认可这个方案。该方案包括对将军地位的明确界定、对御家人的考虑、对关东御领的整顿，以及对御内方的充实和御内御领的整顿（从之前的降伏异国祈祷开始，得宗公文所发出的文书就改为由家令3人联署，与御内方有关的法令最早见于弘安六年）。得宗御内人似乎也没有对此提出异议。可能在弘安七年的某个时刻，改革计划将以时宗的名义全面实行。

同年二月，长期悬而未决的对社寺祈祷降服异国的报赛，即领地寄进[1]，首次被广泛实施。目前，我们只能确认丰前的宇佐八幡宫和大隅的正八幡宫实施了这些行动，但这无疑是一系列早已准备好的策略的一部分，即便这只是为了应对即将到来的侵袭。

然而，事情突然间发生了变故。三月末，卧床的时宗仅病了数日，就于四月四日突然病逝，年仅34岁。幕府和朝廷都受到了巨大的冲击。安达泰盛和大部分的评定众、引付众出家为僧，朝廷停止了各神社的祭祀活动，并向五畿七道宣旨，命令禁止杀生。闰四月三日，朝廷以天皇的名义规定，因北条时宗之死，定“天下触秽”[2] 30天。

---

1 指向神社、寺院捐赠土地、金钱或物品等。

2 在日本的传统观念中，当人类与自然之间的平衡被打破时，人类社会内部就会产生恐惧和不安，这就是“污秽”，因接触污秽而被污染则为“触秽”。如果天皇受到污染，那么所有的仪式都无法进行，政治也无法运作，这就被称为“天下触秽”。可参见《重新解读日本史》，网野善彦著，民主与建设出版社，2023年。

御家人和御内人之间、安达泰盛和平赖纲之间的对立达到了顶点，而原本能够平息这些冲突的时宗却不幸逝世，这使得局势的平衡彻底打破。时宗的死因不明，但至少可以确定的是，他早已累积了巨大的精神压力。自从 18 岁成为执权以来，他一直在外敌的压力和幕府内部的激烈纷争中挣扎，身心已经完全疲惫。

时宗有一个 14 岁的儿子，名叫北条贞时。除此之外，我们不知他是否还有其他子女。得宗的血脉勉强延续，但在时宗去世后，接班人的问题并未立即解决（时宗少时的监护人北条长时曾是执权）。这就有产生各种可能性的空间。

北条政村的儿子、六波罗北方探题北条时村匆忙赶往镰仓，却在三河被召回。南方探题北条时国是北条时盛（时房之子）的孙子，也是其养子。他于六月二十日被召回关东，但未被允许前往镰仓，而是被迫移住到常陆国的伊佐郡，十月二日因所谓的“近来的恶行”而被杀。同为北条时盛之子的北条时光也在八月左右被逮捕，被控与满实法师同谋不轨，受到严刑拷打后被流放到佐渡。北条时国可能也与这一事件有关。这些都是与时宗死后幕府中枢人事变动有关的事件。

在此期间，14 岁的北条贞时于七月七日就任执权（不是连署）。贞时是安达泰盛的侄子，泰盛当然支持这一人事安排。平赖纲是贞时的乳父，御内人也无法拒绝这一安排。因为只有年幼的北条贞时才是得宗正统血脉的传人。

新式目

现在，安达泰盛可以随心所欲地实施自己的计划了。曾经的北条时宗十分有主见，背后又有御内人的支持，安达泰盛无论何事都必须与他商量。而现在，贞时年幼，而且还是泰盛的外甥。

安达泰盛好像一直在等待“天下触秽”结束似的，时间一到就迅速开始实施改革。他的改革纲领即五月二十日确定的《新御式目》38 条。该式目并不采用普通法令的体例，而是类似于后来的《建武式目》，以对咨询的答复形式出现。式目分为前后两部分，前半部分 18 条，后半部分 20 条。前半部分列举了应该做学问、留心武道、不允许僧侣和女性谈论政治、应该节俭等事项，实际上是对将军惟康应采取态度的“意见书”。后半部分则明确了将军作为公方应该实施的政策，与前半部分相呼应，整体上形成了一种“政道兴行条目”的体裁。

安达泰盛没有采用普通法令的形式，而是选择了回答咨询的方式，这里也有他的考虑。这个新式目如果仅由评定众审议和实施的话，那就显得过于重大了。如后文将要描述的，说这些内容是开启幕府新时代的基本法也不为过。如果强行实施，可能会遭到激烈的抵制。然而，如果以评定众回答将军咨询的形式，并以将军自己的名义发布和实施的话，抵制可能会少一些吧。我认为安达泰盛的目的就在于此。纲领已经确定，接下来就是具体化的问题。接着，为此目的而颁布的法令将会接连不断。虽然有些烦琐，但以下我将尝试列举这些法令。

弘安改革

（1）一宫和国分寺兴行令。今后停止新建寺院和神社，转而振兴各国的一宫和国分寺。五月三日，幕府要求各国守护报告一宫和国分寺的过去和现状、领主管理的情况、免税田的实际情况等。这显然是为了方便实施改革而采取的措施。原本一宫和国分寺与国衙有着密不可分的联系，现在被幕府—守护控制，这意味着幕府更加强有力地掌握了全国的统治权。

（2）关东御领兴行令。幕府一方面严格征收年贡，另一方面于五月二日命令各国守护调查非御家人和凡下非法承包或买入领地的情况，并报告当前统领者的姓名、田地、在乡人数等。这当然是为了巩固将军家的经济基础，同时也有明确区分御内人领地的意图。这是充分考虑到承包或买入领地的非御家人中也有御内人的情况。该条可能也包含确认弘安之役恩赏地的意味（相田二郎指出，后来作为恩赏分配的土地多为关东领地）。

（3）恶党禁压令。五月二十七日，幕府发布了 8 条相关法令，规定即使没有明确的犯罪证据，但只要地头御家人听到了传言，就应逮捕嫌犯，若是御家人，要将其拘引到六波罗。如果犯人逃到他国，则两国应该相互联系，将其抓捕。如果犯人逃到本所一元化领地，按照惯例可要求他们交出犯人，如果对方不配合则将情况上报。而在关东领地，守护现在被允许进入本所一元化领地（以前不被允许）。此外，严格禁止赌博等。这一禁令的内容极为严格。值得注意的是，为了彻底实施这一法令，幕府还向各国派遣了使者，与守护合作执行。这也体现了前所未有的严厉性。

（4）禁止河手（过河费）、码头费、沽酒、押买（强买）令。六月二日，幕府向各国发布该项禁令。特别一提的是，过河费以前是被认可的，现在也被禁止了。如后文将要描述的，睿尊、忍性等律僧与御内人勾结，屡屡征收各种交通税，并开展募捐活动。这项禁令就是为抑制他们这种行径的。

（5）镇西神领兴行回复令。这是六月二十五日幕府根据“新式目”的规定制定的细则，允许神社无偿收回所有已出售或抵押的镇西神社领地。其中具有对神社协助与蒙古作战加以恩赏、报赛的意味。

（6）镇西名主职安堵令。这也是幕府基于“新式目”的规定于九月十日会商后制定的细则。在西国，许多拥有庄官职和名主职的人，仅通过守护向幕府推荐就成了御家人。因此，与东国的御家人不同，这些人并没有从幕府获得每人一份的安堵文书。这项法令首先允许这些人无偿收回已出售或抵押的领地，这也包含对弘安之役加以恩赏的意味。

佐藤进一认为，幕府通过这个法令重新以将军的名义向这些人发放安堵文书，试图牢牢掌握九州的名主（御家人）的领地。笠松宏至对此表示怀疑，但认为如果将这项法令置于整个改革之中来看，佐藤的观点仍有成立的可能。这些镇西的名主（御家人）大多受惣地头（地方统治者）控制，而这一时期，惣地头中有不少是北条氏的属官。可以略带推测地说，这项法令可能也意在保护普通御家人免受这些压力。

（7）引付兴行令（11条新式目）。八月三日，幕府严令引付众、奉行人要保持清廉，并在八月十七日规定了多达11条的细则，以消除引付众的违法行为和权门的干预。以往的引付要起草两三种判决书（引付勘录），然后由评定来决定。但这项法令规定只需制作一种判决书，评定只负责决定接受与否。这意味着引付负有完全的审判责任。佐藤进一认为，这标志着作为御家人领地审判机构的引付制度已经完善，我认为这个观点准确抓住了事物的本质。“新式目”还规定了越诉奉行的设立，充分显示了这次改革是如何站在保护御家人权利的立场上重视审判制度的。

不仅如此，这些细则还特别关照了贫困无依的御家人，在某些情况下，甚至允许他们偷偷收回出售或抵押的领地。读者应该想起来了吧，这正是建治年间对于当时正“贫困无依”的竹崎季长，安达泰盛所展现出的那种关怀。从该法令的字里行间，我们可以联想到安达泰盛那温暖、细致而严格的形象。这样的联想或许有些过头了吧。安达泰盛将自己长期作为恩泽奉行、引付头人的全部经验都凝聚在这次改革之中，而这里无疑是他在这次改革中的着力点之一。

（8）俭约令（御新制 3 条）。“新式目”包含数条规定，于十月二十二日以张贴“政所告示”的形式公布出来，强调了节俭，涉及服装、物品、生活用具等方方面面。

（9）田文调进令。改革已经得到了一定程度的推动后，弘安八年（1285 年）二月二十日，幕府命令神社、佛寺、国衙领地、庄园和关东领地等上报其田数和领主情况。当然，这是为了明确包括军役在内的公事的计算基础，但同时也意味着一并进行对上述（1）和（2）的调查。从明确区分地头和御家人（西国的庄官、名主）这一点来看，该令也与（6）相关，也就是说完成了这次改革的基础性台账。现在尚存有根据这一指令制定的丰后和但马的大田文。

（10）所领无偿回复令。据笠松宏至所说，在弘安八年十一月之前，存在一项“新式目”，规定在未还本钱的情况下可以收回已卖出的土地。现在这项法令已不存留，但可以认为它是这次改革的一部分。

除此之外，幕府还出台了其他一系列详细而多方面的政策，如不得向御家人赋课临时的公事，要修建镰仓等地的寺院、神社等。

四方发遣人

这次改革不仅在内容上具有重大意义，在实施过程中也采取了前所未有的彻底方式。

首先，为实施（5）和（6）项改革，幕府在六月二十五日做出决定，派遣 3 名引付奉行人（明石行宗、长田教经、兵库政行）赶赴九州。以这 3 人为本奉行，以九州的豪族大友赖泰、安达盛宗、少贰经资为合奉行，在博多组成合议机关。这 6 人分为 3 组，分别负责九州三国的诉讼事务。佐藤进一和川添昭二将此称为“特殊合议诉讼机关”或“镇西特别合议诉讼机关”[1]。当然，这是为了处理随着（5）和（6）的实施而可能发生的许多纠纷而设立的机构。但还不仅如此。为了专心于对外防御，幕府已经禁止镇西地头御家人因诉讼而离开当地，但仍有前往京都和关东的人。这个合议机关就是为了

1 该句原文是“佐藤进一和川添昭二将此称为‘镇西特殊合议机关’”，然而实际上，佐藤进一在《镰仓幕府诉讼制度的研究》（『鎌倉幕府訴訟制度の研究』，1943 年初版于亩傍书房，1993 年再版于岩波书店）一书中沿袭石井良助的说法，称之为“特殊合议诉讼机关”；而川添昭二在《镇西特别合议诉讼机关》（「鎮西特別合議訴訟機関」，《史渊》110 号，1973 年）一文中称之为“镇西特别合议诉讼机关”。二人所使用的术语并不完全一致，因此这里依据原始出处对表述进行了修正。——原编注

东使	合奉行	国名
明石民部大夫行宗	大友赖泰（丰后）	筑前、肥前、萨摩
长田左卫门尉教经	安达盛宗（肥后）	丰前、丰后、日向
兵库助三郎政行	少贰经资（筑前）	筑后、肥后、大隅

表 7–1　镇西特别合议诉讼机关

注：（　）内是合奉行担任守护的国名。出自佐藤进一著《镰仓幕府诉讼制度的研究》（『鎌倉幕府訴訟制度の研究』，亩傍书房，1943 年）

满足这些镇西人的要求而设立的，是后来发展为镇西探题这一镇西诉讼审议机关的基础。

特别值得注意的是，在这个合议机构的构成中，与东使一起参与组合的九州的 3 位豪族都没有被分配负责自己担任守护的国。佐藤认为这是该制度失败的原因。确实，这里存在一些不合理之处。但我认为，正是在敢于做出这种不合理决定的地方，我们可以看出安达泰盛的意图。安达泰盛没有将北条氏的任何人纳入合奉行中，而是安插了自己的儿子安达盛宗。如果让盛宗负责他担任守护的肥后国，那将明显缺乏公正，无法避免对泰盛专断的批评。这样精心设计的架构显示了泰盛的谨慎考虑。而这个人事决定的过程花费了相当多的时间，就是因为存在这些问题吧。

当时，六波罗中掌管北方的是北条时村，南方则由之前为了警戒异国而被派到播磨的北条时宗的侄子北条兼时（时业）代替了被杀害的北条时国。在这次改革中，六波罗被充实和强化，幕府重新把“在京人”从关东派遣过来。若更进一步来看，这里可能也有牵制随兼时进入六波罗的御内人的意图。

更如（3）所述，使者不仅被派往九州，也被派往全国。这些使者负有与守护合作纠察（审判）恶党、确保改革彻底实施的使命。他们被称为“四方发遣人”，与“在京人”一样，也被免除了领地的年贡。安达泰盛还非常细心地注意着，尽量不向这些即将从镰仓出发的人赠送无用的礼品。

安达泰盛与霜月骚动

安达泰盛

这次改革的性质和意图已经非常明显了。这是北条时赖先前的“抚民政道”政治之正统血脉的继承与完善，将强化了权力的将军定位为统治者，并更加全面地保护其家臣（御家人）。为此，改革完善了裁判制度，鼓励节俭，并对一定限度以上的工商业加以限制。

无论从哪个角度看，这些举措都以“政道”为基础，旨在完善政治。如果把它称为“执权政治”，那么弘安的改革无疑是其顶峰。时赖的堂弟泰盛是承担这一重任的合适人选。

泰盛与金泽实时关系密切，也是其子显时的岳父。金泽家在北条家族中占据着特殊地位。实时曾为宣阳门院（后白河院皇女）的藏人，而金泽家世代与京都关系密切，如今在金泽文库中保留的大量抄写和校对的典籍展现了这个家族的学识渊博。

特别是实时，他受到了时赖极大的信任。通过实时这一纽带，时赖的政治与泰盛的改革之间的关系以及泰盛本人的性格便显而易见。一位受过正统儒家思想和古典教育洗礼的博学政治家形象在此清晰展现。

事实上，泰盛因其博学而受到后嵯峨上皇的赞赏，甚至获赠了汉籍。他也精通书法，并倾心于佛教。从祖父景盛以来，泰盛家就与高野山有着深厚的关系。在通往高野山的参道上，每隔一町就立有一块石碑，至今仍可见数块石碑上面刻有泰盛之名。

然而，泰盛本质上是一位武士。众所周知，吉田兼好在其著作《徒然草》中赞扬泰盛是无与伦比的马术高手，是通晓此“道”的人。泰盛也深深地倾慕于源氏的将军，他在京都找到了源赖朝上京时留下的源氏世代相传的名剑“髭切丸”，并一直保管在身边。源实朝的遗孀八条禅尼也极度依赖他。泰盛一直是“镰仓殿家人”，是像竹崎季长这样热爱武士道的镰仓武士。弘安时期的改革，正是泰盛作为武人政治家，为了推行“政道”并为幕府开启新时代而倾其一生来实施的改革。

“德政”和所领回复令

考虑到这次改革的性质，值得注意的一点是，泰盛派往镇西的使者被当地人称为“德政的使者”，而不仅仅是武士。弘安七年，东寺执行清宽在其起请文中提到，现在是“他非常感激的前所未有的德政时期”。可以看出，无论是武家还是公家，都把弘安时期的改革视为“德政”。

关于这一时期公家方面的动向，目前还不是非常明确。然而，出于对抗后深草院的需要，龟山天皇必定也响应了武家方面的举措。事实上，在那个时期的龟山天皇非常关注教育，并积极推行禁止杀生的政策。弘安七年二月，他遵照睿尊的建议，拆除了长期存在的宇治渔网；四月，他宣布在五畿七道实行禁止杀生的政策；闰四月，禁止鸭川的杀生行为。同年九月，亀山天皇在之前一直是延历寺和园城寺争夺焦点的四天王寺，任命了睿尊担任别当，这是一项罕见的决定。显然，这一任命是对幕府之前提议的响应，必然得到了幕府的认可。

此外，三浦周行指出，弘安八年，包含禁止杀生规定在内的公家新政策被宣布。这也可以理解为同一趋势的延续。

值得注意的是，同年七月十一日，宫廷的命令下达至常陆国，禁止该国的官员、总社和国家祈祷所的僧侣出售或抵押自己的土地。这是因为这些行为导致了“公田减少”和“佛教活动、国家任务的怠慢”。此令不仅是针对常陆国的，这实际上是一项针对“公家”（贵族）土地恢复的命令，很可能是公家新制的一部分。与此同时，伊势神宫和石清水八幡宫的土地也被恢复，这是众所周知的“德政”（恩政）行为。同年十二月，宫廷审议中决定了包括书信礼仪在内的宫中和街头礼仪，这是《弘安礼节》，也可以理解为同一趋势的一部分。次年，显而易见的是，公家诉讼制度上的重大改革，包括“德政沙汰”和“杂诉沙汰”的分离，也是从这个时候开始准备的。毫无疑问，这些改革是通过武家和公家共同制定的“新制”，作为“前所未有，亦为后人感激”的弘安“德政”而推进的。当然，这里的“德政”还是原本意义上的“德政”。但是，早在文永时期，我们就已经可以看到“德政”与领地无偿恢复令之间相联系的征兆，而这种联系在这里变得更加明显。在前面提到的改革中，（10）当然是，而（5）（6）也具有领地恢复令的特性。这无疑引起了武士们的强烈关注。因此，恢复令原本只是“德政”的一个部分，现在却被视同“德政”本身，这是一个自然而然的过程，但其中已经显露出社会矛盾的发展。如果要实现“政道”和“德政”，作为其基础的领地必须是稳定的。为了稳定领地，幕府就不得不通过强权发出恢复令。这就是原本的“德政”转变为恢复令“德政”的真正原因。

实际上，使时赖不得不采取专制态度的矛盾，在泰盛时代变得更加严重。泰盛为了照顾贫穷的御家人，同时巩固幕府的基础，面对局势时越是认真，就越无法避免地变得比时赖更加专制。这次改革对于恶党的禁压，比时赖时期更具恐怖政治的特征。此外，为了保护御家人而采取的各种措施，对非御家人、凡下和借上等人来说，不过是无情的压迫。泰盛原本试图保护的那些御家人本身也在发生变化。御家人中有一些沉迷于赌博，变成恶徒；有一些富裕起来，开始经营庄园。泰盛越是追求公平，不满情绪就越多。他的细致考虑被认为是烦琐，严格的态度被视为固执和压迫。

同时，原本不是御家人的那些人（御内人）正朝着与泰盛完全相反的方向发展。有些人自行借贷，通过征收码头费和过河费来发展自己的力量。正如后文将要描述的，还有人在海运和贸易中寻找利益。这些人的活跃和矛盾，不可避免地把泰盛推向了一个极端，而把代表御内人的赖纲推向了另一个极端。

泰盛似乎对这些御内人的动向感到愤怒。称将军为公方，区分关东御领和御内御领，制定“新式目”中的（2）（4）（6）条……在这些政策和改革措施中，泰盛对御内人的感情显而易见。支持泰盛的力量很强大，但他的敌人背后同样拥有根植于时代深处的巨大力量。泰盛似乎没有充分考虑到这一点，而悲剧便由此产生。

霜月骚动

改革正在稳步进行。泰盛收到使者的报告后，给出了具体指示，并对改革的某些部分进行了修正，度过了忙碌的日子。安达家的宅邸一直位于甘绳，但泰盛将其让给了儿子宗景，自己则经常住在位于松谷的别墅中。

十一月十七日上午10点左右，泰盛正在别墅中，但他感觉到了周围气氛的异常。大约在下午1点，泰盛向位于塔之辻（小町大路和横大路交会处）的馆舍出发，准备前往附近的执权贞时的宅邸，却似乎被御内人拦住了。随后，这里发生了冲突，30人死亡，10人受伤。

这次冲突成了导火索，以这一带为中心的战斗开始了。激战中，将军的宫殿也被烧毁。或许是泰盛一方试图保护将军，与意图阻止的御内人发生战斗，在此期间不慎引发了火灾。下午4点，战斗结束。泰盛一方完全失败，泰盛及其子宗景、弟弟长景与时景等安达氏一族自杀或战死。

与泰盛一同倒下的还有安达氏的分支大曾弥氏的宗长（引付众）、义泰（引付众）、二阶堂行景（引付众）、武藤景泰（引付众）、泰盛的母系甲斐源氏小笠原氏的人、佐原赖连（伯耆国守护）、伊东三郎左卫门（前石见国守护）和足利（吉良）满氏（越前国守护）等，还有田中（小田氏）、殖田（大江氏）、小早川、天野、伊贺和足立等名门豪族的御家人大约500人，安达氏担任守护的上野国的御家人和武藏国的御家人等也有许多战死或自杀。这场战斗的激烈程度，以及泰盛在御家人中获得的巨大信任和尊敬，从这些死者的名单中就可以看出。

在牺牲者名单上，刑部卿相范位列首位。他是一位出自学者家庭的人物，祖先可能是热田大宫司季兼的兄弟藤原成季。泰盛的另一面也在这里表现出来。同时，值得关注的是，日莲的弟子南部、池上等人的族人也在这个名单中出现。

这场骚动并没有止步于此，而是波及了地方。在常陆，安达重景自杀；在信浓，伴野彦二郎（小笠原氏）也自杀了；在播磨，安达氏的族人被追赶着逃到美作后被捕。可以认为，这场骚动的范围非常广泛。特别是，在泰盛的儿子盛宗（肥后国守护）驻扎的九州发生了一场大战。

盛宗本人在博多被杀，与兄弟少贰经资对立的少贰景资加入了泰盛一方，在筑前的岩门起兵。景资是文永之役和弘安之役的大将，也得到了赏赐，是一个有武士气质的人。筑前、丰前、丰后和萨摩的一部分御家人也支持他。但是，由于受到少贰经资和北条时定（肥前国守护）领导的筑前、筑后、丰前和肥前等地的大军的攻击，景资最终自杀。这场战斗被称为岩门之战，与镰仓的骚乱一起被称为弘安之战，或称霜月骚动。

骚乱之后，镰仓处罚了泰盛的亲属。泰盛的女婿金泽显时（评定众）于十二月二十二日被流放到下总。泰盛的父亲义景的女婿宇都宫景纲（评定众）、同样是义景女婿的长井时秀（评定众）其子宗秀（引付众）也失势。负责问注所的三善时连也被罢免。最终，5名评定众、7名引付众失踪。这清楚地表明幕府内部的分裂有多么严重。

《保历间记》解释了泰盛被诛杀的原因：“弘安八年，泰盛和赖纲二人互相诬陷对方，都向贞时进谗言。这时，泰盛的儿子宗景改姓为源氏，原因是宗景的曾祖父景盛实际上是源赖朝的儿子。赖纲抓住这个机会，向贞时告发说宗景意图谋反，想成为将军。”

弘安时期的改革旨在提升将军的权威，而泰盛确实对源氏将军怀有敬意，对自己的儿子宗景也是极为宠爱的。这些事情似乎是有可能发生的。

即使泰盛本人没有这样的想法，赖纲的告发也很容易让人信以为真。对于只有 15 岁的执权贞时而言，轻信这种说法并不奇怪。

就这样，曾在镰仓后期政治史中发挥巨大影响的泰盛落马，由平赖纲领导的御内人确立了霸权。弘安的改革失去了灵魂，而泰盛试图开创的“新时代”，以一种完全不同于泰盛意图的“新面貌”揭开了帷幕。得宗专制时代从此开始。直到最后，在这里死去的泰盛等人的怨念也依然缠绕不去，这个时代就这样拉开了序幕。

第八章

百姓与“职人”

“惣百姓”[1]与“一元化领地”的出现

轮作的普及

文永元年四月，幕府向备前、备后的守护长井泰重颁布了以下法令：“各国的百姓在收割稻子后种植的小麦称为田麦。领主不得将田麦作为年贡征收，应完全留给百姓自由处理。”幕府在肥前也颁布了同样的法令，至少可以认为，这项法令在西国甚至可能是全国范围内都发布了。这一年是北条时赖去世后的第二年。

这项法令继承了他的抚民政策，但尚不清楚幕府发布这一法令的契机。不过可以确认的是，轮作在这一时期已经相当普及。旱田

1　惣在这里指中世农村的自治组织。村民从名主等上层农民当中选出领头者，以他们为中心举行集会，制定村规，共同管理灌溉、年贡的缴纳等。惣百姓即隶属于“惣”的农民。

也施行了秋季收大豆、夏季收小麦的轮作。与作为所有赋税基准的水田不同，不核查旱田的习惯依然根深蒂固。虽然在这个时期，人们通常也会对旱田进行调查并征收旱田地租，但并不像水田那样严格。管理者对农民房前屋后的旱田、在山中开垦的山地和烧出来的荒田等都不进行调查，也不会马上征收地租。

因此，农民将往哪个方向努力很容易就可以推测出来：轮作和旱田的充实与发展成为当时农业发展的新方向。然而，这也并非易事。轮作在低湿地比较困难，适合可以调节灌溉用水的旱田。但要建造这样的旱田，需要建立完善的灌溉设施，这是以后很久的事情了。连年轮作也还是很困难的，因此在这一时期，它的普及程度并不高。

随着轮作开始普及，对肥料的需求也大量增加。据无住的《沙石集》记载，常陆有小和尚跟在马后面拾粪用来撒在农田里。那时的肥料包括厩肥、烧草木而成的灰肥以及铺设灌木嫩芽和嫩草的绿肥。山野不仅是获取山货的地方，也逐渐成为肥料的重要来源。

不仅是旱田，水田也在开垦。但在这时，镰仓时代前期那样的大规模开发已不多见，更多见的是在狭窄山谷中开垦的小规模的山田和梯田。宝月圭吾注意到，在纪伊国安乐川沿岸的高野山领地以及畿内靠山的地方，普遍存在面积不到一反的被称为“濑町”的小块田地。在这个时期，人们广泛开垦的正是这样的田地。同时，领主和农民还倾注了不少心血在重新开发面临荒废风险的田地并维持和稳定它们上面。随着农业集约化逐渐推进，水田旱地被开垦出来，庄园和公领也明显出现了各种新的动向。

今天别人事，明日自己事

文永八年，在若狭国太良庄，40 多年前与母亲一起逃离该庄的西念回来了，并要求其叔父、本百姓[1]之一的劝心归还自己的名田。劝心在西念及其母被地头压迫而逃亡时，接管了他们留下的名田，并承诺等到西念长大后一定归还。但劝心违背了承诺，并没有归还那块名田。西念遂向预所圣宴提出了申诉。

当然，劝心并不承认，但当时不受待见的圣宴对西念的处境表示同情。文永十年，劝心去世，圣宴在听取上了岁数的百姓介绍情况后，承认了西念对于劝心名主职的一半权利，并给予补任状（这是该庄首次对百姓的名田发放名主职补任状）。

然而，圣宴的这一决定在庄内引起了意料之外的巨大波澜。圣宴于次年去世后，本百姓多次联名向继任的预所定宴（晚年的圣宴与定宴曾发生对立）上书，认为圣宴的处理不公，并声称重真等 4 名劝心的随从才具有继承名主职的正当权利。定宴在犹豫了一段时间后，于弘安元年西念去世之际接受了这一诉求，将劝心的名田全部判给重真等人。圣宴的决定因此被推翻。

然而，这一次西念的儿子宗氏不接受判决，他有圣宴发的补任状。他跳过定宴，直接向东寺供僧提起诉讼。本来，这些供僧就对定宴不太信任。定宴因与菩提院行遍的关系而成为预所，却不能按照自己的心意处理事务。他总是抱怨说，“到目前为止，百姓的所有

1　与后世（江户时代）的本百姓性质不同，这时的本百姓是指可使唤下人或指派有血缘关系的亲属等进行一定规模农业生产的农民，也叫初期本百姓。

诉讼都是由预所裁决的”。供僧们忽视他的不满，迅速决定在他们自己的法庭上处理这起诉讼。于是，5 位名主（本百姓）和宗氏在供僧面前对峙。

5 位百姓在他们签字盖章的《惣百姓连署状》中主张说，对于“世代相传的名田”，特别是通过合法的方式获得且有依据的土地权利，如果被否认，并且名田被给予宗氏这样的人，那么“今天虽是他人事，明日也会轮到自己”。对此，宗氏反驳说：“重真等人都是劝心的随从。怎么可能把西念、宗氏世代相传的名田转给这些随从呢？”

在当时的领地诉讼中，证明自己主张正当性的文件非常重要。然而，在这场诉讼中，双方虽都声称对于这块田拥有“世代相传的历史渊源”，但都没有提交任何可证明这一点的证文，能拿出来的仅是几年前圣宴发的补任状和一些老人的证言。本百姓坚持认为，这片土地已由劝心管理了 70 多年，而宗氏反复强调 40 多年前的口头约定。实际上，他们都没有任何书面证文。最终，供僧们只能作出折中的判决，将名主职位平分给双方。然而，这件诉讼充分暴露了当时农村社会中的各种新问题。

百姓强烈反对统治者干预他们的习俗，他们无法容忍长期管理名田的权利被轻易否定。同时，这些田地的继承应该遵循个人意愿或百姓的习俗，而不是统治者的意志。是优先看重百姓自身的继承事实还是重视统治者的补任状？这在此时的各个庄园中成为重大的争议点，而这起诉讼恰恰是这一争议的开端。

“今天别人事，明日自己事。”百姓的话语真实地反映了他们迫切关心的事情。

从血缘到地缘

继承权的问题还不是全部，在这起诉讼中，百姓明显表现出对“外来者”西念父子的反感。尽管西念父子与劝心有血缘关系，但由于 40 多年没有居住在庄园，他们被视为“外来者”。相比之下，百姓更认可长期耕作劝心名田的随从，尤其是他们熟知的重真等人正当继承的权利。实际上，曾经居住在百姓家里的某些亲戚或下人，在这个时期开始被认可为相对于本百姓的胁百姓[1]。本百姓的言语背后包含着在同一谷地居住、劳动的人们之间的团结感。正因如此，他们才能自称是“惣百姓”。

先提前说一下结论，我认为在这些百姓的行动中可以看到两种不同结合原则的对立：一种是尊重血缘或类似血缘关系的集体原则，另一种是优先考虑在同一谷地共同生产和生活的人之间建立的地缘关系原则。前者可以追溯到更古老、更原始的时代，而后者可以从惣村贯穿到更远的近世的农村。这一重大转变经历了漫长的时间，而这起诉讼似乎说明，当时正处于转变的最终阶段。先前提到的农业发展就是这种转变的背景。随从被认可为名主，逃亡百姓能恢复 40 年前的权利，这本身就表明农村社会在一定程度上达到稳定。

此外，这场争议标志着百姓从不懂文字、仅仅依靠传统习惯生活的世界，正式进入了一个由文书支配的世界。通过这场争议，他们深切地感受到文书的重要意义，肯定也产生了要自己掌握文字的渴望。文书开始被妥善保存，而且在不久之后就出现了百姓自己动

1　比中世的名主或后世的本百姓身份、地位更低的农民。

笔写下的控诉统治者的申状、将自己的习俗用文字记录下来的置文、村规民约等。于是，有文字的文明稳步渗透进无文字的未开化世界中。在这里，我们无疑可以看到百姓的进步和时代的发展。

另一方面，这些文书已经完全成为统治者的工具。但我们也不应忽视这样一个事实，即文书也有让统治者承认百姓权利的重要作用。我们也不能忘记，拥有应被承认之权利的人，正是那些文书的主人。如果我们忽视了文字向日本社会深层的渗透正在以这样的方式步步深入，那么我们就是对日本社会存在的重大扭曲视而不见。

事实上，在这场争议中，本百姓（名主）正处于一种两难境地。他们排斥宗氏，强调随从的权利，体现了他们的真实想法。但是，这样做是否会动摇他们在百姓群体中一直以来占据的领导地位呢？这种担忧也是真实的。最终，百姓遵循供僧的判决，仅承认重真一人为半名名主，从而勉强摆脱了这个两难境地。然而，随从和下人的自我主张越来越强烈，名主们的这种恐惧日益加剧。今天是别人，明天可能就轮到自己，这种感觉只适用于那些拥有名田权利的人，而在“惣百姓”的名义下越来越明显地暴露出来的则是名主们的利益。实际上，这种倾向在此之后变得越来越明显。我们不得不认为，“惣”的规则也具有同样的性质。

我们更不能忘记的是，推动“惣百姓”出现的行动本身就伴随着排斥“外来者”的意识。虽然百姓对那些随意访问庄园的乞讨法师等人表现出的开放性并未完全消失，但我们必须注意到，随着社会的发展，内与外的“区别”，即某种封闭性正在逐渐形成。如果我们以为“人民”总是靠“纯洁”与权力进行“斗争”，那就大错特错了。相反，他们的真实意图隐藏在前述的那种算计的阴影中，反而变得更加难以发现。

这一点在争议中也有所体现。忽视定宴而把问题带到供僧的法庭上的宗氏和应诉的本百姓都深知，此时受供僧压迫的定宴处于弱势地位。然而，当定宴与地头的诉讼曾保证了他们对名田的脆弱的权利时，他们的长辈劝心、时泽、真利等人也对定宴表现出坚定的忠诚。因此，现在这些百姓的行动无疑是背叛了处于弱势的定宴。我们在这里可以发现的东西，与先前提到的纪伊国百姓所展现的坚韧不屈的特质完全相同。

逃亡百姓的诉讼

在太良庄，圣宴投下一石所引起的波纹，随着时间的流逝而进一步扩散。弘安九年，庄里又出现逃亡百姓的子孙，要求恢复旧有的权利。大约 50 年前，助国由于无法忍受地头的压迫而逃亡。东山女房是定宴的女儿，在定宴死后成为预所。现在，助国的儿子国安回到庄上，向东山女房提出申诉。当初，助国因被地头憎恶而陷入困境，在劝心、时泽和真利三人的劝说下暂时逃跑并躲藏了起来，但这三人却瓜分了助国的名田。在建长时期的土地调查中，他们让定宴承认这些田地是他们自己的名田。国安主张应该恢复助国的名田，并归还给自己。

这是比之前的西念父子更加大胆的对旧秩序的挑战。3 个百姓（也包括宗氏）对此视而不见，不管预所净妙（东山女房）如何召唤，他们也不上京。相反，国安却表现得非常乖巧，表示愿意完全按照预所的指示行事，甚至声称不求继承，只要能将田地作为预所的恩赐来管理就好。也就是说，他是想成为预所的随从，这样一来，助国的名田就变成预所的名田了。净妙最初犹豫不决，但最终被国安的话语打动，决定重新确立助国名田并交给国安。

这是一个巨大的错误。3 个百姓惊慌失措地紧急上京，激烈地提出抗议。他们可能是直接向供僧提出了申诉。净妙感到为难，她违背了先前的承诺，答应将名田返还给这 3 人。也许她认为，国安会接受这一安排。国安也的确是个了不起的角色，他向净妙提出了一个异想天开的要求，要求劝心等人及其后代全部返还自助国逃亡以后他们从这些名田中获得的一切。在被净妙拒绝后，他又直接向地头的政所提出了诉讼。

当时太良庄的地头是岛津氏族中的若狭忠兼。他出身于前守护若狭氏家族（当时的守护是得宗），现在正好在庄上。他可能是遵循蒙古来袭时幕府下达的命令，从东国来到这里的。那时，若狭忠兼一有机会就制造借口，试图扩大对领地的控制。这时，国安突然出现了。忠兼抓住这个绝佳的机会，没有听取 3 个百姓的诉求就匆忙做出判决，发出下知状，将名田授予国安。然后，他宣称助国的名田由地头管理，带领大约 50 人霸占了这块名田。这些人殴打、蹂躏了前来阻止的东寺使者，并割走了早田里的所有稻子。

国安一开始对预所使乖，但当他看到预所不答应自己的要求后，立刻就去借助地头的力量。这个逃亡百姓的申诉一下子演变为地头和预所之间的诉讼，这场诉讼被提交到六波罗，双方展开了激烈的辩论，进行了多轮交锋。

另一方面，勉强接纳了宗氏的百姓这一次彻底愤怒了。他们承认助国名田的存在，但拒绝将其转让给国安。国安的后代在村里长期处于一种被排斥的状态。

然而，这样的事件并不只发生在太良庄。整个社会已经变得非常不稳定，甚至一个百姓的行动很快就会演变成六波罗的诉讼。各地都是纷争不断，无数的诉讼像云一样从社会底层涌起，冲击着幕府、朝廷和寺社。

执权北条时赖、安达泰盛和龟山上皇都在为完善审判制度做出自己的努力，并一再强调“德政”，其根本原因就在于此。但这种不稳定既然是由于社会和生活的新发展，那么任何权力都不能阻止它。这些纠纷彼此缠结，使得统治者内部的裂痕不可避免地扩大了。

一元化领地的形成

这样的诉讼会产生大量的费用。不仅如此，这个时期的各个庄园纷纷要求减免年贡。未缴纳年贡的情况普遍增加，给统治者的经济带来了压力。在农业有所发展的时期出现这样未缴纳年贡和要求减免年贡的现象，这本身就不单纯。这些现象很多是政治原因导致的，如百姓和庄官的动荡引起的未缴纳。在此期间，为了维持自身的经济并克服动荡，统治者也不得不更加努力。

文永三年，东寺长者的渡领（附属于长者的庄园）丹波国大山庄成了地头中泽氏的请所，条件是缴纳年贡 200 石。这 200 石扣除长者的收入后，剩余部分用于供僧举行法会的费用，以及给予执行（管理庄园事务和法会的僧侣）及其统辖的下级僧侣的费用。

然而，这里也出现百姓未缴纳年贡的问题。地头没有按时交付年贡，而且每当长者更换时，杂掌也随之更换，这使得与地头的谈判进展不顺。未缴纳问题积累下来，最终达到560余石。担任执行的清宽无法忍受这种状况，于是向长者提出申请，要求由他来管理庄务，并向六波罗投诉地头的非法行为。六波罗部分认可了执行的主张，命令地头支付未缴纳的年贡。但这个过程并不顺利，于是执行要求划分与年贡及未缴纳年贡相当的土地。

永仁二年（1294年），幕府认可了这一请求，次年，地头正式从大山庄的田地中将水田25町、旱田5町和山林等交给执行。执行开始将这些田地作为一元化领地加以管理，而剩余的土地则仍由地头一元化管理。这25町的田地并不集中，而是分散在一井谷、贺茂茎和西田井等地。所谓“一元化领地”，是指该田的收益也好，土地也好，全部都由领主统一管理。

直到镰仓时代前期，一个庄园里通常有本家、领家、预所、地头和下司等多个角色，他们的权利相互重叠。预所、地头和下司负责管理土地和征收年贡，并得到一定的收益分配。本家和领家通常会从年贡中提取一定的份额。然而，随着未缴纳年贡和损耗的增加，以及百姓愈发不稳定，这些人之间原本维持的信任关系开始瓦解。人们纷纷开始相互指责：“是预所的管理不当。”“不，是地头的横暴。”“都不是，而是领家没有权威。”……

就像之前提到的例子一样，到处都爆发了争端，就像是马蜂窝被戳破了一样。最终还是不能依赖他人，要想确保自己的收益，就必须控制相应的土地，靠自己的力量来保障。于是，许多类似大山庄这样的土地分割通过幕府的裁决或私下协商而频繁地实施，逐渐形成了“一元化领地”。在这种情况下，如果双方的主张势均力敌，领家和地头各分一半，这就是所谓的“下地中分”。分割方法多种多样，例如将几块名田各分一半，或者把庄内的土地合并后分成两半，或者在地图上画一条线将土地分成两半等。分割不一定对领家不利，有时是领家占三分之二，地头占三分之一。

此外，分割也不仅仅发生在领家和地头之间。本家和领家、领家和预所之间的土地分割也很常见。以大山庄为例，因为法会的费用延迟缴纳，供僧开始表达不满。经过一番争论后，最终在 25 町田地中，执行分得 3 町 6 反，其余由供僧管理。同样的事情在东寺内部还在发生。

“一元化领地”的形成也因蒙古袭来而得到了促进。为了筹集抵御异国所需的警卫费和兵粮费，幕府急需将北九州的庄园置于其一元化的控制之下。因此，幕府与九州庄园的本家和领家进行了谈判，在靠近畿内的地方，用收益相当的其他庄园进行交换，从而将武家的一元化领地集中到九州。例如，弘安四年，幕府将高野山金刚三昧院的领地筑前国粥田庄与河内国新开庄交换；弘安八年，幕府又将最胜光院的领地肥前国松浦庄与阿波国名西河北庄交换。

通过这种方式，武家的一元化领地在公家和寺社力量原本就不太强的东国和九州占据了绝对多数。而公家和寺社的一元化领地，则逐渐聚集到畿内及其周边地区。

寺院的统治机构

本家、领家、预所和地头本来是有地位高下之别的。能成为本家的是天皇家、摄关家与大型寺院和神社。众所周知，摄关家对于承认有地位更高的本家感到羞耻。但是，一旦形成了“一元化领地”，无论是本家方还是领家方，甚至是地头方，在实质内容上都没有什么区别。因此，公家担任地头职、武家担任领家职的情况也变得越来越普遍，而本家、领家、地头这些词本身也逐渐变成领地的名称了。

从这个时期开始，这种将田地和收益合为一体的领地，开始被人们用其所得收获来表示（如多少石的领地，多少贯的领地），这便是后来形成制度化的“贯高制”的源头。

统治者全力以赴巩固正在形成的一元化领地，并以此为中心有组织地控制这些土地。在这个过程中，各个武家、公家和寺社分别制定了自己的办法，完善了统治领地的组织和审判制度等。

关于东寺供僧的情况，可以说，18位（定员即为18人）供僧自行审判并通过评定下判决，这实际上是从宗氏和5个百姓之间的争讼开始的。因此，供僧们非常紧张，态度十分严肃。他们按照常规主持了原被告之间的两问两答，遗憾的是手上没有可审议的证文。但他们还是“复审”了证文，让双方对质，然后下达了判决书（下知状）。下知状由公文起草，右侧边缘由年行事（每年末由供僧选举产生）加上花押。东寺供僧此前一直受到仁和寺等寺院的轻视，所以他们心中燃起斗志，想要摆脱这种轻蔑。这些后来成为先例的下知状案文，以及与领地相关的文书，每年都由供僧整理并在年末由年行事负责仔细保管。

关于东寺的庄园，我们已经有各种各样的描述，这些描述都依据供僧努力保存下来的文书（即东寺文书，其中大部分被收纳在100个木箱里，被称为“东寺百合文书”，现收藏于京都府立综合资料馆）。

大寺院中有许多这样的集会组织，每个组织都拥有自己的领地，通过集会评议来制定规则，对领地内的问题进行审判。评议中作出的决定被称为“多分仪”，采取少数服从多数的形式。这样的合议制深深根植于社会习俗，在这一时期的武家中发展得最完善，并且在公家与寺社之中也普遍存在。

得宗的统治机构

东寺供僧的制度也吸收了武家（或受武家影响的公家）制度，但除幕府外，在各个武家中，得宗对御内领地的统治结构是最为完备的。

得宗的家政机关是公文所，该机构在北条泰时时代设置了家令，并由家令负责管理。当然，得宗领地内的案件很早就开始了独立审判。建长四年，北条时赖曾在信浓国的春近领审理了一场诉讼。如果我们看到时赖在这场诉讼中下达的下知状的话，立刻就能明白他们的审判程序是完备的。他们调阅了证文，多次听取双方的陈述（大概是三问三答），然后才做出判决。

弘安改革前后，制度得到更进一步的完善。弘安六年，幕府发布了一系列独特的法令，叫作“御内法”。安达泰盛试图明确区分幕府法和御内法，但在霜月骚动以后，幕府法和御内法逐渐混淆。当时，公文所执事也被称作“内管领”。我们也能够确认，管控御内人的御内侍所，以及叫作“得宗方”的审判机关，在镰仓末期就已存在了。但是，得宗方也和幕府本身的诉讼机构搅和在了一起，越到末期就越难以区分哪个是得宗的统治机构，哪个是幕府的统治机构了。

另一方面，随着时间的推移，得宗领地（御内领地）的规模不断扩大，尤其是在霜月骚动之后数量显著增加，规模变得十分庞大。

其中的大片领地在当地设有政所（如之前的骏河国富士郡下方政所），负责领地的管理。本来，得宗领地大部分由地头（也有领家职）管理，御内人被任命为地头代。这些人作为得宗的代官来管理领地并获得报酬，在许多地方也被称为“给主”。御内人即使获得得宗的安堵，被允许继承其领地，也与那些获得自有领地的安堵、成为将军家臣的御家人不同。御内人作为家臣，与得宗的联系更加紧密。只是在这个时期，无论是寺社还是得宗的“一元化领地”，大多都以相同的方式被统治。

领家、地头等的区别已失去实质性的意义，取而代之并且逐渐普及的叫法是将领地的统治者称为“所务”，将获得报酬的人称为“给主”，将给主的代官称为“给主代”或“代官”。

得宗家以外的北条氏一门也有类似于得宗的统治机构。例如，金泽氏拥有自己的公文所，并配有下属来管理其领地。然而，随着时间的推移，得宗对北条氏一门及其领地的控制不断加强，可以说北条氏一门的领地几乎等同于得宗领地。

足利氏的统治机构

不仅北条氏拥有这样的统治机构，其他有实力的武家也都建立了自己的统治机构。例如，源氏的名门足利氏就拥有与北条氏非常相似的统治机构。

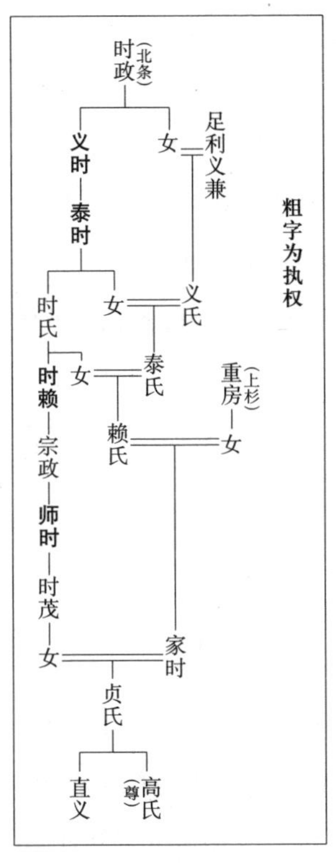

图 8-1　足利氏系谱

不用说，从足利义兼开始，足利氏就是幕府中最有权势的御家人之一，世代与北条氏嫡脉甚至与北条氏一门的女性通婚，从而一直维持着繁荣的局面。然而，尽管与北条氏一门关系紧密，但作为源氏后裔的足利氏家族似乎也经历了几次危机。建长三年，足利泰氏在 36 岁时突然出家，这恰好是宗尊亲王下镰仓的前一年。臼井信义推测，在这次将军更替时，足利氏作为源氏嫡脉的地位已经变得很微妙了。

更著名的是足利泰氏的孙子足利家时。家时不认北条氏的人为母，而是认上杉重房（与宗尊亲王一起下镰仓）的女儿为母。据臼井推测，家时于正应二年自杀，这一年也是将军从惟康变为久明的一年。据《难太平记》记载，源义家传给足利氏的置文中写道：“吾之第七代孙将代替我取得天下。”足利家时就是第七代，但因未能实现这一预言而悲叹。据说，他曾向八幡大神祈求道：“让我三代之内取得天下吧。”然后切腹自杀。不管怎样，足利氏虽然与北条氏紧密勾连，但同时也悄悄保持着自己的传统。

足利氏的领地以三河、上总的守护和下野的足利庄为中心，还有陆奥、上野、相模、能登、丹波、美作和备前等地，范围很广。镰仓末期，足利氏将这些领地分为 3 个部分，并设立七八名奉行人进行管理。此外，他们还在规模较大的领地上设立政所，任命属官为地头代，这与得宗领地相同。我们从元亨二年（1322年）足利贞氏就属官长氏一族的争讼作出判决的下知状中得知，审判经过极其完备的程序，判决是在调查证文、三问三答的陈述之后才下达的。与北条家族的圆觉寺一样，鑁阿寺成为足利一族团结的中心。

由于足利氏与北条氏的密切关系，足利氏的统治机构无疑模仿了北条氏。但另一方面，足利氏保持着自己独特传统的同时，也维持了与北条氏相同的体制，这是我们思考足利氏之后的动向时必须加以关注的问题。

武家家法的形成

北条氏和足利氏虽没有留下系统性的法令文件，但我们可以认为这些法令确实存在。最早的武家家法是丰后国大友氏的法令，包括仁治二年的《新御成败状》和宽元二年的追加条款，共计44条。该法与幕府法非常接近，但与他国不同。在九州，守护拥有审判权，因此该法还不能称作家法。然而，关于诉讼程序的规定、领地内名主和百姓诉讼的处理、府中市政的条款等，仍可被视为武家家法的先驱。

从这个意义上说，弘安六年下野国宇都宫氏的法令《宇都宫家式条》70条可视为完备家法的一个典型。这些条款从与宇都宫氏密不可分的宇都宫神社相关的规定（神官僧侣规制法）开始，接着是继承法（族缘法）、诉讼程序法、买卖借贷法、审判法和杂人法等，排列有序，内容详细，符合当时的实际情况。该家法还包括关于镰仓番役和镰仓馆舍等的规定，明显体现了宇都宫氏作为镰仓殿御家人的性质。特别值得注意的是，其中还涉及名为“内谈”的合议机构，该机构负责处理诉讼等事宜。在此，虽然“公方”（将军）下达的御教书在评定中得到优先考虑，但宇都宫氏存在着较之幕府的评定众、得宗的寄合众更加独立的权力机构。

像宇都宫氏这样的评定众级别的武家，或大或小都有此类机构。不过，筑前国宗像社的大宫司宗像氏的家法，即正和二年（1313 年）由宗像氏盛制定的《宗像氏事书条例》，作为地方领主的家法而言内容更加具体，其中有：对山林的管理规定；平时将甲胄、马匹等存放在纳殿，如有国家大事再进行分配的规定；受奉行人、番头等管理的家臣的义务，以及宗像氏对他们加以恩赏的规定等。这些规定非常具体，符合地方领主的实际生活。在宗像氏内部，存在一个以“一同之仪”（即全体一致）为评定原则的“内谈”机构，还有公文所、田所等机构。尽管规模比宇都宫氏的小，但宗像氏也拥有自己独特的管理组织。

即便没有这样的法令，当时的地头肯定也像太良庄地头若狭忠兼那样，在自己的法庭上按照一定的程序对领地内的名主和百姓进行审判。笠松宏至提供了许多实例，证明地头在不受上级权力限制的情况下主持审判。这可能是基于古老的当地习俗，但直到镰仓时代后期，才出现了形式规整的文档。这背后可能反映了从无文字的世界转变到文书的世界和“一元化领地”形成的动向。相对于领地内不稳定的百姓，地头也应该被视为统治者。北条时赖要求地头不能是不识字的东夷，而应是“政道”的体现者。在此时，这一要求已多多少少具备了一些现实条件。

金泽实时在他的家训中说："所谓政务，只能是赏罚严格且明确。"石母田正从中找到与战国家法相通的法家式思想的萌芽。《宗像氏事书条例》的结尾也强调，"政道"最为重要的是正是非，"治世的关键"在于行奖惩。同一时期的正和三年（1314），肥后国六箇庄小山村的地头早岐正心在其"置文"中写道，应"怜悯、养育民众，安定其所"。在动荡的社会中，"政道"与"抚民"的思想逐渐渗透到地方领主中。可以说，这是一种远至战国时代都能看到的思想的萌动。

一族团结的转型

现在，我们来讨论一下"置文"。这个时期的武士在转让领地时，常常会在具体的分配目录之后，以"置文"的形式为子孙留下各种遗言或遗命。根据佐藤进一的研究，其内容大致可以归纳如下：

（1）继承人的范围和继承顺序。镰仓时代后期，置文中经常写道，女子只在有生之年继承土地（一期分），死后要归还给惣领，或者由于领地少而干脆不传给女子。

（2）关于要继承的领地、氏神和墓地的维护和保护。置文中多处强调庶子不得违背惣领，一族要以惣领为中心团结一致。例如，肥后国人吉庄南方地头相良莲道在延庆四年（1311年）的置文中多次重申，弟弟要以兄为父，兄以弟为子，绝不能相争。

（3）年贡、公事及其他课役的负担方式。置文中多规定，如是御家人，惣领应按照庶子领地的数量来分配关东公事之类的课役，庶子应遵循惣领的领导去履行。不过，对于异国的警固番役也有特别规定的例子，如由惣领和庶子分别履行。

（4）关于违反遗命的制裁。置文中规定，违反者将被取消转让资格，如果是庶子，通常会将其所得领地转给惣领。

根据以上内容，我们可以在一定程度上了解到，进入镰仓后期以后，惣领与庶子的关系、女子地位等都开始发生巨大变化，武士一族的团结发生动摇。因此，“置文”自然就具有阻止动摇，成为体现将来应有的一族形态的家训和家法的特点。

早在蒙古袭来之前，庶子就已开始表现出脱离惣领自立的倾向。建长时期，肥前国五岛的青方（中通岛）领主青方家高曾对孩子们随意的行为感到痛心。他说道，现在的“孩子都背叛他们的父母”。庶子不遵从惣领的召唤，拒绝履行公事，这样的情况在现实中经常发生。为了抑制这些倾向，置文特别强调第（2）（3）两条。

这一动向在蒙古袭来的契机下变得更加明显。与平时的课役不同，警戒异国并直接参与战斗是与恩赏相关联的。但只要庶子跟从惣领作战，他们的战功就成了惣领的。因此，庶子特别希望在这种情况下实现独立。丰后国大野庄志贺村的地头禅季是惣领志贺泰朝的弟弟，也是庶子。建治二年警戒异国时，他强烈要求从泰朝那里独立出来，跟随守护作战，并希望自己的名字出现在“引付”（战功簿）上，因此与泰朝发生诉讼。竹崎季长也可能是同样的情况。这样的情况在各地都可以看到，结果就出现了上述第（3）条那样的关于警戒异国的特别规定。前文提到的相良莲道就说，在战斗时应该分别上报功勋。拥有狭小领地的人，只能通过这种方式来扩大领地。

以蒙古袭来为契机，拥有西国领地的东国御家人中有许多迁移到西国，而这些移民中往往以庶子居多。迁移到萨摩的二阶堂氏就是一例，这也对家族的分裂产生了影响。实际上，为了控制动荡的百姓，直接迁移到当地是有必要的。由于相同的原因，惣领开始逐渐将庶子变为自己的家臣。为了避免领地的分散，惣领试图通过将庶子置于自己的强力控制之下，来防止动荡波及家族内部。因此，出现“女子和庶子仅在有生之年被给予领地，死后领地归还惣领”的规定，甚至出现只将领地传给惣领现象的趋势逐渐增强。

早在正安三年（1301 年），常陆国鹿岛社的大祢宜中臣氏就已规定，所有领地都归嫡子所有，“末子、女子、寡妇和异姓他人”不得继承领地。而在更早的弘安九年，人们就已经开始使用“惣领职”这个词了。虽然在这种情况下需要考虑神社领地的特殊条件，但这种趋势绝非例外。

总的来说，无论是庶子的独立还是惣领控制的加强，都是同一回事——一种重大社会转型的两种表现形式。以往以血缘为纽带结合的家族，包括女子在内的庶子们以惣领为中心和谐地结合在一起的家族形态正在发生巨大变化。当然，这与之前提到的百姓集团性质的变化密切相关。随着这种转变的发生，家族内部的紧张、惣领与庶子之间的对立也动摇着统治者的根基。

女性地位的变化——西国与东国

如上述的第（1）条所述，女子只在有生之年拥有领地，并且最终将失去领地继承权，这也是社会转型的一种表现。弘安九年，幕府在异国警戒尚不够稳定的时候，禁止镇西御家人将领地转让给女子，命令他们在没有男子的情况下从亲属中过继养子。但是，次年仍有将领地转让给女子的事情发生，这说明虽然该法令有一定影响力，但实际效力有限。女性社会地位的降低无论如何都不是单凭一条法律就能够推动的。

虽然同样都是地位的降低，但西国和东国的情况似乎有些许不同。

若狭国一宫、二宫的祢宜家流传着一部古老的家谱。这部家谱的前半部分大约写于 14 世纪后半叶，后半部分可能写于战国时期，特别是从 12 世纪后半叶到 14 世纪后半叶的信息尤为详细。众所周知，一般的家谱通常是按男性排列，偶尔注明母亲，而女性仅限于记载其丈夫。然而，这部家谱的前半部分，虽然是以祢宜家的男系家谱为中心，但也包括大量女系家谱（成为其他家族谱系的部分）。如果列出这部分的所有人名，那么男性为 227 名，女性为 113 名（如果不包括注释中的人名，则男性 173 名，女性 90 名），与一般家谱相比，女性比重明显较高。

为何会制作这样的家谱，原因尚不明确。但正是在制作这份家谱时，若狭国发生了国人的暴乱。可能是因为这个原因，制作者很想明确一宫、二宫与国人之间的血缘关系。无论如何，可以确定的是，这些家谱的制作者执着而耐心地查明了女系谱系及其姻亲关系。

我认为，重视女系家谱制作的背景是女性在社会上还未受到严重的歧视。争夺太良庄末武名的中原氏女、藤原氏女，还有预所东山女房和拥有名田的百姓劝心的姐姐等人，她们拥有自己的领地，作为诉讼当事人甚至审理者，独立于男性的意志而行动。当然，在东国史料中也有女性出现并发表意见，但她们大多是从母亲的立场出发来发言的。至少，男性单独继承的趋势早就出现的常陆国一宫鹿岛社的大祢宜家，与若狭国一宫、二宫的祢宜家，其背后所反映的社会状况肯定是有所不同的。

这份家谱与一般的家谱不同，它让我们了解到许多颇具母系社会特征的婚姻案例。从平安末期至南北朝时期，我们可以找到大约60个例子，其中涉及若狭国内婚姻的例子高达47个，占绝对多数。在这些案例中，有35例是涉及御家人或与之相当的祢宜家族、神宫寺和国衙祈祷所的供僧之间的婚姻。在太良庄的例子中，我们可以找到一些名主之间的婚姻案例，从中可以推测出婚姻圈的阶层性。在与他国人的婚姻方面，虽然可以看到与京都、近江和丹后等近国的婚姻，但值得注意的是，我们完全找不到若狭国等与东国地头的婚姻案例。这一事实既可以与阶层性联系起来，也可能与该国御家人对地头的抵制有关，但我认为这里同时反映了东国和西国社会结构的差异。

虽然例子不多，难以下断言，但在若狭国之外的西国古家谱中，我们似乎也可以确认同样的趋势。当然，随着东国御家人移居西国，情况逐渐发生了变化，但这种趋势似乎并未轻易消失。

民俗学家宫本常一指出，东国倾向于父系，而西国则存在母系亲族结合的原则，而且存在社会结构上的差异。我认为有必要沿着这个方向做更进一步的研究。

无论如何，镰仓后期以后，女性的权利逐渐缩小、地位逐渐下降都是毫无疑问的。在公家世界中，虽然身份高低各有不同，但我们还是可以找到许多庄园通过母系传承的案例。然而，从镰仓末期到南北朝时期，这些庄园开始作为家族领地被整合，并逐渐由父系继承。高群逸枝将这种社会转变从婚姻形态上理解为从“招婿婚”

（入赘婚）向“出嫁婚”的转变，并从整体上看到从母系制到父系制的最终转变。的确，直到镰仓时期，婚姻形态和亲族结合还保留着一些未开化的特征，但这时已迎来了最后阶段，日本社会也真正确立了“家父长制”。然而，我们还必须关注的事实是，镰仓后期以来社会的发展也使新的“歧视”现象逐渐固化。

各行各业

职人、艺能、道

先前在论述赌博是一种职业时，我们提到了《东北院职人歌合》。该歌合是《鹤冈放生会职人歌合》《七十一番职人歌合》等后来出现的许多“职人歌合”“职人尽绘”中最古老的，可以说是歌合的源头。这部歌合有多个版本，一般认为曼殊院旧藏（现藏东京国立博物馆）是原本。荻野三七彦认为执笔者是花园天皇。

这些歌合中描绘了医师、阴阳师、锻冶、番匠、刀磨、铸造师、巫、博打（赌徒）、海人和商贩等五组十类职人。在传世的版本中，还增加了佛师（制佛像者）、经师、盲人、深草（制陶人）、壁涂（刷墙工）、绀搔（蓝染师）、筵打（或筵作手，即席匠）、涂师（漆匠）、桧物师（箍匠）、船夫、针磨（磨针人）、数珠引（穿珠人）、桂女（来自桂里的走街卖货女）和大原人（来自大原里的走街卖货女）等形象。

随着时间的推移，职业的种类不断增加。在《鹤冈放生会职人歌合》中，我们还能找到游女、白拍子、猿乐、田乐[1]、相扑和牛马贩子等；《三十二番职人歌合》中也出现了要猴人、捕鸟人、贩鸟人和敲钲唱经人等。其中不仅有许多常规意义上的职人——手工业者，还有医生、阴阳师、赌徒、巫师等，以及海人、桂女、大原人等商人，甚至还包括白拍子、猿乐等狭义上的艺能。这些职人虽然是后来职人的源流，但中世的职人实际上包括了比后来所说的职人更广泛的人群。

刚才提到了“狭义的艺能”，在中世前期，赌博也被视为一种艺能，那时艺能的含义更为广泛。铸造师的技艺也被称为“艺能”，在与铸造师相关的文献中提到：“各行业匠人依靠各自艺能，从事各种私人交易，这是常例。”手工业者的技艺也是“艺能”。

前文提到的《普通唱导集》（成于永仁五年）中列举了“世间、出世（间）艺能二种”。其中世间艺能分为三组：（1）从文士、武士到巫女；（2）从绘师（画师）到畳指（榻榻米编织匠）等手工业者；（3）从游女、海人到白拍子、田乐和琵琶法师，以及赌徒等商人和狭义艺能从业者。出世间艺能包括从持经者、说经师到山伏，甚至法相宗、天台宗和真言宗等的僧侣。世间艺能中出现的好色者和媒人等也很有趣，但值得注意的是，（1）中还包括了武士。由此可知中世前期“艺能”范围之广。

《东北院职人歌合》序言中提到，“诸道之人”听闻东北院的念佛之声。前述的职人也被称作“诸道之人”。在《大间成文抄》（也

1　本是插秧时祭祀田神的歌舞，平安时代变成游乐的艺能，镰仓时代到室町时代还出现了专业的艺人田乐法师。

叫《除目大成抄》，一本关于除目[1]掌故的书）中收录的平安后期的申文（为申请任官职而提交的文书）中可以看到，宽弘五年（1008年），作物所螺钿道工、前伊予掾、正六位秦宿祢忠辰提交申文，希望被任命为内藏寮的属官。同样能确认的事实还有木工道、漆工道的人等也在此后提交了申文并被授予官职。也就是说，手工业者各有其“道”，并隶属于此。“诸道之工艺”“诸道之工艺师”便是对他们的称呼。

当然，“诸道之人”并非仅限于手工业者。建长七年十月，伊予国国衙给予免田的“诸道外半人等”（外半人可能指外才人）包括经师、纸工、白革造（漂白皮革者）、鞍打（马鞍制作者）、笠张（编斗笠者）和辘轳师[2]，甚至还包括傀儡师。在西园寺公衡在正和四年（1315年）四月五日的日记中所列举的“诸道之辈”中还出现了狮子舞。赌博之“道”，前已述及。狭义的艺能各有其“道”则是不言而喻的。因此，可以明确地说，“道”所包含的广泛的内容与“职人”“艺能”的范围完全一致。而“武士道”也并非什么特别之物，其源头正在此处。“兵之道”也正是此处所指的“道”。武士出现在世间艺能之中绝非偶然。

于是，职人、艺能、道三位一体，存在着不可分割的关系。可以说，这是一个与中世前期从事非农业并拥有特殊技能的人们相关的词语（平安时代末期的《新猿乐记》中也列举了同样的人群，

1　平安时代以后，朝廷任命大臣以外的各种官职的仪式。除了春天任命地方官的县召和秋天任命京官的司召的任命仪式外，还有临时的任命仪式。

2　即用旋床制造木碗、木盆等木质器皿的手工匠人。

其中包括“田堵”，即佃农。特别优秀的农业及其经营技术在那个时候也被视为“艺能”，但随着时间的推移，农民不再被包括在职人之中)。

但是值得注意的有这么几点：第一，并非所有人都是这样，其中一些人拥有官职，还有许多人被给予了国衙领地或庄园田地。第二，正如花园天皇撰写了《职人歌合》一样，这些人与天皇之间有着深厚的联系。第三，这些人中也包括武士。第四，这个时期姑且不说，但到了中世后期以后，他们被视为社会之外的群体，并在各种意义上被蔑视，这是不容忽视的事实。这几点是怎样发生关系的呢？我希望以相对资料丰富的铸造师为中心，来描述当时工商民的实态，并对这些问题加以思考。

“职人”传下来的伪文书及其缘起

如今，访问各地传统的铸造师之家时，几乎都能看到用浅墨色的纸（被称为宿纸）书写的，有时绘有菊花纹章的藏人所牒（天皇的家政机关“藏人所”发出的文书）。这些文书的年号有仁安（平安末期）、建历、天福（镰仓前期）和历应（南北朝）等，所记内容包括铸造师可以在各国自由往来、各国铸造师之间不得相互争斗等，大多都被收藏在写有“御纶旨”的漂亮木盒里。

然而，只要看一眼词句和样式等就可明白，这些是后世伪造的文书。铸造师的伪文书现在已经广为人知了，铸造师的家中往往还传承有描述其来历的“由来书”。据说，在仁平年间（平安末期），近卫天皇受风患病，这时只有河内、天明的铸造师所制灯炉里的火没有熄灭，自此之后，这些铸造师就被赋予了前述的特权。

木地师（辘轳师）因为有与之类似的伪造文书和缘起而闻名。为了找到好木头，木地师从一座山移居到另一座山。他们持有的伪造文书也被称为“御纶旨”，上书“西至橹桨所立之地，东至马蹄可及之处”，表明他们有自由往来的特权，还写有承平五年（935 年）的年号。这份伪造文书讲述了度过悲惨一生的惟乔亲王（文德天皇的大皇子）和藤原实秀在近江小椋谷的筒井岭发明旋床的故事，并将其作为木地师的缘起。

此外，我们熟悉的走街串巷的药贩也有伪造文书。这些文书似乎也具有纶旨的形式，记有自阳成天皇时期以来的特权，可以在各国的市场和乡间自由买卖药品，并记有元庆二年（878 年）的古老年号。这些文书背后肯定也有其来历。

然而，我这样思考时，马上就想到了被歧视部落流传的各种伪文书及由绪书[1]。这些文书种类多样，广为人知的有：自延喜帝（醍醐天皇）以来就给予长吏统管座头（行会领袖）、猿乐、卖锅人和傀儡师等“诸道”特权的长吏由绪书，长吏弹左卫门被源赖朝授予统管座头、阴阳师、傀儡师、铸造师、非人和狮子舞等“外道”特权的由绪书等。甚至畿内海边的一个被歧视部落的人们，在江户末期将自己受到歧视的原因归咎于先祖曾经随神功皇后去朝鲜时吃了兽肉。他们还向幕府提出这样的要求：既然已经与食兽肉的西洋人建立了和亲、通交关系，那么对我们的歧视也应停止。

像这样强调与神功皇后关系的由绪书，在之前提到的桂女当中

1　记载事物的由来，尤其是家族、职人的职能等的起源、由来、系谱等的文书。

也有流传。神功皇后的侍女伊波多姬在皇后怀孕时，献上白布作为腹带，皇后在顺利生产后将其赠还给伊波多姬。伊波多姬将白布代替头盔缠绕在头上，这便是桂女的白色头巾的由来，同时也是“岩田带”和新娘的“角隐”的起源。各种“桂女由绪书”都是这样描述的。

此外，还有强调与源赖朝关系的伪文书在九州的铸造师和美丽田乐[1]等人中传承。“叉木”（狩猎民）也持有类似的由绪书和伪文书。这些伪文书和由绪书大多是在战国末期到近世初期制作的，但我们发现，这种动向早在室町时代就已显露端倪了。15世纪中叶，内藏寮所属的御绫织手当中就有一些将自己与神武天皇联系起来的传说。当然，这些内容本身可以说是完全“荒诞无稽”的。然而，我们真的就只能这样简单地评价它们吗?

名古屋大学文学部藏有真继家的古文书。真继家在近世期间统领着全国的铸造师，是不能登上清凉殿的低级别公家，代代世袭藏人所小舍人[2]。在这些古文书中，就有与之前提到的铸造师伪文书完全相同、印有“天皇御玺”四方朱印的文书。实际上，真继家已经将这份文件的副本分发给各国的铸造师，同时允许他们营业。这与近江蛭谷筒井八幡宫的筒井公文所、君畑太皇器地祖神社的高松御所发给木地师的伪文书颇为相似。

然而，在“真继文书”中，除了上述内容外，还包括镰仓时代关于铸造师的藏人所牒副本。在“东寺百合文书”中也可以看到建

1 在肥前佐贺藩领地表演能乐的游艺民的称呼。

2 负责藏人所杂务的职位。

历、贞应时期的牒文。甚至在传统的肥后铸造师阿苏品家，也有南北朝末期写成的牒文。这些牒虽然都是案文和副本，但无论是样式还是内容，都不能说是伪文书。甚至在《勘仲记》永仁元年（1293年）十月卷的纸背文书中也记载了当时铸造师们持有一卷七通的宣旨、藏人所牒和将军家下文等，从而证明正统牒的存在。在各国铸造师中流传的文书中，有时也能发现正确的文书。而那些伪牒，则是以这些真正的藏人所牒为底本，通过更改部分词句和插入新的词句而制作成的。

不仅如此，我们已经可以确认在战国时期（大约在永禄时期）存在这样的事实，即木地师与神祇伯（神祇官的长官）有着深厚的关系，作为大内木工和公方木工被赋予在各国自由通行的特权。卖药的人也是一样。“地黄煎”（卖煎地黄的人）在仁明天皇时期的承和年间就隶属于典药寮，在镰仓时代作为地黄御园供御人具有免除各种劳役的特权。承和与元庆年间的情况并没有太大的差别。之前提到的伪“纶旨”也不是完全没有根据的。

关于神功皇后的传说当然不是事实，但如前所述，桂女起源于古老的鹈饲。粟津和桥本的商人在战国时期也持有同样的伪文书，我之前也提到过他们在镰仓时代作为粟津和桥本供御人积极活动的情况。在镰仓时代，他们强调说供御人是天智天皇时期设立的，我认为这个传说可能是事实。“京城中只要有马立足之处”的词句与之前提到的木地师的伪文书非常相似。这些供御人也使用了这样的词句，但这种说法在《平家物语·逆橹》中也出现过，并不是新的词汇。

我认为，即使我之前提到的由绪书和伪文书所述并非完全属实，也不是完全没有根据的，而是在一定程度上基于事实编造的。为什么会制作这样的文书呢？我认为其中有明确的理由，但现在不是讨论这个问题的时候。我想探讨的更重要的问题是，这些人为什么会与天皇有特别的联系？

铸造师的存在形态

可以确认的是，承历三年（1079 年）时铸造师就已经隶属于藏人所了。当时一个名叫秦宿祢俊任的从七位上的藏人所铸造师晋升为大舍人少属，成了正六位上。

然而，铸造师作为藏人所灯炉供御人而被重新组织起来是在永万元年（1165 年）。这一年，藏人所小舍人惟宗兼宗接收了河内国丹南郡狭山乡（兴福寺的领地日置庄）的铸造师的起请文并记录在短册上，首次“设立”了这种供御人，而惟宗兼宗自己则成为他们的年预（负责人）。这些被几名番头率领的铸造师被称为“土铸物师”，后来成为“右方灯炉作手”（供御人）。丹治姓的铸造师就属于这个组织。

在同一时期，河内、和泉、伊贺边等地有姓“广阶”的铸造师。其中一位名叫重任的人在伊贺国黑田庄开发了若干土地，成为那里的庄官。仁安三年（1168 年），他的同族广阶忠光任惣官，组织起另一个灯炉供御人集团。这些人同时还兼任日吉社圣真子[1]神人、皇室工匠等角色，后来被称为“廻船（货船）铸物师”，成为左方作手。

---

1 圣真子，即日吉大社五个重要神位之一“贺茂大明神”（也叫“别雷神”）的法号。

寿永三年（1184年）铸造东大寺大佛时，河内国铸造师草部是助等人和宋朝的铸造师陈和卿等人一起参与了这项工程。草部姓铸造师成为以草部是助为惣官的东大寺铸造师，并与劝进上人重源联系紧密，在备前、周防等地很是活跃。但后来，他们逐渐与左方作手融合了。

在这些铸造师（灯炉供御人）当中，有些人获得了国衙认可的免田。然而不论是否拥有免田，他们都拿到了藏人所牒，享有不被关卡、码头征收交通税的特权，可以在五畿七道各国自由往来。以河内、和泉为中心的畿内地区是他们的主要活动地区，铸造师利用这些特权行走各地。他们在各地交易锅、釜、锹和锄等铁制品，以及谷物、布匹和丝绸等产品。他们还应寺院的要求制造梵钟、锅釜等。

《古今著闻集》讲述了这样一个故事：有一名铸造师在游女之家借宿，却差点被同住的山伏骗去制釜。尽管这个故事中的铸造师是独自一人，但通常情况下，铸造师以小团体的形式结伴而行。特别是廻船铸物师，他们多活跃在濑户内海，到九州或和泉堺装货。濑户内海沿岸是盐产地，我们推测这里对煮盐铁釜的需求量很大。

铸造师将交易利润的一部分交给作为年预的藏人所小舍人并铸造和贡纳用于清凉殿上的铁灯炉。进入镰仓时代，纪氏家族成员担任年预，前述的真继家便是其延续。

直接统管铸造师是惣官，这与其他供御人的情况相同。东大寺铸造师惣官草部是助是从五位下的河内权守，文永时期的左方灯炉御作手惣官中原光氏是右卫门少尉。统管铸造师的人看上去也具有像之前提到的渡部惣官（渡部党）这样的武士特征。也就是说，铸造师就是武装的工商民。

在惣官之下，设有率领铸造师小团体的番头。嘉祯二年（1236年），左方作手的番头有20人。当接到寺院等的订单时，根据工作的规模，会有多个小团体聚集起来进行铸造。这些小团体以血缘为纽带，由同姓之人组成。作业组织与供御人组织是分开的，有大工、长、小工、列等的等级秩序。在铸造东大寺大佛时，草部是助担任大工，草部助延和草部是弘担任长，下面还有14名小工。宽元四年，当铸造高野山奥院大汤屋的釜时，惣大工是河内国居民丹治国高，列大工10人，大部分是丹治姓。

大河直躬指出，中世木匠的劳动组织是具有血缘性质的工程组织，其序列是大工、引头、长和连（列），其特点是家业和技术世代相传。中世的铸造师组织也完全相同。坪井良平是研究日本钟铭的集大成者，他也指出，同姓铸造师的作品在样式上有共通的特点。这一点也可以作为旁证。

四处奔波的职人

当然，并不是所有职人的生活方式都与铸造师相同，但我们可以从铸造师身上清楚地看到一些主要特征。首先必须提到的是，职人虽然有固定的居所，但他们也四处奔波、流浪。

前述的具有海民性质、参与活鱼交易的一些供御人，以及作为鹈饲的桂供御人（桂女），甚至与鹰饲有关的鸟供御人等，他们都和铸造师一样，通过藏人所牒获得了在各国自由往来的特权。

桧物师也是一样。他们以河内和摄津为居所，隶属于藏人所，

供御人	官厅	国名	生计
网曳御厨供御人	内膳司	和泉	
津江御厨供御人	御厨子所	摄津	活鱼
大江御厨供御人	〃	摄津、和泉	
桂（上下）供御人	〃	丹波、山城	鲇鱼、渡船
⎧粟津、桥本供御人	〃	近江	
⎩六角町四宇供御人	〃	〃	活鱼
菅浦供御人	〃	〃	廻船
姉小路町活鱼供御人	〈内藏寮〉		活鱼
左右卫门府供御人	〈藏人所〉		
鹰饲	藏人所	河内（交野）	
⎧雉供御人	〈御雉所〉	近江	
⎩鸟供御人	御厨子所		鸟（鲤）
藏人所供御人	藏人所	伊势、志摩	
甘栗供御人	〃	山城（田原栖）	栗
点心供御人	御厨子所	丹波（甘栗御园）	点心
小野山供御人	主殿寮	山城	松明
白炭烧作手	〃	山城（河内）	炭
薪作手	〃	〈山城〉	薪
冰室供御人	主水司	丹波等	
精进御园供御人	御厨子所	山城	
蒟蒻供御人	〈御厨子所〉	大和	蒟蒻
精进谷粉供御人	御厨子所		面筋
莲根供御人	〃		藕
黄瓜御园供御人	〃	大和	〈黄瓜〉
酒曲供御人	造酒司	大和、河内 摄津、和泉	酒曲
地黄御园供御人	典药寮	和泉、摄津	煎地黄
大庭御野供御人	扫部寮	河内	席子
筵作手	〃	大和、摄津	席子
御梳生供御人	内藏寮	和泉（近木）	梳子
桧物作手	藏人所	河内、摄津	箍桶
灯炉供御人	〃	河内	铸造物
陶器寄人	大膳职	和泉	〈陶器〉
深草	内藏寮	山城	土器
小南供御人	〃	大和	金轮
水银供御人	〃	伊势（丹生山）	水银
织手	〃 〈织部司〉		
十生供御人	大歌所	和泉	〈乐人〉
御稻田供御人	大炊寮	山城、河内、摄津	米
四府驾舆丁	左右兵卫府 左右近卫府		

表 8-1　供御人（平安末期至镰仓时期）一览表

向纳殿贡纳饭桶，在兄部清原的率领下进行各种交易。隶属于扫部寮[1]的筵作手以大和、摄津为居所，同样被免除关卡、市场和港口的交通税，可以参与交易。此外，如果暂时不考虑他们与天皇的关系，我们还可以在职人中发现许多以漂泊为生的艺能者，如赌博者、傀儡师、盲人琵琶法师和白拍子等。

他们四处奔波的范围、形式、动机本来也各不相同。有些人是为了寻找原材料、猎物而迁移，有些是为了寻找工作场所，有些是为了贩卖产品。

例如，木匠的活动范围就没有那么广泛，可是镰仓时代的非农业民几乎普遍需要四处漂泊来维持生计。这反映了社会分工的发展程度，此时手工业和商业还没有分离，职人像前述的铸造师那样，不仅要从事本职工作，还不得不进行其他杂物的交易。社会对手工业产品的需求还非常有限。

对于这些职人来说，自由行走各地是他们生活的基本要求。当时在关卡、渡口和码头等地已经普遍开始征收交通税了，而能够在全国范围内免除这种税收的权力在天皇手里。如前所述，他们曾经能自由进入山林河海，但这些地方的最终控制权终究属于天皇。因此，天皇有时会行使这种权力，设立禁野、禁河等直接控制的山林河海。

这个时代的山林河海本身就具有特定的意义，但更重要的是，这些地方也是交通路线。天皇的控制权在这里具有实质意义。因此，在镰仓时代，相当于禁野、禁河的地方就是这些关卡、渡口和码头

1 扫部寮，负责在宫中举办仪式时进行清扫与准备工作的官署。

等处。天皇直接的领地如御厨、御野和禁野等，到了镰仓时代后期都成为关卡（如大江御厨渡部、大庭御野、交野禁野等都成了关卡），其原因就在于此。各国的关卡、渡口、码头和交通线被国衙控制的原因也是相同的，因为天皇的控制权通过国衙来执行。因此，能在全国范围内免除交通税、保证自由行走各国的最终还是天皇。

四处奔波的职人成为供御人，并获得这些特权，其根本原因就在这里。

与之相反，天皇及其直属的贵族和下级官员通过把这些职人组织成供御人，确保了自己的经济基础（各种工商业者的“座”处于公家控制之下的原因也在于此）。供御人大多还兼任作院和摄关家的工匠，以及日吉社、春日社等的神人。也有像大山崎离宫八幡宫的油神人（负责献纳灯油）那样因神人身份而著名的人（在这种情况下，他们与谷仓院[1]也有关系）。也有一些铁匠和木匠等分别直属于寺院（木匠的话，负责修理的大工很重要）。但我们可以确认的是，从商人、手工业者到乐人，大部分职人都被包括在供御人的名单里。

因此可以推测，天皇授予白拍子、琵琶法师甚至赌博者特权，并不是什么特别的事情。实际上，花园天皇喜欢看耍猴表演，经常与白拍子和游女一起饮宴。千秋万岁法师（正月里表演祝福歌舞的乞丐）也常常出入宫廷。无论是前述的非人还是众所周知的猿乐，这些从事狭义艺能的人与天皇和权贵建立关系是相当普遍的。这样看来，花园天皇生动地描绘巫和赌博者等职人也是很自然的。

1　平安时代位于京都的朝廷谷物仓库，收纳畿内诸国的调钱以及无主的位田、职田、没官田等产出的谷物，用于粮食供应或救济等。

给免田与职人、职人与武士

职人的另一个特征是他们被给予了给免田（免除年贡的“给田”和免除杂务的“杂免田”）。当然，并不是所有人都获得了给免田。在灯炉供御人中，有些人没有获得给田，而是通过运输船在各地经营。因此，从一般意义上说，他们享有的是免除各种杂役的特权。

海民性质的供御人都得到了给免田，并以此为中心建立了御厨。我之前也提到过，许多行业的职人在伊予国得到国衙认可的免田。高野山领地和泉国近木庄就是作为“降伏异国”祈祷的奖励，由幕府捐出地头职，公家捐出领家职的庄园。其中包括很多职人的给免田，如院的召次（从事杂务的人）、院和摄关家的栉造（制梳匠）、网曳御厨的内膳供御人、酢造（酿醋师）、大歌所十生供御人和春日社的鱼贝神人等。

这些职人的给免田在各地的国衙领地和庄园的历史资料中经常出现。以往的学说认为，这类给免田的存在意味着手工业者具备了一定程度的自立条件，同时显示了农业和手工业未分离的状况，还表明手工业者因为被给予给免田，而完全成为国衙或庄园领主的附庸，受到严格的束缚。但我认为这是非常荒谬的想法。在近木庄拥有免田的职人，并不全都隶属于高野山。他们与天皇、院、摄关家和春日社等都建立了关系，在和泉国（或其他国）各地拥有免田，而他们在这个庄园出现也是偶然的。伊予国国衙领地中被给予免田的职人也不限于在那个地方拥有免田。

确实，职人被给予给免田表明社会分工的不成熟，手工业还没有完全独立。然而，是不是漂泊各地的职人亲自耕作这些免田呢？

这还是一个疑问。相反，更自然的看法是，他们让其他农民耕作这些田地，并从中获取年贡作为分成。这是给予职人的一种变相的工资，反映了职人独立性的弱点。

因此，被给予给免田并不表示严格的隶属关系，反而可以说是一种特权。如果这看起来不合理，那么下司和公文等庄官的给免田又如何解释呢？支持隶属理论的人可能会说，下司和公文也完全受到国衙或庄园领主的控制。但这显然是不可能的。在西国的下司和公文当中，成为镰仓将军御家人的非常多，这已是常识。那么，为什么只有职人被视为具有隶属特性呢？我认为这就是偏见。“傀儡师、白革造、鞍打和镳轳师不可能拥有这样的特权”，这种根深蒂固的偏见和歧视意识在人们当中非常普遍。但我认为，这种看法是完全错误的。从本质上讲，白革造、鱼贩、鸟贩、傀儡师和狮子舞，甚至还有白拍子和赌博者，他们拥有与下司和公文相同的特权。我们必须清楚这一点。

反过来说，下司和公文也都是职人。从我之前所述的内容来看，这并不奇怪。艺能当中也有武士，也有兵道。前文提到，也有铸造师成为庄官的例子。实际上，元应元年（1319 年）前后成书的《沙汰未练书》（一部解说幕府诉讼程序的书）把西国御家人叫作“名主、庄官、下司、公文、田所、惣追捕使以下职人等”。这种用法也散见于《吾妻镜》等镰仓时代的文献中。武士无疑也是职人。

折口信夫曾在一篇名为《无赖之徒的艺术》（「無頼の徒の芸術」，《水瓮》第 23 卷第 6 号，1936 年）的短文中认为，武士一词起源于野伏、山伏的“ぶし”（bushi），并断言武士和“无赖之徒”一样，其特征都是“在土地上迁移”，即行走四方。这确实是一种敏锐的感觉。特别是在中世早期的西国，武士确实具有这样的特点。东国御家人被幕府派往各地担任地头，东国的人们在蒙古袭来时迁往西国，这些都可以作为例证。但更典型的例子是西国的下司和公文。他们并不仅仅是某个庄园的下司或公文，而是在国内各地（有时甚至在他国的庄园中）担任庄官。这正是将“武”作为“艺能”的职人。

我这样思考时，不禁想到高丽的社会状况。高丽的地方豪族（乡吏）在统治阶级中处于几乎被“贱视”的极低位置，而居住在渡口、驿站、军事据点和岛屿等地的人们受到了接近“贱民”的对待。旗田巍研究并指出，高丽的身份制度区分了白丁和承担职役的人，职役包括军役、驿役、工匠等役务，承担这些役务的人会获得俸禄和田地。承担职役的人与职人、非农业民之间，俸禄、田地与给免田之间惊人地相似。事实上，在10世纪，武士曾被郡司百姓骂为“屠脍之类”（指以杀生取肉为业的人）。

但是在镰仓时代，日本的职人是有所谓的特权的，而高丽的承担职役的人们仍然被视为“贱民”。这种相似和差异可能造成了日本的武家政权与高丽的武人政权之间的相似和差异。而镰仓时代造成这两者差异的决定性因素正是东国武家政权，即镰仓幕府的建立，这是毋庸置疑的。职人，尤其是其中的武士的地位，由此发生了决定性的变化。镰仓前期，成为统治者的武士与职人式武士之间的差异仍然存在于东国御家人与西国御家人之间。然而，到了镰仓后期，幕府要求武士从“职人”转变为统治者，实际上，这一趋势逐渐深入地方。当然，武士的转变，无论优劣，都对其他职人——手工业者、商人和狭义的艺能者产生了强烈的影响。前文强调的拥有特权的职人只是其中一个方面。

然而，一度最遭人厌恶的“恶党”正是职人本身。成为统治者、“政道”实践者的武士曾经就是他们当中的一员。新的更加严重的歧视由此产生。我们必须关注随着武家政权的建立和发展而出现的这一现象。

在高丽，由于受到蒙古的蹂躏，武士政权崩溃了。高丽无疑也背负着与日本相同的问题。在这一点上有一个今后必须明确的重大问题，但现在我只想强调的是，日本和朝鲜社会存在的相似性是与差异性相伴随的。

行会与种姓制度

职人的另一个特点是集团的血缘性和同族性质。职人的集团通常被称为“座”。铸造师的组织在镰仓时代并未称为“座”，但可以把左方、右方组织类比为“座”。就是说，“座”作为同行业者的组织，可以与西欧的行会进行比较。尽管这个集团并不完善，但已经在一定程度上脱离了农业，并产生了“艺能”“道”等独特的技术观。此外，他们不与特定的领主和村庄紧密联系，与权门的关系也并没有过多限制他们的“自由”活动。

然而，根据大河直躬对木匠的研究，我们可以看到，正如论述铸造师的同姓集团那样，职人由父子兄弟或相似的人组成集团进行作业，家业世袭，这正体现了职人的重要特性。这种职人集团的血缘性、同族性，也可以说是自然发生性的性质，与独立的作为手工业者同业组合的行会有着明显的不同。不过，这倒是可以与行业分工自然而然地发生、发展、结晶，最终通过“血”“种”的关系世袭下来的种姓制度加以比较。职人集团的“自由”漂泊也可以说是继承了古老的原始时代以来就拥有的自由进入山野河海的权利。其权利最终靠天皇的权威来保证的事实，也充分反映了该集团另一面的自然发生性的性质。

我认为，在镰仓后期绝没产生由“血”“种”来确定“歧视”的可怕情况。但我们不能忽视的是，社会的发展也在逐渐显现出这种迹象。

同时，在这里必须考虑的是“职”这个概念。我之前经常使用类似“下司职”“公文职”等的词汇。在整个中世社会，能够世袭继承土地收益的权利称为“职”。因此，有一种观点认为这是中世土地所有权的表现。另一方面，“下司职”“公文职”等都是依靠有任命权者加以任命才得到保证的。由此，也产生了一种将“职”看作官职的转化形式的观点。在此，我并不想否定这两种观点，但我们还需要考虑另一方面，即“职人”的“职”的性质，是职责的世袭，是随职责而得到的薪水、收益的世袭。它不一定要与土地、领地相关联。因此，很早就出现了诸如鹰饲职、大工职等“职”。而且将这些职责作为家业来世袭无疑是以职人集团血缘的、同族性的性质为背景的。从这个意义上可以说，“职的体系”具有成为“歧视体系”的可能性。而武家政权的出现将部分职人转化为统治者，大大改变了这一体系的性质，使得先前的理论几乎可以成立。

职人的定居

镰仓时代后期，随着农村的发展，工商民的动向也出现新的变化。在此，我们再来看看铸造师的情况。

左方灯炉供御人和东大寺铸造师的融合在镰仓中期得到显著发展。以此为背景，左方作手惣官中原光氏排挤了东大寺铸造师惣官草部助延，至晚在文永四年之前就兼任了双方的惣官，开始统管较大的铸造师组织。但从那时起，铸造师中出现了抗拒守护和地头的干扰，拒绝交纳年贡的情况。弘长二年，中原光氏曾提到，一些人逃亡到关东和北陆道，不服从光氏的召唤。这绝不是单纯的未交年贡和逃亡，而是出现了与各地守护和地头建立联系、确定商圈并寻求商业利益的人，出现了向幕府统治的关东和当时作为海上交通大动脉而繁荣起来的北陆地区迁徙、定居的铸造师。从镰仓后期既是铸造师的作业场所又是新的居住地的金屋、铁屋等在各地增多的情况，就能很清晰地看到这一点。

于是，铸造师组织的地域化和商圈的地域化逐渐发展。最晚到嘉祯二年以前，与大宰府有关联的镇西铸造师在拥有古老传统的九州已经成立了独立团体，而在东国也有来自河内的物部姓铸造师（建长寺、圆觉寺的钟是这些铸造师的作品）和镰仓新大佛铸造师（丹治氏）等，与幕府紧密联系的铸造师的活动也变得活跃起来。由年预、惣官统管的左方、右方灯炉供御人组织，在这种新动向中产生动摇并不得不做出相应的应对措施。

文永三年左右，左方和右方为争夺镇西铸造师的归属而激烈争斗。这本身是围绕商圈的争斗，左方惣官中原光氏胜诉后，补任了统管镇西铸造师的左方惣官代（该官职也被称为“镇西铸造师兄部[1]职”）。如果不在当地设立这样的代官，铸造师就变得很难控制。

1 兄部，即头领之意。

此后，以长门为据点的右方继续与左方争斗。但是到了镰仓末期，为了征收课税，年预必须经常派代官、使者到长门的金屋，但这项工作进展得很不顺利。进入南北朝时期不久，前述镇西惣官代成为九州二岛铸造师惣官，长门国也出现了惣官。虽然那时中央的年预还掌握着任命权，但到了室町中期，成立统管各国铸造师的一国惣官职并任命守护担任的动向，在镰仓末期就已显露端倪。

迁移到地方的铸造师选择的新据点都在国府或守护所附近，以及港口和泊地等处。从镰仓末期到南北朝时期，在长门，以国府为中心的津波木、须佐、厚狭、肥中、濑户崎等地出现了金屋。在兵库岛，大约在应长元年（1311 年）左右，有个叫“辻子扫部允”的人，既是铸造师，同时也兼营问丸[1]。镰仓后期，和泉的堺、盐穴和石津等地的铸造师也很活跃。京都的三条釜座也是在这个时期出现的。

表现出这种动向的不仅是铸造师。漂泊各地的职人很早就在京都等地摆摊开店，并逐渐显现出在各地要冲定居下来的趋向。商业和手工业真正分离并形成工商业城市的条件终于开始出现了。这意味着，从职人到武士的最终分化，以及职人、商人和艺能者（狭义上）的分化过程已经开始。随之而来的是，定居的职人和仍然继续漂泊的人们之间的差异开始变得明显起来。

1 也叫问屋，中世出现在港口、重要城市的新业态，负责年贡等商品的运输、保管、中转交易，提供船舶、住宿等。

交通道路与关卡

工匠与市场

漂泊各地的工商民与领主、农民的交易在市场进行。当时的市场中，“国市”即国府附近的市场，因古老的传统而最为繁荣。太良庄的百姓经常出入的若狭国远敷市、尾张国下津五日市就是这样的国市。佐佐木银弥指出，南北朝初期常陆国府（石冈）已经建立了六斋市。到了镰仓后期，这些市场至少成了每月开市 3 天的定期市场。那些在国衙领地内被给予给免田的职人肯定将市场作为他们的主要活动场所。

另一方面，在那个时候，各地的地头和预所为了召集职人、进行交易，还建立了新的市场。弘长二年，越中国石黑庄的地头和预所为天满市和高宫市的归属发生争执，最终这个市场被认定为是地头在开发的新田、无主的荒地上设立的市场。元应元年，山城国杂掌和下司也为了淀鱼市的归属发生争执。根据下司的主张，这个市场是以居住在河滩的种田人为中心建立的，因此是自己“开发”的市场。地头和预所在这样的荒野和河滩等无主之地建立新的市场（市庭），并将其作为交易场所置于自己的管理之下。当然，它们还必须处在交通路线上。比如，淀的市场所在的位置就是交通要道。在播磨国那波浦、伊势国安浓津等港口也开设了市场，而地方寺院和神社的门前、地头和庄官的宅邸附近也是设立市场的地点。

市场上供奉着市姫等神灵。市场由地头和预所等任命的市场负责人、市场保头、市司和市目代等管理，尽管处于地头和预所管理之下，也依然是许多人进出的公共场所。到了集市之日，四处漂泊的职人就从各国聚集而来。市场因为这些买卖各种物品的人而热闹喧嚣。一遍曾在备前国福冈市受到吉备津宫神官的袭击，那里也是一个热闹的集市。然而，在没有集市的日子，市场就像一遍开始舞蹈念佛的信浓伴野市一样，变成立着空摊位的冷冷清清的广场，只有流浪的乞丐在此避雨。

镰仓时代后期，随着农民和职人出现新的动向，情况也开始发生变化。在备前国金冈庄，有个奈良西大寺的末寺，其门前市场由地头和国衙双方共同管理。市场中有酒店、鱼座、饼屋、筵座和铸物座等，这些职人每家每年要交 100—300 文不等的公事费。其中，鱼贩、席匠和铸造师等并非常住此地，而是在集市上设个“座”。酒店、饼屋等不止一家，尤其是在集市之日，酒店要向地头交纳两斗酒。他们在这里安家，以此为长久的依靠。

镰仓时代末期，备中国新见庄的市场上排列着常住之家，丹波国大山庄的市场也有人带着下人居住。随着交易活动的兴旺，市场的集市之日从 3 天增至 6 天，逐渐形成定居在此的房屋鳞次栉比的市镇的面貌。与此同时，职人今天在这个集市，明天在那个集市，行走奔波的范围也开始固定。铸造师为了不向中央年预缴纳年贡，就找出各种托词糊弄地头和预所，并开始在各地定居。这种情况也是以集市的发展为背景的。

钱币的渗透与“有德人”

各地的市场也出售庄园和公领的年贡和公事之物。地头和预所将年贡卖给聚集在市场上的商人，换成钱币后送往中央。此外，富裕的人将钱币借给贵族和僧侣，而自己成为代官，承包他们的庄园，负责征收年贡。镰仓时期后期，以货币形式缴纳年贡和公事的情况在各地逐渐增多，到了14世纪前半叶，全国范围内普遍出现这种情况。

当时，市场上的销售价格被称为“和市”。但是这个价格仍然波动明显，代官和商人就利用这一点来获利。正应五年（1292年），备后的梶取弥源次把伊予国弓削岛庄的年贡盐190麻袋运到淀，以每袋200文的价格卖给七条坊门的盐商，而这位商人在两三天后又以每麻袋400文的双倍价格将其卖出，获得了巨大的利润。元亨四年（1324年），弓削岛的代官、住在伊予国小山的辨房承誉高价卖出从百姓那里榨取的盐，而到了年贡盐的交付期，他又特意让百姓过海到伊予的道后购买便宜的盐交给东寺。庄园的统治者也时刻关注着“和市”，试图防止这种违法行为，但是各地有越来越多的人利用这些手段致富。

高野山领地备后国太田庄的预所“和泉法眼渊信”就是这样的典型人物。渊信因于正应三年（1290）下关东处理与地头的诉讼有功，于永仁五年成为该庄园的预所，但在正安二年因过分的暴行被百姓控告。渊信及其子范方通过不当降低“和市”价格来牟取利益，并且哪怕是极少的未缴纳年贡也要严厉追讨，甚至以百姓的耕牛和乘马做抵押。他们不仅在太田庄非法获利，还向邻近的河尻庄甚至长门国位佐庄（石清水八幡宫领地）、伊予国新居庄（东大寺领地）以及远至出云国的庄园放高利贷、承包庄园，积聚了大量财富。渊信积聚的财宝装满了仓库，家里养育着妻子、眷属百余人，每天召唤数十位穿着华丽的女性侍奉，还饲养着数十匹优良的马匹，享受着极尽奢华的生活。当他往返于太田庄仓库所在地尾道时，他的队伍包括轿子五六顶、骑马女子数十名、家子郎党百余骑，前后护卫二三百人，其豪华程度据说连一国的守护都比不上。

虽然多少有些夸张，但这个例子表明，随着货币流通日益活跃，一些人积聚了惊人的财富。目前，在各地发掘出的宋钱、元钱数量庞大，北至北海道的渡岛半岛，南到九州，这些货币通常出土于港湾和府邸遗址等处，大多存储在称为钱瓮的陶器中。这说明钱财已经在社会中广泛渗透，也向我们展示了过去的财富。然而，这种钱财的埋藏早在镰仓时代末期就已经开始。建武二年（1335 年），人们在太良庄地下发掘出 25 贯的钱币。为什么埋下这么多的钱币？缘由尚不清楚，但我们可以看出，重视钱财、喜欢积累大量财富的拜金主义已成潮流。

吉田兼好在《徒然草》中记录了某个大福长者（非常富裕之人）的话，他说贫穷则没有生存的价值；“只有富裕方为人”，无论何事都不应满足于基本需求，也不应被欲望所驱使；金钱不应像奴隶般被使用，而应“像君主、像神明那样被诚惶诚恐”地使用，诚实、遵守承诺是十分重要的。这位长者讲述的是积累财富的心态。

货币（也就是金钱）的魅力深深吸引着人们。将财富视为“德”，认为富裕即是“有德”的观念已经广泛流行。把本来的“德政”转化为取消债务意义上的“德政”，其社会背景正在于此。夸耀豪奢的渊信正是这样的“有德人”。但是渊信的行为恰恰说明，“有德”的另一面是蔑视“贫”，是虐待贫苦者、对其熟视无睹的风潮。

关卡、劝进上人与天皇

交通和货币流通的活跃自然就带来了交通量的显著增加。铸造师很早便利用货船往来各国。这样的运输活动越来越频繁，越来越有规律。职人的船、商人的船和运送年贡的船，以及往来于宋、元的贸易船进出繁忙的港口，而这样的繁荣也吸引着越来越多的人。

问丸负责存放各地庄园的年贡，并负责运输和销售，他们的仓库就设在港口。弓削岛庄的问丸可能位于淀，那里聚集了东大寺领地周防国的问职等许多“有德”的问丸。若狭国太良庄的问丸在近江的大津，嘉元三年（1305 年）左右，园城寺的播磨房庆盛担任该职。这里也是近江和北陆的庄园问丸聚集的繁忙港口。

陆上交通同样活跃，旅馆也越来越繁忙。弘安六年，一遍在云游途中到达尾张国甚目寺，在此修行了 7 天的行法。当时，萱津宿有两位“有德人”梦见了毗沙门天（福神）劝他们支持一遍。我们看一看圆觉寺领地尾张国富田庄的图纸就会发现，镰仓末期，萱津宿集中了圆圣寺、千手堂、光明寺、大御堂等多座寺院，形成有街有村的格局。“有德人”的活动可能也扩展到这里的旅馆周围。

随着交通量的扩大，为了以艘别钱、升米（船舶税）和津料等各种名义征收交通税，关卡开始大量设立。建长八年，多门寺僧人获准在明石泊募捐。弘长元年，人们在淀的渡口对每艘上京船征收十文钱，用于金刚山内外院的修建。这些都是早期的例子。弘安九年，摄津国兵库岛的艘别钱被用于修建赞岐善通寺。弘安十一年（1288 年），兵库岛的艘别钱改由河内国禁野渚院捐献给善通寺。此后，这种做法迅速蔓延。

值得注意的是，这样的关卡自古以来就设立在御厨、禁野等供御人的据点或天皇的直辖地。前文经常提到的淀，在平安时代后期就设有供御所，隶属于四卫府（左右兵卫府、卫门府），负责向天皇供奉贡品的猎人和渔民将淀作为他们的活动基地。镰仓时代，这些人被称为右卫门府供御人，以供御人的身份参与交易。禁野曾是鹰饲的基地，而在正安三年，神崎和渡部的关卡曾经向正在修建的兴福寺讲堂提供营造费，其中的渡部成为大江御厨的一部分，我认为神崎也一样。甚至京都东部的出口、东三口和四宫河原等关卡在镰仓时代后期也被置于内藏寮的控制之下，成为其经济基础。但在平安时代末期，这一带（山科小野乡）也曾有供御人存在。各国的关卡本来处在国衙的管理之下，而在这个时期变成了以征收通行税为目的的经济性关卡。

天皇对交通路线的控制权在这里也显而易见。可以说，这是与给予供御人在各国自由往返的特权相辅相成的。一些关卡遵照宣旨或院宣向寺院和神社提供修建费用，被称为“率分所”，成为天皇直属的衙门内藏寮、主殿寮、内膳司等的经济基础，不久后就变成世袭这些衙门长官的公家的经济命脉了。

另一个必须加以关注的点是，镰仓后期，关卡的收入被用于为寺社提供修建费用，劝进上人则被授予交通税的征收权。众所周知，镰仓初期重建被平氏烧毁的东大寺时，重源作为劝进上人推动了重建工作。当时，宣旨承认了重源在各国往返募化的特权，这与供御人的特权完全相同。当时的劝进上人和职人一样，都是通过四处奔波来募化修建费用。实际上，正如重源与东大寺铸造师草部氏有着难以割断的关系那样，漂泊的职人也与劝进上人紧密相连。

然而，社会的发展带来交通量的显著增加，这种募化方式也相应地发生了变化。这与供御人自由往返的特权也能变成在自己的地盘收取关税的特权是一样的。到了镰仓时代后期，为了募化，劝进上人通过宣旨、院宣获得设立关卡、征收交通税的特权。因此，我们必须在此看到的是，设立关卡是为寺社提供修建费用。

募化方式不仅仅是收取关税。弘安五年，愿行上人宪静成为修建东寺塔婆和各堂的劝进上人。太政官府允许劝进上人在五畿七道各国征收每栋建筑十文钱的税金，使其最终完成了这项工程。这是赋课“栋别钱”的较早事例，也可视为劝进上人特权的一种转化形式。众所周知，栋别钱是专门为修建寺社征收的，这样理解是很自然的。当然，通过四方行走来募化的方式并没有消失，但无论如何，在这一时期，募化的方式已发生新的变化。

但是，我们不禁想起日莲对忍性的激烈责难。忍性在七道设立了木门，在饭岛的渡口收取稻米来修路、救济非人。忍性正以一种新的方式募化，而赋予忍性这种特权的正是幕府北条氏。对于这一事实，我们在此必须重新加以思考。虽说交通道路的控制权最终掌握在天皇手中，但随着时间的推移，镰仓幕府也参与其中，并且逐渐加强了控制。在幕府成立初期就实施统治的东国地区，供御人自由往来的特权也离不开幕府的保障。实际上，从近江、美浓和尾张到相模的东海道的驿站，很早以前就已经置于守护的管理之下了。关卡和渡口可能也是一样的情况。因此，灯炉供御人不仅需要持有藏人所牒，还必须携带由将军家政所下发的要求关卡和渡口的地头予以放行的文书（建历二年，1212 年）。

承久之乱后，随着幕府对西国统治权的加强，供御人越来越需要六波罗提供新的保障。以铸造师为例，承久四年（1222 年），通过宣旨或牒的形式，灯炉作手从六波罗探题那里获得了“过所”（关卡的自由通行证）。正如前面所述，幕府的统治权在蒙古袭来之后得到进一步加强。

随着对本所一元化领地控制权的加强，从对以一宫或国分寺为中心的国内寺院和神社的控制，到对役夫工米和大尝会米[1]等一国平均役的征收权，幕府—守护对国衙的控制在各个方面都得到了加强。很明显，前述的栋别钱的征收是根据接受了太政官符的关东御教书的指令执行的。与寺院修建有关的资金，也是由关卡依据关东的指令来执行的。到了这个时期（大约是承久之后），西国的驿站、关卡、渡口和码头无疑也都置于守护的管控之下。延庆三年（1310 年），为了甲斐国大善寺的修造而在信浓国征收的十文栋别钱，就是遵照了关东下知状的指令。在东国，关卡是遵照关东下知状而非宣旨设立的。

虽然我们一直在说幕府，但到了这个时期，我们不妨将幕府改称为“得宗权力”。根据佐藤进一的研究，霜月骚动以后，在所有能够确认守护任职者的 56 国中，有近一半（28 国）的守护已经归入得宗为首的北条氏一门。由此，我们可以明显看出北条氏对交通道路的控制权之大。

镰仓后期，以睿尊、忍性为首的西大寺系的律僧在与北条氏家族紧密联系的同时，通过之前提到的新募化方式，在广泛的范围内

1 指在天皇即位后，为举办大尝会（包括大尝祭及相关庆典）而临时向各国的公领和庄园征收的一种税赋。

展开了活跃的行动。关卡被大量用于收取寺社营造费用，与睿尊接近龟山上皇的时间几乎相同，这似乎并非巧合。

那么,北条氏和西大寺系的律僧是如何与交通路线相关联的呢?现在，让我们通过追寻当时从日本海经濑户内海到达畿内的海上交通大动脉，来阐明当时的状况（以下的事实主要是基于丰田武、河合正治和石井进等人的研究。关于各种发掘报告，我得到了榧崎彰一和大参义一的指导）。

日本海的水运

日本海水运最北的起点是陆奥国津轻郡的十三凑。津轻四郡、西滨、外滨和糠部郡很早就成为得宗领地，包括十三凑在内的西滨由御内人安藤氏控制。据传，安藤氏是俘囚[1]之长、安倍氏的子孙。这个家族在这一地区的糠部郡拥有领地，从镰仓末期至南北朝时期，势力范围扩展到北至北海道的渡岛半岛南岸，南至男鹿半岛和秋田凑。正和时期，安藤氏在十三凑建造了城郭。

出土了元末明初青瓷的室町时期的几处遗址（府邸遗址）分布在渡岛半岛的稳内，以及十三湖的周边（如二沼等地）。嘉元四年（1306年），20艘获关东批准运载鲑鱼和小袖等船货的津轻船被越前国三国凑的居民当作漂流船扣押。认为安藤氏控制的十三凑就是这些津轻船的基地之一，这绝非不合理的假设。

从那里向南，经过秋田凑到达酒田边，就是出羽国屋代庄。建

---

1 奈良、平安时代，服从日本中央政府统治的虾夷人。

武新政时期，楠木正成曾是该庄的地头。而在镰仓末期，该庄的统治者可能是北条氏一族。越后由名越氏统治，佐渡则由大佛氏统治，他们都是北条氏一门的守护。特别是佐渡的大佛氏还兼任国司，国津、真野湾都在其控制之下。越中也由名越氏担任守护，国府位于庄川河岸的高冈。放生津位于它的河口，考虑到关东批准的津轻船是大袋庄东放生津人的船，那么可以确定，这个放生津也在北条氏的控制之下。能登的守护也是名越氏。

加贺也是由北条氏担任守护。关于该国，石川考古学研究会在昭和四十年（1965 年）对犀川河口的普正寺遗址进行了发掘，并报告了一些有趣的情况。这里出土了许多五轮塔[1]，推测这里从镰仓中期直到南北朝末期一直是特定豪族的墓地。同时，这里还出土了青瓷、白瓷、青白瓷等大量的中国瓷器，还有出自古濑户、常滑和越前古窑的瓷器，以及能登半岛东北端生产的珠洲烧等大量陶器。中国的瓷器绝大多数是明代的，也有少量南宋和元代的。包括陶器一起来看，这些遗址可以追溯到镰仓中期。此外，这里还出土了唐、北宋和南宋的货币，以及箍桶和木屐等木制品。由此来看，该遗址显然是镰仓中期以后繁荣起来的港口遗迹。

这一带是大野庄的领地，推测与富永御厨也有关联。镰仓时代末期，大野庄是长崎高资的领地，足立氏是代官。富永御厨也由足立氏和诹访氏任代官。他们都是得宗御内人，这个港口是在得宗的

1 佛塔样式中的一种，在平安时代中期被引入日本，大多为石头建造，以五种形状象征佛教密宗认为构成宇宙的五大元素，从下至上分别为立方形、球形、三角锥体、半月形和宝珠形，依次代表地、水、火、风、空，常用作墓碑和纪念塔。

控制下开始繁荣的。

镰仓时代后期，越前的三国凑也是一个繁忙的港口，有津轻船、日吉社十禅师的御帘神人（帘商）的船、若狭国矢代浦的船等许多船只往来。正和五年（1316 年），码头费由大和的长谷寺遵照院宣征收，交易收益则由内侍所征收，作为日次供御费（当时一般把对天皇的贡品称作供御）。这里与北条氏的关系不明，但受到了天皇的直接管控。

敦贺也是一样。镰仓时代末期，这里港口的税米遵照院宣，作为修造费用捐给西大寺四王院、祇园社和醍醐寺。西边的若狭国的守护是得宗。三方郡的马背竹波、三方浦、能登浦（世久见浦）、远敷郡的汲部浦、多乌浦、矢代浦、志积浦、阿纳浦和加尾浦，以及包括小滨在内的今富名、大饭郡的恒贞浦和友次浦（或为青乡一带的浦）等，都在负责若狭国税所的得宗的控制之下。其中，多乌浦的“德胜号”船于文永九年二月作为“相模守殿（北条时宗）领地若狭国守护之多乌浦船”，被授予“各国码头、关卡不得相烦”的旗子。据说，相邻的汲部浦分大夫的“王增号”船前往出云国三尾津（美保津），把盐寄存在那里，准备来年换成大米运回来，却被地头给夺走了。他不得已卖掉领地小山，换成大米，然后搭乘“泉太郎号”船下到出云。

此外，还有御贺尾浦的盐船去往越前的足羽，矢代浦的船只出现在三国凑等，说明这一地区的船运交通非常活跃。

丹后宫津的金刚心院是极乐寺的末寺，但马的二方庄原本是深受得宗信任的安东莲圣的领地，莲圣将其捐给了和泉国久米田寺，弘安八年左右由该寺的别当行圆上人管理。二方庄的庄域包括指杭、赤崎和田井等地，是这一带的良港。再往前到伯耆，就是名和的御来屋（可能是御厨）的港口。这里面向大海，有住吉神社。从江户末期的心愿木牌看，许多帆船在此停泊，是一个白墙房屋成排的繁忙的港口。由于这一带没有伊势神宫或加茂社的御厨，我认为这里曾是古老的天皇家的御厨。

在出云国，文永八年，中海沿岸的揖屋庄处在安东宫内左卫门尉的控制之下。正和三年，三崎成为北条熙时的领地。设置在长门油谷湾的岛户关由国衙管理，但该国的守护是北条氏一族。从十三凑到这个岛户，可以说日本海的漫长海上交通线的重要据点，尽管也有少数例外，但基本上都被北条氏牢牢控制着。

濑户内海的水运

一进濑户内海就是丰后的佐贺关。弘安八年，这里成了得宗的领地，管理者仍是安东莲圣。丰前国的门司关，至少在嘉元元年（1303 年）之前就已成为得宗的领地。对岸的长门国赤间关（现在的下关）也是守护的领地，守护是前述的北条氏一门，因此这里也处于其控制之下。濑户内海的入口完全被北条氏控制着。

周防国的灶门关（现在的上关）古时就有御厨，是海民的根据地。周防的守护也是北条氏一门，这个关口也是其领地。不仅如此，该国的国衙领地从重源时代起就是东大寺的，但在永仁元年，忍性成为东大寺大劝进，开始统治周防。他的足迹甚至还延伸到安艺，生口岛南岸光明三昧院的十三重石塔婆据说是在永仁二年由忍性建造的。安艺的守护也在正应六年（1293 年）之前就由北条氏一门担任了。

河合正治认为，念心属于西大寺流，他于正安二年在备后的佐木岛上立起地藏菩萨像，并主张东西南北一町内禁止杀生。念心的足迹在伊予的大三岛也能找到。此外，尾道在镰仓末期也是一个繁荣的港口，“因泊船之便而民烟富有”，民房有1000多间。永仁六年（1298年），睿尊的弟子定证来到这里，依靠前述的渊信等“有德人”的捐助，在德治元年（1306年）建立了净土寺。供养仪式盛大隆重，西大寺长老信空从大和国赶来主持，像云霞一样的人群也从他国涌来。供养仪式后，信空前往赞岐，而那里的守护也是北条氏一门。尾道附近的因岛也在建治二年成为得宗的领地。

在备后的芦田川河口，人们发现了一处近来尤其出名的草户千轩町遗址。这个遗址是由村上正名、松崎寿和领导的“草户千轩町遗址发掘调查团”进行发掘的。自昭和三十六年（1961年）以来，调查团在此进行多次全面的挖掘，发掘出一座因洪水而瞬间毁灭的中世港口城镇，展现了其曾经的繁荣景象。在这里，出土了70多种不同形式的井、房屋和道路，以及铁匠铺的遗构等。不仅如此，还有大量的唐代、宋代和元代的青瓷，以及高丽青瓷和大量的宋钱等国际交流色彩丰富的文物。这个遗址生动地表明了与宋、元贸易的船只在濑户内海活跃往来的情况。这里还出土了平安时期的濑户猿投窑和镰仓时期的常滑烧、濑户烧、备前烧等，还有极其遥远的尾张窑烧制的陶器等，这证明了当时日本国内充满活力的交易活动。

如今，一座壮丽的寺院“明王院”就像在俯瞰这个遗址似的矗立在芦田川河岸。这座寺院的前身是常福寺，始建于元应三年（1321年）。值得注意的是，这座寺院也是西大寺的末寺。西大寺系律僧的足迹，就这样与北条氏的统治或并行或重叠，遍布于濑户内海各处交通要冲。

得宗也是备中的守护。成羽川河中有一块刻有德治二年（1307年）铭文的笠神文字岩。为了开通这条河流的航道，西大寺末寺善养寺的尊海作为大劝进、西大寺的实专作为奉行，曾开展了艰难的施工活动，而这块文字岩就是对此的纪念。在备前，西大寺有一个活跃的市场，就建在吉井川河口。延庆四年，这座寺院接收了《大般若经》，供奉的檀那是备后的弓箭手、右卫门少尉平为重。因游女而著名的鞆港也是海民的根据地，也与西大寺有关联。

播磨的守护也是得宗。为了警戒异族，作为得宗的代表被派往该国的北条兼时居住在加古川，被称为加古河殿。在正应元年（1288年）之前，久米田寺的别当行圆上人作为劝进上人就开始在河口建造福泊。行圆为了筹集建筑费用，向每艘船征收大约300文的码头费。而廻船铸造师则因被征收码头费和船货被扣押而控告行圆。

但是在这项工程的背后，再次出现安东莲圣的身影。南北朝初期撰写的播磨国地志《峰相记》中记载，乾元元年（1302年）在莲圣的捐赠下，这个港口竣工了。该港口的建设是一项艰巨的工程：用大石头堆砌起来，向海中推进大约二町，耗资数百贯，耗时超过15年。竣工后的福泊吸引了许多商人和“有德人”聚集而来，繁荣程度不亚于兵库岛。但由于加古川流出的泥沙逐渐淤积，这个港口逐渐变浅，大船难以出入，因此在南北朝初期就开始衰落。

与行圆建造福泊同一时期，正应二年，忍性企图将鱼住岛整个岛屿改造为船只泊靠处，并得到宣旨认可，在室泊、尼崎和渡部三个地方征收每石一升的港口费，持续十年，用以支持这项工程。忍性把这项工程交给了睿尊的爱徒觉性房性海。当时，摄津国的守护仍是北条兼时，神崎和滨崎庄（春日社鱼贝神人的据点）等地是守护的领地。安东莲圣是该国的守护代，掌握着生魂新庄、福岛庄和美作庄，甚至还有多田院。因此，忍性这项工程的背后有北条氏或安东莲圣的力量支持也并不奇怪。

接下来，我们来到了四天王寺。永仁二年，睿尊的弟子忍性被任命为别当，继承了睿尊的传统。再往前，我们经过北条氏任守护的和泉国的境津，到达安东莲圣捐出中村新庄和包近名等处而建起的久米田寺。

北条氏一门与西大寺

显而易见，与北条氏家族紧密相关的西大寺的律僧在镰仓后期的海上交通中扮演了重要角色。特别是在整顿濑户内海的航路方面，西大寺系的律僧作出了不少贡献。同时，特别令人瞩目的是在背后支持他们的北条氏家族，特别是御内人安东莲圣的行动。从山阴的但马出发，一直到摄津、和泉，可以说我们是与安东氏一起走过来的。从睿尊下关东、安东莲圣作为北条时赖的使者与睿尊会面开始，这种联系历经 30 年，并取得了如此宏伟的发展。

海上交通路线不限于此。从萨摩经过土佐和纪伊到达志摩和伊势的航路，是熊野神人活动的独特路线。从这里经过伊势海，越过三河、骏河和伊豆到达镰仓的水运，与伊势神宫有着密切的联系。建治元年，镰仓极乐寺的忍性送给睿尊的宋本《大般若经》可能就是通过这条路线到达鸟羽的吧。另外，永仁六年，忍性在镰仓坂下建立了日本第一家医治马匹的医院，据说是靠得宗领地土佐国大忍庄的年贡维持的。得宗和西大寺系律僧之间的关系可能更加广泛。

海路进一步绕过房总半岛，或通过河流经过渔民活动的霞浦和北浦，然后向北延伸。从尾张的常滑烧、古濑户瓷器一直分布到东北深处来看，我们能发现包括内陆交通在内的贸易和流通是多么活跃。海路还远远地延伸到大陆。一方面，这条路是元军来袭之路；另一方面，除了某些时期，贸易船的往来比我们从正中二年（1325 年）记录唐船运载建长寺营造材料的文献中所了解到的更为频繁。

从草户千轩町遗址中可见其一端。从大宰府，特别是少贰氏居馆所在的政厅东侧地区出土的北宋和南宋时期景德镇及龙泉窑烧制的瓷器碎片多达 7000 余片。这些碎片与唐津和今津等沿海地区采集到的遗物一起，真实地反映了宋、元时期日本与中国贸易的情况。唐船带来的宋、元时期的钱币和瓷器，通过前述的交通路线被大量地、广泛深入地运往日本各地。从大陆和朝鲜半岛来的船不只到达九州，北陆也逐渐成为唐船的窗口，例如，正中元年，祖继大智从高丽到达加贺的普正寺附近的宫腰凑。

通过派遣贸易船并控制交通要冲，得宗以及御内人无疑获得了巨大财富。永仁六年，一艘以北条氏一门女性的名义满载货物的关东唐船在五岛的有河冲沉没。周围岛屿和渔村的“船党”立即将货物搬上岸，其中一些好像被窃取了，于是关东的使者前来调查。这艘船装载了大量的砂金、水银、银剑、珍珠、莳绘漆器和白布等，这些都是从日本出口到中国的商品，所以这艘唐船正准备前往中国。

虽然偶尔会遇到这样的不幸，但安全返回的唐船带回了许多珍贵的“唐物”。其中不仅有奢侈品，还有书籍和书画，将宋元时期的学问和风俗带到了日本。金泽贞显对这些“唐物”的到来非常期待，这一些可以从他的书信中看出。

通过以上提到的交通路线、货币流通和贸易的关系，我们自然就知晓了以得宗为首的北条氏一族及其御内人支持者的志向和性质。这与主导了弘安改革并被称为“最后的镰仓武士”的安达泰盛所追求的东西完全不同。霜月骚动以后的政局，就是由得宗与这些御内人主导的。

第九章

讼者如云霞

得宗御内人的专权

第三次来袭计划受挫

贸易船虽然和平地往来于日本和中国之间，但元世祖征服日本的执念仍在燃烧。

1284 年（至元二十一年，弘安七年）秋，元世祖又开始准备远征了。第二年，江淮地区、高丽等地开始进行海上训练。十月，征东行省重建，阿塔海和洪茶丘官复原职。具体计划也已确定，全军决定于 1286 年 8 月由合浦出发。因为上次会师失败，所以将领们决定这次一起行动。以这一时间为目标，远征准备活动达到高潮。这项计划一旦付诸实施，霜月骚动造成的混乱尚未平复的日本将会面临巨大的危机。

可是，在 1286 年正月，元世祖突然下达了停止出兵的命令。这时，继越南南部的占城之后，北部的交趾（安南帝国）也拒绝元军通过并举起了叛旗，多次打败侵入境内的元军。除了远征计划，元世祖还必须有中国南部对这场战争的支持，但中国南部的局势也不稳定。“官民大扰，广东群盗并起。”礼部尚书刘宣劝谏元世祖，指出在这种状况下进行两面作战十分不利，不可远征日本。元世祖不得已听从了劝告。据说，废止征东行省的消息传来时，中国民众“欢声如雷”。

此后，元朝专注于征服交趾。1287 年以后，元朝的帝室内部不断出现反抗元世祖的活动，蒙古、满洲和朝鲜一带也被卷入战乱。元世祖已无暇顾及攻日之事了。对于日本来说，至少在一段时间内，外敌入侵的危机暂时解除了。

设立镇西谈议所

在此时的日本，弘安改革失去了主将，内管领平赖纲专权，改革的内容逐渐发生改变。为实施改革，幕府向各国派出使者，与守护一起禁压恶党，甚至到了弘安九年，幕府仍下达了这样的指令：在领地内隐藏恶党的人，哪怕隐藏的只是短暂居住的浪人，也将受到严厉处罚；放走恶党的地头也将获罪等。但是，这些使者定于“明春”（弘安十年）回国，所以从这年七月起，修正和否定改革的措施就开始赤裸裸地暴露出来。

七月十六日，面对镇西的地头御家人、神官和僧侣要上关东、上六波罗诉讼的苗头，幕府发出严厉告诫，命令他们专心警惕异国。为了应对这一动向，幕府决定在镇西新设一个合议机关，名叫镇西谈议所，由少贰经资、大友赖泰、宇都宫通房（尊觉）和涩谷重乡四奉行组成。该机构没有最终裁决权，但被赋予处理有关镇西领地诉讼并将处置结果向关东报告的职能。乍一看，这很像是由前述的特殊合议机关向后来的镇西探题过渡的镇西特有的诉讼机关。

从结果上看的确如此，但实际上，这个谈议所是在明确否定了安达泰盛主导下设立的特殊合议机关之后设立的。从以下情况就能明了这一点，即幕府否定了安达泰盛派遣的东使（特殊合议机关的本奉行）实施的与镇西神社领地和名主领地有关的措施，命令谈议所将一切恢复到从前的状态。

担当奉行一职的宇都宫通房出身于下野宇都宫氏的支系，但他与安达泰盛方面的宇都宫景纲不同，是得宗属意之人。霜月骚动以后，肥后的守护脱离安达泰盛投靠了得宗，宇都宫通房便成为守护代。涩谷氏一族的老家是相模国涩谷庄，很多的得宗御内人都出身于此。涩谷重乡可能也是北条氏一门担任守护的日向的守护代。

表面上，少贰、大友两氏在传统上与九州的统治相联系。虽然没有公开派遣御内人，但这个谈议所完全可以说具有这样的性质，即它是由得宗支配的机关。然而，它又不得不把这一性质掩盖起来，而把传统的豪族御家人推到台前。这一点反映出御家人对于御内人专权的有形无形的压力。

弘安之役的恩赏

经过长时间准备的对参与抵抗蒙古人员的恩赏在此一举实行，幕府还一并颁发了弘安之役（霜月骚动、岩门之战）的功勋恩赏。这可以被视为为了缓和压力。

同年（弘安九年）十月十九日，幕府就弘安之役的功勋恩赏，将应给予赏赐的名单和应分配田亩的数量清单下达给少贰经资和大友赖泰二人。那都是一些小御家人的恩赏地，其分配处置就交给了经资和赖泰二人。大约在同一时期，幕府对少贰经资、大友赖泰和北条时定等守护，还有宇都宫通房和涩谷重乡等主要御家人直接给予恩赏，同时岩门之战的功勋恩赏也一并给予。

但是，在此给予主要人物的领地都是因支持安达泰盛而败北的少贰景资及其党羽的领地。安达泰盛等人慎重准备的弘安之役的恩赏，竟是由其对手御内人以牺牲泰盛支持者为代价实现的，这可真是讽刺。御家人把自己的“拥护者”当作牺牲赢得了恩赏，而御内人则最大限度地利用了安达泰盛的深思熟虑，卖给御家人一个大大的人情。如果反过来看，这也表明许多御家人的心已经疏远了安达泰盛。而且，我们从中可以推测，令安达泰盛丧命的一个问题正是他自己掌握着的关键的恩赏问题。

相田二郎举出许多实例来说明泰盛为分配恩赏所做的细致考虑：恩赏地集中在北九州，而作为恩赏给予那些战死者年幼子女的土地则在九州南端的萨摩国鹿儿岛郡。不消说，这种分配思路原本是为了警戒异国，加强北九州的军事力量。

交由少贰经资和大友赖泰分配的土地是这样的：正应元年十月，筑前国早良郡、比伊乡、七隈乡、长渊庄和三奈木庄等分配给丰后、大隅、萨摩和肥前的人们；正应二年三月，肥前国神崎庄分配给筑前、肥前、肥后和丰前的人们；正应三年七月，筑前国怡土庄分配给丰后、筑后和日向的人们。至此，土地分配告一段落。

这些恩赏地也集中在北九州，分配时基本划分为十町、五町、三町 3 个等级，宅地、旱地也规定若干等级，所分地块通过抽签来决定。这样一来，分到恩赏地的御家人仅神崎庄就有 400 余人。所有分得恩赏地的御家人大概超过千人吧。南九州人也因此得到了北九州的领地，虽然只是很小的一块。警戒异国的军事力量也因此而得到加强。虽然不能说所有这些举措都是如此，但至少就交由少贰经资和大友赖泰所分配的部分而言，还是能够看出安达泰盛的思路的。相田二郎指出，这里所分配的领地就是关东御领。我认为这一推断是能够成立的。

可是，这些功勋恩赏太过琐碎，对于武士们来说实在是难以管理。仅一个神崎庄就挤进了400 多拥有十町、五町、三町田地的人。结果，许多人放弃了对自家恩赏地的维护，不得不将其捐给北条氏在当地建的律宗寺院东妙寺和妙法寺（值得注意的是，神崎庄也是贸易船的出发地，律宗寺院即建于此）。结果，安达泰盛的深思熟虑却养肥了北条氏。

在御家人看来，豁出性命战斗所获得的战功就是这么个结果，而且被漏掉恩赏的人也不在少数。于是，不满长时间郁积，立刻上诉的人也有许多。正应五年左右，幕府不得不向他们承诺将“迅速处理”。

加强对本所一元化领地的管理

得宗政权的领导权由内管领平赖纲把持，他试图通过向御家人给予人人有份的恩赏来缓和不满，加强对异国的警戒。

设立谈议所之后，幕府一直强调要坚决服从守护的督促，加强对异国的警戒。弘安九年十二月三十日，幕府再一次强化包括本所一元化领地的预所和庄官在内的地头御家人的轮岗执勤制度。闰十二月二十八日，幕府又一次下达强制命令，要求在镇西拥有领地的关东要人必须派遣自己的子嗣或亲属，或者自己亲自前往关西。这原本是为防备第三次蒙古来袭的威胁而强化警戒异国的施策。

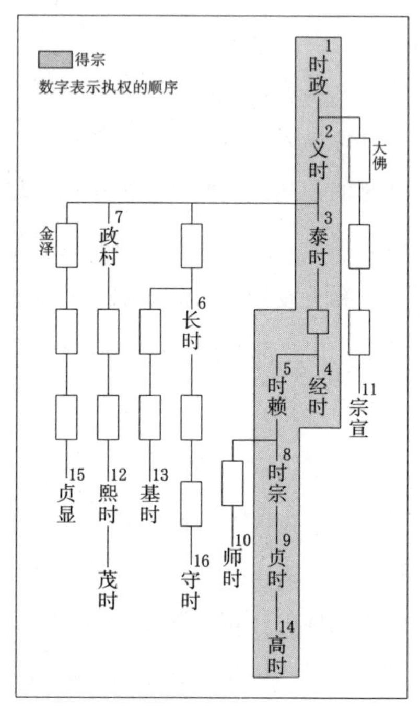

图 9-1 北条氏得宗系谱

但引人注目的是，幕府此时已告知当地，向不设代官、不服从守护督促、不参加战斗的本所一元化领地补任地头的方针已经明确，并被正式奏报朝廷。幕府进而又在第二年，即弘安十年（1287）三月十一日再次下达指令，将向懈怠修建石筑地等警戒差役的本所一元化领地补任地头。正应元年，幕府指出，仍有本所一元化领地不服警戒差役，并命令守护将其上报。我们通过五味克夫介绍的萨摩国新田八幡宫古文书知晓了以上事实，而得宗政权试图将文永之役以来推进的对本所一元化领地的控制进一步加强的意图也已暴露无遗。可以说，这一点鲜明地反映出与安达泰盛时代的不同。

弘安改革当然也把本所一元化领地纳入了视野。从“公方”这

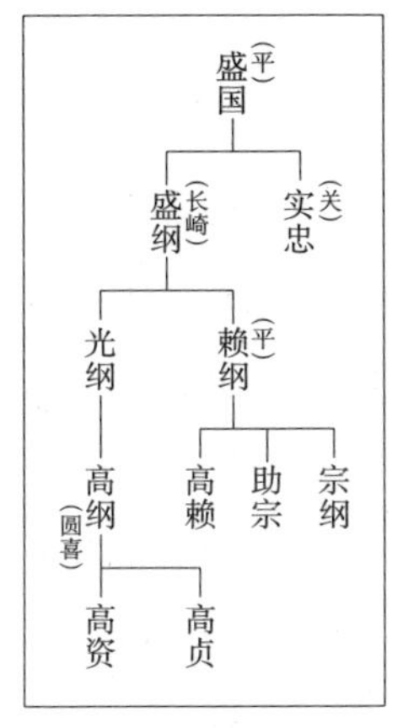

图 9-2　长崎氏系谱

个将军称号也能清晰地看到，幕府通过“一宫和国分寺兴行令”及“田文调进令”等来加强对国衙机构的控制。但无论如何都毋庸置疑的事实是，安达泰盛的着力点就在于保护御家人，强化作为其首长的将军的地位。在安达泰盛看来，将军作为统治者的地位，只有建立在与御家人的主从关系的基础上才能成立。

但是，得宗和御内人没有统率御家人的名分。因此，搞垮安达泰盛的平赖纲如果想要独自加强统治，就不可避免地只能通过国衙机构将地头御家人的领地和本所一元化领地同等对待和控制，强化国土的统一。原本，北条氏承担的是以审判为中心的政务，他们对此十分重视。如今，这种倾向更加赤裸裸地表现出来。

幕府通过守护来掌控国衙。佐藤进一关注到，守护也和将军一样具有两项功能：作为军事指挥官的功能，以及抓牢统治权的行政功能。在这一点上，安达泰盛和御内人正好相反。伯耆守护佐原赖连是泰盛派，以勇猛闻名，被称作“可怕的猛士”。他可算是表现前一种功能的合适人选。相对于此，得宗御内人与国衙管理下的货币流通路径和港口等都有着很深的关系，应该说是具备发挥后一种功能的素质。

得宗政权试图进一步强化这一趋势，其统治因北条氏一门在霜月骚动以后向各国大量派遣守护而得到支持。前一章所述的北条氏和西大寺系律僧对交通道路的管控即是在这一形势下完成的。

得宗政权向京都靠拢

正应元年七月，幕府命令被朝廷任命为检非违使的御家人要勤仕朝廷，不可懈怠。这与幕府一直对御家人被纳入朝廷官员体制加以抵制的态度大相径庭。正如笠松宏至所指出的那样，我们从中可以发现幕府的朝廷观和对权力的自我规定发生了重大转变。我认为，这才是力图掌握全国统治权的得宗政权的朝廷观，这才是它的自我规定。执权政府严格区分京都的公家和镰仓的武家的原则已然崩溃，该政权这时已开始显示出向京都朝廷靠拢，甚至不惜亲自迈进其内部的姿态。

平赖纲之子饭沼助宗被任命为检非违使一事也反映了这一点。御内人在朝廷的地位原本比御家人低，有些人还没有官职，甚至这一时期拥有最大权势的平赖纲也只做到左卫门尉。但助宗为自己起了“饭沼”的姓，就成了判官——检非违使，甚至还得到安房守的官职。《保历间记》将他形容为“过骄”，反映了当时人们的看法。但其中也包含这样一个事实，即助宗对京都人抱有强烈的亲近感，不妨说这也反映了得宗政权的某种倾向。

另一方面，得宗政权在行使统治权方面与京都朝廷有着尖锐的矛盾，京都政情因此发生变化。

京都政局的转换

如前所述，龟山院政是积极有为的，与幕府的弘安改革相呼应的“德政”在霜月骚动之后仍继续推行。弘安九年十二月，龟山上皇对过去的评定制进行了重大改革。

所谓评定，被分为“德政评定”和“杂诉沙汰”。前者每月进行3次，由大臣和大纳言等讨论评议，以图振兴朝政；后者每月6次，由中纳言和参议集中处理“杂诉”（有关人事、领地的诉讼）。杂诉沙汰时，先把原告、被告召至文殿（原为处置院中文书的机关，后嵯峨天皇时确定以明法家为中心的文殿众以后，其重要性随之增加），然后听取双方的申诉，裁定是非，提交文殿众判决，并付诸评定。这项制度与幕府的引付制近似。桥本义彦评价说，这项改革确立了后世公家评定制的基础。

弘安十年三月，文殿评定认为“抚民”的事情有问题，故而请天皇（后宇多）出席六月的院评定。龟山政治因此类评定而越发活跃起来。当时的藏人藤原兼仲惊叹于此，言道：“近日之德政兴行，无先规哉。”并赞赏道：“严密之沙汰，众庶之大庆哉！”[1]

但是，这些活动也刺激到了幕府。这时，不知从哪里开始风传“龟山上皇对幕府有异图”。九月二十五日，佐佐木宗纲作为东使进京，请求立将军惟康为亲王。十月四日，惟康受封亲王。但佐佐木宗纲仍然不返回关东，十月十二日，他突然向关东申次西园寺实兼提出东宫[2]践祚，由后深草上皇治世。佐佐木宗纲未得回信便返回关东。十七日，龟山上皇遣使下关东，大概是去解释风闻不实吧。幕府没有动作，而政局却为之一变，十月二十一日，伏见天皇即位，后

1　这里所引藤原兼仲的惊叹与赞赏之词，实际上出自比弘安十年三月更早的时期。依据《勘仲记》弘安九年十二月二十四日的条目记载，此事与前一段涉及“德政评定”和“杂诉沙汰”的记述有关，应是属于那一时期的历史评论。——原编注

2　这里的东宫指后文的伏见天皇。

深草上皇开启院政。

为了这一政局的转变，后深草上皇、伏见天皇一方在背后非常活跃，而幕府在正式场合则说不相信龟山上皇有异图。但是，秉性豁达的龟山上皇所实施的积极进取的政治，微妙地刺激了欲强化统治权的得宗政权，如此推测盖无大误。正因如此，后深草上皇才战战兢兢地开始了他的院政。他屡屡派遣使者赴关东，就政道、评定众和领地等 7 条问题听取幕府的意见，甚至就评定众的人选再三询问幕府的意向，终于在弘安十一年三月举行了评定始[1]仪式。这也反映了后深草上皇优柔寡断的性格，同时也充分说明朝廷是如何花心思来应付得宗政权的。

那么问题来了，让谁来做皇太子呢？后宇多天皇的皇子（邦治）和伏见天皇的皇子（胤仁）展开了激烈的争夺。龟山上皇、后宇多天皇一方（因后宇多天皇后来的居所而名之曰大觉寺统）宣称后嵯峨上皇的本意在他们这一脉。而后深草上皇、伏见天皇一方（因后深草上皇的居所而名之曰持明院统）则强调说，后嵯峨上皇的本意是看大宫院（龟山上皇和后深草上皇的母亲）的意向，把一切都交给幕府处理。

但是，关东申次西园寺实兼把女儿鏱子送进宫里，做了伏见天皇的中宫，与持明院统的关系愈发紧密。他的态度使幕府更倾向于持明院统。正应二年四月，幕府提出立胤仁为太子，遂了后深草上皇和伏见天皇的心愿。

---

1 评定始，在年初以及将军就职时，幕府于第一次集合评定众进行评定时所举行的仪式。

御内人与尼僧二条

这一年的二月，已出家为尼的二条离开了后深草上皇、西园寺实兼权势正盛的京都，去了镰仓。这两人都曾得到过二条的爱。大约 6 年前，她不得不在后深草上皇和龟山上皇之间侍寝。因侍寝龟山而受到后深草上皇的怀疑，再加上东二条院（后深草上皇中宫）的强烈嫉妒，二条不得不离开宫廷，于去年出家为尼。

二条经东海道东下，三月下旬到镰仓。由于旅途疲累，她在四月末就病倒了。八月，二条终于痊愈，受侍奉将军的女子小町殿的邀请，观看鹤冈八幡放生会。二条看到担任侍所所司、侍奉将军的平赖纲之子平宗纲威风八面，不禁钦佩他像关白一样。以前，侍所别当由执权兼任，而今执权和得宗分离，由得宗御内人担任侍所所司已成为制度。御内人权势之大，由此一目了然。

此时在京都，完全陷入失意低谷的龟山上皇出家了。仿佛是为了乘胜追击，得宗政权于十四日又把将军惟康亲王送回京都。得宗政权想立后深草上皇之子久明亲王为新将军。和皇太子一样，新将军也来自持明院统。二条听到送还惟康的消息就出来观看，在平宗纲的指挥下，惟康将军坐进面朝后的简陋的肩舆里。将军还没有坐稳，杂役把将军居所的帘子硬扯下来，女眷也是一片嘈杂忙乱。二条心中痛楚，想送一送将军，便冒着风雨来到佐介谷。将军坐在草席包裹的肩舆里，时不时轻轻地擤着鼻涕，泪水模糊了他的双眼。二条想起失意的宫将军宗尊亲王吟咏的短歌，不禁唏嘘感慨。

为了迎接新将军久明，镰仓也颇为热闹。二条听说，刚刚担任判官的饭沼助宗说不能走被发配将军走过的路，所以不走箱根，而是翻越了足柄山。平赖纲的内室不知道如何缝合东二条院赠送来的衣服，就让小町殿去唤二条。于是，二条得以走进得宗贞时的宅邸。与将军御所的简陋相比，这个叫作“角殿”的宅邸铺满金银珠玉，人们穿着绫罗锦绣，真可谓豪华夺目。在这里，二条见到了平赖纲（法名杲圆）。他正坐在眉目飞扬、身材硕大的内室身边。这时，得宗贞时的使者前来，说是贞时想就新将军御所的准备情况听听“京都之人”的意见。于是二条前去指点。

这一年年末，二条受饭沼助宗之邀，在其宅邸吟咏了连歌、和歌等。二条觉得，较之传闻，助宗更像是个“有情”之人。后来，二条屡屡受饭沼助宗之邀，人们对他们之间的亲密关系感到惊讶。翌年，即正应三年，二条参拜了善光寺和浅草观音堂等，八月回镰仓，九月上京城。出发前一天，助宗备下盛宴来拜访二条，两人彻夜咏歌。第二天互致别歌之后，二条离开了镰仓。

较之嫡子平宗纲，平赖纲更偏爱这个助宗。正因如此，任性成长的助宗从小就对百姓很残酷，有着不忌惮任何人的专横和傲慢，但是他对京都的女子倒是很和气，对和歌也有着很好的理解。

《教行信证》的出版

在考察平赖纲时代时，我们还应注意一件事。三重县四日市市中山寺发现了亲鸾主著的《教行信证》的手抄本（室町时代以后、庆长以前）。最近，重见一行为我们介绍了手抄本中的“出版后记”，里面记载说，沙门性海于正应四年（1291）的五月至八月出版了《教行信证》8 卷，并讲述了出版经过。

弘安六年二月，师父性信将亲鸾手书本 6 卷传给性海，于是性海产生了刻印出版的念头。正应三年十二月，性海连做了几个梦，他梦见副将军、相州太守平朝臣（贞时）的乳父平左金吾禅门（赖纲，法名杲圆）把自己加进抄写《大般若经》的 7 名僧人之列。翌年正月，他又梦见平赖纲十二三岁的儿子端坐在自己膝上。师父性信也曾出现在性海的梦中，告诉他刻印《教行信证》时要先向平赖纲报告，然后再出版。于是，性海按照梦中所示，在得到平赖纲的允许之后出版了该书。

重见一行对各种版本进行了详细的书志学研究，阐明该版本为现行《教行信证》手抄本 8 册本的祖本，现行版本中的大部分内容都出自该版本。他认为，如果《教行信证》“是在亲鸾圆寂后 20 多年……依靠与当权者的关系”出版的话，那么它就为我们“提供了真宗史上一个重要的视角”。然而不仅如此，平赖纲是平贞时的乳父，平赖纲“听许”该书出版的史实也是平赖纲之权力的证据之一，同时也表明其权力甚至辖制着一个沙门的出版活动。

重见一行的研究让我们了解到得宗政权的一个重要侧面。

刺杀天皇未遂事件

正应三年二月十一日，京都的后深草上皇出家，伏见天皇开始亲政。然而，在这之后发生了令人惊愕的事件。

这一年三月九日深夜，三四个像赤鬼一样的武士内穿红地织锦直垂[1]，外罩绯线穿片铠甲，突然闯入皇宫（富小路殿）。“皇上在哪儿休息？”被问到的女官机敏地往另一个方向指，于是武士们疯狂地冲了过去。趁这个机会，女官给天皇换上女装，又赤着脚抱起东宫太子，分别逃向别处。走错路的武士来到已经空空如也的天皇寝宫。这时，侍卫跑进来，双方开始拼杀。不久，守卫二条京极的篝屋的50余名武士骑着马奔来，杀声震天地冲了进去。最先闯入宫中的一名武士意识到大势已去，在天皇寝宫的褥子上绝望地自杀了，他的儿子在天皇御座上自杀，他的弟弟拼死战斗，最后被抽出肠子，倒在了地上。

这名武士叫浅原为赖，曾在霜月骚动时站在安达泰盛一方，属于甲斐源氏小笠原氏一族。这一族有许多人战死。浅原为赖可能也是因此而被没收了领地吧。据说他流浪诸国，“行恶党之事”。还有传闻说他力大弓强，在皇宫射出的箭上写着“太政大臣源为赖”。

尽管浅原为赖刺杀天皇未遂，却使政局掀起巨大的波澜。浅原为赖自杀所用的刀，已查明是三条实盛家的宝刀，于是实盛被逮捕并被押送到六波罗。不只如此，人们还强烈怀疑事件背后有龟山法皇的影子。原本积极进取的法皇在极度失意当中做出这番举动也是极有可能的。西园寺公衡（实兼之子）曾在后深草法皇面前断言此事因龟山法皇而起。他比照承久之乱，主张将龟山法皇移送六波罗。后深草法皇照例优柔寡断，而意气风发的伏见天皇却试图追查事件的真相。龟山法皇、后宇多上皇将表明自己与此事完全无关的誓状送往关东，事情才终于平息下来。

---

1 直垂，镰仓时代武士的礼服，也用作朝廷公卿的常服。

可是，同年十一月又发生了一起事件。三浦赖盛企图谋反，想立在二月骚动中被杀的北条时辅的次子。但是，谋反企图暴露，二人被捕，随后被斩首。三浦赖盛的妻子出身于与安达氏同族的大曾祢氏，三浦赖盛与安达泰盛的关系也很紧密。

这两起事件大概没有直接的关系，但在深层次上却是相互关联的。霜月骚动失败者的怨念与对于极其专权的得宗政权的不满相结合，最终诱发了这两起事件。实际上，对于得宗专权的愤懑已经隐隐地开始在社会的根深之处卷起了旋涡。

御内人的专制统治

虽说审判要花费很长时间，但当时有些审判的拖延情况还真是让人难以忽视。

弘安十年若狭国太良庄发生的地头与预所之间的诉讼虽然到正应二年才在六波罗经三问三答后结案，但判决结果却过了4年也没有下达。预所宴请奉行，并将金钱作为礼物奉上，但丝毫没有效果。伊予国弓削岛庄一案，东寺供僧视加治木赖平为预所，于正应元年之前请他向六波罗投诉地头的不法行为。但是，六波罗没有直接审理，直到正应四年五月才将诉讼转送到关东。为此，加治木赖平于六月下镰仓候审，但事情仍旧没有进展。最终，他一直等到了正应五年十一月。加治木赖平在镰仓的滞留费用、宴请奉行的酒菜费用等已经达到了93贯，这些钱都是供僧借贷、挪用其他庄园的年贡并送到镰仓的。终于，即使是这样也支撑不下去了，加治木赖平不得不被召回京城。

当时，包括“京城来的”杂掌在内的等待开庭审判的人不计其数，云集镰仓。不仅仅是地头与预所之争，还有各地的地头与百姓之间的纠纷，这些都被提交到幕府。此外，对于镇西谈议所的处置不公平、漏报了恩赏之类的不满之声也层出不穷。

当然，平赖纲政权也并非无所作为，从正应三年到五年所发布的法令都是为应对这种局面的，但是我们不得不说，这个政权所采取的手段是随机而且专制的。

首先，幕府通过发布法令来裁断一般性的问题。领主未向本所、国司和领家缴纳年贡当然是违法的，而地头让百姓负担营造和五节供[1]等的费用也将被治罪。从北条时赖时期开始就严禁买卖人口、沽酒和在六斋日[2]杀生，一旦违法都将治罪。还有在人贩子的脸上烙印，以及按照天福和宽元年间的规定，本所不能改易西国御家人的领地等。所有法令都在重复以前出台的法令，毫无新意。我认为再一次发布这些法令的目的是推动问题的处理。

其次，该政权还采取了减少诉讼案件数量的手段。有关地头与百姓的纠纷，要先由问注所研究是否要提交给幕府。但是更为重要的一点是，依据正应三年九月二十九日发布的《不易法》，不再更改康元元年至弘安七年（北条时宗时代，包括北条长时担任执权的时代）下达的判决。因此，对弘安七年以前判决的上诉不予受理。

这样的《不易法》在正嘉二年（北条泰时时代）和文永八年（北

---

1 一年中的 5 个节日，即人日（阴历正月初七）、上巳（三月初三）、端午（五月初五）、七夕（七月初七）、重阳（九月初九）。

2 佛教中每月 6 个斋戒的日子，即阴历初八、十四、十五、廿三、廿九、三十日。

条时赖时代）都曾发布过。前者不受理的是从立法时间点上溯超过16年的判决，而后者不受理的则是上溯超过15年的判决。而这次却只上溯到6年前，即不受理判决后历经6年以上的所有上诉。由此，我们能够看到该政权赤裸裸地表现出减少诉讼案件的意图。

虽然没有公开提倡，但从这个时期起，通过调解的方式得到解决的诉讼明显增多了。审判需要很长时间，这也是因耗不起而得来的无奈结果吧。但是法庭一方在有意识地鼓励这种方法也是确定无疑的。我们不得不说，这种顺利了结案件、尽量减少案件数量的意图是非常明显的。

得宗政权还不断向奉行发布指令，一个劲儿地催促他们加紧审判。神社、佛寺和“京城来的人”的诉讼要加紧，镇西御家人的诉讼要在4个月内，即正应三年底以前处理完。这样的指令下达到五方引付和镇西谈议所。而且，为了督促和监察，御内人尾藤内左卫门入道、小野泽亮次郎入道还被派往镇西（正应四年二月三日），饭沼助宗、大濑惟忠、长崎光纲、工藤杲禅和平宗纲等5名御内人被派去监督引付。如果引付延迟处理，就让诉讼者向这5人申诉。这是完全的御内人专制体制的表现。

但是，奉行也并非总是那么懈怠。随着社会的发展，诉讼不可避免地增多。看一下前文提到的太良庄、弓削岛庄就会发现，地头和预所把长期积累的问题都拿出来争执，并把这些诉讼接连推给奉行。要想对这些诉讼一一调查，作出正确的判断，那几乎是不可能的。如果按照正规程序去做，就会发生可怕的迟滞。正规场合是不允许私了的，但御内人又催逼得紧。那些引付众、奉行虽然表面上不说，可内心对于御内人的愤懑却有增无减。

当事人一心只想尽快解决诉讼，所以向那些握有特权的御内人阿谀奉承并赠送酒肴费和礼品，也是自然而然的。御内人那种被金银珠玉装点起来的文雅的生活肯定就是靠这些东西支撑着的。当然，会有许多人觉得窘困，会有人发些牢骚，也会有许多人越来越怀念认真推行改革的安达泰盛。对于平赖纲来说，最坏的事态正一步步地逼近。

设立镇西探题

正应二年年末，有传闻说蒙古要再次来袭。十一月一日，幕府命令守护到镇西各国的神社或佛寺去祈祷。朝廷也在翌年的四月二十五日发下纶旨，要求22家神社进行祈祷。甚至在正应四年二月三日，幕府还让各国的一宫、国分寺等主要神社或佛寺举行降服异国的祈祷，并给守护下达指令，要求他们每月上交“卷数”（交给请求者的作为祈祷凭证的文书）。继而，幕府又于正应五年十月三日命令当时在镰仓的醍醐寺僧人、权僧正亲玄举行降服异国的祈祷。五日，幕府又向各国的守护发出同样的指令。这样看来，日本是几乎年年都害怕异国来袭，幕府也在不断发出祈祷的命令。

但实际上，元朝因为内乱不断，元世祖公开表达远征日本的执念已是正应五年的事情了。这一年，元世祖命令高丽送还漂流到耽罗的日本船上的两名船员，同时命令高丽向日本派出宣谕使。十月，金有成携高丽国书启程赴日。在此之前的同年六月左右，前往中国江南进行贸易的日本船将要归国的时候，江浙行省的官员燕公楠交来牒状，让他们带回日本。九月，这封牒状被带到日本。这一举动可能也是秉承了元世祖之意吧。因此，除了这年以外，前述的祈祷都是源自不靠谱的传闻。有的情报是活跃在元朝和日本之间的贸易船带来的，所以幕府才采取了这些措施吧。

金有成带来的国书讲述了高丽自己的经历和宋朝的悲剧，诚恳地劝说日本入朝。在日本的都城，也有人把这看作和平的邀约，但幕府却清楚地知道元朝抱有第三次来袭的意图。

亲玄在其日记中写道，正应五年十一月二十四日，幕府召开会议，决定"异国打手[1]大将军"的人选。虽说是"打手"，却并没有任何征讨计划，只是确定了对将要到来的侵袭加以抵御的最高军事指挥官，一人是六波罗北方探题北条兼时（北条时宗的侄子），另一人是名越公时之子名越时家。十一月晦日，幕府进入战时状态，向镇西的武士下达准备与异国战斗的命令。

进入正应六年，局势更加动荡。二月九日，亲玄接到幕府要求他进行祈祷的命令。十一日，幕府指示守护向各国的一宫奉纳神宝。在京都，三月七日，北条兼时率领众多武士向镇西出发。安艺国新敕旨田的庄官向东寺报告，为了此次西行，年贡和船只等都被扣押了。与弘安时期一样，兵粮米和船只开始准备了。

北条兼时出发后，朝廷的祈祷活动也活跃起来。将伊杂社、风社（伊势神宫末社）的社号改为宫号的官符发了下来，和泉国近木庄属于国衙的那部分领地被作为异国祈祷用度捐给了丹生社。

稍晚一点离开镰仓的名越时家于四月八日率500骑到达京都。他可能还带着三月二十一日幕府发给镇西各国守护的御教书，上面

1　打手，为征讨敌人、追捕犯人而被派出去的人或军队。

指示以北条兼时、名越时家为大将，全体勠力同心，共同开展对异国的防御战，还要求地头御家人和本所一元化领地的人员服从守护的督导。

在此二人的指挥下，再加上来自关东的引付奉行，谈议所大概维持了一段时间。对于探题的听诉功能，二人还没有完整的权限。可是，探题的其他功能，即作为军事统帅的资格，则完全赋予北条兼时和名越时家了。在此意义上来看，即使尚不成熟，在这个时候也不得不设立镇西的军事和政务机构——镇西探题了。

然而，五月三日这天，名越时家还未到达，而快马却已从关东到达这里，告知了发生骚乱的消息。北条兼时听到这个消息，根本顾不上警戒异国，不得不赶紧向那些从九州各地奔驰而来的武士发放了参战证明。

平赖纲、助宗父子的灭亡

四月十三日，镰仓发生了自治承以来未有过的大地震。寿福寺、大慈寺和其他众多房屋倒塌，建长寺被大火烧毁，只留下道隆的御影堂。有 2.3 万多人死亡，据说在八幡的鸟居一带就发现了 140 具尸体。余震持续了一周，人们惶惶不安。

二十一日，骚乱突然发生。武藏七郎（北条氏一门）奉得宗贞时的命令讨伐平赖纲，奔向经师谷的平赖纲宅邸。交战中，讨伐者放火烧了他的宅邸。结果，平赖纲和饭沼佐野左卫门入道（可能是与饭沼助宗有关系之人）自杀，93 人死于大火。饭沼助宗也被讨伐，得宗贞时的两个女儿也不幸遇难。不久，六月十四日，又有饭沼的亲戚被抓捕。平赖纲和饭沼助宗父子就这么轻而易举地被消灭了。

平赖纲嫡子平宗纲在骚乱发生之前就跑到得宗贞时那里，辩称自己没有反意。他被宇都宫景纲看管起来，后来被流放到佐渡。《保历间记》载，这起事件的起因是平赖纲施展阴谋试图让饭沼助宗担任将军。即便不是这样，他肯定也会有别的某种威胁到得宗贞时地位的举动吧。

平赖纲的独裁政权崩溃了，积郁已久的不满找到了一条解决之道。但这条道路不是依靠那些抱有不满的人们自己的力量，而是通过 24 岁的青年得宗贞时的果断行动才一举打开的。当然，平赖纲是被一场完全不可与霜月骚动同日而语的小规模战斗消灭的，这一事实也说明人心已经完全背离了他们。反之，这也表明，除了得宗之外已经没有哪股势力能对新的政局拥有发言权了。

平赖纲灭亡之后，政局的主动权完全掌握在得宗贞时一人手中。通过贞时之手，那些在平赖纲时期失势的人们——安达泰盛方面的人又被赋予了新的地位。得宗专制政治由此名副其实地开始了。

对安达泰盛的追忆

此后没过几年，肥后国海东乡的地头竹崎季长完成了一幅画卷。这幅画卷描绘了他两次在与蒙古作战中获得战功，以及该乡作为恩赏被授予他的过程。这是季长亲笔题记，又请画师绘制而成的画卷，其中饱含对封赏海东乡给他的安达泰盛的感谢，以及对曾经示现此事的甲佐社神德的报恩之情。竹崎季长将这些想法记在末尾，并附上日期“永仁元年二月九日”。二月九日还在正应六年，季长为什么要写上“永仁元年”呢？石井进认为，这是季长为了表达对安达泰盛的深切感激之情，因为季长当时还是没有领地的御家人，而安达泰盛给予他破格的恩赏。这一年正是杀害安达泰盛的平赖纲在镰仓被消灭的年份。

《竹崎季长绘词》是至今能告诉我们日本与蒙古战斗实况的唯一的画卷。石井进为我们厘清了制作这幅画卷的来龙去脉。他的观点颇为值得玩味。实际上，当时对泰盛时代的追忆已经深深地扎根在这片土壤之中。在这同一片地区，还产生了北条时赖周游列国，拯救无地御家人的传说；也有节俭的奉行青砥藤纲的故事，他在发生于得宗领地上的判决中曾作出不利于北条时赖的判决。

要是再作一点推测的话，那么我们通过记录幕府诉讼程序的《沙汰未练书》，似乎也能看到同样的情况。该书成于元应元年至元亨二年。一般认为，该书末尾所记“相模守平朝臣时宗”的署名及其题记完全不可信。题记上说，这部书是从安达泰盛那里通过二阶堂盛忠（其姊妹为安达长景之妻）传到二阶堂氏那里的。虽然关于该书的很多说法被认为不足为信，但如果考虑到这是一部传承了许多镰仓幕府法律的二阶堂氏所拥有的文献，那么这个传说是否也有一定的意义呢？我认为，这就是从当时对北条时宗和安达泰盛时代的追忆中所产生的传说。得宗贞时的专制政治就是在这种追忆中，在直接与安达泰盛有关联的人们一起复活的氛围下起步的。

当时，在遥远的元朝的燕京，元世祖已经重病在床了。1294 年（至元三十一年，永仁二年）正月，在治世的 35 年当中一直燃烧着征服日本执念的元世祖去世了。至此，可以说元军再次来袭的危险基本解除了。

得宗贞时的独裁

得宗贞时的政治方针

平赖纲灭亡之后约一个月，正应六年五月二十五日，北条贞时颁布了包括“政务事”在内的多个法令，明确了他的基本政治方针。首先，得宗贞时要求评定众、引付众和奉行人上交起请文并发誓效忠，特别要求他们在誓文中写上“绝不接受奉行人的贿赂”。对于“无足之辈”，则约以“御恩”；对于“廉直之人”，则约以“赏玩”（欣赏、尊重）。

这次召开的评定会议规定，即使是没有领地的“无足”之人，只要其曾祖父曾被给予安堵下文，也要被认定为御家人。这不过是把上述承诺具体化而已。如前所述，由于地头和领家的掠夺，又因为那些经营土地买卖之人的收购，有不少御家人失去了土地。前文说过，幕府曾于弘安十年将祖父被给予安堵下文的人认定为御家人（当时平赖纲试图通过给予参加“蒙古之战”者以恩赏来树立威信），而得宗贞时又向上追溯了一代，明确表达了对“无足”御家人强力保护的态度。

在这段时期，当惣领受处罚时，庶子的领地也往往会被没收。得宗贞时提出了旨在救济易成为“无足”的庶子的方针，规定即使没有安堵下文，如果能说明是独立继承的，就可以返还被没收的领地。贞时重视越诉，并起用大佛宗宣（连署北条宣时之子）和曾经失势的安达泰盛的亲戚长井泰秀为越诉头人，这也可以说是保护御家人的姿态吧。这就是安达泰盛时代的政治方针的复活。让得宗贞时断然追讨平赖纲的潜在力量在哪里，到此就已明了。但这仅是一个侧面，还不算是真正意义上的弘安改革的复活。

关于诉讼的处理，得宗贞时采取的方针是速战速决。面对平赖纲时期堆积如山的未决案件和成群的原告、被告，得宗贞时这么做也是自然而然的。以前领家和地头发生争执时，如果是《新补率法》[1]设立的地头，那么只要领家提出申请，即使地头不同意，幕府也有权平分土地。然而，得宗贞时在这次评定会议中把可以平分土地的范围扩大到本补地头[2]。这项措施只是扩大了幕府通过行使职权所能解决的诉讼的范围。对于补救诉讼程序失误的"庭中"[3]，贞时还发出指令，要求迅速加以处理。

这种可以叫作"职权主义"的诉讼裁决方式，与安达泰盛把重点放在处处保护权力的方式截然不同，应该说是延续了平赖纲时期的举措。低等级的御内人无论怎样掌握实权都不能做到的事情，北条贞时现在正想运用他的执权和得宗的权威和权力一举推进。贞时自己将这种"急速的审判"看作"德政"，聚集在镰仓的原告、被告同样也接受了这种说法。

设立执奏

当初，北条贞时将引付从 6 人改为 3 人，欲起用早就担任此职

1 新补率法，承久之乱后给予新补地头领地和米钱多少的规定。

2 本补地头，承久之乱后，镰仓幕府向从朝廷那里没收来的 3000 多处领地派遣了新的地头，这些地头称作新补地头。在此之前的地头称作本补地头。

3 中世日本的诉讼程序制度之一。诉讼程序失当、担当奉行不作为等原因造成原告受到损失时，原告可以直接向诉讼机关提出申诉。

的北条时村（北条政村之子）和北条公时（名越氏），并加上堂兄弟北条师时（北条时宗之弟宗政之子）为头人来推进这一方针。然而，事态并未如所想的那样发展。年轻的贞时对此感到无法容忍，于是在十月果断进行人事调整，同时一举废止引付，新定执奏制。

执奏定为六番，起用了原来的 3 名引付头人和越诉头大佛宗宣，还有安达泰盛派仕途不顺的金泽显时和宇都宫景纲。贞时还换掉问注所执事摄津亲致，再次任命同样是泰盛派的三善时连。政所执事也由二阶堂行贞换成二阶堂行藤。从首脑层的人事变动来看，可以说这是安达泰盛派的全面复活吧。但是，在他们上边还有新设的执奏。执奏类似于引付，却与之有着本质的区别。在此，一切事务的最终决定权都在得宗贞时的手里，执奏的权限仅是提交参考资料，提出参考意见。这与负有完全责任的弘安引付看似相似，实际上却完全不同。北条贞时承担起曾经让其祖父北条时赖烦恼、让其父北条时宗煞费苦心的那个时代的两大矛盾，欲倚其年轻的活力奋发突进。这便是得宗独裁。

然而，无奈地等待了很久的原告却很欢迎得宗。弓削岛庄的诉讼依然未得解决，和预所（加治木赖平）一起在镰仓等待的东寺供僧定严一直期待着得宗贞时能够迅速审判。他们每天都跑到奉行那里，请求他加快进度。并且，依赖于贞时的“德政”，“如云霞”一般众多的原告蜂拥而至，这样的情况也被报告给京都。

面对大量案件，贞时精力旺盛，令人吃惊。永仁二年年初，他甚至连六波罗送来的西国的诉讼都亲自主持口头辩论。从这时起，通过调解而解决的诉讼迅速增多。正巧从这一年开始，幕府为讼者提供保证的下知状的样式也发生了变化。以前，下知状里只有确认和解的只言片语，现在则是将当事人制成的和解书原封不动地附在里面。佐藤进一研究并揭示出幕府的意图，即通过将当事人自己约定的调解内容视为幕府的正式判决，来阻止当事人对同一问题再次发起诉讼。这也是贞时采取的整顿诉讼案件的方式。

但是，时代的矛盾很快就把贞时卷了进来。安达泰盛派的大量复出给那些在平赖纲时期仕途蹉跎、对自己得到的处置心怀不满的人们增添了勇气。“如云霞”一般成群的人们当中肯定有很多这样的人。他们要求纠弹为了扳倒泰盛而支持平赖纲的人，返还因霜月骚动而被没收的领地。与此同时，平赖纲于正应三年发布的关于北条时宗时期判决的“不易法”的有效性也开始动摇了。

从六月末到七月初，贞时对这些不满置之不理。有关弘安之战（霜月骚动）中平赖纲方面的同党及没收的土地（安达泰盛方面的），无论赏罚，都不再议（但没有中止对“蒙古之战”的恩赏）。当然，正应的不易法仍然有效。或许就在这个时候，贞时还制定了法律，完全不认可对自己亲自裁决的案子进行越诉。贞时所下的判决是绝对的，这很快就和适用不易法等同了。可以说，北条贞时走到了极其独裁的地步。

北条贞时的悖论

北条贞时的这些举措产生了新的悖论。对于弘安之战的参与者没有赏罚，而同时却又认可了平赖纲时期的处置，这鼓励了平赖纲一派。

这一年（永仁二年）六月，被流放到佐渡的平赖纲之子平宗纲给贞时寄去请求书。他说他向神灵发誓，自己从来不怀逆心，只知一味地忠心奉公。而现在，他希望能回故乡。也许他认为这封书信传到镰仓之后，过不了多久自己就能遇赦并回到镰仓吧。一度被调离问注所执事的摄津亲致也在翌年，即永仁三年（1295）复出，担任官途奉行。在这样的气氛笼罩下，御内人以及北条氏一门的官吏为向贞时寻求权力，屡屡直接向他进评定众的谗言。当然，这也使御家人的反弹更加强烈了。而且，贞时的裁决被视为绝对一事也引发了不满。

这一次，贞时不得不转向相反的方向。在前一年（永仁二年）十二月，北条贞时恢复了越诉，废除了前面的法律。三月，他又处罚了进评定众谗言的御内人，随后在四月的会议上赐予宇都宫景纲新恩。到了五月，他还让评定众连日评议“无足诉人”（因来镰仓诉讼而陷入穷困的人）的衣食，并亲自花大力气解决这个问题。无论如何也应该说，这是在为御家人一方考虑。但到了八月二十五日，贞时再次收取评定众连署的起请文，并于十月二十四日在时隔大约两年之后重新恢复了五方引付，任命北条氏一门的时村、时基、显时和宗宣，还有宇都宫景纲为其头人。贞时确保“重事”的裁断掌握在自己手中，从来没有放松独裁的权力。虽说如此，其权力也不得不在御家人和御内人的紧张对立中左右摇摆。

这一年，贞时把在镇西的北条兼时和名越时家召回。二人于四月底相继回到镰仓。在出现权力真空的镇西，谈议所暂时恢复了一段时间，直到永仁四年（1296），曾是长门和周防两国守护的金泽实政（北条显时之弟）才被任命为镇西探题。这一人事变动虽然是因为北条兼时生病，但是与贞时治下两大势力的对立也不无关系。金泽实政被赋予了可以对御家人与领地有关的诉讼下达确定性判决的权限。至此，镇西才有了一位拥有完全的政务统辖权限的探题。

永仁德政令和越诉废止令

永仁四年，火灾多发。二月，鹤冈八幡着火；三月，三岛社着火；十二月，镰仓大火，大町、小町、名越都被烧毁，约400人死亡。稍早前的十一月，源范赖的子孙吉见义世与仁和寺良基僧正合谋造反，最终被斩首。不稳定的空气弥漫在社会上。为镇压恶党，各方向的大路上都设立了警戒屋严加看守。

永仁五年三月六日，彗星出现在夜空中。这一天，北条贞时发布了3条具有重大意义的法令：第一条，禁止御家人之间的领地买卖和抵押。卖主是御家人的，可以将以前流转出去的领地无偿收回（但持有幕府承认买卖和抵押的下文及下知状的、买主已管理20年以上的除外）。卖给或抵押给非御家人和凡下的领地，可以全部无偿收回。第二条，关于利钱出举（附带利息的金钱等的借贷），即便是根据幕府的下知状提起的追讨债权的诉讼今后也不再受理。这两条通常被称作德政令，是尽人皆知的法令。至此，领地恢复令自然也就被称作“德政令”了。然而，“德政令”完全没有曾经的文永和弘安年间的那种总括性的新制和改革的性质。

不仅如此，该法还赤裸裸地维护御家人的利益。和御家人不同，幕府甚至不承认非御家人和凡下可以适用“知行年纪法”（对于实际管理领地20年以上的，无论其权利正当性如何，均承认其对领地的管理）。御家人受损的情况，只有在卖主也是御家人的时候才有可能发生。此外，非御家人和凡下占了利钱出举债权人的绝大多数。幕府将这些人的债权置于法律之外。我们必须说，如此专制地践踏非御家人和凡下的权利，同时保护御家人的权利，这样的法律前所未有。

的确，御家人领地流转和丧失的情况不断加剧，已经到了不得不如此的程度。"无足御家人"的激增在一定程度上显示出其严重性。不消说，其背景就是社会底层的动荡。北条贞时用最为专制的手段来应对这一事态。

然而，我们不要忘了还有第三条。北条贞时宣称，以后不再受理越诉。为了保护御家人的权利而重视越诉并充实这一独立机构的，是安达泰盛及其相关人员。与之相反，制约越诉、利用权力来抑制这一现象的人是平赖纲，而北条贞时也继承了这一面。如前所述，贞时一度试图以独裁的方式抑制越诉，却因御家人的不满而作罢。可是，现在贞时再次宣称要强行全面废止越诉。若如此，我们不得不说，废止越诉的法令与第一、第二条"德政令"所追求的彻底保护御家人的目标完全相反。

笠松宏至注意到这一尖锐的矛盾，发现了政治方面剑拔弩张的紧张关系——欲确立独裁权力的得宗及御内人与御家人之间严重的对立。但是，试图走上完全独裁者之路（废止越诉）的得宗贞时却在用自己的权力来制造完全阻塞这条道路的障碍物（保护御家人）。贞时不得不一个人背负这一分裂和矛盾。从宏观的角度来讲，尽管御家人在本质上与北条氏的得宗一样都是幕府的成员，但得宗试图在幕府内部成为独裁者，这是他不得不承担的命运。而且，更直接地说，贞时通向权力之路是因为霜月骚动而被打开的。

与安达泰盛一起倒台的那些人的怨念，以及通过这种怨念不断迫近的御家人的隐然压力都在纠缠着贞时，但他为了在这条几乎不可能通向独裁者的道路上前行而仍在苦苦挣扎。

越诉的恢复

这 3 条法令于三月六日决定，并马上在东国实施。六月一日，幕府又规定了关于请所[1]、替钱[2]等的实施细则。

可以想象，完全践踏了非御家人和凡下权利的该法令，当然也给寺社和本所带来显著的不利影响。也正因如此，该法令在西国实施时，北条贞时就不得不与京都朝廷进行真正的较量了。谈判似乎相当艰难。其间，六波罗的北条盛房 (北条时盛之子) 和赤桥久时 (北条长时之孙) 被召回镰仓，由贞时的堂兄弟北条宗方 (北条宗赖之子) 任北方探题，连署大佛宣时之子大佛宗宣任南方探题。这样的人事调动无疑与谈判有关。

就在这个时候，前一年发生的兴福寺的一乘院和大乘院的分裂招致春日大社神木的移座，京畿的秩序陷入巨大的混乱。贞时采取强硬措施予以压制，在一乘院的 63 处领地设置了地头。

贞时使用这种强压的手段，总算贯彻了自己的意志。七月二十二日，幕府下文通知六波罗，对这 3 条法令加以解释：只承认本所和

1　守护、地头、名主等全权承包管理庄园，条件是为庄园领主承担缴纳年贡的义务，这一制度称作请所。

2　类似于银票和汇票。

领家越诉一次，承认把抵押物放入“库仓”等等。这是幕府被迫做出的让步，除此以外几乎完全贯彻了3条法令的宗旨。

但是，如此专制的贞时不得不做出这么大的让步，不正说明京都方面的抵制很强烈吗？一般认为，前文的“库仓”指的是“土仓”[1]。如果这样理解正确的话，那么从当时京都的土仓绝大多数都处在延历寺的控制之下来看，自然也可以认为这一让步是延历寺抵制的结果。后面将要提到的另一个让步的情况也与此相同吧。

这样一来，无论是“德政令”还是废止越诉，对于贞时的独裁强压，不管是京都方面还是本应受其保护的御家人都产生强烈的反弹。虽然一度贯彻了自己的意志，但是在压力面前，贞时也不得不后退。永仁六年二月，越诉制度又恢复了，“德政令”也被部分解除。

过去一直认为“德政令”就此废止了，但事实绝对不是这样。在此被解除的只是禁止买卖和抵押领地，以及有关利钱出举的法令。甚至“可以无偿收回永仁五年的法令以前买卖和抵押的土地”这一条再次得到确认。从此以后，依据“德政令”实施的土地返还一直持续到镰仓末期。笠松宏至指出，这一措施的重点就在于越诉的恢复。我们不得不认为那是因为幕府内部御家人的反弹。四月，越诉头人也恢复了，由摄津亲致和二阶堂行藤担任。

1　中世的金融业者，类似于现在的当铺，因保管典当品而建土仓，故得名。土仓始于镰仓时代，室町时代则在京都、奈良等地得到发展。

伏见天皇的改革

恰在此时，永仁六年正月，六波罗逮捕了伏见天皇的宠臣京极为兼，将其流放到佐渡。这固然有来自朝廷内部抗争的一面，但我认为，另一方面还与前文所述的北条贞时“德政令”的独裁行为有关。

在幕府忙于政争的时候，朝廷方面自正应三年以来，伏见天皇一直在积极地参与政治。成群的诉人、奉行的怠惰和诉讼的迟滞拖延，朝廷方面遇到的这些情况与幕府完全相同。伏见天皇的政治自然是把重点放在完善和改革诉讼制度上。正如三浦周行指出的，正应五年制定的 13 条新制极其具体地规定了记录所的诉讼程序，如各司官吏不得“造诉”；如果职事辨官（负责审判的辨官）接受诉状却怠惰审理，诉人可以向其他法官提出审理请求；对于陈述的问答不得超过两问两答等。

更进一步，在第二年，即正应六年六月一日，正巧是贞时开始专制政治的时候，伏见天皇开始改革诉讼制度。他先在记录所设立“庭中诉讼”，设置上卿、辨官、寄人[1]（明法家等），轮流值班，几乎每天不断。与此同时，甚至每月还要进行 6 次诉讼裁决。随后，他把议定众分成 3 组，将“庭中”的评议提交议定众会议，然后下达诉讼判决。这一制度酷似幕府的引付，把前述的龟山上皇的改革又向前推进了一步。伏见天皇的改革受到廷臣们的称赞。支持并推动这一改革的是京极为兼。

---

1 寄人，指政所、问注所、侍所等机构的职员，或服务于所居住庄园之外的权门及贵族的庄民，有时也指隶属于佛教寺院的直属民。

伏见天皇与京极为兼

京极为兼生于和歌世家。和歌之道在藤原定家之孙那一代分成嫡家二条、庶家京极和冷泉三派。三家歌风互不相容，特别是二条家和京极家之间相争激烈。在此背景下，京极为兼得到西园寺实兼的信任，与伏见天皇关系很近。伏见天皇认为为兼“本有尽无二之志，致忠勤之仁”，即位之初即对他深加信赖，不仅在和歌之道方面，甚至在政治上也视为兼为股肱。

京极为兼个性很强，极其反感利用词语解释、故实秘传等对和歌加以附庸风雅式的穿凿附会，并自鸣得意于细枝末节之识的风习。和歌是什么，应以什么样的态度吟咏和歌？究竟什么是好的和歌，什么是不好的和歌？他认为，应该提出迫近和歌本质的问题。他强调说，和歌必须表达触物而自然发动之心。他重视《万叶集》，并且独到地继承了《新古今和歌集》，抵制因袭，欲开新一代歌风。

伏见天皇与优柔寡断的父皇后深草上皇不同，他似乎被京极为兼深深地吸引了。他在与大纳言土御门定实谈话之后指出，关于“政道”，定实自诩有才学，但在日常工作中不够踏实。不过，他还是在日记中写道，当今之世，这样的人物已实属难得。也正因对才学的钦佩，他才对京极为兼倾倒不已。在前述改革之后，伏见天皇派京极为兼赴伊势神宫诵读愿文（对神请愿之言）。在伊势神宫，为兼慨叹道：“近来兴行德政，决断杂诉，尽可能之事，而灾祸仍旧不绝。”伏见天皇在为兼的支持下，正在向宫廷里的因袭风气挑战。

他把目光投向关东也是自然的趋势。正应五年，北条赖助（北条经时之子）辞去大僧正一职，并推荐弟子亲玄为权僧正。伏见天皇愤慨道，亲玄一直居住在关东，没做任何奉公之事，却想越过多位有道高僧而登高位，“不可如此”。虽然如此，他仍无奈应允：“近日之风仪，乃无力之事也。”

伏见天皇对幕府的批评也由京极为兼道出。近日（永仁元年八月二十七日），京极为兼向伏见讲了一个梦。宇都宫景纲出现在梦中，献上“唐物”，表示想得到恩赏。当被问及原因时，景纲答道，我想追讨不服从天皇意志的不忠者，故而希望得到恩赏。伏见天皇听为兼讲完这个梦，觉得大有深意，遂将其写在日记里。由此可推知二人的批评对象。幕府御内人专权，肆意而为，这大概是二人批评所指吧。

但是，伏见天皇和京极为兼的批评在宫廷里引起强烈的反弹。从一开始，二条为世就批评为兼只追求世俗和低下的事物，而关东申次西园寺实兼也高度警惕伏见天皇和为兼对幕府的态度，并逐渐疏远了伏见天皇。大觉寺统也抓住时机，蠢蠢欲动。永仁三年，伏见天皇在内侍所捧读愿文，称有人向关东滥诉不实之词，欲颠覆天下，祈求神力护持：“事及火急，恐怖至极。”

但是伏见天皇的祈祷落了空。第二年，永仁四年，京极为兼辞去权中纳言一职，最终被流放佐渡。这肯定与伏见天皇和京极为兼反对北条贞时的专制和“德政令”的强制执行有关。对于神社和佛寺的领地，伏见天皇亲自推动“德政”（恢复领地），但对禁止越诉等肯定是反对的。伏见天皇虽然得到北条贞时的让步，却被迫做出牺牲——流放京极为兼。不仅如此，以此为契机，京都的政局急转而下。

永仁六年七月，伏见天皇禅位给后伏见天皇，仍执院政。但到了八月，后宇多上皇之子邦治被立为东宫，标志着政权转移至大觉寺统。

充实镇西探题

这个时候，在元朝，世祖之孙成宗继承先帝遗志，继续尝试招抚日本。1299 年，普陀山僧人一山一宁[1]携国书自庆元出发，十月到达镰仓。该国书只是以平和的语气敦促日本通交。一山也是禅宗高僧，所以北条贞时对国书不予理睬，但对一山大加欢迎，将其置于伊豆的修善寺，后来使其住圆觉寺等处。

也是在这个时候，幕府正试图充实镇西探题，而一山的来访进一步促进了这个过程。这年（永仁七年）七月，为了辅佐镇西探题金泽实政，幕府任命了评定众。四月，真正意义上的镇西引付得到编列。引付分三番，由越后九郎（北条氏一门）、少贰盛经和大友贞亲担任头人。自此以后，一番北条氏、二番少贰氏和三番大友氏这样的基本编制一直延续到幕末。金泽实政不仅担任防御异贼的指挥者，还被赋予完全的审判权，甚至可以对领地边界纠纷进行裁断。

一般认为，以前西国的领地边界纠纷依靠“圣断”（朝廷的裁断），但是在九州，幕府的统治已经触及本所一元化领地，所以北条实政才被赋予这样的权限。应该说，探题作为镇西统治机构，至此

1　一山一宁（1247—1317），浙江台州临海人，元朝临济宗僧人。1299 年出使日本，并在日本成为临济宗大师，开创了五山文学（“镰仓五山”寺院禅僧的汉诗文）。圆寂后，日本朝廷追赠其“一山国师妙慈弘济大师”称号。

才算完善。

翌年（正安二年），关于镇西引付的运作，幕府下达了详细的指示，意在警戒镇西评定众的怠惰，同时对防御异贼、接待牒使（元、高丽的使节）、诸国一宫和国分寺等寺社进行降服异国的祈祷等下达了指令。甚至在六月，幕府命令探题在镇西诸国设置检断使，与守护一起负责审判。十一月，岛津久长（延续弘安改革时四方发遣人的传统）被任命为丰后检断使。第二年，探题金泽实政让岛津久长给丰后国各地的船只刻上所在地和船主名字，以追捕海盗，并让他追究不受命追讨海盗的人。这些措施都是以警戒异贼的名义实施的，但总是让人觉得缺少某种紧张感。毋宁说，这些举措的重点是在追捕海盗、充实诉讼机关上。一山来日之后，再也没有元朝的正式使节出现在日本了。

京都、镰仓的政局变换

北条贞时一面充实镇西，呼应御家人的诉求，一面又于正安二年十月第三次宣布废止越诉。他决定将越诉的处理交给前述的 5 位御内人。

贞时把幕府机构越诉方夺到自己手中，掌握了受理和驳回越诉的权限。他一举将永仁时期的退让翻转过来，重又尝试走独裁之路。但这是最后一次撞南墙了。作为御家人诉讼机关的引付制度这堵墙顽强地挡在他突进的路上。这次尝试只持续了不足一年。

正安三年八月二十二日，北条贞时突然把执权宝座让给北条师时。第二天，31 岁的年轻的贞时出家了。当天，大佛宣时也辞去了

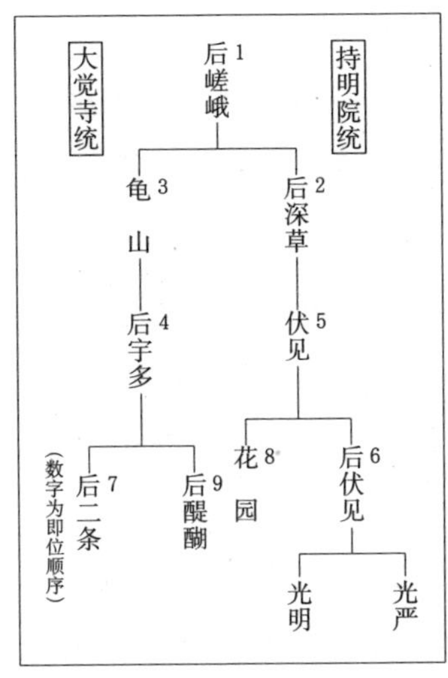

图 9-3　大觉寺统、持明院统

连署一职。两天后，越诉头人第三次恢复，由北条宗方和长井宗秀补任。就在去年十一月，不知何故，北条宗方突然从六波罗归来，先任评定众，后任四番引付头人。正安三年九月四日，大佛宣时也出家了。幕府的政局发生重大变动。

京都的政情也同样发生重大转变。因流放京极为兼而得势的大觉寺统与曾经疏远伏见天皇的西园寺实兼密谋夺回政权，迫使后伏见天皇退位。这一年的正月，幕府请天皇禅位。后伏见天皇仅在位 3 年即退位，后二条天皇即位，其父后宇多上皇实行院政。此后立皇太子的问题又出现了。大觉寺统推荐后宇多上皇之子尊治（后来的后醍醐天皇），持明院统推荐后伏见天皇的弟弟富仁（后来的花园天皇）。两方的使者竞相东下，拼命游说幕府。

幕府也不知如何是好，最后拿出一个两统轮流即位的办法。八月十日，东使上京提出请求。二十四日，富仁被立为皇太子。持明院统恢复了生机，而伏见上皇认为富仁是后伏见的犹子，因而必须考虑防止持明院统再次发生分裂。

京都和镰仓都发生了剧烈动荡。北条贞时为何出家？其原因虽不甚明了，但应注意的是北条宗方的动态。他突然从六波罗回到镰仓，历任评定众、引付头人和越诉头人。他的一系列变动只能被理解为异常。他既是北条贞时的从兄弟，又是北条时宗的犹子，娶了北条贞时的女儿为妻。很明显，对抗深得北条贞时信任的北条师时，这样的意识已在他的心中涌动。然而重要的一点是，北条宗方和安达泰盛派的长井宗秀同为越诉头人，这意味着北条宗方站在了使北条贞时最后的尝试走向失败的势力—— 御家人的前头。直截了当地说，阻挠北条贞时并最终使其出家的正是以御家人为后盾、觊觎着权力的北条宗方吧。京都政局的动荡或许就与这些纠缠在一起。

无论怎样，北条贞时三度试图废止越诉，又三度失败。他应该也知道了公然走上独裁之路是不可能的吧。北条贞时，还有他的儿子高时，最终都没能得到"公方"尊号。霜月骚动的牺牲者就是以这样的方式完成了向得宗权力的复仇。

这一年（正安三年）十一月，外国船只出现在萨摩南方的甑岛。镇西立刻骚动起来，有的武士立刻骑马奔向博多（如肥前五岛的白鱼行觉等）。幕府又命各国祈祷，但这些船最终因为大风离开了。据传来了200艘兵船，但它们也许并不是有意来袭而是偶然漂流到此的。武士们为异国来袭而采取行动，这恐怕是最后一次了。

暗流汹涌的争斗

贵族们的争斗

伏见院政之后即是后宇多院政，虽然亀山上皇的意志仍对后宇多院政有着较强的影响力，但后宇多院政毕竟可以凭自己的意志开展了。公家的诉讼改革进一步推进。后宇多院政时期，大约是正安四年（1302）起开始出现“听断制”。依此制度，纳言、参议级别的评定众和文殿众分别值班，然后评定众依据文殿众作成的原案“听断”杂诉。在此，两者虽然是分开的，但距离可被视为公家诉讼制度完善形态的“文殿庭中”（由公卿和文殿众在院文殿开设的法庭）的建立只有一步之遥了。桥本义彦指出，这届院政其实已经有“文殿庭中”的存在了。

已经陷入僵局的武家在这方面是落后的，这一时期公家的制度反而体现出新的进展。但在暗潮汹涌的斗争方面，公家和武家是一样的。

由于后二条天皇的即位，朝廷出现了2位法皇（后深草和龟山）、3位太上皇（伏见、后宇多和后伏见）。这5人有时一起玩蹴鞠，有时一起朗诵吟咏、吹管弄弦。这种局面之所以能够暂时形成，或许是因为后深草的温和性格，但这完全是表面现象。

在此之前的正安二年，室町院（后堀河天皇之女）去世，留下了庞大的领地遗产，却没有留下遗嘱。持明院统已经拥有后深草法皇管辖的长讲堂领地（后白河天皇的领地），大觉寺统则有龟山法皇管辖的八条院领地（鸟羽天皇的领地）。他们分别拥有庞大的庄园群，但围绕着室町院领地的归属，两统仍然展开了激烈的争夺。保有庄园不仅可以增强经济实力，而且通过给予廷臣该领地的职务，也可以加强政治方面的影响力。

这个庄园群在归属室町院之前，原本是式乾门院（后高仓天皇之女）管辖，理应转让给宗尊亲王。但是因为宗尊成了将军，所以庄园群被转让给了室町院。由于这层关系，室町院领地一交给宗尊的女儿瑞子，大觉寺统立刻给瑞子授予女院号，名永嘉门院，直到瑞子成为后宇多上皇的妃子。这本是获得女院领地的方便之门，但伏见上皇对这样的处置提出强烈抗议，认为把领地传给瑞子是不合法的。

双方都向幕府施压。正安四年，幕府提出一个折中的办法，平分室町院领地，将此事敷衍过去。天皇的即位要“中分”，领地也要“中分”。除此以外，自己内部也纷争不断的幕府也没有更好的手段。然而，这使得分裂更加深化。

两统之间的纷争与贵族间的纷争、寺院内部的纷争纠缠在一起，使裂隙越来越大。这个时期，无论哪里的贵族之家，都在发生嫡庶之争、父子兄弟之争。寺院内部围绕领地和派系等也在发生争执。这些争执的根子就在于如前所述的社会底层的动荡和对立。这些对立很快就牵扯上两统和幕府了。

前述的和歌世家，即二条家和京极家的对立就是如此。京极为兼得到伏见天皇的信任，而二条为世则与大觉寺统亲近。正安三年，后宇多上皇决定让二条为世编撰《新后撰和歌集》。在歌集完成的嘉元元年，流放佐渡的京极为兼遇赦，回到了朝廷。包括歌风论争在内的双方的对立愈演愈烈，而这种对立似乎也与幕府的政局密切相关。

中层贵族山科家（出自后白河宠姬高阶荣子之子山科教成）的情况也是一样。山科家到了山科教成之孙那一代分成两支，嫡家倚靠持明院统，庶家倚靠大觉寺统。他们的领地随着朝代更替而不断变动。先是庶家的山科教赖趁嫡家的山科资行年少，借助龟山上皇的力量割取了庄园群的一部分。山科资行长大后，又把领地捐给后深草上皇，借助他的力量将大部分庄园收回来。可是到了后宇多院政时期，庶家通过申诉，又于正安三年将领地恢复到龟山时期的状态。臼井信义详细阐明了这一经过，发现这是被置于两统对立中间的廷臣动向的一个典型。

官位的晋升也是一样，随着治世的更替，或戛然而止，或突飞猛进。乾元元年，《吉续记》作者吉田经长曾因对龟山法皇无礼而被罢官，晋升大纳言的希望一度落空。他在日记中抱怨法皇，说对手中纳言花山院家雅“非贤，非才，非奉公，非家之正嫡”，破口大骂他虽奉仕持明院统，却讨好龟山法皇，而且其中似乎还有幕府的介入。阴险的嫉妒、反目和嗟怨充斥宫廷。

北条贞时的复出

北条贞时出家后，幕府仍处在动荡的氛围中。北条宗方回到镰仓以后，北条基时（北条业时之子）于正安三年担任六波罗北方探题。大概也是在这一年，南方探题大佛宗宣也回到关东。镇西探题金泽实政也出家了，十一月，金泽政显（金泽实政之子）担任镇西探题。

上京之前就历任评定众、寄合众和一番引付头人等要职的重臣大佛宗宣很快于正安四年当上一番引付头人，不久又兼任官途奉行，继而又兼任越诉奉行（翌年八月）。他离开后的六波罗南方探题由金泽贞显（金泽显时之子）接任。引付从这年起由五番改编为八番，北条宗方担任四番头人，可能就在这时被罢免了越诉头人。看来，由于大佛宗宣回到镰仓，北条宗方的野心一度受到抑制。

然而，这一年相继发生了许多令人惶惶不安的事情，如有黑云从镰仓的小壶压来，毁坏了人家，还有鸽子飞进鹤冈八幡的热田神社并死在那里等。九月三十日，北条贞时多病的嫡子去世了。

但是，最胜园寺入道贞时于翌年又开始指挥幕府了。六月十二日，贞时出席了久违的寄合。席间，他宣布了重要决定：一是改变此前御家人让与领地时下发安堵下文（给惣领）、下知状（给庶子）的做法，宣布了新的规制，即仅在让状袖处（右侧余白）写下安堵主旨即可（安堵外题）。这样不仅简化了安堵手续，还给予附带安堵外题的让状以法律效力，在免受他人侵害方面具有特别的保护力。从结果来看，随着手续的简化，该法令具有保护御家人的效果。

另一项法令是对杀人和夜袭等犯罪规定了刑罚，共 6 条（详见表 9–1）。在以前的犯人当中，除了恶党、杀人和伪造文书等重罪，其他罪行都伴有减免的措施。而该法令的目的在于减轻负责看管犯人的御家人的负担，同时也通过法定量刑简省审判的步骤。说白了，就是较之让御家人辛苦看管，现在只剩下斩首和流放了。

专制的独裁者北条贞时仍然很活跃。九月发布的禁止“诸国横行人”的法令是明显的表现。北条贞时虽是出家之人，却如理所当然一般出席评定（贞时没有正式出席的资格），开始指挥幕府了。北条贞时的突然复出大概是害怕北条宗方上位的人们所期望的吧。但是，直接的契机可能是其子北条高时在这一年（嘉元元年）出生。为了扶持新出生的儿子而压制北条宗方，贞时才恢复了旺盛的活力。

然而，颇具讽刺意味的是，得宗贞时的独裁力量只有在抑制自家一门及御内人、保护御家人的时候才能发挥效用。

嘉元元年十二月，幕府就“防御异国”向镇西探题金泽政显下

罪行	处罚（侍）	处罚（凡下）
杀人	死罪、流刑、没收财产	斩罪
刃伤	〃	流放伊豆大岛
击打	没收财产。无头领者流刑。	入狱（60 天）
夜袭、强盗 山贼、海盗	斩罪，可根据情况酌情处理（御家人）	斩罪（含非御家人）
盗窃	远流	初犯在脸上刺火印 第 3 次死罪
赌博	酌情处理	初犯、再犯剁手指 第 3 次流放伊豆大岛
放火	按盗贼论处	
拐骗	〃	

表 9–1　刑罚表

达了几条指令，其中包括命令各国为降伏异国祈祷。但同时，幕府又对长年实行的异国警固番役制进行大调整，决定改变以前各国各自承担固定警备地点的状况，将九国分为五番，每年由其中一番的当值之国负责全年的异国警固任务。

一番是筑前（嘉元元年），二番是萨摩、大隅（嘉元三年），三番是肥前（嘉元四年，之后的番次不明）。从整体来看，这是减轻了警戒任务。也有迹象表明，当时那些承担轮值任务者被分配了警固领地，领地少的御家人则被免除任务。于是，随着异国来袭的危险逐渐远离，幕府也在试图减轻镇西御家人（也包含非御家人）的负担。

再有，正应以来，实际上已经相隔十几年，嘉元三年四月六日，镇西探题金泽政显分得了筑后国三潴庄和萨摩国给黎院的田地作为“蒙古之战”的恩赏地。德治二年的十月，肥后国御家人诧间赖秀又从金泽政显那里得到该国合志乡的田地。这是能看到的对“蒙古之战”功勋恩赏分配的最后记载，而这一系列恩赏授予的起点或许要到嘉元元年的指令里去找（从这时期的诉状里可看到这样的话：“至于异国合战，无论京家、凡下、浪人、非御家人，若使其尽忠，即应行赏。”这段话可能就载于指令中）。

弘安之役已经过去了20多年，可是这样的措施仍在实行，这表明对于“蒙古之战”恩赏的不满情绪是多么严重。幕府试图通过摆出因应此事的姿态来消解不满。我们不得不说，这也是对御家人的颇具温情的考虑。

北条贞时就这样相继抛出对御家人的优待措施，其中也包含这样的意图，即对抗一度担任越诉头人并试图赢得御家人支持的北条宗方，并将其压制在自己的权威之下。

嘉元骚动

面对北条贞时的举措，北条宗方想通过迎合其意来增强自己的权势。嘉元二年（1304年），引付又从七番改为五番。而此时，北条宗方被任命为侍所所司。这个职位由得宗御内人担任，这是很早以前就形成的惯例（事实上的规制）。由得宗的近亲担任这个职务，不得不说是特例中的特例了。

据《保历间记》载，北条宗方也成为“内执权”。如果这是指内管领，那么这又是极端的特例。从结果来看，这是承认了北条氏一门的门第与御内人相同，更加强化了独裁者北条贞时的权威。但是，北条宗方虽采取这样的姿态，却兼任着统管御家人的侍所和统辖御内人的内管领，手中掌握着与曾经的平赖纲完全一样的实质性的权力。《保历间记》云，他的矛头已经指向执权北条师时，还有连署北条时村的孙子、与北条师时同为北条贞时女婿的四番引付头人北条熙时了。

嘉元三年四月六日，镰仓又发生了大地震，随后余震不断。二十二日，北条贞时府邸被烧毁，镰仓陷入混乱。北条宗方伺机而动，二十三日，宗方以贞时之命为名，秘密动员武士夜袭连署北条时村的府邸并将其诛杀。北条贞时当时在北条师时府邸，趁宗方尚未采取下一步行动之时，于五月二日表明了自己的意志，即追讨时村是错误的行为，并将讨伐时村之时冲在前面的 12 名御家人和御内人斩首。四日，贞时和师时做好了讨伐宗方的准备。当讨伐者大佛宗宣和宇都宫贞纲正要出发的时候，嗅到危险气息的宗方率兵冲向师时的府邸。佐佐木时清在马厩前与宗方相遇，经过一番激战后被宗方所杀。战斗随即爆发，但最后北条宗方还是战败而亡，他在各处的下属也被讨伐，骚动就此平息。

然而，这场骚动在京都的六波罗以及在京的武士当中引起剧烈震荡。追讨北条时村的通知于四月二十七日送达六波罗，随即飞报长门和镇西。那些御内的年轻人不知道将要发生什么事情，却都全副武装，秘密做好战斗准备。南方探题金泽贞显在京都的下属仓栖兼雄曾写了一封信给称名寺长老釼阿，道出了心中的危机感，他描述当时的情景“危如春花遇风，似待冬树之霜”。

北条宗方的灭亡避免了一场更大危机的发生。大佛宗宣就任连署，赤桥久时（赤桥长时之孙）担任寄合众和官途奉行，北条熙时任京下奉行，大佛维贞任小侍所奉行。一直动荡不稳的引付又定于五番，由赤桥久时、北条熙时、北条基时（北条业时之孙）、北条时高（北条政村之弟、北条有时之孙）和长井宗秀五人担任头人。

然而，宗方无视家格的人事任命为贞时的专制铺平了道路。在北条贞时的权力面前，北条氏一门也不得不战战兢兢。

新老交替

嘉元二年七月，后深草上皇驾崩。紧接着，次年七月，龟山上皇亦驾崩。新老交替开始了，宫廷里的气氛也在变化。

恒明（嘉元元年生）为龟山上皇与西园寺实兼的女儿昭训门院所生。他甫一出生就受到龟山上皇的宠爱，而龟山上皇死前留给后宇多上皇的遗嘱就是让恒明继承皇位。关东申次西园寺公衡也强烈支持这个外甥。但是，后宇多上皇对此很不满，双方之间自然就形成了对立。后宇多上皇曾一度将西园寺公衡软禁在家中，只是由于幕府的申请才恢复了他的自由。公衡和昭训门院凭借龟山上皇的遗志推举恒明，后宇多上皇推举尊治，双方因此产生很深的裂痕。德治元年，双方的使臣相继赴关东，大觉寺统因此又分裂成两派。

持明院统的伏见上皇看准这个形势，立刻接近昭训门院。德治二年，他们一起向关东的幕府提出要让后二条天皇禅位。只要对自己有好处，昨日的敌人也可以挽手，这种风潮在社会上四处蔓延，就连上皇和天皇也不例外。

这一年（德治二年），后宇多上皇宠幸的游义门院去世。后宇多上皇本就对密教很上心，他一直想仿效宽平年间接受传法灌顶的宇多法皇。游义门院一死，他就出家了。第二年，即德治三年（1308年）正月，后宇多上皇在东寺由仁和寺真光院的前大僧正禅助为其灌顶。继而在二月，他又接受醍醐寺三宝院的宪淳所传的三宝院流之法。从此以后，后宇多上皇为密教的兴隆倾注全力。

同年八月，后二条天皇殁，皇太子富仁即位，是为花园天皇。后二条天皇有一个 3 岁的皇子，名邦良。后二条天皇希望先立尊治（后来的后醍醐天皇），然后再传位给邦良。九月，尊治被立为皇太子，是为比花园天皇年长 9 岁的皇太子。

引付奉行的谏言

较此稍早时，幕府突然把将军久明亲王送回京都，并立其子守邦王为将军。我们完全不知道这是为什么。事到如今，甚至让人感到将军的更迭也已经变成一年一度的仪式了。

在经历了嘉元五年的骚动之后，幕府中明显弥漫着一种弛缓的氛围。这一时期，定期评定是每月 5 次，寄合也已经制度化，每月 3 次。此外，奏事（上奏北条贞时）是 6 次。

但是，北条贞时把评定和审判等事务彻底交给了执权、连署和七番的引付头人。他好像也不怎么出席寄合了，身为出家之人，却每日大排酒宴，吃喝玩乐，还经常邀请僧侣享用山珍海味。北条贞时府邸之豪华早已让那些京城来的女子瞠目结舌了，现在更是吸引了越来越多人的目光。

对于北条贞时来说，作为独裁者燃烧权力欲的道路已经行不通了。然而，他的地位还有没有受到威胁。在这种情况下，他无法产生对于政治的野心，只能产生难言对错的颓废。贞时已经跌入了这个深渊。

但是，幕府里还是有人为此忧虑。可被视为引付奉行的筑前权守中原政连向北条贞时提出“谏奏”：

第一，应兴“政术”。贞时应多出席评定会议，大事应亲自决裁，这是人们所期望的。

第二，应慎酒宴、欢游。禁沽酒已无意义，可以饮酒，但不应沉溺。

第三，应简省宴邀僧侣。可以援助寺院，但必须停止连日大排奢侈酒宴。

第四，须慎“过差”。与其奢侈，莫如营造闲院，修造“关东御分[1]之寺社”。以前不曾有售卖领地等事，但最近的御家人费用不敷奢侈，不得不向富有之辈交管领地。一做公事，即卖领地。即便如此，仍有许多人负担不起公事而违背命令。因此，以前虽然有许多御家人拥有千町以上的领地，但现在不足十余人。大多数御家人只有四五十町甚至 10 町、20 町土地，却还要以此种状态轮值，或因诉讼而被召唤。如不简约，则难以为继。甚至还有无足之人和凡下等“以狂惑为宗，以奸谋为先”的状况出现。因此，贞时应该首先停止“过差”。

第五，应营造源赖朝曾建造的胜长寿院。最近诹访神社的神职人员年年增加，但胜长寿院早已被烧毁。这座护佑幕府的寺院必须营造如昔。

---

1 关东御分，指幕府管辖的各国。

中原政连捕捉到幕府的颓废和御家人的实情，预感到了危机。幕府很想回到原来应有的状态，但甚至连中原政连都视出家人得宗出席评定会议为理所当然，还鼓励得宗努力去做，看来幕府的机关和得宗的家政机关已完全被混同了吧。中原政连也被现实裹挟其中，未能找到解决之道。

中原政连的谏奏当然缺乏具体性，只能变成道德说教。这封谏奏会引起怎样的反响，我们不得而知。这些内容也许只是表面上被接受了，但没有显现出具体的效果。然而，中原政连所担忧的危机已经像远方的雷声轰鸣而至，威胁着幕府的稳定。

海盗、恶僧蜂起

鉴于西国和熊野各地海盗蜂起，德治三年，幕府向河野氏下达警戒指令。这群海盗以熊野为中心，规模很大，直到第二年，即延庆二年（1309 年）事态都还没有平息。为了镇压海盗，幕府派东使南条左卫门尉（御内人）上京，动员 15 国军兵赴熊野山。播磨国福井庄的地头，还有在京人富定照等也都来了。如此大规模的军事动员已经很久没有出现了。

这一年二月，从元朝回来的贸易船送来“异贼蜂起”的情报，幕府立即命令点检武具兵仗，修缮各国的寺院和神社。延庆三年的二月，幕府命令全国的寺院和神社举行很久没有进行的降伏异国的祈祷。这一活动持续到次年，但应是最后一次了，此后的史料中再也看不到有关降伏异国祈祷的记载了。

让镇西的河野氏绕道来镇压海盗，这一点表明，警戒异国已经退居次要位置。幕府不得不将精力放在镇压各国蜂起的恶党和海盗上了。

而在同一时期，京都的神社也强诉不断。德治三年，受禅助传法灌顶的后宇多上皇将大僧正的职位赠给已故僧正益信（广泽流之祖，深得宇多天皇信任），以资奖赏，并给予“本觉大师”的称号。这招致了延历寺的猛烈反弹，比睿山全境暴动，僧众甚至关闭了根本中堂[1]。朝廷倍感压力，一度撤销了大师称号。但是，这回轮到仁和寺、东寺强烈抗议了，延庆二年，东寺甚至将若宫的神舆丢在皇宫里。与东寺关系很深的幕府支持其主张，所以朝议再次翻转，又将大师称号授予益信。延历寺又一次蜂起，日吉大社的神舆相继进京。面对有所防范的六波罗武士，神人和宫仕用飞石应战，事态演变成一场出现死伤者的骚动。

进入第二个年头，多武峰的僧众也开始行动起来。鞍马寺的僧众甚至还想烧毁仁和寺。恰巧这年镰仓发生大火，造成重大损害。于是延历寺方面高兴地说，这是山王的惩罚。

最后，幕府大体接受了延历寺的诉求，东寺放弃了益信的谥号，事态终于平息了。但是，幕府内部出现了强硬论调，要求严厉追究肇事者。延历寺又一次表示反对，幕府与延历寺的关系急遽恶化。

权力主义和出世主义

加剧的社会动荡已经波及了幕府，但北条贞时已经失去了以积

1 根本中堂，位于比睿山的天台宗总本山延历寺的主要殿堂。

极的政策加以应对的欲望。蜂起的恶党靠武力镇压，蜂拥的诉讼靠职权审判。内在的颓废以外表专制的形式表现出来。

延庆二年，幕府规定，对于那些获得了安堵外题的土地，如果有人企图侵吞，侵吞者将被没收领地，乃至处以流刑。而原来幕府在《御成败式目》中规定的是，即使领地转让给子嗣，且子嗣得到了安堵下文，父母仍可以收回领地。弘安改革甚至也确认了这样的原则，即安堵下文与诉讼判决不同，如果发生与领地有关的诉讼，可以重新审判。虽然幕府的法令并未改变这一原则，但它对于得到安堵外题的人（无论对其领地是否有正当权利）都给予特别保护，即以幕府的权力来保证对领地的统辖权。

在弘安时代以前，幕府主要着眼于保护人们对领地的原有权利，而现在，幕府的态度发生了变化。较之从前，幕府首先要保证其自身所给予的安堵外题的效力，压制诉讼数量，赤裸裸地暴露出专制的、强权的姿态。

延庆三年，幕府把以前在领地和年贡方面受到诉讼（所务沙汰）处理的“刈田狼藉”（强行割取他人田地里的作物）作为刑事审判加以处理，稍后又将“路次狼藉”（在运送途中堵截年贡）也做同样处理（正和四年）。这种转变无疑也是上述姿态的体现。这些“狼藉”本来是与领地和年贡方面的纠纷相关联的。因此，有时行使武力的一方完全有可能拥有合法权利。幕府原来把它看作与领地和年贡有关的诉讼的一部分加以处理，就是因为把着眼点放在了保护那些正当权利上。但是，现如今幕府改变了态度，把“行使武力”本身作为取缔的对象加以遏制。如果任何事情都不能使用暴力的话，事情就简单了，也就不会发生烦琐的诉讼了。这完全就是赤裸裸的权力主义。

然而，与这种威压的态度相反，幕府中却弥漫着小心翼翼的出世主义。德治二年，六波罗北方探题北条时范（北条重时之孙，嘉元元年上京）去世之后，屡屡希望下关东的南方探题金泽贞显利用大佛贞房（大佛宗宣之子）在延庆元年（1308 年）上京的机会东下关东。翌年，金泽贞显担任三番引付头人，加入寄合众。他高兴地说自己“极有面子”。但这也只是昙花一现。这一年，因为大佛贞房去世，金泽贞显又受命上京。他牢骚满腹：从来没有过再次上京的先例，自己于在京人前实在是太丢面子了。但他还是不得不在延庆三年上京任北方探题，与南方探题北条时敦（北条政村之孙）并列。

作为镰仓一等一的文化人，金泽贞显非常热衷于搜集图书。但是，一担任头人、寄合众就得意扬扬，一旦不得已上京就顿感失意的金泽贞显还是显得有些渺小，根本没法和以实现“政道”为目标的祖父金泽实时相比。北条贞时的独裁，及其因受阻而生出的颓废，就这样侵蚀着幕府的中枢。

应长元年九月二十三日，执权北条师时猝死。十月三日，连署大佛宗宣任执权，北条贞时的女婿北条熙时（北条政村之曾孙，北条为时之子）就任连署。继而于同月二十六日，41 岁的得宗贞时结束了他的一生，而其子高时当时只有 9 岁。据说，贞时死时把后事托付给内管领长崎圆喜和安达时赖。长崎圆喜是平赖纲的侄子（长崎光纲之子），安达时显是安达泰盛的弟弟显盛的孙子。平赖纲和安达泰盛曾经是仇敌，而现在继承了他们血脉的长崎圆喜和安达时赖二人却已经匍匐在独裁者北条贞时的威权之下。被认为“颇具亡气之体”（毫无生气）的幕府最后的得宗高时，在二人的辅佐下开始迈出跌跌撞撞的步伐。

第十章

转型的社会

恶党、海盗猖獗

抛尸于野

镰仓时代末期，被称作“一向众”，或“时众之徒”的人们的行为开始受到关注，这些人大多都依从一遍的教诲。

一遍从馆驿走到街市，再从街市走到寺院和神社，最后又走到海边。他走到哪里，就和那里的人们一起跳舞、念佛，分发护身符。据说，一遍通过尾张、美浓时，各处的“恶党”竖起木牌，上写“不得惊扰一遍，若有违反，则处罚之”。有这些人保护，一遍的旅程一直都很安全。

弘安七年，一遍经过桂地，到达丹波国筱村，聚集在他周围的人被描述为“异类异形，非世之常人”，尽是些以狩猎、渔捞等杀生为业之人。一遍参谒美作的一宫时，和行者、时众还有那些非人走在一起。乞丐和生癞病之人也都聚拢在他的周围。一遍就与这些漂泊的人们一同四处行走和游历。他利用舞蹈和念佛来唤醒人们自然的野性，把人们引向欢喜。人们摇头晃肩，有时还一丝不挂地跳舞。据说在这样的时刻，人们会看到花儿降下，紫云飘舞。

正应二年八月二十三日，一遍在摄津国兵库岛的和田岬静静地往生了。他留下遗言："不可行葬礼仪式，应抛于野，施于兽。"但是人们没有遵守他的遗言，而是将遗体葬在岬上的观音堂。据说，听闻一遍之死后，自堂前投海者 7 人，后来急于往生的集体自杀者也不绝于后。

与一遍一同游历的还有画师圆伊，他把一遍所历之地都准确描摹了下来。许多画师根据圆伊的写生描摹绘制了关于一遍的绘画。同样也一直追随其脚步的一遍的异母弟圣戒，于正安元年（1299 年）一遍的忌日那天，在这些画师的画上附了说明，并将这些画编成画卷。这就是《一遍圣绘》（一遍上人的画传）。

狭义的艺人

游历四方的不止一遍一人。净阿（四条派）、一向派号称"畜生法师"的一向俊圣等都同样是游历各地的高僧。一遍之后，圣戒（六条派）、书写《一遍上人绘词传》的真教（他阿）、仙阿（四条派）等也游历四方。那些四方游历、"踊跃欢喜"念佛的人们被称为"一向众"或"时众"。

游历的僧侣也不只有时众之人。禅僧里也有所谓"放下的禅师"，他们不剃发，戴乌帽子，手持"簓"（将竹子一端劈成束状后制成的东西），是说"狂言"的流浪之人。一边敲钲一边读经的声闻师（唱门师）、进行占卜的阴阳师，还有田乐、猿乐、琵琶法师、千秋万岁法师、狮子舞、傀儡师、猿曳（耍猴人）、白拍子和巫女等从事狭义上的艺能的人们也是一样。

但是，我不能赞成这样的看法，即把那个时代的那些人定义为“被社会体制所排斥的人”，并认为他们被“视为卑贱”。这里举出的所谓狭义的艺人都能出入宫廷，也都与天皇和皇族有接触。将时间向前回溯，曾经的后白河法皇好赌博，“院中，博弈之外无他事”。他跟着傀儡师、白拍子学习今样歌也是众所周知的事实。

即便是到了镰仓时代末期，事态也没有丝毫改变。就连以严谨正直著称的花园天皇也喜欢白拍子，对耍猴也感兴趣，甚至被人假托是《东北院职人歌合》的作者。即使输得精光、赤身裸体也还要赌的赌徒，让人感觉不舒服的巫女等，这些人要不是亲眼所见，那是无论如何也描写不出来的。千秋万岁法师出入宫廷已是寻常事，琵琶法师也经常出入宫廷。我觉得，这些人要是不与宫廷建立某种联系，那是根本不可想象的。

《勘仲记》的纸背文书中有这样的文字：弘安时期，法胜寺猿乐的长者龟王丸与住吉神社的猿乐争夺乐头职位；弘安四年，“法成寺后户猿乐长者”弥石丸提交了原告诉状，上面所写的案件是：摄津国河尻寺住人、法胜寺猿乐春若丸联络数十名“恶党”杀害大和国住人、法成寺猿乐石王丸。这些诉讼都在摄关家的法庭得到审理。当时就有属于春日社、日吉社的“猿乐座”存在。然而，被称作“住人”、结成“座”、由长者率领的猿乐戏班是在寺院和神社的支持下开展活动的，这样的事实却是通过这些记载才搞清楚的吧。

猿乐率“恶党”并使用武力这一点不应错过。如果把供御人叫作“武装工商民”的话，那么把这些人叫作“武装艺人”应该也不奇怪吧。和供御人一样，猿乐也参加各种仪式，用才艺提供服务。作为回报，他们被保证得到乐头职务，被承认具有走江湖卖艺的特权。巫女为神社服务，并被保证得到勾当一职，与前者也没什么区别。正和四年四月，后伏见上皇新造并奉献日吉七社的神舆时，狮子舞、田乐和画师也与众多“诸道之辈”一起参加了仪式。

我们不得不认为，职人的世界、“诸道之辈”的世界不仅把相当部分的武士包含在其中，还在日本社会中保持着他们稳固、独特的地位。而且，这些非农业民的世界在承载着自身的狭义上的艺能时，也为这些艺能提供了肥沃的土壤。从古老的和歌世界一直到能剧和狂言，只要稍微思考一下这些艺术形式中的人物是如何被选为主题的，就不难看出他们的重要性。

但是，到了镰仓末期，随着爆发式的舞蹈念佛、集体自杀以及活跃的“恶党”，这个世界经历了激烈动荡，郁积的能量开始喷发。与此同时，早已显现出来的、与这个世界对立的另一个世界——农民的世界对此的反弹、批判和压抑也越来越激烈。

对一向众的谴责

如前所述，北条贞时时代对恶党的镇压较之以前有着质的不同。永仁四年，幕府决定在各地的主要道路设警戒屋，以遏制恶党。嘉元元年，幕府发布法令，阻止毫无顾忌地穿越各国之人（横行人）。其主要目的就是压制成群结队横行各国的一向众。总之，幕府已经开始严密警戒四处迁徙和游走的人群。正安三年，幕府要求镇西的所有船主在船上刻上名字和住址，目的同样也是遏制海盗。

不仅是幕府，对于这些人群的憎恶和蔑视还来自其他各个方面。被认为完成于永仁四年的《天狗草纸》讲了这样一个故事：整日热衷于强诉的僧兵因过于傲慢而被视为天狗，堕入魔界。他们聚集在丹波国筱村的深山里，密谋让世间的人们专修念佛而遁入禅门，以此来使教法衰微。该草纸还大骂一向众，说他们“念佛时摇头晃肩，舞蹈似野马，喧嚣与山猿无异。不隐男女之根，随意抓取食物”，还责难游历的禅师“号称放下的禅师，不剃发，着乌帽子；抛下坐禅之床，却持篦于南北之巷；远离参禅苦修，狂言于东西之路”。对于草纸的作者来说，这只能是人们受“异类异形”的天狗所操控的行为。

永仁三年前后写成的《野守镜》也对他们破口大骂，称京极为兼的歌风不雕饰辞藻，尊重本心，恰与一遍之徒“说是不应做万般诈伪，即便裸体，也不蔽难堪之处，偏似狂人毫无忌惮直斥可恨之人，却以此为高雅可敬正直之至”相同。在二条派看来，京极为兼之行状看上去就像宫廷内的一向众。

甚至在元德二年（1330 年）六月，比睿山的政所集会针对“散乱放逸之行”，咒骂常常发出“歌舞叫喊之声”的一向专修之群党是“一朝之国贼，八宗之蠹害”，要求朝廷放逐、镇压这群党徒。看来延历寺也很憎恶这群人。

唯善（觉惠之异父弟）曾与觉惠（亲鸾之女觉信尼之子）、觉如（觉惠之子）争夺建在亲鸾墓地上的大谷堂的归属。虽然唯善已借助山僧的力量控制了大谷堂，但是嘉元年间阻止横行人的法令一出，他就向幕府提出申诉，据说是怕亲鸾的弟子被混同为“一向众”。

要是那样就麻烦了。亲鸾曾认为，在“屠沽下类”之人中才有真实。而现在，他的弟子们也加入咒骂和责难这些人的大合唱。

不只是对一向众，元亨四年，隶属兴福寺的非人和依附东大寺东南院的横行人之间曾发生激烈的战斗。这些横行人可能是声闻师，他们并未构筑防御工事，已经听从寺院的命令撤退了。可是非人不仅发动了攻击，还烧毁了横行人的住宅。东大寺对非人的行为表示谴责，还下发通知，关闭了寺院领地内的乞食场所。可以说，这里也有与幕府的禁止相通的地方。

“歧视”的萌芽

由于这样的氛围，对另一半世界之人的敌意、侮辱和蔑视开始出现。

据说完成于镰仓后期的《尘袋》非常露骨地表达了这种观念。法皇喜唱今样，而天皇画赌徒、巫女，欣赏白拍子、要猴等艺能，同时也有相当多的武士被视为“恶党”。而《尘袋》的作者却不顾上述的事实，在书中写道，双六乃低等人之业，今样为盲目者歌，好流浪者所好之物，非上等人所为。书中还骂行脚各地、被称作“褴褛”的托钵僧是“邪门歪道”。

在此背景下，该书作者发问道：“为何把‘キヨメ’（kiyome）说成‘ヱタ’（eta）？”这个“ヱタ”的意思是“秽多”，即有“许多污秽”。《尘袋》给出了答案，即它不是“清目”（キヨメ，清扫污物的人），而是“饵取”（eto）的讹音。该书作者还把穿着僧衣的“乞食”（“滥僧”，即非人法师）说成是“非人、乞丐、秽多”。又说“旃陀罗”

（日莲自称是“旃陀罗之子”）是“屠者”，“杀活物而得秽多身体之恶人也”。

《天狗草纸》讲述了这样一个故事：一只天狗“四处游走”“大肆吃喝”，它来到四条河原吃肉时，不知不觉抓起一块扎着针的肉吃掉，结果被“秽多童子割断脖子杀死了”（迄今为止，这段文字首次见于该书）。该书作者站在与《尘袋》观点相同的视角上，但必须提到的一点是，作者将四处游走的天狗设定为被害者，这一点是很复杂的。横井清探究了“触秽”思想的根源及其渗透，他推断说这是“来自佛家（尤其是净土教系）的，或是来自净土思想浸透到骨髓的公家的”看法，并断言，大胆提出这种看法的绝不是民众。但果真如此吗？如果从近世以后的事态出发，对这里叙述的故事做一个简单而快速的类推的话，我们会发现这是一个重大失误。

前文已述，曾经实实在在地存在过一个将“清目”视为“重役”的世界。前面也说过，领导饵取的鹰饲曾经是天皇和摄关家的近侍。镰仓后期，可能也负责提供兽肉的鸟贩（室町时代有此类人）作为隶属于御厨子所的鸟供御人，被赋予自由往返各国的特权。“河原”与山野河海、交通道路一样，也处在天皇的统治权之下。

吉田兼好从别人那里听来一些聚集在宿河原念佛的“褴褛”在河原决斗的事情，并把它记录在《徒然草》中。兼好说，他们“我执深重如弃世之心，似求佛道一般沉溺争斗”，恣意任性。他所记述的“褴褛”这种丝毫不顾生死的态度颇为干脆、快意。正如我们从京极为兼与一向众的比较中所推测的那样，积极肯定从《尘袋》《天狗草纸》等视为卑贱的世界及其生活中产生出来的风气的大环境在这个时期的社会中还广泛存在，并且从某种意义上说还越发强烈地表达着自己的主张。

甚至连管制诸国横行人的幕府，其内部也有各种不同的看法。镰仓末期，三浦氏一族的苇名忍性受到将军的叱责，于是与“样折”（笠松宏至将其解释为一种流浪型宗教人士）结伴流浪各国，后来入住寿福寺。其弟三郎左卫门尉提起诉讼说，忍性是“放荡的乞食者”，没有统辖御家人领地的资格。但是，幕府的引付于嘉元四年下达的判决是，因受叱责而流浪诸国的“放荡”之行本身不能成为处罚的理由，并以其入住将军家发愿而建的寿福寺为由，判忍性胜诉，又以三郎左卫门尉把忍性唤作“乞食者、非人”的“难辞恶言之咎”为由将其拘禁。三郎左卫门尉不服判决，进行了越诉，但结果不得而知。这一判例认可了“放荡之辈”的领地，受到人们关注，被收入《新编追加》的“傍例”中。

幕府自身的态度也并不坚定。虽说如此，将人称为“乞食者、非人”被认为是“恶口”这一点却表现出与《尘袋》等相同的看法。但很明显的是，对于构成这一时期社会的两个世界中的一个来说，“歧视的思想”已经开始萌芽了。

行走四方的“恶党”

幕府对恶党的镇压也始于同一根源。弘安九年的恶党禁压令规定对于收留“短暂居住的浪人”者要加以处罚，并命令追捕“久在四处行走的恶党”。恶党无疑是指行走四方的武士团，他们和那些被认为有许多污秽的人共处一个世界。

《峰相记》对于播磨的恶党是这样描述的：从正安、乾元年间

（1300 年前后）起，恶党的活动明显增加。“异类异形，异于人伦，穿柿帷（柿色的帷幔），戴六方笠，不戴乌帽子，不穿袴”，这样出门在外的恶党没几支箭，只佩带着柄鞘都已脱落的太刀，手拿长竹竿和撮棒（尖端锋利的棒子），几乎没有铠甲和腹吞等可穿戴的武具。这些人结成 10 人到 20 人的团伙，时而据城而守，时而加入攻城的一方，拉拢敌人，背信弃义，毫无忠诚可言。他们好赌博，以偷窃为生。无论守护如何镇压，这些恶党还是有增无减。

到了正中、嘉历年间（14 世纪 20 年代），恶党已经发展到“两人共乘一匹装饰华丽的马，形成壮观的行列，往往五十骑、百骑一起出动，骑从、唐柜、弓箭、兵器之类一应俱全，镶金嵌银，铠甲、腹吞熠熠生辉”。一旦发生领地纠纷，就算是与恶党没有关系，他们也要与当事人订立契约，自称同伙，夺占领地，甚至攻陷城池。他们按照传统的方式在城中修建围墙，建造楼橹，排开盾牌，使用“滚木”（一种从高处滚下树木击倒敌人的战法）和飞石。这些恶党从但马、丹波、因幡和伯耆翻山越岭而来。此外，他们把预先受贿后遵守约定叫“翻山”，把事后领取报酬叫“契约”，丝毫没有廉耻之心。

由于恶党肆意追捕百姓、抢割田地、强行夺取财物，各地的庄园遭到侵占，可是守护还有追捕恶党的武士却受到其威势的压制，拿到贿赂便按兵不动，幕府的命令丝毫没有效果。据说，就是在这样的追剿过程中，一国之中从上至下的官员大半都成了恶党的同伙。

《峰相记》的作者是个崇尚清廉正直的人，对恶党持批判态度。尽管为了强调“政道”之乱而加以夸张渲染，但作者还是栩栩如生地描绘了恶党的形象，并准确地抓住了其发展状态。

正如黑田俊雄所言，有十分充分的证据可以将恶党与西欧的盗贼武士团和中国《水浒传》的世界相比较，然而，这些恶党正是在日本行走四方的职人武士团的面貌。虽然与赌徒、工商民和艺人等集团相重叠，但他们都在磨炼撮棒（与棒术结合）、飞石和偷盗等自家独特的“艺能”。

最初，职人武士团看上去像个惨兮兮的小集团，却在镰仓末期开始发出爆炸性的能量。这个新时代的风潮是，若是为了利益，收取贿赂和背叛都是理所当然的。与此同时，融合了“异类异形”和金银珠玉、绫罗锦绣的“婆娑罗”风气从他们的生活中涌现出来。而触发这种风气的，正是货币、金钱及其魔力。

恶党庄官

就像其他类型的职人一样，恶党也有他们的根据地。我认为还不止如此，他们中的许多人还是西国各地庄园公领的下级庄官。

大和国平野殿庄也是仁和寺菩提院的行遍捐给东寺供僧的庄园之一。庄园的下司是曾步曾步氏，他以松茸作年贡，并提供清扫的人力。但是曾步曾步氏又与兴福寺一乘院结成主从关系，成为其“御房人”（门迹的家人）。于是，菩提院、东寺供僧和兴福寺都对这座庄园有影响力。在大和国，兴福寺的力量最强，以至于国司和守护都没有设置，因此，以曾步曾步氏为首的该庄百姓借助兴福寺的威势，一向不听东寺的调遣。

曾步曾步清重是镰仓后期的下司。正应四年，清重因为酒后发狂，与惣追捕使发生械斗，将其刺伤，因而被兴福寺剥夺了宅地、山地和松林。陷入困境的清重向曾经被祖先狠狠嘲笑过的东寺供僧哭诉，谎称兴福寺的使者砍伐了山上的松树，但其实树都是清重自己砍的。然而，供僧与兴福寺的诉讼进展并不顺利。于是恼火的清重又撇开东寺去央求菩提院。菩提院正觊觎着庄园的庄务权，认为好机会来了，便补任新的下司来替换清重。不想被夺走庄务权的东寺与菩提院之间自然也就发生了诉讼。而清重这时又坦然地站在东寺一边，巧妙地保住了下司职位。

曾步曾步清重就这样利用兴福寺、东寺和仁和寺三方的相互对立，保住了下司职位。可是，嘉元四年，他和河内国御家人高安金翅王太郎赌博，又把这个职位输掉了。金翅王太郎率领人马要闯进庄园，被清重当作恶党击退。之后，清重给东寺增加了二三十贯钱，成功地将一度被收回的下司职位移交给儿子。

这是从有关庄园的古籍中看到的恶党形象，与《峰相记》中的描述如此惊人地吻合。有观点认为，以前在庄园文件中出现的恶党是当地领主，《峰相记》里的恶党则是漂泊的恶党。再没有比这种观点更不合理的了。我们不得不说，认为把河内、山城纳入自己活动半径的曾步曾步清重只把根基扎在大和国的一个小小的庄园里，这样的看法是非常可笑的。我认为，这一时期的西国庄官都多多少少具有这样的特征。

恶党承包庄园

但是，西国的庄官里也有很多是御家人。像高安金翅王太郎那样的人到处都有。播磨国矢野庄例名的公文“寺田法念”也是这类典型人物。

寺田法念管理着这片广大庄园五分之二的土地，这是他的一元化领地。他甚至还出现在龟山上皇让给皇女昭庆门院的庄园目录中。可是，当后宇多上皇把这座庄园捐给东寺，由山僧觉海补任为杂掌时，法念立刻和觉海联手，劝说近邻坂越庄地头饱间泰继、那波浦地头海老名孙太郎等人一起闯进南禅寺领地矢野庄别名（与例名不同的地方）。南禅寺杂掌说法念等人“白日强盗，杀人、伤人，放火”，大骂法念是“都鄙尽知之恶党，犯违敕之恶行的重罪之人”。但南禅寺如果想驱除他们，也只能依靠同样性质的武力集团。如此一来，东寺肯定也骂他们是“恶党”。

加治木赖平与荣实争夺预所一职时，为了排挤荣实的力量而任用伊予本地人辨房承誉为伊予国弓削岛庄的代官。如果恶党从赞岐国闯入，承誉具有亲自调拨兵粮米、集合数百人击退敌人的财力和武力。但是他的抢夺行为也十分过分，因而多次被百姓上告。虽然两次被罢免，但他每次都能拿出巨额任职金并官复原职，金额甚至能达到120贯。后来，辨房承誉被人们称作海盗、恶党。可以说，这才是海盗代官的典型。

东寺为了对抗一乘院（兴福寺），任命邻庄吉田庄下司之子平光清为前文提到的平野殿庄的预所。但是，平野殿庄的百姓与吉田庄的下司和百姓因为草刈场（割草作田肥或牛马草料的地方）而发生激烈争执。百姓们强烈反对平光清。据说，在延庆三年，百姓们向东寺控告平光清，而平光清召集“当国、他国之恶党”闯入庄里，欲“射杀、砍杀”百姓。百姓四散奔逃。

在那个时代，统治者如果想要保住庄园公领只有一个办法，就是让拥有财力和武力的人担任代官。然而从另一个角度看，这样的人也正是被称作恶党或海盗的人。恶党能够身披镶嵌着金银的铠甲和腹吞，只是因为他们通过这种承包、掠夺而变成了“有德”之人。

但是，成为承包代官的不只是西国之人。正和二年，武田金寿丸以提前缴纳年贡 15 贯余、每月每贯附带 50 文利息的代价承包了平野殿庄该年的“一茬作物”。他属于源氏，其父好像去了关东。他无疑就是甲斐源氏武田氏一族。弘安二年，涩谷净心以提前缴纳扫部寮领地河内国大庭御野（供御所，席匠居所）一年份的年贡 120 贯余并附带利息的代价成为御所。涩谷氏在相模国有自己的领地，是有实力的御家人，其族人中出过得宗御内人。这些具有豪族性质的东国御家人也在显示着这种态势。

“乞食者”东寺执行

庄园公领的管理者——寺院、神社和公家任用恶党或海盗为代官，表明这个世界的价值观已经渗透到了他们的行为中。“东寺执行”这个职位一直由清宽一族世袭，但到严伊时开始出现轻微的动荡。特别是从德治二年前后起，他与严增的对立愈演愈烈。这一年，严伊取代了严增，可不久后东寺执行的职位又回到严增手中。隔了一年，严伊又取而代之。

当时，执行负责管理尾张国大成庄和丹波国大山庄（有相当部分为供僧领地）等庄园，执行的对立直接导致这些当地庄园的对立。延庆三年，严伊声称与严增勾结的恶党将大成庄的年贡一粒不剩全部抢走，而严增则针锋相对，说是严伊在“扶持”恶党。正和二年，严增因在大山庄联合地头之子和一些百姓采取武力行动而被供僧和严伊指控为“违敕恶党人”;第二年，严增就大成庄的问题提出诉讼，指控“前执行严伊”的代官是“违敕之人”。严增和严伊二人在不同时期都得到过院宣，因此都说对方“违敕”，都骂对方是“恶党”。

他们的争斗一直延续到严伊的继任者忠救的时代。元德二年，严增起诉忠救并再次要求得到执行职务。对此，忠救大骂严增是“放荡”之人，是“路边乞丐”。他还驳斥说，严增曾因“强盗名声”而被武家拘禁。严增对忠救大概也是这样谩骂的吧。

即便是如此“放荡”的“乞食者”，在得到院宣之后也能当上东寺执行。从整个过程来看，严增的活动能力很强。他出入于尾张、丹波和山城等地，在各地与地头和百姓联手，的确具有很浓的恶党色彩。但是，这样的人能多次取得院宣，担任执行，这一事实本身就已明确说明在东寺的上层甚至在宫廷的上层，都有着积极肯定严增这种人的倾向。

使用恶党的僧正

德治三年，接受禅助灌顶的后宇多法皇为兴隆密教，立下6个有关兴隆东寺的愿望，并请求幕府给予承认。应长二年(1312年)，后宇多法皇开始行动，他先设置了7名学众(修学僧)，继而在御影堂新补了3名供僧。甚至在第二年，后宇多法皇还将山城国拜师庄、上桂庄、播磨国矢野庄和八条院町十三所等庄园捐给了东寺，用以供养这些学众和供僧。此后，东寺的庄园越来越多。

对于这些庄园的捐赠以及其后的经营，后宇多法皇颇为信任的僧侣、大觉寺的同门、被称作清闲寺大纳言法印的“道我”发挥了很大作用。为了保住上桂庄，道我于正和五年与延历寺东塔北谷的本尊院徒众争斗，然后动员该庄的下司秦道觉和附近的百姓阻止延历寺的介入。然而，徒众们以道我“相语数百恶党，构筑城郭，抢割作物等种种恶行”要求治其罪，认定秦道觉等人为恶党。

道我还补任山僧觉海为矢野庄的预所（杂掌）。前文已述，觉海曾和寺田法念一起擅闯邻庄，法念被斥为“都鄙尽知之恶党”。而现在，道我正在使用这些恶党。觉海之后，道我启用的慈门寺公文重舜也是同一类人。为了排斥严增的势力，重舜还同时担任大山庄的预所。可是他没有缴纳矢野庄的200石年贡，在大山庄还与百姓发生对立。据说，在法庭上与百姓对质时，他还口出恶言，欲拔刀杀人。

道我无疑是一个敢于毫不犹豫地积极起用、驱使这类“恶党”的人。如后文将要描述的那样，后宇多法皇和后醍醐天皇周围也聚集着这种类型的贵族和僧侣。

但是，道我并不是一个粗暴的僧人。相反，他还是后宇多法皇身边著名的歌人，并且在这方面也与吉田兼好有着很深的交往。他曾以清闲寺僧正的身份出现在《徒然草》中。吉田兼好的歌集里收录了当道我还是僧都[1]的时候，兼好准备前往关东，顺便拜访道我时所作的应答歌。那是延庆年间兼好下关东时的事情吧。从前文所述的大福长者和“褴褛”的情景来看，吉田兼好还具有另一面，即

1　僧都为僧职之一，地位仅次于僧正，最初只有“大僧都”和“少僧都”两个等级，后来又逐步发展出“权大僧都”和“权少僧都”。

直率地肯定世界中存在的这种力量。

对于恶党的评价

对于自一向众始，从秽多到恶党、从僧正到天皇的这个世界的形态，人们有着各种各样的评价。

过去，石母田正从恶党伤人、杀人和放火等行为当中看到欲伸而不得的当地领主的“颓废”之态。这种观点至今仍有很大的市场。将他们的行为视为“绝望的颓废”的见解在历史学家当中仍占统治地位。

然而，我不这么认为。从充溢着能量，带着像野草那样的泥土气息、充满贪欲的恶党的行为当中，是无论如何也不可能看到前文意义上的“颓废”的。他们将“为利益而背叛”视为理所当然，这种被称为“婆娑罗”的风气自此以后遍及整个社会，并顽强地生长在日本的社会中。如果从前文所述的“颓废”观点出发，是无论如何都不能理解这一事实的。而且，我们不得不说，如果死揪住这一观点不放，就有陷入《尘袋》视角的危险。

正相反，松本新八郎认为，恶党是这个时代最具“革命性的”势力。他们的行为充满随意蹂躏僵化的传统和习惯的活力。乍一看，这也不是没有道理，但是这样的观点为我所不取。不仅坦然地实施“射杀、砍杀”百姓的伤人和杀人行动，以放火和粗暴破坏为能事，而且为了利益还肆无忌惮地上诉或迎合权力，这些恶党所特有的这一面不能说是最具“革命性的”吧。农民对那些受到特权阶层庇护的行为感到恐怖，如果我们以农民的这种恐怖为基础，再结合其他各种因素，就能发现像《尘袋》那样的看法早已渗透到社会当中。这一点我们必须加以注意。

日本的社会结构在这一时期开始发生重大转变。残存在农民世界和非农民世界中的未开化的野性由于与货币接触，并为货币所激发，最终被拉进文明的世界。两个世界在这里发生激烈的碰撞，但同时也开始交流。恶党正是在这一过程中产生的。面对文明，未开化的力量做出最后的激烈反击。可是在另一面，它的野性现在正转化为面对财富的贪婪欲望。因此，如果从恶党那里看到“颓废”的话，那么我们不得不说，百姓也是一样的。那实际上是此时几乎覆盖整个日本的文明本身的“颓废”，而且还把可怕的“歧视”积淀在日本的社会里。

在这一转化过程中，当时的思想界陷入混乱迷惘之中，甚至连写出优秀随笔的吉田兼好也是一样。“将浮现在心中的索然无由之事茫然写出”的一段一段文字都敏锐地抓住了事物的本质，但是终究没能成为一个思想体系。大隅和雄说，这个时代的首要表现不是思想或宗教。时代的真相是，在逐渐增强的轻视中，人们开始通过狭义上的“艺能”来表达自我。

分化的村落和都市

“政治性”损失

恶党和海盗很活跃，百姓也同样活跃起来。临近镰仓末期，百姓们作为“惣百姓”开始集体行动，主张自己的利益。

正安四年，若狭国太良庄的地头若狭忠兼突然被没收了领地，庄园被置于得宗的统治之下。来到当地的“得宗给主代”（御内人代官）立刻丈量土地，对照若狭国大田文所载太良保的田数（公田）规定领家一方的田数，并重新命名。其余的部分全都归入地头一方。大田文上的田数是很久以前国衙通过丈量确定的，比建长年间通过丈量得到的田数要少很多。因此，年贡锐减，东寺供僧不得不针对得宗给主代提起诉讼。

但是，百姓们完全没有帮助长年的统治者——供僧。相反，他们还列举了水害、风灾和虫害等造成的“重大损失”，连年要求供僧减免年贡。嘉元四年，由于长期干旱、大洪水和大风等，百姓们在能想到的所有理由前面都加上最高级的形容词，“诚惶诚恐地请求”减免年贡，同时还威胁供僧说，如果不答应要求，“不论是中田还是晚田，哪怕是一小段的稻子也不会种”。供僧谴责他们借助得宗之权狐假虎威，但也确实如此。这种损失是“政治性损失”。百姓们深知当权者得宗的力量最强，因此加以十二分地利用来维护自己的利益。

这一时期的百姓都具有这种坚韧而现实的政治性。右马允家安等名主被丹波国大山庄一井谷的百姓称作“乙名”[1]。前述的东寺执行严增的代官闯进来时，一井谷的百姓就暂停向东寺运送年贡。在围绕东寺执行一职的诉讼中，一旦严增的形势恶化，他们立刻去帮助

1 与年寄、沙汰人、番头等同为惣村的代表，多由名主、地侍（本地武士）层的上级农民担任。

供僧为排斥严增而任命的预所重舜。右马允家安调拨来兵粮米，聚集众人，把严增的代官赶了出去。

但是，这个预所重舜在丈量土地时也将若干年贡揣进自己怀中，还让百姓写起请文，并试图以“不得违背我的命令”之类的威胁封住百姓的口。百姓一度依从了，但是在文保二年（1318 年），以右马允家安为首的百姓为讨好供僧，揭露了重舜的不法行为。于是，他们得到供僧的认可，能够自己来重新丈量土地，以有利的条件实现了由百姓直接承担年贡。而且，他们还对重舜的掠夺表示强烈抗议，在给供僧的联名信中说，如果不处罚重舜，他们将“永远逃离庄园”。

昨日之敌乃今日之友，今日之友明日也可能变成敌人。百姓们利用变化不定的统治者们的动态，进退有据，变通利害。在这里，“为利益而背叛”乃是理所当然的。敌追我跑，敌退我攻，隐匿山野的这样的团伙正是这些百姓的战斗形象。

“逃散”的百姓

这一时期，百姓屡屡饮“神水”，“一心同体”地行动。当然，大和国平野殿庄的百姓因害怕预所平光清闯入之后被“射杀，砍杀”而逃散，这可以被视为因实实在在的恐惧而导致的行动。

但是，正和三年，对于辨房承誉的不法抢夺行为，弓削岛庄百姓的果断逃散绝不仅仅是因为恐惧。他们寻找借口，一起离岛逃散。与此同时，百姓们“同心同德”，“哪怕历经七代”，也拒绝承誉当代官。他们把写有“不达目的绝不回岛”誓言的联名申诉状托付给

3 名百姓代表，让他们火速进京。百姓们深知承誉的敌人是谁，他们要借助与承誉对立的前预所和守护代等人的力量。迫于这一强硬态度，供僧把预所传唤到法庭，让其与百姓对质，总算使双方达成和解。

这绝对不是恐惧或穷苦带来的逃亡，和太良庄百姓威胁不种庄稼一样，逃散是百姓撼动统治者、实现自己利益的斗争手段。百姓从一开始就把自己的生活都赌在了这上面。但是，这不是被压迫到极限的结果，而是经过充分算计和预判的政治行动。

统治者为了把百姓招到庄园公领而尽力“抚民”的时代、百姓多多少少都有些“流浪性”的时代都已经过去了。百姓已经开始强化与土地的结合，寻找安定的居住、生产之所了。名主制度仍未改变，他们仍然由拥有名主职的人领导，但是一种以这些被称作“乙名”的人为核心的地缘性组织正在得到加强和巩固。可以说，集体逃亡就是百姓在这样的背景下，要让统治者想起从前的“抚民”政策，并强迫他们实行“抚民”的手段。社会的转型已经清晰地显露出来。

住民的逻辑

四处游荡的人们在其定居之所的生活方式正在发生变化。位于琵琶湖北岸的菅浦吸纳了来自近江的人，他们捕捉鱼和鸟作为供品，这里便成为以船运和渔捞为业的供御人的基地。

菅浦直到现在也没有田地。人们的房子密集地建在竹生岛对岸的水湾处和山脚下。聚落的东西都设有入口，整个聚落看上去俨然就是一座宅邸。镰仓初期，这里有十几个本供御人和几家“胁住”。他们开垦的田地在距离菅浦较远的日指、诸河的谷地上，那里属于大浦庄的名田。也就是说，隶属于御厨子所的菅浦供御人，也是圆满院门迹（园城寺门迹）领地大浦庄的百姓。

但是在永仁三年，菅浦的人们把后来开发扩大的日指、诸河的田地捐给了延历寺的檀那院，还进献了若干灯油钱，从而获得延历寺的保证，将这些田地纳入菅浦。而且，这些田地不仅被分给本供御人，也被分配给所有人。菅浦人认为这些田地是他们集体管辖的领地，于是试图脱离大浦庄的统治，将其置于菅浦的一元化统治之下。他们和与大浦庄的统治者园城寺对立的延历寺联手，想借助延历寺的力量来贯彻自己的主张。

这是经过充分算计的行动。从大浦一方来看，这是极其严重的挑战，但说到底大浦一方也不过是把日指、诸河看作庄内的名田。当然，双方发生了伴随武力冲突的激烈对抗。如果大浦借助园城寺、六波罗和守护佐佐木氏的力量在琵琶湖各处扣押菅浦供御人的船只，菅浦人就说动天皇和延历寺帮忙，而延历寺将用强诉的方式加以威胁和对抗。

一场不知何时能结束的长期争斗开始了。稍微夸张地说，菅浦人的行动是对中世土地制度的根本性基础——名田制度的挑战，因此争斗长期化也是自然的。虽然最初未必明确，但在争论的过程中，支持菅浦人主张的原则逐渐清晰地形成了，即可叫作“住民的逻辑”的地缘关系原则。菅浦供御人把日指、诸河的田地分给了包括“胁住”在内的所有菅浦住民。这或许是为了举全浦之力与大浦战斗而采取的措施吧。

但是，从这里产生了这样的主张，即菅浦的住民都是供御人和神人。嘉元三年，这里的住民都成为日吉神人。建武二年，内藏寮也承认住在菅浦的 72 家住户都是供御人。

从原则上看，以前定员有数的每个供御人都通过御厨子所和内藏寮与天皇相联系，形成与天皇的人身依附关系。现在，这种关系发生了巨大的转变，“住民的逻辑”这一地缘关系原则贯穿其中。当然，菅浦人的船运和渔捞此后仍在继续。菅浦以浦内住家和日指、诸河的田地为基础的地域性商业群落乃至渔村的色彩越来越浓了。虽说都叫“住民”，但其内部从一开始就有阶层之分。继承本供御人一脉的“乙名”掌握着领导权。一般认为，浦内重大事情由住民集会决定，但与“惣”有关的规则要形成文字时，仍是由这些“乙名”来署名。伴随着以这些“乙名”为中心的“自治”，中世的制度仍坚韧地延续着，而这种具有“惣”性质的结合此时在西国各地也正在广泛形成。

渔村的形成

菅浦就这样使供御人的特权从内部发生了质变。但是，使作为供御人的海民自由往返各国的特权，虽然在多数情况下形式有所改变，却一直保留到近世。到了近世，近江的坚田保留着在琵琶湖各处打渔的特权，佐渡的姬津浦也保留着在这一带海域打渔的特权，霞浦四十八津、北浦四十四津可以共用琵琶湖等，这样的例子可以找到很多。

到了镰仓后期，对于这些特权，“环浦之山怀抱的海域乃是该浦的渔场”，“矶海随陆地进退”等傍例抑或大法（习惯法）开始在各地形成。这是以海民安稳定居于各浦为前提才能形成的习惯，与供御人的特权明显不同而且对立。实际上，在正和四年的志摩国伊杂浦，神宫的神户就声称拥有在该海域捕鱼的特权，而拉网捕鱼的“熊野山以下各岛渔人”则主张“应当根据伊杂浦边缘陆地的归属来决定对这片海域的进出和使用”。双方之间发生了争执。

山里也是一样。能够自由往返于“渺渺深山”、使用木材、摘取果实并被允许狩猎，作为木地师和猎人的供御人的此类特权虽然仍旧保留着，但是附近庄园占有“近邻之山”的权利却与这种特权发生对立，并且限制着这种特权。随着时间的推移，庄园居民的权利逐步稳固下来。

镰仓后期，浦对于其周边的海域与山林的占有得到加强。若狭湾的各个浦当中，海民定居多乌浦是在镰仓初期，当时还没有形成浦控制近邻之山的习惯。由于定居时间比较晚，多乌浦周边的山都被阿纳、志积、矢代、汲部等浦分割了。甚至在同一座山内，相对于隔河相望的汲部浦，多乌浦人对海域与山林的权利也大多被挤占了。

尽管如此，到镰仓中期，多乌浦和汲部浦的人们事实上已经以“作人”的身份把附近的各山占有了，其他各浦只剩下“名主”这个职名了。甚至在多乌浦和汲部浦之间，人们经过几次争论，也于永仁四年达成将所有邻近的海域与山林一分为二的原则，并得到地头、得宗代官（御内人涩谷氏）的保证。根据该原则，两浦把各自管理的山在乙名、胁等各个阶层的住民当中均等地加以分配。鳆网场、飞鱼网地等渔场以轮流使用一年的方式来贯彻一分为二的原则，而在使用期间，由浦内乙名百姓每 2—3 人为一轮交替使用的形式也随之产生。

嘉历三年（1328 年），地头代认可了6 个鳆网场并将其交给乙名百姓。也就是说，这是在两浦各自的乙名百姓之间平等利用渔场（因渔场条件不同，所以通过轮流使用来实现平等）的所谓“海之割替”（渔场轮换）方式。由此，浦内乙名百姓对渔场的所有权得以确立，尽管渔村内部仍有阶层之分，但可以说以海域与山林的占有为基础的渔村开始形成。

造酒司和酒曲供御人

农民的“流浪性”逐渐被克服，海民和山民在居住地的状况也在发生变化，出现了分化并形成农村、渔村和山村的迹象。行走四方的职人也出现同样的动向，新的城市诞生的条件业已成熟。

如前文所述，酒家建在市场上是比较早的事情了，京都的情况也应该差不多吧。酒曲贩子原来是供御人，隶属于造酒司，负责进贡日常的供御酒和醋、诸社祭礼酒、官行事所和藏人所常规仪式所用的临时食材等。造酒司的便补保[1]就设在摄津、河内、和泉、大和等地，大概酒曲供御人的居住地也在那一带吧。

但早在承元三年（1209 年），造酒司就抱怨说，这些酒曲贩子自称诸神社、权门的神人、寄人，不进贡课税，而且还受到了藏人

1 古代到中世，因费用征收困难，为了供给中央官衙的经费，人们使用地方特定区域的官物或杂公事来替代各地应向中央缴纳的纳物以及封户应向封主上缴的封物。为此而指定的土地被称为便补保。

所的认可，得到藏人所牒（记载于《押小路文书》中）。各神社或权门原来都是通过造酒司获得祭礼所需的祭酒，但在这一时期，他们把酒曲贩子作为神人、寄人直接置于自己的管理之下。如果再往后推到南北朝时期，我们就会发现，日吉社、新日吉社、春日社、贺茂社、石清水八幡、大山崎八幡、新熊野社、平野社和北野社，以及仁和寺嵯峨院等都有自己的酒曲贩子。

造酒司除了从这些酒曲贩子那里征收贡进酒外，还从以畿内和山阳道为中心的12国征收上纳品（这一制度于延久、康和年间确立）。但是从设立便补保这一点来看，上纳品的征收并不理想。最终，在仁治元年（1240年），造酒司再次向朝廷提交解决方案。内藏寮和内膳司在市场上从鱼鸟供御人（即前述的活鱼供御人和鸟供御人）那里、装束司在市场上从苎麻商人那里征收上纳品，左右京职命令京中各“保”征召染匠和人力等。而且，酒家已经遍布京城东西各处，数不胜数。造酒司提出申请，请求像其他官衙那样从这些酒家里每家征收一升的上纳。

住京开店的酒曲供御人和已成为神社神人的酒曲贩子如此之多，造酒司的要求也是针对当时的实际情形提出的。公卿的意见也有分歧，但结果是重视传统的意见占了上风，造酒司的愿望没有实现。需要考虑的是，即使在当时的背景下，酒曲贩子仍具有四处行走的职人特征。

洛中酒垆役的设立

镰仓末期，情况发生了很大的变化。在洛中（京都市内）的酒家定居下来，至晚在正和、元亨年间，早的话在正安年间，前述造酒司申请的对酒家的赋课业已实现，这是毋庸置疑的。

正安四年，后宇多法皇下达院宣，指出酒曲贩子自称神社神人、诸院宫酒殿诸方公人，还说身在神社佛阁、权门势家领地之内，有不服课税的动向，如果他们不缴纳课税，将停止其营业。可以说这与承元之牒具有相同的主旨，都是将住在神社或寺院领地的酒曲贩子视为问题。由此来看，向已定居的酒家征收课税是确定无疑的。但是，这里还没有附加"洛中"这一限定词。正和年间发生了一件众所周知的事情，洛中河东的酒家被征收用来营建新日吉社的费用，这清楚地表明前文所述的造酒司的申请已经实现。只不过，这看上去似乎仍像是临时的课税。

元亨二年，关于洛中的酒垆（酒家），后醍醐天皇向造酒正下达纶旨，要求藏人所、左右京职停止干涉，可由造酒司征收课税。这项纶旨好像极其严厉，新日吉神人兄部则重因阻挠造酒司的命令而差点被投入监狱。他辩解说自己不知道纶旨的主旨，最后总算是被饶恕了。酒曲贩子当中也有人不服从命令，因此后醍醐天皇也下达纶旨要求检非违使别当给予警告。

我们知道，这时对酒家征收的课税还是临时性的，但这里列出的事实说明，造酒司已经经常性地征收洛中酒垆役了。而且，纶旨中常说"一如先例""如旧"等，无疑是说这种课税从元亨以前就有了，只是征收主体还不是很明确。前文提到的纶旨倒是解决了藏人所、左右京职和造酒司之间的争议，确定由造酒司一家来负责征收了。若果真如此，那么我们很难说清这种课税可以上溯到什么时候。然而，进入 14 世纪以后，朝廷向在洛中稳定经营的多数酒家征收课税已经成为常态，这一点则是确定无疑的。不消说，这也成为后来室町幕府向酒家征收课税的前提。

城市的发展

这些酒曲贩子一面处于造酒司的管制之下，一面又成为各神社的神人，这与木匠的情况也有些相似。

据赤松俊秀介绍的永仁四年的古籍，木工原来隶属于修理职和木工寮，神社和寺院的营造也由他们承担。镰仓时期，就像酒家成为神社的神人那样，贺茂社、鸭社、法成寺、西园寺、建仁寺和园城寺等都有自己的工匠。春日社和日吉社等大神社、大寺院也是一样。

这些工匠居住在神社、寺院的周围和洛中，比如贺茂社的工匠有 22 人住在神社边，4 人住在洛中，而鸭社有 86 人住在一条以北的神社领地，49 人住在洛中。他们专门负责建筑的修缮，同时仍然处于修理职的管辖之下。

前面举过铸造师兼任日吉社神人的例子，并且供御人大多既是院、摄关家的种田人，同时也兼做各神社的神人。在本质上，他们与酒曲贩子和木匠等没什么不同。狭义上的艺能之人也是如此。越是这样的人，其流动性就越强。

在天子脚下的京城、社寺的境内和周边等处，包括这些人在内的工商业者集中定居的人数不断增加。除了前述的六角町活鱼供御人（粟津、桥本供御人），还有今宫供御人（津江御厨供御人）也在京都活动，兼作祇园社神人（大宫轿夫）。活鱼供御人也在姉小路一带活动。此外，具有悠久渊源的居住在丹波国栗作御园的栗供御人也进入京城，后来被称作“丹波屋”。甚至后来成为西阵织源流的织部司织手（大舍人座、大宿织手），以及藏人方（内藏寮）织手（御绫织手）、殿下织手等的活动也异常活跃。

兼为皇宫轿夫（四府轿夫，隶属于左右近卫和兵卫府）的祇园社“绵座神人”不久就与“散在绵神人”区别开来，被称作“町人”。京都就这样逐渐发展为以“町”为基础的新城市。

当然，这不仅仅是京都的现象。如前所述，铸造师住在堺，鱼贝商人（春日社神人）也以此为居住地。在兵库岛也出现了兼营问丸的铸造师。各地的津、泊、国衙、守护所的周围，同样的环境条件也逐渐开始成熟起来。

延历寺与土仓

在这些“町”当中占很大比重的是土仓。《明月记》载，文历元年（1234 年），某土仓因火灾而被烧毁，来自同业富户的慰问品堆积如山。建治四年（1278 年）出现土仓“寄合众”，形成习惯法《土仓故实》。

这些土仓中的绝大部分都处于延历寺的管理之下。正和四年，翻修日吉神舆的总费用是 65 万疋（6500 贯），其中超过三分之一（26.5 万疋）是通过对土仓征收课税筹来的。负担这些费用的由延历寺管理的土仓有 335 家，其中 280 家是日吉神人的土仓。其中有一些在坂本，另有大约 300 家在京都。这正是过去的山僧借上的发展形态。

即便是前述的酒家，无疑也是日吉神人、新日吉神人居多。从这里就能看出延历寺在京都拥有多么强的实力了。镰仓末期，延历寺在京都拥有如此强大的经济实力，这对于幕府来说已成为政治上的巨大威胁。

当然，幕府的力量并非没有波及京都。“诸道之辈”中号称“武士作手”的人越来越多，老早就成为棘手的问题。永仁四年的修理职申诉中就说，建仁寺的工匠借幕府之威已经发展到七八十人了。但是不管怎样，那里毕竟不是幕府的大本营。到六波罗赴任的探题总是想着要回镰仓。

镰仓也并非没有发展。那里也有土仓，也有酒家，还有“材木座”之类的商业组织。此外，还有隶属于将军家的“诸道工匠”。京城来的人带来京城文化，回国的唐船带来丰富的“唐物”，这已见前述。虽说如此，但与东国相比，与以经济实力相当发达的西国为背景、以多年传统为基础的京都相比，镰仓只不过是一个逼仄寂寥的城市。这种落差较之北条时赖时期更加扩大了。以此为大本营的幕府的权势在得宗专制时期达到顶峰，政治上走入死胡同，已尽显颓废之色。不得不说，伴随着工商业的发展而开始充满活力的京都已显露出再次成为政治中心的趋势。

第十一章

镰仓幕府的崩溃

幕府最后的光芒

得宗权威的绝对化

霜月骚动以后，不仅是守护，北条氏一门的领地都在全国范围内急剧增加。据石井进的研究，在镰仓末期，若狭国的得宗领地占全部田地的32%，加上其一门的领地，可达到38%，且其中22处、约5%的领地因御内人的侵吞而正在打官司。在九州各国，仅判明的部分，北条氏一门就占总田数的约13%（日向64.5%、大隅31%）。甚至在常陆国，总田数中也有22.7%为北条氏一门的领地。石井还注意到这样一个事实，即他们的领地都控制着交通和军事上的要冲。如果再加上前述的守护所辖区域，那么可以说，无论在量上还是在质上，北条氏对全国的控制都是压倒性的。

甚至也有一些御家人从本族当中推举得宗御内人，从而与幕府和得宗建立双重的关系。曾我泰光曾是继承陆奥国得宗领地津轻平

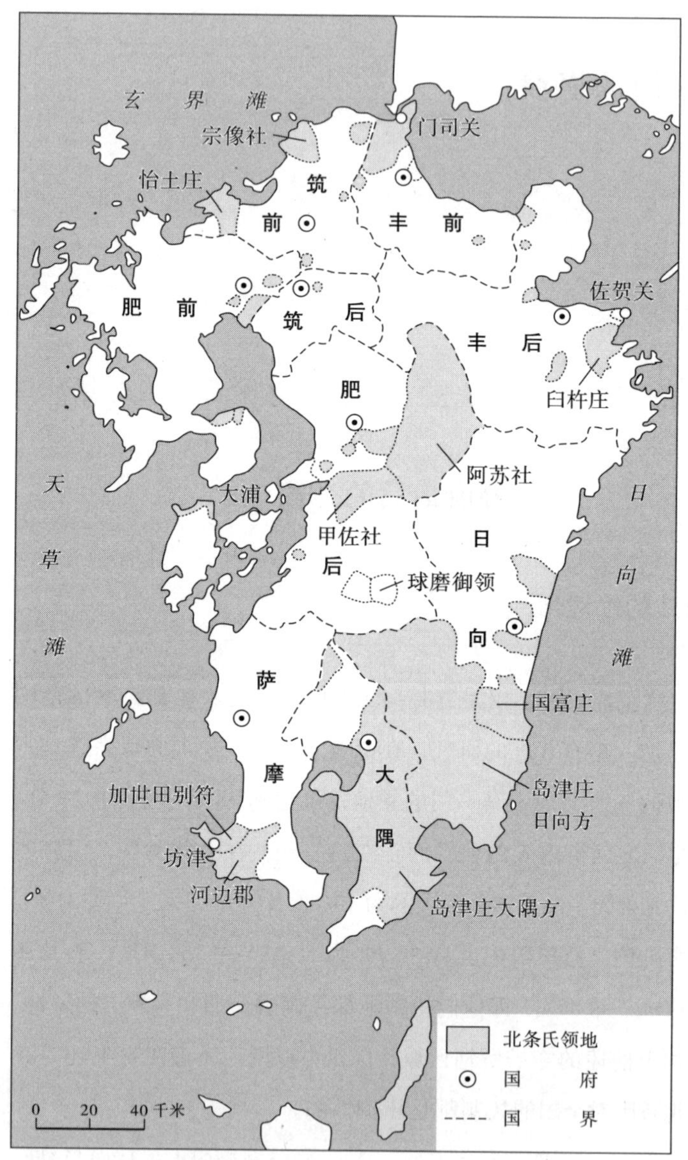

图 11-1 九州北条氏领地分布图

来自石井进《九州诸国北条氏领地研究》(「九州諸国における北条氏所領の研究」,《石井进著作集》, 吉川弘文馆, 1969 年) 所载地图

贺郡地头代的御内人，但他也是统领公方领地伊豆国安富乡等地的御家人。嘉元二年，他把两块领地分别写成让状传给了子孙。宇都宫通房也可以说是同样的例子。他既是御家人，同时也成了得宗的（肥后国）守护代。

这一时期甚至还有一种突出的现象，就是那些出了名的豪族御家人都从得宗名字里取一字来作自己的名字。足利氏的贞氏和高氏，佐佐木（京极）氏的宗氏、贞氏和高氏，常陆豪族小田氏的宗知、贞知和高知，下总雄族结成氏的时广和贞广，还有下野小山氏的贞朝和高朝等都是如此。至少在表面上，他们都折服在得宗的权力面前，这么说毫不为过。

北条氏一门自身也不例外。佐藤进一指出，对于归属北条氏一门的守护职，得宗加以一元化的控制。石井进说，到了镰仓末期，甚至连任地头职的北条氏族人也完全处在得宗的控制之下。通过金泽文库保存的许多金泽贞显的书信，我们了解到，北条氏一门中的雄族金泽氏的贞显在北条高时出生时就开始一心一意地奉仕他，无论何事都战战兢兢地秉承其意。从连署做到执权的金泽贞显竟然也是如此。嘉元年间的北条宗方骚动以后，可以说北条氏一门被彻底拔掉了吃人的牙齿了吧。

御内人的横暴

到了这个地步，幕府的机构与御内的机构完全没有明显的区别了。评定众中北条氏一门的年轻人的比重也随着时间的推移而增加，从乾元元年直到幕府灭亡，评定众中 19 岁以下的有 3 人，24 岁以下的有 2 人（根据佐藤的考证）。评定众功能之低下，由此可见一斑。

与此相反，嘉历元年（1326 年）的评定众中有最具实力的御内人长崎高资的名字，而“参否役”（考勤员）是同为御内人的安东贞忠。御内人出任评定众，御内人监督考勤。至少在北条时宗以前，这是难以想象的事情，而现在却公开进行。佐藤还注意到，御内人盐饱新右近担任恩泽奉行，而这个职务负责处理给予御家人恩泽的事务，是将军与御家人主从制的关键职位。

镰仓末期出现了叫作“得宗方”的诉讼机关，毫无疑问，这是为了审理与得宗领地有关的诉讼。然而，我们却看到，有一些得宗方审理的诉讼被托付给幕府正规机构——引付，通过关东下知状（得宗领地诉讼由得宗的下知状裁决）来裁决。具体情况究竟如何，我们还不是很清楚，但确切无疑的是，这表明了御内和幕府机关的混同与融合。御内人向幕府机关的渗透大概是北条贞时出家以后的事情吧。随着制度创新的停滞，以及身披袈裟的得宗即使没有正式资格也能指挥评定成为常态，御内人的渗透自然而然地继续发展下去。

御内人的横暴就这样在幕府内外愈演愈烈。前文说过，若狭国有许多领地被御内人强占，正处于诉讼之中，太良庄也是其中一例。为了抗议得宗强行丈量土地造成田亩数减少、年贡减少，东寺供僧于乾元二年在六波罗提起诉讼。但是，这项诉讼的前景毫无希望。杂掌预料说：“奉行和地头代是一伙的，结果实在难以预料，恐怕官司会拖延下去吧。”事实证明的确如此。延庆三年，诉讼终于在六波罗审结，并被送到镰仓。供僧们通过长者向北条贞时甚至是还未担任执权的北条高时请求推进诉讼进程。元亨三年（1323 年），

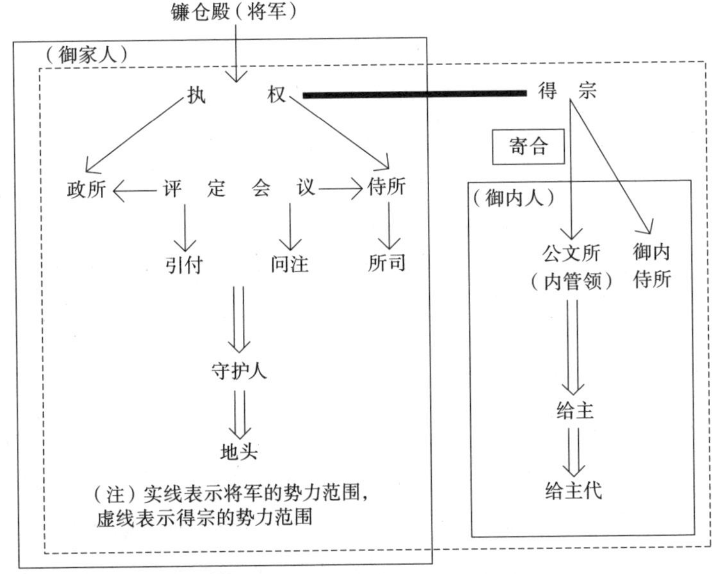

图 11-2 将军、御家人与得宗、御内人的关系

他们又向北条氏一门的东寺长者佐佐目僧正有助（北条义时曾孙，伊具有时之孙）提出申诉，甚至连详细的诉状都准备好了，但最终法庭一次也没有开庭。以得宗给主代（御内人）为对象的诉讼，甚至连拥有北条氏一门的长者（金泽贞显之子显助也是长者）、与幕府关系很深的东寺尚且如此，遑论其他。

后来在幕府灭亡时，在太良庄，甚至连名主、百姓也一起反对借助得宗给主代的权威行事的人。在得宗的统治下，虽说百姓当中也有利用其权威的人，但这样的情形也真实反映了镰仓末期御内人的横暴。

更有甚者，御内人无法无天的专制统治通过广大的得宗领地和北条氏一门的领地扩展到了全国。

佛寺与神社领地的恢复令

正和元年（1312 年），执权大佛宗宣去世，连署北条熙时接任执权。但是，连署一职没有得到补充，如前所述，内管领长崎圆喜和安达时显（后为北条高时之岳父）等辅佐北条高时，使其成为寄合的中心。北条高时年仅 10 岁，还是一个不太可靠的得宗。尽管如此，幕府的实际首脑不是执权，而是这个北条高时。

这一年年底，幕府发布了“镇西神领兴行令”。这个法令认可了宇佐、筥崎、高良、香椎和安乐寺（天满宫）等五神社的“社领恢复令”。该恢复令规定，无偿收回所有买卖、抵押给非御家人和凡下的神社领地，若是买卖、抵押给御家人，则在若干限定条件下（因神官和僧侣之过错而被没收、为御家人所有的领地，或是天福、宽元以来一直承担御家人役的领地除外）由神社收回。同时，幕府还派出了奉行，准备应对不断出现的来自神社的诉讼。

在此之前的弘安八年，幕府也曾向九州发出过“镇西神领兴行恢复令”，又于永仁六年发出所谓“九州大社修造兴行令”的法令。但是，这次的恢复令与以前的相比要彻底得多，所产生的诉讼持续了很长时间。从微观角度来看，我们不能说这些法令仅仅是作为对异国降伏祈祷的报赛，而必须认识到这些法令背后有着更深层次的原因。对于寺院和神社一元化领地的恢复令并非只在镇西发布。龟山上皇和伏见上皇在大兴神事或佛事之时，也发出过“寺社回复令”。将神佛领地与世俗人物的领地区别开来加以保护的倾向，在公家和武家都同样得到了表现。

笠松宏至注意到这样一个事实，即镰仓中期以后，所谓“佛陀施入之地，不可反悔”（捐给佛寺和神社的领地，捐献者及其子孙不得收回）的“大法”逐渐浮出表面。笠松对寺社强调这项法理的情况进行了探讨。他认为，直接的原因是寺社对因幕府的抑制和捐献者一方的变化而导致的捐献给寺社的土地可能发生动摇之事的防范，以及对神官和僧侣越来越倾向于将寺社领地视为私人领地加以支配的状况的警惕。然而，随着一元化领地的形成，寺社一方强烈地表现出使世俗权力承认神佛领地属于绝对的私家领地的倾向。

与此同时，笠松宏至还注意到，也是在同一时期出现了这样一种法理（笠松称其为“墓所”法理），即如果隶属于有实力的寺院和神社的神人、山僧等在某地被杀害，那么寺社就要求将杀人现场变成“墓所”，即变成其领地。如果发生杀人案件，武家一般会使用检断[1]权来没收加害者的权益（即领地），但是被害者一方不能向加害者提出任何要求。笠松宏至的理解是，这项法理就是为了对抗武家的检断权，满足被害者一方的要求而产生的。据他推断，这可能与“污秽”“祓禊”等观念有关。

我也有同感。也许这是因为人们忌讳“污秽”的倾向正在逐渐增强，寺院、神社便反过来试图将“污秽”的杀人现场转变成神佛之境吧。随着行走四方的职人、乞丐和非人等聚集在寺院、神社里或其门前，这些人的定居便使得这些场所开始具有一种“公”之场所的意义。而寺院和神社出现强调神佛之境的倾向也可以说是有相

1　检断，中世日本从搜查、追捕犯人，到调查取证、审判等所有程序的总称。

同的根源吧。产生后来的“门前町”的基础就是这样逐渐形成的。

无论怎样，武家和公家都在以一元化领地为基础来加强自己对“公”之领域的统治权，而寺院与神社也在以当时人们对神佛的敬畏为大背景，以特有的法理把自己的权益提高到“公”的、绝对的地位。前述的一系列神领恢复令就是武家和公家对这些寺院与神社强烈诉求的回应。但在另一面，在自然的发展进程中，寺院、神社与武家、公家的关系却越来越紧张。

诸社喧闹

正和三年，紧张局势终于爆发，演变成各神社一系列的强烈抗议。继前一年香椎宫被烧毁之后，今年又有寺院和神社被烧毁。正月二十九日，镇西大分宫被烧毁。二月十日发生火灾，尊胜寺和最胜寺被毁。三月，春日神木开始移动，这是为了抗议幕府抓捕前文提到的与多武峰发生战斗的肇事者。神木越来越接近京都，终于在十七日进京。继而在闰三月，甚至连石清水八幡宫的神人也发起诉讼，封闭了社殿，并在四日把神舆抬进京都。此事的起因是石清水八幡宫的神人与地头相争，地头殴打了神人，而神人为了报复，击杀了地头的下人。死者之母告到使厅，检非违使抓捕了杀人的神人。于是，对此表示抗议的一系列嗷诉行动便发生了。

这个时期，花园天皇信赖西大寺的如圆上人，而在闰三月十九日，如圆上人告诉天皇，住吉神社宝殿的铁锁断了。他说，这种事在以前蒙古袭来的时候也发生过，也许是神为了降伏异国已经出发了吧。那天夜里，花园天皇从菅原茂长那里也听到类似的事情：筑前国青木庄的北野神社里出现了一条受伤的蛇，人们起初并没有太在意，但神托梦给女巫说："因为有异国来袭，所以我也和香椎、筥崎和高良的诸神一起去战斗了。香椎宫已是半死半生的状态，我为了将此事告诉给人们才变身为蛇出现。如果你们祈祷的话，我将再一次出发去征伐异国。"

当时，镇西地区恰好正在依据恢复令进行五神社领地的恢复工作。这些传闻似乎很露骨地表达了神社的意图，即利用人们对异国来袭的恐惧来威胁人们，从而扩大恢复令的适用范围。面对春日神社和石清水八幡宫的抗议，又听说了住吉神社和北野神社的故事，18 岁的花园天皇害怕异国袭来，诚恳严厉地谴责自己的不德，并将此事写进自己的日记。

> 朕以不德妄袭天子之位，因而有如此之灾耶？悲叹之甚，非笔端之所及。惟仰佛神之冥助也。

据传，在守护石清水八幡宫的武士的梦中，诸神告诉他们自己已经出发了。四月六日，朝廷处检非违使等人流罪，接受了石清水八幡宫的要求。神舆于十三日归座。可是，五月一日又发生了新的事件。新日吉社为了举行祭礼，向七条室町征收课役，却被八幡宫的驹形神人成佛法师拒绝。愤怒的新日吉社神人和宫仕们立刻聚集起来。他们杀气腾腾，有人欲讨伐成佛，放火烧其家。六波罗北方探题金泽贞显听闻此事，与南方探题北条时敦商议后，派随从和检断头人向山敦利前去镇压，结果引起激烈冲突，武士们被围堵在众人当中。经过战斗，虽然总算是驱散了神人，但有 3 名武士战死，多人负伤。有许多神人和宫仕被杀，甚至围观之人也有被卷入其中而丧命的。

延历寺震怒之下，准备向六波罗发起攻击。在京武士齐聚六波罗加强防备，京都一度要成为战场。有传闻说，东大寺的神舆也要进京了。果然是一种“诸社喧闹”的情景。

陷入苦恼的幕府

幕府采取强硬态度加以应对。和泉国御家人和田助家接到上京的命令并于六月五日到京，甚至到了十月仍留在京都。畿内的御家人大多都被召集到京都。幕府仗着这样的武力，于七月宣布在大和的兴福寺领地设立地头，想以此来压服众徒。十月，地头们已经入驻兴福寺。

另一方面，对于延历寺，幕府于六月三日向朝廷提出申请，要求更换座主公什，没收其领地，并命令三门迹（青莲院、妙法院、梨下）让此前的打架闹事者自首。延历寺进行了抵制，但最终从九月十六日起，闹事的山徒陆续自首，到二十七日全部被逮捕。十月四日，六波罗将西塔北谷的越前律师玄运、西塔东谷的相模注记豪誉（许多延历寺恶僧都被称作“注记”或“竖者”）等12人处以流罪，其他人则被赦免。该事件就此告一段落。

正和四年正月，幕府将拦路抢劫的处置从所务沙汰移交给检断沙汰，同时向各国派出使臣，命令守护和地头御家人追捕恶党。在路边抢夺过往行人财物、强行索要他人财物的人，哪怕只是传闻也要上报，并要将疑犯捉拿归案。幕府试图借此一举压制恶党。然而，延历寺总是表示反对，不停地带来动荡。四月十三日，为抗议近江开发乡地头的侵夺，延历寺关闭了山上山下的所有堂社。面对此种压力，幕府决定处罚引起前述纷争的八幡神人成佛，而这次八幡一方也开始抗议了。夹在中间苦不堪言的幕府在事件发生一年多后的六月二十七日才终于下达决断，决定解除成佛的神职并给予处罚。

当时，幕府受理了拥有自由往返诸国特权的八幡宫大山崎神人的诉讼，认为在淀、河尻、神崎、渡部和兵库等关口收取码头费为非法。刚刚压制了八幡的幕府，现在却又支持八幡，并于九月十二日发出指令，认定东大寺在尼崎和兵库等地为修造东大寺神舆而设立的收费关口属于新设关卡，令其撤销。这一举动大大激怒了东大寺。东大寺认为在渡部、一洲和兵库三处关口收税是为了修造佛塔，因而提出强烈抗议，由此引发了长久的纷争。十一月二十三日，住在都贺河的山僧动员淀、兵库和尼崎一带的住民大举闯入兵库关，与守护使开战。

按下葫芦起了瓢。幕府面对寺院和神社的喧闹与诉讼，不得不疲于奔命。

引起天下骚动

同一时期，在京都，京极为兼的果断行动引起了人们的关注。京极为兼被赦免流罪回到京城，在伏见院政下比以前更受信任。应长元年，伏见上皇命京极为兼编撰和歌集。二条为世表示反对，认为为兼曾被流放，而且身为庶子，不应为编撰者。然而，伏见上皇并未采纳他的主张。

干劲十足的京极为兼很快在第二年献上《玉叶和歌集》，这本和歌集在沉闷的中世和歌史上为歌坛吹进了可谓划时代的新风。也正因如此，对为兼的批判随之而来。《野守镜》即是其中之一，它将为兼的歌风比作一向众，批判《玉叶和歌集》说："作为歌人，难以给予好评且低级的内容太过突出了。"另外，由于为兼与关东势力走得很近，所以伏见上皇和京极为兼在和歌方面的作为也绝不会得到好感。

正和二年，伏见上皇出家，把政务交给后伏见上皇。京极为兼也紧随其后出家。但是，两人仍旧掌握着实权，倒是后伏见上皇心生退位之意。正和四年四月，京极为兼称要完成"夙愿"，于是率领全家赴奈良兴福寺开展供养、竞歌和蹴鞠等活动。公卿和殿上人宛如随从般跟随着为兼。仪礼颇为壮观，为兼显得如同关白一般，其架势几乎与天皇巡幸无异。当时的关东申次西园寺公衡对持明院统颇有好感，但他却将京极为兼的出行看作"引起天下骚动"。京极为兼已达权势的顶峰，随心所欲地做出了大胆的行动。

这一年的九月，西园寺公衡去世，憎恨京极为兼的西园寺实兼（公衡之父）再次成为申次。京极为兼的命运急转而下。十二月，六波罗以意图谋反的罪名，派遣数百军兵逮捕了京极为兼，并于翌年五月再次将他流放到土佐。此事当然波及了伏见法皇。同年（正和五年）十月，伏见法皇不得不亲自给幕府写告文，辩白自己本无异图，甚至还经常为幕府祈祷。伏见法皇和京极为兼的大胆作为在因循守旧的宫廷氛围中可算是异类了。

有一位青年贵族叫日野资朝，他看到京极为兼被流放，却说："啊，真让人羡慕啊。真希望在生而为人的回忆当中也能有这么一次。”据说，西园寺实衡（实兼之孙）看到西大寺年老背驼的静然上人时表现得很尊敬，日野资朝就冷笑着说：“他只不过是上了年纪。”后来，资朝把一只老瘦的长毛犬送给实衡，并通过使者传达说：“这模样看上去非常值得尊敬啊。”

一天，日野资朝一边避雨，一边用冷峻的目光看着聚集在东寺门前的残疾人。他觉得这些手足弯曲的人“尤其值得去爱”，这种感觉让他很不舒服。他一回到家，就把以前特别看重的枝干弯曲的花木都挖出来扔掉了，“惟不及质朴无奇之物”。吉田兼好在《徒然草》中记下日野资朝此时的想法，以“乃应如此之事也”作结。在京都的贵族和僧侣当中，像驱使恶党的道我，以及像日野资朝这样与常人不同、具有强烈个性的人物逐渐崭露头角。

北条高时与后醍醐天皇

正和四年，执权北条熙时在镰仓去世。自八月起，北条基时（业时之孙）继任执权，金泽贞显任连署。此外，由于金泽贞显在前一年十一月回到镰仓，六波罗的位置便一直空缺。现在，幕府派大佛维贞（宗宣之子）上京，与北方探题北条时敦共事。第二年，即正和五年，得宗高时14岁了。七月，他取代北条基时成为执权，所有的任职都仿照北条贞时旧例。

《保历间记》评论北条高时是“颇具亡气之体，难副将军家执权”的人物。在忠实的连署金泽贞显及长崎圆喜、安达时显等人的辅佐下，北条高时却做着“安然无事度岁月”的“没有真正权威的”执权。无论如何也只能说他是一个平庸的人。

另一方面，由于京极为兼失势而突然得势的大觉寺统，通过西园寺实兼向幕府强烈要求让东宫尊治即位。花园天皇感觉到，退位已经是不可避免的了。他秉性质朴，认为“东宫兼和汉之才，年龄也像自己的父亲”，以“已经在位十年之久了”来安慰自己，只是没能搬进新造的御所（富小路殿）就退位实在是遗憾之至。花园天皇真是一个纯真的少年天皇啊。

然而，在文保元年（1317年）四月，已进京的东使摄津亲鉴劝告两统商量着解决践祚和立太子的事宜，所谓“文保和谈”就此开始。但是，两统之间的鸿沟已难以弥合。京极为兼事件以来，倾向于大觉寺统的幕府提出了一个有利于大觉寺统的方案，即尊治之后的皇太子应立后二条上皇的皇子邦良，邦良之后是后伏见上皇的皇子量仁。然而，持明院统坚决主张量仁在先，毫不退让，导致和谈未果。幕府欲把责任推给天皇家的小把戏失败了。幕府站在对立的两统之间，没有既定的方针，只是左右摇摆。

同年九月，伏见上皇去世，后伏见上皇开始了名副其实的院政。在伏见上皇的阴影下，有时后伏见上皇甚至还被伏见上皇怀疑其真实的意图（京极为兼事件时，后伏见上皇不得不向伏见上皇辩白说该事件并非自己策划）。他刚刚开始掌握政务时还是颇为进取的，详细制定了辨官和职事的奏事方式，以及评定和文殿等的诉讼程序。严禁女官关说、强调促进公正审判的《政道条例》24条等恐怕也是在这个时候制定的。

但是，实权人物伏见法皇的死仍是决定性的转折点。文保二年正月，后宇多上皇通过西园寺实兼请求后伏见上皇让位。后伏见上皇本来是拒绝的，但最终幕府应后宇多上皇的请求介入，按照之前的顺序确定了立太子的顺序。于是，后伏见上皇决定让位。

二月二十六日，花园天皇退位，后伏见上皇的院政也仅维持了5个月。尊治取而代之，于31岁践祚，是为后醍醐天皇。后宇多上皇再次开始院政。

“虾夷”的动荡

同年（文保二年）五月，北条高时致信称名寺长老釼阿，感谢他为平息“虾夷”的动荡而进行的祈祷。社会动荡终于波及阿伊努人了。

据《诹访大明神绘词》记载，此时的阿伊努分为日之本、唐子和渡党三大集团。所谓“夷一把”即指虾夷6000人，而阿伊努人聚集时可达到百把、千把。三大集团中，日之本和唐子两类“其地与外国相连，形体似夜叉，变化无穷”，以狩猎和渔捞为生，不知稼穑，语言难以相通。

渡党与和人（日本人）相似，但胡须浓密，多毛，勉强可以进行沟通。属于渡党的乌索里凯西（usorikeshi，乃函馆古名）和玛陀乌麦（matoumai，即松前）的人们常与津轻的外滨往来交易。他们都极其剽悍，动作敏捷，似鸟飞兽走。上战场时，男子带甲胄弓矢走在前，女子则后阵相随，手持木头削成的币帛状的东西，向天念诵咒语。他们的箭以鱼骨为镞，涂有毒药，稍触皮肤即可置人于死地。这是中世日本人眼中的阿伊努人。

前述的安藤氏从北条义时时代开始就是虾夷代官，在津轻拥有广大的领地，此时已扩张到渡岛半岛的南岸。他们与渡党的关系很深，交易也很活跃。

安藤氏一族的内部也是争斗不止。安藤又太郎（可能叫宗季或季长）与五郎三郎（季久）开战时都拉阿伊努人作后援。文保骚乱一度被平息，他们可能也被押上了得宗的法庭。但是，此时长崎高资承袭其父长崎圆喜之职，成为内管领。他接受双方送来的巨额贿赂，却避开决定性的裁决，下达了使得双方都认为自己获胜的下知状。元应二年（1320 年），当地争斗再起，直到元亨二年仍动乱不止。

元应时期的海上警戒

蜂起的不只是“虾夷”。尽管有数不清的禁压令，但恶党和海盗的活动越来越猖獗。

文保二年十二月，幕府为了镇压西国的恶党和海盗，向山阳道和南海道 12 国（两道共 14 国，不面向濑户内海的国除外）派出了使节。使节共 3 人，他们一直在当地滞留到第二年的下半年，与守护代协力追捕恶党和海盗，收取地头御家人的起请文。《峰相记》记载，在播磨国，“各地共有防御工事、恶党聚集场所二十余处被烧毁，现行犯被处决，五十一人被逮捕”。为了上报此事，使者动身上京。在备后国，有人曾试图进入太田庄仓敷的尾道浦，却因高野山的申诉而受阻。但是，当使者回京后，守护代便以抓捕“该浦有名之恶党”为名，强行进入了尾道浦。

派遣使节的行动刚取得一定的效果，六波罗立刻就想将这套禁压体制常态化，试图在山阳和南海道 12 国的每个国“指定有名望的人作为两使，令地头御家人轮流值守”，并设立役所，有组织地警戒海上。南方探题大佛维贞可能是该措施的推动者。负责轮值警戒的不仅有地头御家人，还包括本所一元化领地的住民，以及在距离海边 3 里以内拥有领地的人。值守时间为一个月，轮值则以月为单位，诸国各自设立一两个警戒役所。安艺国的役所在龟颈，这是一处伸入细长水道的像关卡的地方。播磨设明石和投石两处。

这次的海上警戒产生了多大效果实在令人生疑。比如，对于前述的备后国守护代进入尾道浦一事，高野山就控诉说，守护代早就觊觎着这个“民膏富有”的浦，这次他为实现夙愿，准备了大船数十艘，将年贡等财物悉数运走。守护代自己还从“西国著名的海盗”那里收受贿赂，并给他们提供帮助。如果守护代已经如此不被信任，那么无论怎么督促地头御家人，警戒都不可能有效果吧。而且，从只在濑户内海沿岸诸国进行警戒这一点来看，我们也能推断出，这类警戒的目的是保护给得宗和北条氏一门带来巨额利益的“唐船”。

不过，我们应该注意到，在即将开始警戒的元应元年五月，幕府突然将六波罗下辖的三河、伊势、志摩、尾张、美浓和加贺六国置于关东幕府的管辖之下。这一举动的背景可能是寺院和神社的嗷诉吧。也许多少带有一些臆测，但我们并非不能认为这是关东幕府对独断专行的六波罗的一种牵制。

镰仓末期，得宗让摄津、丹波和播磨的守护兼任六波罗探题，这对京都的警卫和管辖具有重要意义。但是，探题必须是得宗忠实的代官，如佐藤进一所指出的那样，得宗非常警惕分权化和地区权力的增长。可是，如果是自己一门的探题开始做大又该怎么办呢？在这一时期沉闷的幕府政治中，大佛维贞显示出少有的积极性。在拥戴平庸的得宗高时的那些近臣当中，也不能说没人对维贞保持警惕。让人感到意外的也许是，这种警惕似乎来自连署金泽贞显。元应二年九月，六国再次归到六波罗管辖之下。如果这一推测成立，那么前述的海上警戒的效果就进一步减弱了。

据《峰相记》所述，元亨四年，大佛维贞一回到镰仓，六国立刻就呈现出恶党行径“超过先年”的趋势。这一记载也许意外地戳中了真相。

呈报神人名簿

长期以来，京都一直受到寺社申诉的困扰。文保三年（1319 年）正月，东大寺的八幡神舆进京。延庆以来，东大寺一直管理的兵库关将被捐给大觉寺，而对渡部、一洲和兵库 3 个码头关税的管理权也正发生动摇。前一年的年底，僧侣们提出了包含这些地方的 5 项要求，并联署了措辞严厉的起请文，要求幕府贯彻到底。直到两年半后的元亨元年（1321 年）六月，神舆一直停在京中未动。

同年（文保三年），连署金泽贞显之兄、僧正显辨进京，就任园城寺长吏。于是，园城寺众僧想借北条氏的权力建立自己的戒坛，以遂多年来的愿望。然而，延历寺又要发生动乱，僧徒做好了出发的准备。显辨试图阻止园城寺众僧建戒坛，但众僧不听劝阻，迎接长乘僧正，强行建立戒坛。四月二十五日，延历寺山僧冲进园城寺，将堂房尽数烧毁，一间不剩。

石清水八幡宫和春日神社也仍旧动荡不止。不只是京都，在镇西，诸神社的神人也在嗷诉，山伏更是无法无天。北条随时（北条时赖之弟时定的孙子）自文保元年起就任镇西探题，并在元亨元年去世。北条重时一脉的赤桥英时（赤桥久时之子）继任探题。元亨二年十月，关于神人和山伏的抗议与暴行，幕府向赤桥英时发出指令，要求镇西诸神社呈报《本神人名帐》。赤桥英时通过守护，向诸神社传达了该指令。第二年，该名簿即被呈报。在那时制成的《本神人名帐》至今仍保存在萨摩一宫的新田宫，其中详细记载了神官和神人的职掌、名姓等。

这个名簿无非是对那些正在不断增强其独立性的寺院和神社活动的一种应对。镇西的统治权掌握在探题的手中，对本所一元化领地也能实施彻底的控制。幕府试图通过掌握这里神官和神人的实际情况，不仅要加强对于土地，还要加强对于人的控制。

元亨时期的恶党镇压令

元亨四年二月，东使向公家提出以下 4 条：

（1）关于本所一元化领地的恶党。守护向本所要求逮捕恶党却不被执行时，守护可立刻进入本所一元化领地逮捕恶党，且没收其领地。没收的领地将分配给公家中合适的人。

（2）兴福寺、延历寺等寺院和神社同样适用上述条款，但需补任地头，由其负责寺社。

（3）僧侣必须住在寺院里。虽然也有住在京城的，但应调查核实，并使其回归寺院。

（4）前已下令，每年应上报诸神社的神人名簿。今当调查核实，促其执行。

对于其中的（1）（2）条，幕府要求“强盗及海盗出入之地”即便是本所领地也要没收，追捕恶党的使节怠慢使命时将给予严厉处罚等。幕府通过六波罗和守护将这两条法令传达给地头、御家人，并广泛贯彻到寺社本所一元化领地，还要求预所提交表示服从命令的起请文。这两条要求意义重大，以前除了“大犯三条”，守护只能要求本所引渡犯人，绝对不能亲自进入一元化领地。现在幕府推倒了这面限制之墙，这是幕府强化对全国统治权的举措。

这些法律的基础原本就已经存在了。镰仓末期屡屡出现这样的情况，即本所苦于恶党的横行而交出让状，并放弃不让守护进入的特权，还有的本所主动希望补任地头前来。伊势国常光寺和天历寺的领地属于本所一元化领地，但苦于“违敕”的恶党横行霸道，希望补任地头。于是在正和二年，幕府依据《新补率法》，任命富樫家春为地头。甚至，为了抑制兴福寺的抗议，幕府还向大和国派遣了地头。

将此 4 条作为法令确立下来，并规定即便处理方式是交给公家来决定，涉及的领地也要被没收，这应该说意义是非常大的。特别是对于兴福寺、延历寺等寺社反复不断的抗议行动，该法可以说欲施加强力的威压。（3）（4）两条也是一样。强制僧侣住在寺里，利用“神人名帐”来规范神官和神人，幕府试图强力管制寺院和神社。

自蒙古袭来以来，幕府为了营造一宫和国分寺等，已经依据土地台账大田文征收了“一国平均役”（税种之一）。到了镰仓末期，幕府还参与催征大尝会米、役夫工米。而且，幕府还认可为警戒异国而向本所一元化领地征税和动员住民。幕府甚至还将该法令用于海上警戒，依据法令掌握了强行进入本所一元化领地的权限。可以说，幕府对全国统治权的强化至此达到了顶点。

该法令在寺社本所引起巨大反响。既有慌忙登山参拜的延历寺门迹，也有对守护的进入感到战战兢兢的本所。此时在伊予国弓削岛庄，东寺欲排挤辨房承誉，于是任命实心为预所。实心想以该法令为后盾排挤有海盗名声的辨房承誉。这的确可以说是该法令带来的效果。但是，预所实心其实也是奔走在石见、备后和伊予等地，与辨房承誉完全同类的承包型代官。若是如此，那么该法令最终也不过就是引起恶性循环而已，寺社的抗议也不会到此为止。

与前述的海上警戒一样，幕府也没有彻底实施该法的意愿和条件。因袭的空气弥漫在幕府当中，积极的意愿也在其中凋零了。实际上，这几乎是幕府最后的积极政策了。然而，由于这部可谓专制之极的法令，得宗的权力不仅面对着恶党和海盗的反抗，而且还将自己置于集寺社本所、被肆意追捕的地头御家人的不满于一身的境地。他们被组织起来，如怒涛般冲击这一权力的日子已经相去不远了。

道学家上皇与专制的天皇

道学家花园上皇

因循守旧的氛围深深地笼罩着宫廷。严肃认真且一味钻研学问的花园天皇退位后，不得不在这样的氛围中忍受孤独。

只能在自己管辖的狭小庄园（室町院领地的一半）里，要维持着院政的形态是很勉强的。由于这种状况，连本应返还给有理之人的领地却都一直不能返还。花园上皇对此忧心不已，有时甚至萌生出家隐居的念头。元应元年，后宇多上皇无故从花园上皇手里夺走室町院领地伊势国证城寺时，花园上皇虽然想提出抗议，但一想到自己无法维持院政之事，便严厉自责，就此作罢。

但是，人们还是要嘲弄、诽谤他的这种认真劲儿，甚至连持明院统的谱代辅佐日野俊光（日野资朝之父，后与其断绝父子关系）也骂他："真是一个傻瓜！"花园上皇对周围人感到由衷的愤怒，他在日记中写道："试看最近的君臣，皆为嗜欲所蒙蔽，无不蓄积贪资。毁正道之源多在于此。"他批判当时宫廷的风气是巧做文章，玩弄技巧，炫耀博识。而真正重要的是文字背后的"道义"——思想。学问应该是探求"道义"。

作如是想的花园上皇把京极为兼的歌风评价为无人可比，并将其视为"正道"而加以支持。当时另一个可作花园上皇交心之友的是日野资朝。这一年（元应元年）闰七月四日，夜间来访的资朝和花园上皇一直论道到天明。其后又过了大约20天，花园上皇无意中听到日野资朝、菅原公时等人的谈论，与其中一个名叫"玄惠"之人的主张产生共鸣。玄惠也是一个奇人，他与延历寺的关系很深，作为后醍醐天皇的侍读，被认为是宋学的提倡者，后来参与制定了《建武式目》，据说还是《庭训往来》的作者，狂言大藏流之祖，《太平记》的作者等。不管怎样，他们都洋溢着旺盛的生命力。花园上皇被这些人深深地吸引，从中找到自己孤独心灵的支柱。与白拍子、耍猴人和讲说平家故事的盲艺人接触也是出于同样的想法吧。

花园上皇从小就喜欢画画。据说《职人歌合》就是他画的，这也不是没有根据。但是，花园上皇最欲探求“道义”，这时正沉浸在与日野资朝和菅原公时等人的“文谈”之中，欲从中找到一条自己的生存之道。

日野资朝也是让花园上皇开始认识禅宗的人。元应二年四月，资朝带着一个禅僧来到上皇这里，3人又是彻夜长谈。这个僧人就是妙晓上人，他是京都梅津长福寺的开山，后讳月林道皎。花园上皇为这种全新的教义所倾倒。他在日记中写道：“佛法之高妙、心地之极理，唯在禅门一宗，余之大小乘之宗义，皆不可及也。”

这一时期，政务掌握在后宇多法皇手中。花园上皇虽然对后宇多上皇在密教上的造诣表示敬意，但也有难以容忍这位法皇的地方。这一年，后宇多法皇不当干涉花园上皇管辖的室町院领地备中国庄园时，就连一向隐忍的花园上皇也愤然说道：“近日政道，多如斯乎？”后宇多法皇去世之日，花园上皇在日记（元亨四年六月二十五日）中痛切地批判道：“晚年政事不齐，政以贿成。”

花园上皇认为自己“非隐思于政道”，为求道修身而一心向学。花园上皇的确处在求“政道”的潮流之中。在这一方面，这个时代产生了一个典型人物。

法皇的恣意

但是后宇多法皇对政道也并非不上心。第二次院政以后，他在院评定中对“政道”“德政”屡屡加以评议。

在文保三年正月十三日的评定中，万里小路宣房强调说，应该给予德才兼备之人以官职。他还特别强调说，院之评定众和传奏（院政中政务处理的两大路径）乃是政道兴行之要。元应二年四月十四日，后宇多上皇又听取了廷臣们发表对“政道”的意见。万里小路宣房发言说“政道即天道”，再次强调评定众和传奏的重要性。

元亨元年四月下达给祇园社的制符就是这样制定出来的吧。制符中规定，尽速受理伊势神宫、兴福寺和延历寺等寺院、神社的诉讼；限定期限递交诉状和陈述书，逾期视为败诉，试图以此来促使他们获胜；争执中的领地不得捐出等。公家直面的问题与武家不同，后宇多法皇也有他所面临的问题。

虽说如此，后宇多法皇的确也有会受到花园上皇批判的一面。后宇多法皇对密教大为倾倒，有时流于恣意，引发很大问题。由于过于皈依禅门，他引发了益信大师名号的归属问题。如前所述，他在东寺设置修学僧时，默许身边的道我召集恶党保护庄园。后宇多法皇接受醍醐寺三宝院流的宪淳为他传法，其后又强迫宪淳为自己宠信的道顺传法，由此引起与宪淳中意的隆胜之间的对立。宪淳以后，三宝院流发生分裂，一派是与大觉寺统有联系的道顺、文观和道祐之流，一派是与持明院统以及幕府联手的隆胜、隆舜和贤俊（日野俊光之子）之流。这无疑是由于后宇多法皇的恣意发挥了作用。

对于室町院领地，后宇多法皇至死都强硬干涉，令花园上皇又恼又怒。元亨三年，永嘉门院（后宇多法皇的妃子）要求占有花园上皇管辖的一部分室町院领地，并向关东派出杂掌。她的背后站着后宇多法皇。第二年，后宇多法皇撤回该项要求，不久就去世了。在强硬实行这些明显的专断行为这一点上，后宇多法皇与花园上皇的不同还是很明显的。然而，这也是那个时代造就的一种强烈的个性，它的某些方面也被后醍醐天皇继承下来。

燕雀安知鸿鹄之志哉

花园上皇与后宇多法皇不同，他最初对后醍醐天皇的政治颇具好感。在后宇多法皇掌握政务的元应元年，花园上皇忍受着人们的嘲弄，关注着后醍醐天皇“近来在大内屡屡采纳道德儒教”之事。他对日野俊基、吉田冬方等人的新主张也颇为赞同。元亨元年三月，他听到有人批判后醍醐天皇，就说“此辈不知‘道’为何物”，叹息“末代之做法”。四月，他还对奉仕后醍醐天皇的吉田定房赞赏不已。

同年十二月，后宇多法皇将政务移交给已经34岁的后醍醐天皇。后醍醐天皇设立议定众和记录所，开始亲政。该记录所不是新机构，只不过是继承了已经成形的“文殿庭中”等诉讼制度而已。不过，后醍醐天皇的政治也的确表现出前所未有的果断。

花园上皇对此也颇为关注，不吝惜赞美之词。元亨二年二月十二日，后醍醐天皇恢复了除目仪式，花园上皇因此儒道中兴之举大为高兴，在日记中写道：“主上特学中庸之道，政道可归淳素。”日野资朝对后醍醐天皇也大为倾倒。十八日，他与花园上皇谈论学问和佛法至深更半夜，其间便说道：“当时的政道合乎正理。”

后醍醐天皇还无视先例，进行了大胆的人事任命，元亨三年六月十六日任命大内记日野俊基为藏人即是一例。对此，许多人表示不满和批评，但是在第二天的日记中，花园上皇虽然事先声明自己不很了解俊基这个人物，但他还是批评了那些后醍醐天皇的批评者。他说，任用贤才是值得尊敬的，那些对此加以非难的人才是不知大义之所在之人。曾经为孤独而苦恼的花园上皇也在宫廷的新气象当中逐渐确信自己所走的道路。受到后醍醐天皇积极性的启发，花园上皇开始组织《尚书》研究会，而且还相继阅读了一些内外典籍。他通过阅读来追寻大义，体会到其中的乐趣，达到了不禁“手舞足蹈”的程度。

从元亨二年到元亨三年，后伏见上皇多次想把长讲堂领地和播磨国等处的领地转让给花园上皇。日野俊基还多次跑来劝说，但是花园上皇最终还是坚辞不受。对此，有人批判说他“对皇位有野心”“太执拗”等，但花园上皇毫不在意地反驳说：“燕雀安知鸿鹄之志哉？小人莫嘲。”

道学家与政治家

但是，花园上皇终究还是学“道”之人。他对后醍醐天皇的共鸣也是从这个角度出发的，虽然他跨越了两统对立的藩篱，对后醍醐天皇表达了发自内心的赞赏，但后醍醐天皇身上也有花园上皇无法理解的地方。

元亨二年，安乐光院领地播磨国贺屋庄出了问题，后醍醐天皇对此下达了纶旨。该庄处在后伏见上皇管辖之下，花园上皇认为，庄园事务应由本所处理，下达院宣是正当的。但是，后醍醐天皇却坚持认为，以院宣违背纶旨是不应该的，故而欲处罚奉院宣之人。花园上皇对此不能认可。同年十二月，同样的事情又发生了一次。后醍醐天皇发纶旨，将后伏见上皇管辖的法金刚院领地越前国胁本庄给了日野资朝的妻子。后醍醐天皇以纶旨为万能的姿态已经显露出一端。

“此一事，已似乱政。”“此君尚且如此。”花园上皇虽如此叹息，却未失对后醍醐天皇的信任。他在一天的日记开头写道：“近日政道归于淳素，君已为圣王，臣子中也有很多贤能之士。”

关于学问也是一样。同年七月，在《尚书》研究会上，花园上皇通过纪行亲了解到“禁里之风”。对于“其意通佛教，其词似禅家”的宋朝风格，花园上皇难以适应。可是，对于近来“以文华风月为先”，不“知其实”的儒风，花园上皇反而对后醍醐天皇试图抓住本质的态度颇有同感，认为这是“最为应然之事”。

元亨三年七月，当后醍醐天皇试图不合常理地将摄津国的小林庄赐给万里小路宣房时，花园上皇认为此事“最可怀疑”。对于“以理学为先，不拘礼义”，颇有“隐士放游之风”的后醍醐朝廷的风仪，他批评为“今日之弊”。尽管如此，他仍认为这不是“知之难”，而是“行之难”；近来之朝议大体可谓治世，不可拘泥于小节；朝臣以儒教立身颇为可取。因此，花园上皇不吝惜赞赏之词，称之为“政道中兴”。

但是，问题在于两个人的不同之处。后醍醐天皇继承了后宇多法皇的强硬恣意，表现出专制君主的倾向。他已超出了花园上皇所能理解的范围，和日野资朝、日野俊基等一起走上讨伐幕府之路。花园上皇对幕府也有严厉的批评，比如前述的永嘉门院就室町院领地向关东申诉时，花园上皇就被幕府的处置激怒了，毫无畏惧地说出“关东既行乱政”之语。而且，对于这是连署金泽贞显擅自行动的说法，他甚至批评说：“虽云一人行乱政，而他人可随其议乎？”“堕吾国于涂炭也。”

但是，时代将花园上皇和后醍醐天皇之间的差异迅速拉开，成为两人之间的巨大裂痕，最终使他们分别成为走上思考者和学者之路的花园上皇，以及欲通过行动走上专制君主之路的后醍醐天皇。一度看似交会的富有个性的两个人的轨迹，现在正朝向相反的方向。

元亨之变

后醍醐天皇身边的确有一些特别的人物。首先就有文观（弘真）。他属天台宗，被认为是播磨法华寺的僧人，也被看作西大寺的律僧。该僧出身不明，却在进入醍醐寺后得到道顺的传法。而且，他还学习了立川流密教所谓“男女和合，即身成佛”之法。据说，在某个我们尚不清楚的时间点，他将此法传授给了后醍醐天皇，因而得宠。

还有一件广为人知的事情。西园寺实兼的女儿禧子（礼成门院、后京极院）已经以中宫的身份被纳入后醍醐天皇的后宫，可是后醍醐天皇更宠爱禧子的侍女、阿野公廉的女儿廉子。

后醍醐天皇与后宇多法皇在近臣的任免等方面屡有不和，而且他与东宫邦良的关系也不好。因而，后宇多法皇自然更倾向邦良。据说，后宇多法皇的旧臣也忌惮后醍醐天皇，整日如履薄冰。由此亦可窥见后醍醐天皇专制性格之一斑。

元亨四年六月，后宇多法皇去世之时，花园上皇批评后宇多法皇说：“其祸数年内将萌。”花园上皇并非预见到了后醍醐天皇的计划，但他可能敏锐地感受到了某种预兆。后醍醐天皇的讨幕计划可能也是在那之后才开始真正实施的。据说，日野俊基故意在公卿面前读错延历寺的奏状，自罚禁闭。实际上，他却悄悄化装成山伏，走遍大河、河内乃至东国、西国，招募同党。日野俊基的官职是藏人，而藏人所和许多职人性质的武士团都有联系。从这个层面来看待日野俊基的游历是颇有意味的。

这时参与后醍醐天皇讨幕计划的人们当中，除了兴福寺和延历寺的僧徒，还有许多源氏族人。锦织判官代是近江源氏，足助重范是三河源氏，其一族当中也曾出过霜月骚动的牺牲者。土岐赖员（赖兼）、土岐赖有、多治见国长（该名单据《花园天皇日记》）是美浓源氏。他们虽然抱有各自的动机，但“源平更替”的想法（源氏取代属于平氏的北条氏）也许已经在发酵了。况且，这些源氏家族中有人担任藏人、判官代，且与京都有着很深的关系。

后醍醐天皇曾召集日野资朝、日野俊基等一干人举行“无礼讲”（破佛讲）。花园上皇后来听说，他们不着衣冠，几同裸体地乱游。《太平记》载：“法师不着袈裟，而成白衣俗人；年十七八之少女面庞姣好，肤色殊清者二十余人，令着生绢单衣，取酌之时，雪肤通透，与新出水之太液芙蓉无异。”讨幕计划就是在这样的地方拟定的。起事之日定在九月二十三日，此日将举行北野祭[1]，届时肯定会发生喧哗和争斗，因此六波罗也将人手不足。趁此机会，便可诛杀探题北条范贞（北条重时一脉，北条时范之子。元亨元年上京，递补前一年死去的时敦之职位），召集延历寺和兴福寺僧徒，固守宇治、势多等地区。

然而，讨幕计划被土岐赖员泄露。九月十九日，赖员将计划泄露给妻子，而其岳父是六波罗奉行斋藤利行。妻子劝土岐赖

1　京都最重要的祭典之一，主要在北野天满宫举行，以安抚菅原道真之灵，祭典包括神舆巡行等大型仪式，也有神乐、相扑等表演活动。

员自首。这日，天还没亮，六波罗的大军就包围了土岐赖有和多治见国长的馆舍。经过激战，二人都被诛杀。六波罗继而要求逮捕日野资朝和日野俊基，二人于当日自首。后醍醐天皇慌乱不已，对此事的回答也是前后矛盾。

今年大略废学

这起事件给花园上皇造成了巨大冲击。刚开始，他还怀疑这不是事实，多少还抱有一些同情："这种做法虽有勇气，但没有考虑到道路是否正确。"随着对情况的逐步了解，他不得不认为，如果这是事实的话，那么君臣都是疯子。

九月二十三日，万里小路宣房作为后醍醐天皇的使者，为辨明该事件而下了关东。后来，花园上皇读到当时宣房带去的文书，大为惊讶。该文书的文体颇有宋风，大量引用典籍，却很难说是诏还是敕。文书中称关东为"东夷"，指出不宜由幕府来管领天下；人民皆背负皇恩；不应说天皇谋反之类；如果有人搞阴谋，就应好好调查等。让花园上皇吃惊的是，这不是辨明，简直就像是下令诛罚的诏书。大概这就是事实吧。

后醍醐天皇以令人吃惊的强硬姿态面对幕府。也许是被这样的气势压住了吧，幕府没有对后醍醐天皇采取任何措施，万里小路宣房也平安回到京城。但是，日野资朝、日野俊基等人被送往关东。十一月十六日，金泽贞显之子贞将任南方探题，率 5000 骑兵进京，控制京都局势。第二年，即正中二年，对日野资朝和日野俊基的处理结果出来了，资朝被流放佐渡，而俊基得到赦免。据花园上皇所知，长崎圆喜对日野资朝的书状感到不解，但因为害怕，就没有追究。实际上，幕府的处置也实在是不够明确，但不管怎样，事件的处理到此为止了。

大觉寺统的失态没能逃过持明院统的眼睛。后伏见上皇老早就请求立其子量仁为太子了，现在他和花园上皇一起派日野俊光下关东。后醍醐天皇的使者吉田定房也紧随其后，而东宫邦良的使者也立刻去了关东。当时的人们将这种情形称作“赛马”。花园上皇不禁叹息道，在一流人物当中也会发生这样的事情啊。不过，关东方面没有任何动静。

由于前述的事件，花园上皇一下子失去了心灵的支柱和紧张感。从前厌恶的俗事席卷而来，花园上皇也被卷入两统之争的旋涡。正中二年，他在日记的末尾这样写道：

> 今年，在大致废学的这段时间里，读的书是最少的。可悲，可悲！

第二年，即正中三年（1326年）三月，东宫邦良猝死。后伏见上皇自不必说，后醍醐天皇、邦良的遗属也分别去做关东的工作，结果到了七月，量仁（后来的光严天皇）被立为太子。自此以后，花园上皇便专心训育这位太子。

田乐之外无他事

此时，“虾夷”的动乱仍未平息。元亨四年五月，“降伏虾夷”

的祈祷在高时亭举行，第二年又在鹤冈八幡神社前继续举行。

正中二年，幕府任命五郎三郎为虾夷代官，接替安东又太郎季长。季长对此任命不满，并进行了抵抗。正中三年三月，幕府不得不派遣工藤祐贞前去镇压。祐贞俘获了季长，但动乱并未平息。嘉历二年（1327年），宇都宫高贞、小田高知被任命为追讨使，在当地滞留并战斗了一年零四个月。嘉历三年十月，和谈终于达成，二人归来。然而，从动乱开始一直到和解，实际上历经了十年岁月。

幕府一方面要对付北边的动乱，另一方面还不得不警惕京都的后醍醐天皇。到了此时，幕府内部也是纷争不断。正中三年，得宗高时患病，并于三月十三日突然出家。高时的弟弟北条泰家觉得自己理所当然应继承执权之位。二人的母亲是安达氏一族大室泰宗的女儿，较之糊里糊涂的高时，她对其弟更抱有期待。高时24岁，年纪轻轻就出家或许就是出于这个原因吧。

然而，内管领长崎高资，还有其父圆喜、摄津亲鉴等人推举金泽贞显。贞显屡屡想要出家，且提出辞退5次之多，但最终还是未能如愿。三月十六日，金泽贞显就任执权。他肯定觉得如履薄冰吧。果然，北条泰家的母亲对此表示强烈的不满，同日令泰家出家。据《保历间记》载，听闻得宗兄弟出家，关东武士“老者自不必说，甚至连十六七的年轻人”也都去做和尚，“真不可思议之瑞相也”。狂怒的北条泰家及其母亲甚至想诛杀金泽贞显。本来就忐忑不安的金泽贞显只出席了一两次评定会，仅一个月就辞去了执权职位。

终于，在四月二十四日，赤桥守时（重时一脉久时之子）就任执权，大佛维贞就任连署，此事方才平息。《保历间记》把这当作长崎高资主导的人事安排而记载下来。大佛维贞在嘉历二年去世，此后一段时间里一直是执权一人执政。

北条高时虽然出家，但仍是得宗。此时的北条高时热衷于田乐，每天乐此不疲。嘉历四年（1329 年），金泽贞显在给任职于六波罗的儿子贞将的信中写道："田乐之外无他事。""唯田乐、相扑等。"《太平记》描写到，沉溺于田乐的高时与展"异类异形"之翅的山伏一起舞蹈。可见，高时已经完全脱离了正轨。高时还喜欢斗狗，让守护和御家人等献犬，据说镰仓因此而聚集着四五千只犬，这样的传闻恐怕也不是空穴来风。他会将一二百只犬一起放出，让它们相斗。《太平记》以这句话作结："真令人厌恶之举动也。"

但是，幕府的首脑没有能力解决这种状况。从金泽文库保存的许多金泽贞显、贞将的书信来看，贞显最关心的是政权内部的人事，是儿子们的升迁。而六波罗的金泽贞将似乎只想着自己回镰仓。

此时已在幕府中枢崭露头角的二阶堂道蕴，是平时在与京都的交涉当中为幕府的重要决定发言的人物，《太平记》说他贤才之誉甚高。元德元年（1329 年），二阶堂行惠任政所执事，道蕴对此表示不满。翌年，道蕴被任命为五番引付头人。与行惠关系密切的金泽贞显对道蕴抱有强烈的敌意和嫉妒，他恨恨地写道，虽然道蕴自诩为"贤才"，但却不能容忍他人担任要职。这种隐微的对立在已经钻入死胡同的幕府内部暗流涌动，使得采取新的行动变得极为困难了。

元德二年，出缺的连署由北条茂时（北条熙时之子）担任。北条时益（北条时敦之子）接替金泽贞将，任南方探题；北条仲时（北条基时之子）接替北条范贞，任北方探题。他们以六波罗探题的身份进京。这是幕府最后的领导层。

沉溺于田乐、相扑和斗犬的得宗，再加上如泥沼般的内部纠纷，都说明幕府已经完全呈现出衰败迹象。而这时在京都，后醍醐天皇正秘密准备第二次讨幕计划。

搁浅的讨幕计划

此时，后伏见上皇只想着让量仁即位，于嘉历三年专赴日吉、加茂、石清水等神社祈祷。后醍醐天皇也已被逼到死角。但是，正因为有了前一次的失败，这次的计划做得更加周密。

后醍醐天皇对大寺院所拥有的武力抱有很大的期待。对于幕府的压迫，寺院和神社的不满也越来越强烈，而后醍醐天皇试图利用这一点。元德元年十二月，皇子尊云法亲王（大塔宫、后来的护良）再一次担任天台座主，这无疑是为准备讨幕而在延历寺布下的棋子。

后醍醐天皇继后宇多法皇之后，为兴隆密教倾注力量，正中二年以来一直在东寺设置供僧，捐献领地。这一年（元德元年），他又决定在不动堂设置 25 名供僧，并命令前文提到的道我推进此事。后醍醐天皇也一直关注着道我。此时的东寺长者是嘉历二年以来的东南院僧正圣寻，此人也是对后醍醐天皇抱着“无二心之忠义”（《太平记》云）的僧人，并于元德二年被再次任命为醍醐寺座主。这也是后醍醐天皇对真言系寺院的布局吧。

这一年的正月，后醍醐天皇任命心腹参议四条隆资为检非违使别当，讨幕计划终于有条不紊地开始运作。三月八日，后醍醐天皇下奈良，参拜春日社、兴福寺和东大寺等，继而在二十七日又登北岭比睿山，访延历寺、日吉社。天皇遍访不曾去过的奈良和比睿山，也肯定是为准备讨幕而收揽僧徒人心。

五月二十一日，记录所为解决京中米价高涨、人们苦不堪言的问题，规定以宣旨斗[1]每斗钱百文的价格来交易。六月九日，记录所又宣布沽酒法，定价为米一石换酒一斛。因为该法，商人不卖米，人们陷于困境。鉴于此，记录所在二条町临时建屋开市，命令商人在此卖米。人们非常欢迎该项措施，蜂拥而至来买米。六月十五日，记录所以救济饥荒为名，不等关东幕府的答复，就宣布停止兵库关等各关口征收升米期限至八月。这些举措都可被视为天皇显示权威，笼络京都周边人心的策略。

但是，对于该计划，后醍醐天皇的近臣中也出现了反对的声音。此前后醍醐天皇漠视旧例的行为一直受到贵族们的抵制。前文提到的令花园上皇吃惊的过度重视纶旨的行为即是一例。在元亨、正中年号改元时，后醍醐天皇否定辛酉革命、甲子革命[2]而另寻理由改元时，贵族们的反对也很强烈。更何况，涉及讨幕这样的大事，当然也有人反对。检非违使中原章房即是其中之一。四月一日，中原章房在清水寺突然被杀害。五月，其嫡子中原章兼判明犯人是叫作濑尾的“著名的恶党”，并立即对父亲的敌人进行讨伐。多年以后，人们普遍认为是后醍醐天皇为了封住反对讨幕计划的中原章房之口，而让濑尾实施了暗杀。这或许是真的，这样的事情后醍醐天皇做得出来。

1　宣旨斗，延久四年（一千〇七十二年）后三条天皇宣旨规定的斗，一直沿用到镰仓时代。

2　辛酉革命和甲子革命的观念源自中国古代的谶纬学说，即认为在辛酉年、甲子年会发生天命的更替。为避免发生政变等，从平安时代开始，历代天皇基本都在辛酉年或甲子年改元。

但是，最有力量的反对者出现了，他就是吉田定房。六月二十一日，吉田定房向后醍醐天皇呈上多达10条的谏言，认为现在不是“国家草创”时期，与关东士兵对峙是没有道理的，应该等待幕府自然衰落。吉田定房是天皇的乳父，也是天皇最为信赖的近臣之一。对于他的反对，后醍醐天皇多少有些动摇，但最终还是没有接受。吉田定房不得不隐居。九月，后醍醐天皇的皇子世良去世，负责养育他的北畠亲房也出家了，或许他对后醍醐天皇的行动也抱有疑问。

此二人连同万里小路宣房一起被称作“后三房”，以后醍醐天皇身边的贤臣而广为人知。从宣房在后醍醐天皇被流放后仍留在朝廷来看，他对讨幕计划也丝毫不够积极。传统的贵族体系仍旧难以接受后醍醐天皇的行为。

后醍醐天皇与楠木正成

由于他们的反对，后醍醐天皇的计划也许多多少少受到一些扰乱，但他的意志并未改变。道祐是后醍醐天皇身边的僧侣，他继承道顺的法统，受文观的传法。和泉国的若松庄原本是世良的领地，依照其遗愿应当归临川寺所有。元德三年（1331年）二月十四日，后醍醐天皇将若松庄赐给管辖醍醐寺报恩院的道祐。对此，临川寺提出了抗议。二月二十五日，后醍醐天皇又把庄园返还给临川寺，其间仅相隔11天。

不过，同年九月，后醍醐天皇住在笠置期间，和泉国守护代以若松庄乃“恶党楠兵卫尉”（楠木正成）之“迹”为由，没收了庄上的年贡。一般认为，这是为了防止楠木正成征收兵粮米而采取的措施。不过，所谓的“迹”一词有这样的意思，即楠木正成对若松庄具有某种权利，否则这个词就不能被使用。这说明，他在某个时候在若松庄是任过某种职务的。但是，临川寺称楠木正成为“恶党”，不承认他的权利。那么，问题就出在后醍醐天皇将若松庄赐给道祐的 11 天里。如果楠木正成早就在这里拥有领地，那么道祐就很可能是把楠木正成和后醍醐天皇联系起来的桥梁。如果楠木正成因庄园被赐给道祐而得到这里的职务，那就说明正成很早就与道祐有了联系。

无论是哪种情况，楠木正成从元弘之变以前就攀附后醍醐天皇则是确切无疑的了(《太平记》写道，他曾在笠置与后醍醐天皇见面)。我认为，道祐就站在他们二人之间。如果道祐与文观有联系，而文观与河内金刚寺又有很深的渊源，那么把楠木正成引荐给后醍醐天皇的就应该是文观。这么看来，后醍醐天皇赐给道祐若松庄之事就已经是以楠木正成的存在为前提的，是为实施讨幕布下的重要一环。

但是，关于后醍醐天皇将楠木正成组织成讨幕武装的方式，还有另一种看法。将时间向后推移，在《京都御所东山御文库记录》中有篇诉状，是宽正二年（1461）藏人所出纳中原职丰向朝廷提交的。中原职丰在诉状中说，原本由出纳管理的“和州金刚仙金刚砂”最近被洪水冲走，有人将其盗取并倒卖，希望朝廷对此加以监控。金刚砂被用于研磨，实际产砂的“金刚砂园”的建立可以上溯到更久远的时代，但至迟在 11 世纪就被置于藏人所出纳的管控之下，供朝廷使用。

如此看来，在楠木正成生活的那个年代，买卖金刚砂的、可称作“金刚砂御园供御人”的商人无疑是在天皇的家政机构藏人所出纳的统辖之下活动的。假如这个园子就在镰仓末期楠木正成的居住地（正成姓氏来源之地则不明）金刚山（即金刚仙），那么楠木正成就有可能是金刚砂御园供御人的管理者。假如像之前描述的那样，藏人日野俊基确实去了河内和大和，那么他首先就要遍访那里的武士团，这样的想法是最自然的。

以前有将楠木正成与“朱砂”（水银的原料）联系起来的说法（比如中村直胜的观点），也有将其视为“散所长者”的说法（比如林屋辰三郎的观点）。佐藤进一也认为他是具有广泛活动的商人性质的武士。大体正是如此，楠木正成的确是具有职人特性的武士。其一族及其分支遍布播磨、河内、和泉等地。一般认为，楠木正成通过伊贺的御家人而与能乐大师观阿弥取得了联系。也有人认为他就是“恶党”。这么理解也是很自然的。

恶党与天皇

后醍醐天皇正在积极组织这些具有职人性质的武士——恶党和海盗。现在，楠木正成被看作供御人的统辖者，但与楠木正成一起战斗的渡部党的大江御厨渡部惣官、石川判官代等也都与河内的御稻田有联系。众所周知，在镰仓末期，令东大寺烦恼的恶党就在伊贺国黑田庄活动，而这些恶党自古以来就与设在伊贺国的供御所有联系，他们同样站在后醍醐天皇一边作战。

户田芳实已经阐明，赤松圆心一族曾是摄津国长洲御厨的庄官，该地是已成为鸭社神人的渔民的据点。在堺地区设有据点的鱼贝商人也与后醍醐天皇暗中通气。备前国的儿岛曾是藏人所狩野（天皇的狩猎场），因此儿岛高德与后醍醐天皇明来暗往也不是不可能的。如前所述，被认为是名和长年的大本营的“御来屋”就是天皇家的御厨。熊野和吉野等地的人们通过护良亲王而加入后醍醐天皇一方，这一点必须从同样的视角重新加以认识。后醍醐天皇为什么选择吉野，这个问题本身并没有完全解决。

以前，畿内一带诸国中的山民和海民等非农业民（职人）直接与天皇有联系。但在此时，统辖这些集团的职人式武士团却被置于幕府的严厉禁压之下。因此，后醍醐天皇关注这些人也是很自然的。

不过，要想率领这些人，还需要相应的力量。不得不说，前文看到的后醍醐天皇强硬专制、不讲礼法的放纵性格正适合产生这种力量。时代就这样造就了与花园上皇截然相反的典型，产生了驱使恶党和海盗的后醍醐天皇。而且，那些恶党、海盗和山伏所奔涌的能量也找到了喷发的出口。

做镰仓的工作

但是，后醍醐天皇并非只把目光盯着恶党和海盗。稍晚一点的正庆二年（1333 年）三月，后醍醐天皇在船上山举兵时，其宠姬廉子的哥哥阿野实廉还在关东（大概是镰仓附近）。五月十五日，北条高时派兵抓捕实廉，实廉只身逃离自家宅子，和新田义贞一起攻入镰仓。我们不知道阿野实廉当时为什么还在关东，看样子他还没有被抓到。这是一个谜，但如果要做合理推测的话，那么他可能是受后醍醐天皇之命来劝说关东武士的。

不管怎样，那个时代的人们都觉得京都和镰仓是相隔甚远的两个世界。佐藤进一还指出，日野藤范和日野有范两位学者贵族此时正在关东，准备着将在圆觉寺举行的“北条贞时十三年忌”的愿文，还有金泽贞显的讽诵文（进行佛事时为向众僧布施，请众僧讽诵经文而准备的文书）草稿等。霜月骚动时站在安达泰盛一方而战死的相范可能也属于这一族。后来，日野藤范成为《建武式目》的起草者，其子日野有范一直和足利直义一起行动。他们和足利氏的关系大概就是在镰仓末期形成的吧。

这并不是说日野藤范与后醍醐天皇有直接的联系。不过，包括僧侣的世界在内，这个时代人们之间的交流比一般人们所想象的要活跃得多。后醍醐天皇通过身边的近臣，以各种各样的方式对镰仓展开策反工作。持明院统方面也是一样的吧。

乱将起于数年之后

元德二年，后醍醐天皇的讨幕计划就这样稳步推进着。花园上皇给已经成长为18岁青年的皇太子量仁写了一篇饱含心血的训诫长文，题目叫《诫太子书》。

> 愚者云，我朝皇胤一统，故而即使德少，亦不会受他国窥视；即使政乱，亦不会有异姓者篡权。此大谬矣。今人皆惯乎太平，然“今时虽未及大乱，而乱势萌发已久”。如若君主不贤，盖“乱将起于数年之后”。苟乱起，虽有“贤哲之英主”来平复，亦需数载。况凡庸之君主，若遇此运，则“国日衰，政日乱，

势必至土崩瓦解”，“恐唯太子登极之日当此衰乱之时运乎”？

花园上皇以其欲诚实度日之人的敏锐感觉，预感到动乱之将至。也正因如此，在告诫量仁的话语中才充满了他持守一生的真诚。

与这般衰乱时运相处之道，唯有学问。学问本不该是“谙诵诸子百家之文，巧作诗赋，擅长议论”的东西。相反，也不该是闻圣人一言，就立自家随性之说，“借佛老之词，滥取中庸之义，以湛然虚寂之理为儒之本”的东西。无欲清净虽好，但如果不辨礼义，那也不过是“老庄之道”。为免陷于谬误，必须慎其独，得良友，切磋琢磨。

花园上皇想起自己的过去，那时他曾以日野资朝为友，曾被后醍醐天皇强烈地吸引。而现在，对于花园上皇来说，那条道已“不可取”。花园上皇训诫太子，可取之道唯有学习真道义，以此为本，以德正世。道学家花园上皇的真面目呼之欲出。但是，“土崩瓦解”“大乱”将起的日子意外地临近了。

血海之中

后醍醐天皇举兵

元德三年四月，由于吉田定房告密，后醍醐天皇的讨幕计划再一次被泄露给幕府。吉田告密说，日野俊基是首谋，文观和法胜寺的圆观正在进行降服关东的祈祷。吉田定房被认为是反对这个计划的，所以他通过将责任推给天皇身边的近臣来阻止后醍醐天皇冒进。

五月五日，东使迅速上京，立刻逮捕了这3人，并于六月将3人押回关东审问。但是，围绕如此重大的问题，幕府又发生了内讧。据说，北条高时命令长崎高赖等身边人前去讨伐内管领长崎高资。无论是在元亨年间还是在此时，长崎高资都主张对后醍醐天皇采取强硬措施。据《太平记》载，年初当上政所执事的二阶堂道蕴平时常发表稳健的意见，因而受到长崎高资的压制。甚至后来后醍醐天皇隐居笠置时，二阶堂道蕴仍有考虑“和谈”的迹象。

强硬派与稳健派对立的暗流明显存在于幕府内部。稳健派不愿与京都生事，我们可以推测，这场内斗也许是稳健派欲说动北条高时去铲除强硬派长崎高资的阴谋。

但是，正如《保历间记》所云，实际上二阶堂道蕴没有任何动作。无论北条高时多么糊涂，他也不会对不听命令的长崎高资不满到想要除掉他。也许这才是真相：阴谋在事前泄露，北条高时把一切责任都推在长崎高赖身上。八月六日，长崎高赖等五名近臣、御内人被处以流放之罪。

趁着关东忙于内斗，后醍醐天皇下定决心，于八月二十四日带着神器[1]和几名近臣一起偷偷离开大内，去往奈良。途中，他让花山院师贤化装成天皇登上比睿山。奈良东南院的圣寻迎接了后醍醐天皇，在其劝说下，二十七日，天皇住进笠置。

“天皇谋反”是确定无疑了，京都陷入大骚动。六波罗逮捕了包括万里小路宣房在内的一批重臣，并把后伏见上皇、花园上皇和太

1 即与皇位一起传承给继任天皇的三件宝物：草薙剑、八咫镜和八尺琼勾玉。

子量仁移送到六波罗，同时向比睿山派兵。比睿山误以为师贤是天皇而起兵。山僧大军势大，一度压倒了六波罗的军队。可是，当知道师贤是冒牌货后，僧兵顿时作鸟兽散。尊云从奈良去了吉野十津川，尊澄（后醍醐天皇之子，当时为天台座主）和花山院师贤则跑到了笠置。

八月二十九日，消息传到镰仓。九月二日，幕府依承久之例派大军西进。从五日到七日，大佛贞直、金泽贞冬和足利高氏等将领，御内使长崎高贞、关东使安达高景和二阶堂道蕴等也相继进发。

六波罗攻打了几次笠置，但因地形险峻，再加上足助重范的死战，以及从伊贺、伊势、大和、河内、和泉和纪伊等地集合来的军队利用地形投石、射箭，结果始终没有攻下。其间，楠木正成在河内举兵，樱山慈俊在备后举兵。

一朝之耻辱

九月十八日以后，东使等人率关东大军进京，相继向笠置进发。二十日，量仁践祚，是为光严天皇，后伏见上皇实现了盼望已久的院政。被大军围困的笠置于二十八日陷落，后醍醐天皇和万里小路藤房等人在山中流窜，并于翌日被山城国御家人深栖三郎入道抓住。尊澄、花山院师贤、千种忠显和源具行等都成了俘虏。

十月三日，欲逃往赤坂楠木城的尊良被抓。十五日，关东大军开始攻打楠木城。楠木正成如恶党一般使用滚木飞石力战。但在二十一日，正成放火烧城，伪造自杀假象，随后便销声匿迹了。从那以后，楠木正成的踪迹消失了一年左右。

后醍醐天皇于三日被送到六波罗。六日，神器也被交到光严天皇手中。八日，关东申次西园寺公宗见到后醍醐天皇，听取了事情的经过。据说，后醍醐天皇如此说道："此乃天魔所为，希望宽宥处置。"听到后醍醐天皇被捕的消息后，花园上皇称这是"一朝之耻辱"。此后再听说后醍醐天皇的态度，也只有叹息了。

看上去，这件事就这么平息了。十一月，关东诸将归东，对于后醍醐天皇、延历寺等的事后处置也在进行中。花园上皇积极协助后伏见上皇实施院政，参与评定，为兴行"政道"倾注全力。

元弘二年（1332 年）正月十七日，后醍醐天皇尝试逃亡，未果。三月七日，依前一年的决定，后醍醐天皇被流放隐岐。他拒绝剃发，率宠姬廉子和千种忠显等人前往。八日，尊良被流放土佐，尊澄被流放赞岐，圣寻被流放下总等，他们相继前往流放地。四月十日，日野资朝和日野俊基等被判死刑，六月二日，日野资朝被斩于佐渡。四月二十四日，花园上皇听说京极为兼去世（死于二十一日)，在日记中写下哀悼长文，而对于日野资朝的死却不肯置一言。

较之于此，花园上皇正忙着每日读书和参加院评定，为即将到来的光严天皇大尝祭做准备。十一月十三日大尝祭顺利结束时，花园上皇说："天下大庆，人们无比安心。""心中之喜悦，难及笔端。"可是，"大乱"已经来到眼前了。

诸国骚乱

尊云从奈良逃到吉野，得到了十津川的竹原八郎入道的帮助，不断发出令旨号召各方起兵。同年（改元为正庆元年）六月六日，尊云发给熊野山的令旨被从熊野送到六波罗。京都的人们听闻此事，都开始感到恐慌，他们以为尊云就隐藏在京都。月底，带着尊云的令旨来与熊野山交涉的竹原八郎入道进入伊势国，途中烧毁了许多房屋，也烧了守护代的房子，还杀了两三个地头。尊云的令旨也传到高野山，楠木正成可能也与尊云保持着密切的联系。

到了十一月，一直潜伏着的楠木正成现身纪伊，与守卫赤坂城的汤浅党作战，并夺回该城。《太平记》记载了楠木正成所使用的战法：他乔装成汤浅方从阿氐川庄向赤坂城运送军粮的苦力，冲入城内，夺下城池。后来，阿氐川定佛等汤浅党之徒站在了楠木正成一方。与此同时，尊云也还俗并改名护良，在吉野起兵。后醍醐天皇一方反击的火焰越烧越旺。

正庆二年正月五日，楠木正成在河内国甲斐庄的天见地区打败纪伊国御家人，继而在十四日击败河内、和泉的守护代率领的军队，将河内、和泉纳入自己的势力圈，并进驻天王寺。这一带是职人式武士团真正的舞台，是绝佳的战场。

六波罗一边向镰仓告急，一边派竹井、有贺两位代官率警戒篝屋的武士、在京人等赴天王寺。迎敌的楠木正成军以四条隆贞（隆资之子）为大将，由楠木一族、石川一族、渡部党和汤浅党，以及许多杂兵组成。双方在天王寺至渡部一带展开战斗，一直从十九日战到二十三日。《太平记》是这样说的：楠木正成曾一度退却，把天王寺让给宇都宫公纲率领的六波罗援军，然后集合和泉、河内的野武士，在天王寺周围的各个山上点起篝火，使宇都宫公纲因紧张疲惫而撤退。敌进我退，敌退我进。敌强我藏，敌弱我追。楠木正成正是“以全国为舞台”（《梅松论》语），依靠游击战法作战，令敌人

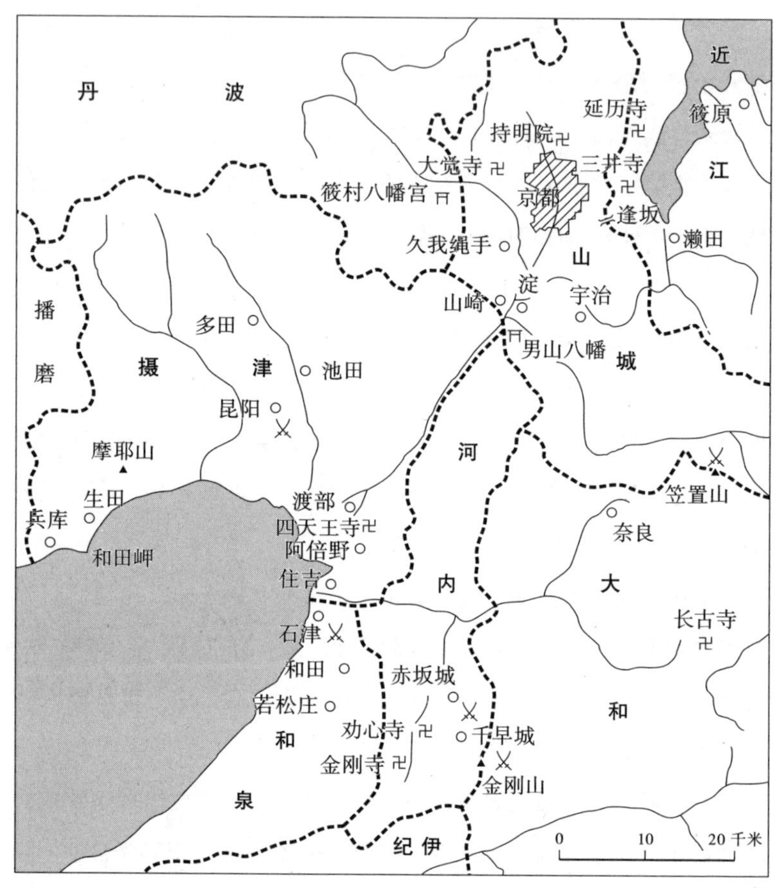

图 11-2　元弘之乱关系图

恼恨不已。

二月一日，楠木正成又击退了吉野执行。汤浅党响应楠木正成，也在各处发起攻击。此时在播磨，赤松圆心响应护良的令旨举兵，伊予国河野氏一族的土居氏、得能氏，还有忽那岛的海盗忽那氏等也都纷纷举兵。事态终于呈现出各国骚乱之状。

幕府军队的构成与军法

为了控制局面，关东再次动员大军。此时的军队分成三路，其组织结构如表 11–1 所示。

大将军由北条氏一门担任，军奉行由御内人担任。进攻护良的大和道则由作为关东使节的二阶堂道蕴率领。各国守护所率军队分随这三路大军。这些都是六波罗探题管辖下的国，军队大多配属给纪伊道。还有许多因服大番役而上京的武士被派往河内道和大和道。新田一族也在大和道。不过，与此前后醍醐天皇举兵时相比，这次的态势有很大不同。上次进京时，各国守护率领的军队除了西国，还有甲斐和信浓等东国，以一族为单位进京的人们都是东国的豪族御家人，而这次动员的只有六波罗的管辖国和大番众。这时，幕府认为护良和楠木的反叛只是西国的地方性事件，并没有把它看作争夺全国统治权的战斗。

对于这次军事行动，幕府定下 5 条军法：

（1）交战时三方紧密配合。抢功者以不忠论处。

（2）即使受伤，也应死战不退。即使没有受伤，也要根据其行为给予恩赏。

	大将	军奉行	诸国军队	大番众
河内道	阿曾治时	长崎高真	河内、和泉、摄津、美浓、加贺、丹波、淡路	
大和道	大佛家时 二阶堂道蕴（使节）	工藤高景	山城、大和、伊贺、丹后、但马、伯耆、播磨、近江	新田一族、里见一族、丰岛一族、平贺武藏二郎迹、饱间一族、园田淡路入道迹、绵贯三郎入道迹、沼田新别当迹（其他 6）
纪伊道	名越元心	安东圆光	尾张、美作、越前、因幡、备前、备中、备后、纪伊、安艺、阿波、伊予	佐贯一族、江户一族、大胡一族、高山一族、足利藏人二郎迹、山名伊豆入道迹、寺尾入道迹、和田五郎迹、山上太郎迹、一宫检校迹、伊野一族（其他 12）

表 11–1　镰仓幕府的军团构成（楠木合战的调配，正庆二年）

（3）不得廉价购买兵粮，征用苦力。军奉行对此类行为要加以制止，兵粮由六波罗下发。

（4）对于之前命令抓捕的护良，今后可诛杀之。无论是低贱的僧侣，还是“卑微放荡之乱党贼徒”，尽忠节者都可给予近江国麻生庄的领地。

（5）诛杀楠木正成者将给予丹后国船井庄。此前行为之善恶、身份之出处一概不问。

（3）明确表示责任在六波罗，（4）（5）充分说明幕府试图用恩赏来诱使追随护良和楠木的人倒戈，同时也揭示了护良兵的特征，以及幕府是怎样看待他们的。通过（1）（2），我们清楚地知道像竹崎季长那样争功的行为是多么普遍，并且受伤与恩赏之间有多么密切的关系。

这支军队中有多达“200 余人”的时宗信徒跟随。战场上阵亡武士的葬礼和供养都由这些人负责。

恶党和海盗的力量

二月二十二日，河内道阿曾治时的军队推进到赤坂城，在这里发生了激战。《太平记》载，虽然有对抢功的禁令，但人见恩阿和本间资贞等人还是抢先发动了袭击。参与此次行动的包括本间、陶山、猪俣、结城和白河等家族及其手下，尽管他们遭受了重大损失，但这天的进攻还是失败了。继而，在二十七日，进攻再次发起。守卫赤坂城的平野将监入道投降，多座城池陷落，但楠木正成仍在固守爪城的金刚山千早城。斋藤兵卫五郎多次遭到山上滚石的打击，攻城时也不断出现被飞石击中而受伤者。据说在这次进攻中，双方的死伤者多达 1800 余人。可是，为了镇压播磨和伊予的“恶党”，这两国的守护和御家人退出战斗，赶回了国内。

闰二月一日，大佛家时和二阶堂道蕴率领大和道军队攻打吉野的护良。经过激战，护良败逃高野山。道蕴四处搜索未果，军队最终全部转向仅剩的千早城。

“东西山谷幽深，没人能够攀登。南北与金刚山相连，山岭险绝。”这是《太平记》对千早城的描述。千早城虽小，却很险峻。楠木正成军坚决抵抗，他们“不断把大石从高橹上投下，将敌人的盾牌砸得粉碎，并瞄准敌军后退之处射箭”，使得攻城部队恼恨不已。

幕府完全低估了“卑微放荡之乱党贼徒”“恶党”的力量。幕府不得不开始思考，当包括山伏在内的那些人组织起来进行战斗时，他们究竟能爆发出多大的能量？

闰二月十一日，长门探题金泽时直（贞显的伯父）率长门、周防的士兵渡海到达伊予。土居通增迎战并将其击破。此时，长门的厚东氏也已开始动摇了。另一方面，忽那重清正在进攻伊予守护宇都宫贞宗。海盗们也行动起来，播磨的“恶党”也活跃起来了。大山寺（位于播磨）的僧众响应赤松圆心，甚至已推进到兵库和尼崎，并与六波罗的士兵交战。和泉国松尾寺的僧众也受护良之命开始祈祷，加入了楠木正成一方。此时，楠木正成的书信也到了河内金刚寺。

据说，护良的令旨也到了正在参与进攻千早城的新田义贞那里，于是义贞装病退回本国。西国已进入全面反叛的状态。

后醍醐天皇逃离隐岐

闰二月二十四日，后醍醐天皇偷偷逃离隐岐，并于二十八日到达伯耆的名和港。如果认可“名和一带有天皇家的御厨”这一推论的话，那么这次逃离可以看作是有预谋的行动。

参与北陆和山阴地区水运的“有德人”名和长年迎接了后醍醐天皇，并率全族上了“船上山”。隐岐守护佐佐木清高追来，还劝说出云守护盐冶高贞一起行动。但是后醍醐天皇已经做了工作，所以盐冶高贞按兵不动。佐佐木清高进攻船上山失败，乘船逃回北陆。清高的败北具有决定性的作用。山阴和山阳道的武士们因此陆续加入后醍醐天皇一方，为西国反叛并一举夺取政权增添了力量。

在身处船上山的后醍醐天皇看来，现在已成为进攻京都最前线的赤松圆心的行动突然活跃了起来。三月一日，六波罗的军队进攻赤松圆心固守的摩耶城失败。赤松圆心出城，前进到摄津的尼崎附近，并于三月十日至十一日在昆阳野宿、濑河宿等地与六波罗军激战。经过一进一退的攻防，赤松军终于击破六波罗军，从宿川原直抵京都。十二日，赤松军迅速渡过桂川，进入京都。后伏见上皇、花园上皇和光严天皇被转移到六波罗。隅田和高桥等家族的六波罗武士拼死抵抗，赤松军被迫退到山崎。六波罗军再度发起进攻，但又一次失败。至此，形势开始完全逆转。

从三月一日至十一日，土居通增、忽那重清和伊予三岛社的祝安亲等人攻打伊予国喜多郡守护宇都宫一族的根来山城，并于十二日在星冈打败率周防和长门两国军队渡海到伊予的长门探题金泽时直。

在九州，菊池武时、阿曾惟直反叛，攻打镇西探题赤桥英时。可是，当初本来应该与菊池武时共同行动的少贰贞经和大友贞宗却倒戈到探题一方，菊池武时战败而死。镇西探题赤桥英时把军队派往各地镇压叛乱。少贰贞经和大友贞宗的动向起了决定性作用。由于得到他们的支持，探题赤桥英时才得以保全性命。可是，长门探题金泽时直被越追越紧，于是他决定让妻子退避博多，万一局势不利，他们就在博多会合。

足利高氏举兵

战局的焦点在于京都的攻防，但是战事逐渐陷入停滞状态。三月二十八日，延历寺的恶僧大举下山，但受到六波罗的阻拦。四月三日，赤松圆心的军队再一次逼近京城。他们虽然侵入京中，但再无力量发动进攻，于是便退了出来。停滞对于叛军来说是绝对不利的，实际上，军士已经开始减少了。

在此之前，后醍醐天皇派遣的千种忠显已率山阴道一带的大军到达丹波。四月八日，他们与赤松圆心相呼应，大举进攻京都。军队冲进了京都，许多寺院、神社和民宅被烧毁，但千种忠显没有占领京都的自信，于是再次退了出来。虽说有六波罗军拼死抵抗的原因，但这一行为也暴露了畿内的恶党式军事力量和公家大将的弱点。后醍醐天皇很焦急，想亲赴京都前线，却被名和长年拦了下来。

如此激烈的攻防战的消息早已传到镰仓，幕府也采取了行动，任命名越高家和足利高氏为大将，率大军出发。军队编制虽不得而知，但可能与仿照承久之例的元弘元年时的军队相同吧。足利高氏把妻子（执权北条守时之妹）和两个儿子竹若、千寿王（后来的义诠）留在镰仓就出发了。足利高氏上京途中，在三河的矢作地区派遣细川和氏与上杉重能前往伯耆的船上山。有人认为，他们是在近江的镜宿得到后醍醐天皇的纶旨的，也有人认为他们是在进京之后才派出使者。但不管怎样，那只是表面的形式，从足利高氏后来的敏捷行动来看，恐怕他在离开镰仓的时候就心生反意了吧。四月十六日，足利高氏进京。

在六波罗的军事会议上，诸将决定由足利高氏经山阴道、名越高家经山阳道进攻伯耆。二十七日，两军分别进发。可是，就在当天，名越高家在久我绳手与赤松军的初次交战中战死了，失去大将的军队逃回了京都。足利高氏得到消息，仍向丹波的筱村进发。同一天，他向结城宗广、小笠原贞宗等发出了接受纶旨的御教书，请求他们支援。

二十九日，足利高氏到达筱村，又向九州的大友、阿曾和岛津等族发出御教书。恐怕他与京都的贵族和僧侣也早就建立了密切的联系。这一日，足利高氏向筱村八幡神社奉上愿文，等待大军集结。五月二日，得知消息后试图逃离镰仓的竹若被杀。千寿王后来和足利义贞一起进入镰仓。

凄惨的“土崩瓦解”

五月三日，后醍醐天皇向千种忠显下达 3 条军法，内容涉及论功行赏、勤王者和投降者的处理，以及应以仁政为先。五月七日，京都总攻开始，六波罗军很快被从西北、西南如怒涛般涌入的足利军和赤松军打败。北条仲时和北条时益两位探题决意侍奉后伏见上皇、花园上皇和光严天皇下关东，逃出京城。

但是，他们所过之处总有山伏埋伏。箭矢飞落如雨，先是北条时益颈骨中箭，一命呜呼，随后光严天皇也左肱中箭，鲜血染衣。终于等到一夜过去，他们望见北山浮在朝雾之中，有山伏五六百人“持盾弯弓以待”。有一武士策马而来，高声喊道：“实在惶恐，全天下之君驾临关东，不知何人竟如此放肆？”于是山伏们哈哈大笑，一齐大声吼道：“不管怎样，全天下之君渡此，运数已尽，不可让落荒而逃之人通过。若想轻易通过，把相伴武士的马匹、武器全部扔掉，方可逃走。”如若山伏追来，这些武士势必会作鸟兽散；如果再追下去，武士们就会被山伏包围。这时，其中一名武士诈称要说出埋着 6000 贯钱的地方，吸引了山伏们的注意力，众人趁机逃离此地，到了筱原宿营。然而，他们也只是暂时松一口气而已。

九日，北条仲时率仅剩的700骑武士，带着上皇和天皇试图翻越番场的山岭。这时，有数千军队埋伏在道路两旁。这支军队的大将是五辻兵部卿宫（可能是龟山之皇子守良），率伊吹和铃鹿一带的“猎人、强盗、无赖共二三千人”。

激战数刻，北条仲时等人筋疲力尽，感到前途一片黯淡。先是北条仲时把刀刺入腹部。然后糟谷宗秋抽出那把刀，又刺入自己的腹部，以抱住仲时膝盖的姿势伏下身去。紧随其后，有432名武士（有人说是280余人）相继自杀。在血海之中，后伏见上皇、花园上皇和光严天皇呆若木鸡，被五辻宫军抓获并扭送回京。“土崩瓦解”的局面确实迅速而又凄惨地袭击了花园上皇等人。

镰仓在燃烧

在稍早一点的五月八日前后，新田义贞在上野国兴兵。田中义成认为，统辖新田义贞军队的是护良。高柳光寿虽然肯定此说，但仍认为新田义贞是响应足利高氏的号召才起兵的，这一点应该是正确的。

新田义贞大破上野守护、得宗代官长崎孙四郎左卫门，进入武藏。五月十五日，他又打败了北条泰家率领的大军。镰仓向三个方向派出军队，试图抵御新田义贞迫近镰仓的各军。金泽贞将向鹤见进发，大佛贞直在葛原作战，而执权北条守时在洲崎设防。然而，各路大军都被潮涌般冲上来的新田军击溃。五月十八日，执权北条守时败于洲崎，随后自杀。新田军一度冲进稻村崎。

但是，北条氏一门和御内人在极乐寺坂、巨福吕坂和化妆坂等要道上加强了防御。各处要津久攻不下，于是在二十一日，新田义贞军绕过已成滩涂的稻村崎，终于大举涌入镰仓。战场转移到镰仓的市内。并非没有叛变之人，但数量极少。较之担任六波罗探题坐镇京都，更希望回镰仓的武士更多。这里既是他们住惯了的“都城”，也是他们的发迹之地。为了保卫这样的镰仓，北条氏一门和御内人不惜牺牲生命。

激战一直持续到二十二日，有名有姓的武将一个接一个地战死或自杀。大佛贞直死在极乐寺坂，金泽贞将在山内战败，退回到北条高时所在的东胜寺，结果却得到了北条高时任命其为“两探题”之一及相模守的御教书。他在御教书背面大书“舍我百年命，报公一时恩”几个字后，便突入敌阵，直至战死。北条基时自杀，盐田国时父子自杀。御内人盐饱圣远也死得惨烈，他将大刀刺入腹部，深至刀柄。刺穿他身体的大刀上还贯穿着他的三个仆从，几人“如插成串之鱼肉，连头而卧”。安东圣秀是新田义贞妻子的伯父，拒绝投降后自杀了。只有诹访盛高怀抱北条高时的次子龟寿（后来的时行）逃跑了。

得宗北条高时，以及长崎圆喜、安达时显、金泽贞显等各族，还有御内人都集中到葛西谷的东胜寺。长崎圆喜之孙高重为寻新田义贞，甚至骑马冲入敌阵20次，最终仍未成功。长崎高重回到高时面前，喝干面前的酒杯，切腹自尽。于是，人们相继刎颈或切腹自杀。不知何时，烈焰开始舔舐屋顶，北条氏一门就这样在熊熊烈焰之中灭亡了。

得宗权力的消亡

3日后，在镇西，少贰贞经和大友贞宗也倒戈了。镇西探题北条英时无计可施，只有败北一途，全族、仆从等尽数灭亡。为救援六波罗军而率领船队出海的长门探题北条时直也已经无路可去，于次日投降。北条氏一门在各国的守护和地头也都像越中守护名越时有一样，相继被消灭。

这样接连死去的人们，即使只从追随六波罗探题而战死的名单来看，也可以说在镰仓灭亡的人们当中几乎就没有御家人，只有北条氏一门和御内人。这一事实充分说明北条氏一门的专制已达到怎样的程度，而这一门又是怎样被严厉控制的。

正庆二年（元弘三年）五月灭亡的绝不是幕府，也不是御家人。在此灭亡的是背负着为了打破自己所建立的御家人体制而苦战的命运，却终未能实现目的，反而将专制发挥到极致的得宗和北条氏的权力。

一切又拉回到被发配隐岐之前的状态，后醍醐天皇试图继续迈向专制君主的道路。他与足利高氏和护良亲王围绕政权的竞争开始了。真正的“大乱”即将拉开大幕。

附录一

13世纪下半叶的日本

中世社会的发展时期

13世纪下半叶，日本社会在方方面面都开始进入重大转型期。

其中之一就是中世社会自身的变化，其清晰明确的后果就是镰仓幕府——得宗权力的消亡。但是，正如前面所说的镰仓幕府的灭亡并不是幕府自身的灭亡那样，这场变局没有巨大到能够从本质上立刻改变中世社会结构。将对下人、随从的统治和对百姓的统治（对人的统治）与对土地、领地的统治看作两条腿，将主从关系和统治权原则（佐藤进一所指出的）看作骨架的中世社会和国家，其以庄园和公领为基础的武家、公家和寺社的统治结构在这个阶段丝毫没有要崩溃的迹象。

试以屡屡提到的东寺供僧的庄园为例。当初，这个庄园群基本上只有4座庄园，但在镰仓末期却数量庞大。据永原庆二的研究，即便是经过南北朝动乱的淘汰以后，东寺供僧仍保有13座庄园。也就是说，它仍是原来的三倍，而绝非走在骤减或崩溃的道路上。

当然，其中确实表现出巨大的变化。随着一元化领地的出现、承包代官的普遍化，庄园和公领制确实已经开始发生动摇和流变。但也正因如此，这一体制在一段时期里甚至还得到了发展。

武家、公家和社寺的统治也是一样。这三者之间的联系远比我们过去所认为的更加具体，相互之间都有着紧密且难以割断的人际网络。那种认为他们从一开始起就完全对立、相互孤立的认识是完全错误的。13 世纪下半叶以后，以武家为轴心，三者的融合与纠缠越来越深。另一方面，武家、公家和社寺分别以一元化领地为基础，逐渐表现出各自独特的性格。然而，无论如何也不能认为，统治阶层的形态在这个阶段已经发生了本质上的变化。也就是说，13 世纪下半叶是中世社会通过其内在矛盾推动发展的第一阶段。

农业民与非农业民

可是我们必须要说的是，这一时期的社会转型的深度和广度远不止于此。农业民和非农业民之间的社会分工出现在这个巨大的转型期即是表现之一。

我不能将 13 世纪上半叶形成的中世社会简单定义为自给自足的农业型社会。从一开始，那里就已经存在相互独立的农业部门和非农业部门的分工体系。同时，非农业——工商业只是从农业中分化和发展出来的观点我也不能苟同。我认为，就像被称作商业民族的民族早已存在于世界史中，掌握非农业领域的非农业民区别于农业民，从极其古老的时代起就维系着他们独特的集团，并经营、发展着他们独特的世界和生活方式。

虽说这个问题原本就与古代、中世、近世和近代的社会构成密切相关，但还不能仅仅归结为这些社会构成的问题，还包含了其他不可被忽视的要素。我认为，日本民族的特质就是在这两种生活方式、两个世界的关联、交流和对决当中形成的。丢掉这个要素，就不能真正全面地认识问题。这个问题甚至与东国和西国，抑或东北、九州这样的“区域社会”的特质有着更深的联系。

在13世纪下半叶的日本，重大的变化就发生在这两者的世界内部，同时由这两者形成的分工体系也表现出重大的转型。此前以非农业民的游荡、农业民的“流浪性”为前提构成的体系随着人们的定居，也完成了质的转换，农村、渔村、山村和城市的分化至此才开始清晰地呈现出自己的样貌。

不消说，中世社会的变动就是以这样的转型为背景的。但是，这里呈现出的动荡超越了室町时代，一直波及近世、近代日本的社会形态。我们必须说，甚至同样在中世社会，13世纪前半叶之前与之后在本质上也是不同的。与我们现在的生活密不可分的风俗、习惯等可以直接上溯到室町时代，其原因就在这里，但这不意味着我们可以直接把它们嵌入13世纪前半叶以前的社会来加以思考，这样做会产生谬误。

东亚的转型

往稍微大一点说，在包括日本在内的东亚各民族中——至少在日本和朝鲜，这种转型是向着农业世界优先的方向迈进的。因“蒙古袭来”而出现在日本的蒙古民族对东亚的统治，对于使各民族走上这条发展道路具有决定性的意义。蒙古军队成为中国式农业帝国力量的体现者，其对高丽武人政权的破坏，对三别抄那样的非农业民性质的武装集团的彻底镇压，大概给朝鲜民族内部的两个世界的比重带来了重大的变化吧。

即便是日本，13 世纪后半叶以来，以蒙古袭来为契机而进一步加强的对恶党、海盗的镇压也说明日本是在向农业世界优先的方向前进着。虽然有些突兀，但我还是觉得，日本民族被视为农业民族的特征就是在这个时期以后才得以真正确立的。

而且，在向着这个方向迈进的同时，朝鲜与对马、壹岐、北九州，抑或朝鲜与北陆等地通过海洋进行的、由生活在海上的人们主导的交流方式也不得不发生改变。从倭寇到锁国的道路，或许就是由此通向的。

未开化与文明

我甚至认为，表现在农业民和非农业民各自的世界中的转型，里面包含着未开化时代最后的有组织反击与文明的最终胜利的过程。我不认为日本民族极其早熟地迈进了文明的世界。未开化的野性伴随着朴素，在日本社会的方方面面都以持久而鲜活的生命力不断地跃动着，这样想也许更加自然。

人们普遍认为，13 世纪以前的日本社会明显具有氏族性、血缘性特征，也有人认为“母系制”仍顽强地残留在日本社会当中。而我却觉得，正如民众的游荡和“流浪性”，以及在本书《代序》

中所叙述的顽强而朴素的野性之跃动，还有凄惨的饥荒等都在证明这一点。

而且，13 世纪后半叶以来，随着分工体系的转型而来的必然会发生的地缘社会的真正确立，家长制的形成，货币对社会内部的深度渗透，文字向庶民的普及，以及带着巫术气息的、散发着野性的节庆活动向游戏的转型等等，这一切都显示着文明在日本的真正胜利。从宏观的角度来看，也可以这样说：未开化的能量尝试着激烈的反击，在文明世界的方方面面不断留下各种各样的印记。

天皇与“歧视”

但是，这种转型，即文明世界在日本的确立，给我们留下一个远未解决的重大课题。这就是天皇与“歧视”的问题。这本不是在此能够充分论述的问题。但是，现在摆在我们面前的两个问题的状态却无疑是由 13 世纪后半叶以来社会转变的方式所规定的。

来自各个方面的“歧视”与这种转型相伴而生。但是，在此开始成为“歧视”对象的人们和天皇是紧密相连、难以割裂的。恶党和海盗的反击是由后醍醐天皇组织起来的，这一事实本身就明确说明了这一点。在前近代，后醍醐天皇被认为是最后一个能够亲自使用军事力量并左右现实中的政治权力的天皇。

被当作“歧视”对象的人们自此以后逐渐被挤压进“公界”和“无缘”的场域，而天皇也被从现实的权力中割裂出来，一度被关在“礼仪掌故”和“艺能”的世界中。当“公界”最终转化为“苦界”，天皇被强制专事“艺能”的时候，这种转型就结构成一个完整的“体系”了。

这两个应该克服的问题仍严峻地摆放在我们面前。从那以后，任何人都不能把视线从这些问题上移开，因为这就是历史本身留给我们所有人的课题。

附录二

“元寇”前后的社会状况

1

镰仓时代大体以“元寇”为分界线分为前期和后期，这已是众所周知的了。为什么要这么分？这可以从多种角度加以解释。人们认为所谓的“惣领制”在此时业已发生变化，还有人认为“本名体制”的变化也大约发生在这个时期。的确，几乎动摇了社会根基的各种现象在这些方面已经浮出表面，如何理解这些现象决定了我们如何看透“元寇”本身的历史意义，以及南北朝以后的社会动态。

但是，在此必须注意的一点是，人们普遍认为这一时期对于工商业的发展而言也是转折点。尽管过去我们还没有在整个社会的动态中充分把握这个问题，但是如果加上这一点来思考，这一时期农村的动态以及政治的动向就都变得异常清晰了，“元寇”带来的影响也能在其中加以理解和认识了。过去已经有人指出了这一点[1]，在此虽有画蛇添足之嫌，但我在尝试对两三个庄园的研究当中整理出了几点想法，还望大家批评指正。

2

大约是从文永年间起，庄园百姓的动态明显与从前不同了。未交年贡的现象很突出，人们甚至屡屡报告“损耗”，要求减免年贡。这在畿内自不必说，甚至还是在相当广泛的地区都能看到的事实[2]。原本在文永以前就已经能够看到这种征兆了，正嘉饥馑就是其中的一个时期[3]。不过，明确表现出这一动向的可以说仍是文永年间。

可是另一方面，从普遍性来看，如果我们观察这一时期出现这种动态的地区就会发现，农民在积极提高生产力。不消说，我们可举出的事例有轮作的普及、品种的改良等。如果把未缴纳年贡和报告损耗等简单地看成是因农民的贫困而导致的，那么我们对此就会抱有疑惑。而且，这一时期生产力的发展是以如前所述的社会分工进一步发展的形态表现出来的，商人、手工业者的独立性进一步增强，这就更加深了我们的疑惑。实际上，从这一时期开始，一部分

1 川崎庸之注意到了以所有的新旧佛教为批判对象的日莲思想的特异性，同时还关注着非御家人、凡下等的动向，最后他指出，支撑日莲的思想的是工商业者（《日莲》，《人物日本史》，每日新闻社，1950 年;《镰仓佛教》，《世界历史事典》，平凡社，1951 年）。林屋辰三郎指出，“元寇”以后，社会上广泛出现拜金主义（《中世文化的基调》，东京大学出版会，1953 年 ;《南北朝》，创元社，1957 年）。若无特别说明，附录二中的脚注均为作者注。

2 关于这一点，拙稿《镰仓时代的太良庄》（《史学杂志》67–4，1958 年）、《关于大和国平野殿庄所谓“强刚名主”》（《历史学研究》215 号，1958 年）都有所涉及。甚至在同一东寺领地的伊予国弓削岛庄也能看到同样的事实。

3 说到弓削岛庄，此时在当地出现了一场危机。

年贡已经用货币来缴纳了，土地的买卖也使用货币了[1]。很明显，这些发展已经对农村产生了强烈的影响。那么这样的看法就再自然不过了：一切动态都是在农民自身的进步和社会的进步中反映出来的现象。

站在这样的角度，稍微细致一点地探寻庄园百姓的动态，我们意外地发现，被称作名主的人们所代表的动向具有独立的政治性。守护、地头与预所，领家与本所，在如此错综复杂的统治者之间关于利害的对立当中，他们表现出极其现实的动向，借助强势一方的力量来抵制另一方的统治，因此未缴纳年贡、要求减免年贡的事情才会屡屡发生[2]。不论其中有多少建设性的内容，至少我们必须认识到，此前不曾见到过这样的新独立性的动向。这里虽然提到统治者的相互对立，但相反，在承久以后，上述变化本质上也是原来虽然有矛盾但尚且维持相对稳定的统治者之间的相互关系彻底破裂的原因之一。由于未缴纳年贡造成收入的减少，在那些互相争夺份额的人们之间产生了怎样的对立呢？因为已经对个案逐一加以叙述过，所以在此不再赘述[3]。结果是，所有的关系都变得不稳定了。

关于农民和名主之间关系的变化，已经有很多人论及了，而现在问题更集中在是否广泛地产生了“独立的小农民”上。急于下结论就会伴随着危险。但是，确切无误的事实是，以前身在名主的背

1　参见丰田武《中世日本商业史研究》（《丰田武著作集二・中世日本的商业》，吉川弘文馆，1982年）；佐佐木银弥《中世商业的发展与在地结构》（《史学杂志》61–3，1952年；佐佐木银弥《中世商品流通史研究》，法政大学出版局，1972年）。

2　关于这一点，前注已述，可知弓削岛庄的百姓也站在围绕预所的诉讼中间，表现出独立的动向。

3　太良庄、平野殿庄的菩提院与东寺供僧，供僧与预所的对立等。

后，被以某种形式置于名主的统治之下的那些人已经出现在前台，至少从这一时期开始在畿内周边出现了这样的情况。虽然还不稳定，但这些人形成集团，由名主来代表自己，被称作“惣百姓”，“惣”的动向也的确是从这一时期开始的。“本名体制”的变化指的也是这个吧。在伴随着这种转型出现的农民自身的动摇当中，由他们支撑的名主与预所或地头的关系、庶子与惣领的关系，甚至预所与领家、御家人与幕府的关系也都迅速变得不稳定，变成对立的冷淡的关系[1]。名主们已经不把预所乃至地头当作唯一的主子了。说得稍微强硬一点，他们所显示的态度是，只要对自己有利，任何势力都可以依靠。这种态度与这一时期的统治者之间的关系倒是共通的。预所作为一个包税人，只对领家负责。而领家也以同样的态度来看待他们。从某种意义上说，现在已经形成只有强势人物才能保全地位的情形，但已经开始解体的古老的权威力量依然根深蒂固。严重的混乱开始了。广义上的曾经的一切主从关系都已经开始发生巨变。

那么，是什么带来这样的结果呢？这里出现的新关系的特征又是什么呢？我认为有必要把前述的工商业发展的观点纳入其中来加以考察。庄园里的市场开始兴起，在那里出现把年贡兑换成货币的动向，问丸摆脱了庄官的角色，还有被称作“借上”的人出现，这类展示这一时期商品流通发展的事例不胜枚举，而我们在当前所讨论的关系当中也明显能感受到货币的气息。也就是说，由于货币流通的刺激，包括名主在内的所有统治者都开始迸发出对于新财富的欲望。土地本身已经被看作是这层意义上的财富了。实际上，从前

1 对于这一点，现在能想到的是太良庄的名主与预所、预所与供僧之间的关系等。

述的名主的未缴纳年贡、要求减免年贡的请求当中也已可窥见他们自身的那种欲望了。从他们当中出现的借上、问丸和梶取（舵长）等人物的动向也全都贯穿着欲望，这本来是不消说的[1]。另一方面，确切无误的是，从这一时期以后颇具独特性的，地头、预所及其代官们堪称暴力的贪婪剥削中也能看到同样的欲求[2]。前例中的恶党和海盗，抑或被称作倭寇的人们的动向当然也是一样的。所以，正如已经说过的那样，这几乎可以说是这一时期武士们普遍的行为。在他们当中虽然也出现了苦于残酷的掠夺而不得不抵押土地和孩子的人，但这些人本身也不甘心接受现状[3]。我们不得不说，“惣百姓”的动向就是靠这些人难以抑制的不满支撑着的。

总之，镰仓初期所特有的，可以用“质朴”来形容的那种主从关系在此将发生巨变。区分镰仓前期和后期的特征之一就体现在这里。即使放在日本的整个历史中来加以考察，这也是一个剧烈转型的时期。正如已经指出的那样，这一时期在血缘性社会关系逐渐被抹去的过程中扮演了极其重要的角色，所以我们应关注仍存在于初

---

1 以太良庄为例，到了镰仓末期，石见房觉秀本人居住在小滨，将庄的名主职集于一身，又担当地头得宗属官的给主代，对当地金融业发展发挥着巨大的作用。元弘之乱以后，显示出几乎要将庄的地头当作请所的势头。前例当中的实圆、禅胜的动向本质上也与此相关。再有，在弓削岛庄，从文永年间起梶取就未缴纳年贡，但可以有充分的根据认为，他基于自身的利害“凭实力卖出”自己未缴纳的年贡（渡边削文《中世时期内海岛的生活》，载于鱼澄惣五郎编《濑户内海地区的社会史研究》，柳原书店，1952 年）。

2 还是在弓削岛庄，镰仓末期所见的预所代辨房依靠煮盐，攒够 5 麻袋、10 麻袋就全部卖出，而交给寺院的年贡则是在伊予的道后以便宜的价格买进的。这可以看作是一个典型的例子（可参前注渡边论稿）。

3 镰仓末期，太良庄出现“强盗”，而借据才是他窥视的目标。还有这样的例子：一度作为人质而沦落为下人的人（时真）在建武时期希望以德政之名获得解放。

期武士团中的那种氏族关系。虽然这个问题已经被反复讨论过，但我仍想把它作为我今后的课题来继续研究。另外，在此有必要再一次阐明新发展起来的商品流通在多大程度上影响了社会。南北朝至室町时代的社会尽管经历了种种迂回曲折，但仍必须从这个时期来寻找它的出发点。正因如此，我才把它作为我今后的课题来加以探究。现在，我想把焦点聚集在以下问题并谈谈我的发现，即在这样的动向中，元寇占据了怎样的地位，又发挥了怎样的作用。

3

在镰仓幕府的历史中，正嘉前后是一个应该加以关注的时期。承久以后幕府的政策可以说是面向这样的方向，即规定领家和地头、京都和镰仓之间的分界线，确定广义的主从关系。幕府以强化的权力为支点，试图维持一定程度的稳定，结果实现了北条泰时、经时时期政局的稳定。如果我们循着幕府的法令来看，就能发现这个时期的稳定即将崩溃的征兆。饥荒和瘟疫流行也可以说是造成这一现象的原因之一，但如果考虑到从建长时期起才第一次出现针对商人和手工业者的法令[1]，以及此时的法令特别细致地警告非法的地头这一点[2]，那么我们就必须到更深的层次去寻找原因。伴随饥荒的是

1 《吾妻镜》建长四年 10 月 16 日的一条写道“沽酒禁制”，只允许一屋一壶，其余悉破之。建长五年 10 月 11 日的一条写道，幕府规定炭、糠、薪、萱木、蒿的价格，还规定木材的尺寸（我在这里的观点受到川崎庸之、北岛正元《标准日本史》的启发）。

2 建长五年 10 月 1 日，“诸国郡乡庄园地头代，且令存知，且可致沙汰条款”（见佐藤进一、池内义资编《中世法制史料集》第一卷，第 171 页）。

夜袭和抢劫，各国的恶党成为正式追捕的对象[1]。如此看来，虽说这种情况以前也存在，但北条时赖时期特别警告不要奢侈、强调节俭一事[2]似乎就具有与以前不同的影响力了。

上一节看到的社会的进步和变革就是以这样的形式影响着幕府的政策，而到了文永年间，动荡就更加激烈了。关于御家人领地的买卖问题，出现了幕府不得不动真格加以干涉的事态。众所周知，文永四年开始的一系列领地恢复令都与此有关[3]。而且，这是以所有的牺牲都由非御家人和凡下等来承担的方式进行的。幕府想以这样的方式来压制新生的力量。领家和地头之间的稳定领域也开始瓦解，因此出现了“复兴御家人领地”的法令。关于这些法令在当地的作用，前文已经涉及[4]。

蒙古的威胁就是在这样的事态下到来的，可以说以北条时宗为首的政权欲倾全力来加以应对。当然，如刚才所述的那样，这种通过牺牲非御家人和凡下来保护御家人的政策，也得到了最强有力的实施。众所周知，为了防备蒙古的来袭，幕府晓谕御家人下镇西；为了强化动员态势，幕府命令各国调阅田文。但也必须注意的一点

---

1 例如前注书第 216 页。弘长二年 3 月 22 日，关东御教书。

2 前注书第 196 页以下弘长元年 2 月 20 日(或 30 日)关东新制各条。如此看来，意味颇深。

3 前注书第 225 页。文永四年 12 月 26 日的法令之后，又有文永五年 7 月 4 日、同年 8 月 10 日等的法令。

4 前面提及的《史学杂志》所载拙稿第 69 页略有涉及，但更与本文中后面所述蒙古袭来中动员态势的完备有直接的关系。文永十年提到“御家人迹事”，很快守护就给末武名立起告示板，强硬拒绝给予非御家人以“名”，结果打碎了预所圣宴和藤原氏女的希望。这件事颇受关注。建治二年御家人的主张也可以用同样的观点来加以解释吧。再有，作为与这一时期的法令直接有关的事例，还可以举出安艺国新敕旨田的例子。具体情况不明，但是以文永四年的法令为契机，守护代以买卖土地为由，没收了庄园的一部分田地。文永七年该法令被废除，杂掌进行了反击，但这块土地的稳定也因此被破坏。

是，幕府也意图镇压恶党，单方面恢复和确认那些无视买卖和抵押原则的御家人领地[1]。幕府试图以这样的方式提高自己的权威。文永之役时，幕府通过动员非御家人，征发、没收庄园的年贡米来使自己的权威达到顶点。幕府原本就不是要给予非御家人新的地位。虽然有恩赏的约定，但现实中这些人能在多大程度上得到回报，我们对此抱有很大的疑问[2]。相反，警固番役、石筑地役等更直接的压迫和负担又重新压在他们身上。已经开始崩溃的庄园内部领域又被给予了发生更大崩溃的契机。从某种意义上可以说，是幕府自己破坏了自身的稳定[3]。来自外部的强大压力是直接的原因，已经显露征兆的幕府的专制就这样被不自然地强化了。不消说，相对于有“组织不严密”之嫌的元军，幕府的强势能将专制行为付诸实施[4]。可是，正在形成的矛盾也意外地被提前暴露出来。应该认识到，“元寇”的意义正是在这里。

弘安之役时，庶子们的独自行动，武士们对守护的不满等，都已被幕府当局者看在眼里[5]。不久，随着外部的威胁逐渐远去，所有的矛盾都难以压抑地凸显出来。前一节所看到的动态真正地展开了。我们有必要从前文所述的观点来思考常被谈论的恩赏问题中武士们

1 文永九年 10 月 20 日命令“诸国田文事”，继而又发布“他人和与领事”法令，第二年又发布“质券所领事”法令，命令神社佛寺上报庄园、公家领地，上报质券买卖各处的姓名身份和领主名单。前注的太良庄可能也响应了这些要求。

2 众所周知，属官、年轻武士虽有功劳，却被漏掉恩赏的事例在《蒙古合战绘词》中就能看到。同样也可以认为存在“富有之辈”被没收谷米充作兵粮米的情况（《弘安四年日记抄》同年 7 月 6 日条）。

3 参看前注。

4 关于元军的行动，参看池内宏《元寇新研究》（东洋文库，1931 年）。

5 《中世法制史料集》第一卷，第 247 页，“镇西警固事”即其一例。其他众所周知之例甚多。

那种执拗到露骨的欲望[1]。在逐渐开始动摇的农村，人们为贪得无厌的欲望所惑，开始发生冲突，诉讼纷起，无休无止。“诉人如云霞”的事态[2]出现了，诉讼的性质已经与从前大不相同了。诉讼的裁决时间明显在延长。从弘安到正应这段时期，包括其间发生在幕府内部的纷争（霜月骚动），幕府似乎一直在疲于应付这些事务。

进入到紧随其后的永仁年间之后数年，直到德政令发布，这段时间是幕府试图在处理完内讧之后一举解决矛盾、重振幕府权威而进行最后尝试的时期。德政令本身代表了幕府试图以最果断的形式将此前所述的政策付诸实施。他们把所积蓄的财富几乎已经压倒御家人的非御家人和凡下当作牺牲品，打算彻底抛开他们，重建秩序。但是，幕府对现实太缺乏认识了。他们的实践破绽百出，幕府的政治迅速滑落到颓废的境地。虽然还有那么几道波澜，但时代潮流不可抗拒，幕府自身也被裹挟其中。虽然在这一过程中也不是没有像平政连那样提出不同意见[3]的人，但必须加以注意的是，他的意见也仅止于积极告诫当权者戒除奢侈、强调节俭而已。

得宗自己，还有御内人都处在新欲望的旋涡中。得宗嗜酒，御内人专权，还有得宗分国里不可胜数的暴行[4]都充分说明了这一点。

---

1 关于这一点，通过竹崎季长的《蒙古合战绘词》可知，前文已述（拙稿《蒙古袭来》，《日本史读本》特集知性 2，河出书房，1957 年）。此类事例不胜枚举。

2 《东寺百合文书》ル函 251 号，12 月 16 日，定严书状。

3 《平政连谏草》。

4 此例见于若狭国。《东寺百合文书》ユ函 12 号，文永二年 11 月，若狭国惣田数帐（《镰仓遗文》13 卷 9422）红批，如黑田俊雄所指出的那样（柴田实编《庄园村落的构造》，创元社，1955 年，所收论稿第 203 页注 1），一般认为是元亨元年左右的事情，冈安名、清贞名、是光名、利枝名等的名主，还有恒枝保的公文都被得宗属官夺去了领地，且都在诉讼中。作为得宗领地的税所领有国衙领地一事，拙稿所述太良庄的东寺与得宗属官的诉讼，都可视为其例。

而且，从某种意义上说，包括他们自己在内的所有武士都成了“恶党”。这么想来，在这样的时期里屡屡发出对于恶党和海盗的镇压令就颇具讽刺意味了。在完全化作私人性权力的得宗的力量之下，所有的动向都受到抑制，形成了一种停滞状态。然而，随着它被击碎，一切被压抑的欲望最终如潮水一般倾泻下来[1]。一个权威灭亡了。南北朝的内乱可以说就是在这层意义上的大时代前进的第一步。内乱最终以这种方式爆发的最直接的原因还是必须到“元寇”中探求。而且，我们还必须把“元寇”作为决定日本此后历史发展的契机来思考其重大意义。这是仅以两三个庄园的知识为证据所作的极其粗浅的研究，但我今后将继续深入研究。望方家严厉批评。

1 这一点可在太良庄看到。

年表

公历	年号/改元	天皇	院政	将军	执权	日本（*号为世界史）
1242	仁治三年	后嵯峨		藤原赖经	北条经时	1月 丰后国守护大友氏制定法律
1244	宽元二年			藤原赖嗣		4月 废将军藤原赖经，藤原赖嗣为将军 10月 幕府对于赌博，允许武士玩双六，完全禁止四一半、目胜等
1245	宽元三年					12月 幕府令守护没收隐藏恶党者之领地
1247	宝治一年（2.28）	后深草	后嵯峨		北条时赖	6月 北条时赖灭三浦泰村一族（宝治之战） 8月 北条时赖邀请道元 12月 幕府规定没收土地不适用20年年纪法。大番役的轮换期定为3个月
1249	建长一年（3.18）					2月 闲院皇居被烧毁 12月 幕府设立引付众
1250	建长二年					3月 幕府禁止山僧揽讼 4月 幕府禁止镰仓的庶民武装
1251	建长三年					12月 幕府规定镰仓市中的商贾区域
1252	建长四年			宗尊亲王		2月 幕府废藤原赖嗣，奏请迎宗尊亲王为将军 4月 宗尊亲王为大将军，自京城往镰仓
1253	建长五年					4月 日莲自安房小凑去往镰仓，在松叶谷唱诵《法华经》 7月 宣布新制，幕府施行之 8月 道元殁（54岁） 10月 幕府规定薪、炭、蒿、糠之价格和木材的尺寸 11月 建长寺落成

续表

公历	年号/改元	天皇	院政	将军	执权	日本（*号为世界史）
1254	建长六年	后深草	后嵯峨	宗尊亲王	北条时赖	4月 幕府将唐船定员限定为5艘 10月 完成《古今著闻集》
1255	建长七年				北条长时	2月 兴福寺信众火烧东大寺房舍
1256	康元一年（10.5）					11月 北条时赖在最明寺出家
1257	正嘉一年（3.14）					3月 园城寺信众申诉建立戒坛 8月 镰仓大地震 * 伊尔汗国建立
1258	正嘉二年					5月 因延历寺僧徒强诉，停止宣旨建园城寺戒坛 9月 各国群盗蜂起。幕府命令守护镇压 * 高丽屈服于蒙古
1259	正元一年（3.26）	龟山				2月 幕府让地头允许穷人进入山野河海 这年京都及各国饥馑。完成《百练抄》
1260	文应一年（4.13）					1月 朝廷让园城寺返还一度表示认可的三摩耶戒坛敕许官符 7月 日莲向北条时赖进献《立正安国论》 8月 镰仓的僧徒火烧日莲的松叶谷草庵 * 忽必烈汗即位
1261	弘长一年（2.20）					2月 幕府制定并公布关东新制61条 5月 将日莲流放伊豆 11月 北条重时殁（64岁）。这年忍性入镰仓
1262	弘长二年					2月 西大寺睿尊下镰仓 11月 亲鸾殁（90岁）

续表

公历	年号/改元	天皇	院政	将军	执权	日本（*号为世界史）
1263	弘长三年	龟山	后嵯峨	宗尊亲王	北条长时	5月 赦免对日莲的流放 8月 朝廷宣旨新制。因各国大风，将军中止上京 11月 北条时赖殁（37岁）
1264	文永一年（2.28）				北条政村	3月 围绕四天王寺别当一职，延历寺僧徒强诉、火烧讲堂等 10月 幕府设立越诉奉行
1265	文永二年					4月 幕府禁止延历寺信众武装
1266	文永三年			惟康王		3月 幕府废止引付众 7月 废将军宗尊立惟康王 这年，高丽欲送蒙古使黑的赴日，未果
1267	文永四年					9月 高丽使奉蒙古国书赴日 12月 幕府发布御家人所领回复令
1268	文永五年				北条时宗	2月 幕府上奏蒙古国书，命令赞岐的御家人等做好防备 10月 日莲寄信北条时宗，警告有外寇
1269	文永六年					3月 蒙古、高丽使节来对马要求回信，并带回岛民 4月 幕府恢复引付 9月 高丽使节来对马送国书，送回岛民
1270	文永七年					1月 朝廷作出给蒙古的回信，但幕府驳回 5月 幕府废除御家人所领回复令 12月 蒙古以赵良弼为赴日信使，与洪茶丘一起派往高丽
1271	文永八年					9月 幕府上奏高丽牒状。为了海防，让在镇西拥有领地的御家人赴西国。本欲在龙口斩日莲，后将其流放佐渡。蒙古使赵良弼等到今津 * 蒙古定国号为元

续表

公历	年号/改元	天皇	院政	将军	执权	日本（*号为世界史）
1272	文永九年	龟山	后嵯峨	惟康王	北条时宗	2月 后嵯峨法皇殁（53岁）。北条时辅被杀（二月骚动） 4月 元使赵良弼来日 10月 命令各国提交大田文
1273	文永十年					3月 赵良弼未能进京，回国
1274	文永十一年	后宇多	龟山			2月 日莲被赦 5月 日莲创建身延山久远寺 10月 元军侵壹岐、对马，继而在筑前登陆，因风雨（？）而退却（文永之役）
1275	建治一年（4.25）					1月 幕府制定镇西御家人异国警固番役规则 4月 元使至长门 5月 幕府命令备前、安艺、周防、长门的御家人警戒长门 9月 斩元使于龙口 12月 幕府为征伐异国召集梶取、船夫
1276	建治二年					1月 任命北条宗赖为长门守护 3月 幕府命镇西各国筑石垒。将征伐高丽的将士召集到博多 10月 北条实时殁（53岁）
1279	弘安二年					7月 元使至筑紫。幕府斩元使于博多 * 南宋灭亡
1280	弘安三年					阿佛尼著《十六夜日记》
1281	弘安四年					5月 元、高丽军（东路军）袭对马 6月 元军迫近博多。7月与江南军会师 闰7月 遣北条兼时赴播磨，加强防备。因大风雨，船舰多漂没（弘安之役）。幕府向朝廷奏请对本所一元化领地住民的命令权

续表

公历	年号/改元	天皇	院政	将军	执权	日本（*号为世界史）
1282	弘安五年	后宇多	龟山	惟康王	北条时宗	10月 日莲殁（61岁）
1283	弘安六年					12月 风闻元军袭来，幕府加强警戒，命令各国进行降伏异国的祈祷
1284	弘安七年				北条贞时	4月 北条时宗殁（34岁） 5月 制定新式目。弘安改革开始 6月 设置镇西特别合议机关 7月 元使至对马
1285	弘安八年					2月 幕府调阅各国大田文 11月 平赖纲灭安达泰盛一族，将金泽显时流放上总（霜月骚动） 这年，圆觉寺舍利殿建成
1286	弘安九年					2月 幕府禁止御家人在领地内隐藏恶党 7月 幕府设立镇西谈议所 9月 无学祖元殁（61岁） 10月 幕府开始分配弘安之役的恩赏地 12月 龟山院改革评定制 闰12月 幕府加强警戒异国
1287	弘安十年	伏见	后深草			3月 幕府决定在懈怠警戒的本所一元化领地设置地头
1288	正应一年（4.28）					1月 完成《山王灵验记》 * 安南军击破元军
1289	正应二年					8月 一遍殁（51岁）
1290	正应三年					2月 浅原为赖闯入皇宫 8月 睿尊殁（90岁）

续表

公历	年号/改元	天皇	院政	将军	执权	日本（*号为世界史）
1293	永仁一年（8.5）	伏见		久明亲王	北条贞时	3月 幕府遣北条兼时、时家赴镇西（设置镇西探题） 4月 北条贞时灭平赖纲 10月 废止引付，设执奏 这年，完成《蒙古袭来绘词》
1294	永仁二年					3月 镇西探题在筑前、肥前等地设烽火台 6月 幕府停止审议霜月骚动的恩赏
1295	永仁三年					10月 恢复引付
1297	永仁五年					3月 幕府发布永仁德政令 6月 幕府在兴福寺一乘院领地设地头
1298	永仁六年					2月 部分解除前一年的德政令
1299	正安一年（4.25）	后伏见	伏见			1月 幕府设镇西评定众 10月 元使一山一宁携国书至镰仓 这年，圆伊绘《一遍上人绘传》 * 马可·波罗完成《马可·波罗游记》
1300	正安二年					7月 指令镇西探题建立海防
1301	正安三年	后二条	后宇多		北条师时	8月 北条贞时出家 11月 异国船出现在甑岛
1303	嘉元一年（8.5）					6月 幕府制定杀人、夜袭等的刑罚 7月 忍性殁（87岁） 9月 幕府发出控制各国横行人的命令 这年，异国警固番役规则被修改

续表

公历	年号/改元	天皇	院政	将军	执权	日本（*号为世界史）
1305	嘉元三年	后二条	后宇多		北条师时	4月 镇西探题分配弘安之役的恩赏地。北条宗方杀死连署北条时村 5月 北条贞时诛北条宗方
1308	延庆一年（10.9）	花园	伏见	守邦王		8月 久明将军被流放 这年，平政连提交谏奏。西国海盗蜂起
1310	延庆三年					6月 幕府将刈田狼藉移交检断沙汰
1312	正和一年（3.20）		后伏见			这年，幕府发布镇西神领兴行令 * 窝阔台汗国灭亡
1315	正和四年					1月 幕府将路次狼藉移交检断沙汰 12月 幕府逮捕京极为兼，流放土佐
1317	文保一年（2.3）				北条高时	4月 幕府向朝廷提案，请求两统协商（文保和谈）
1318	文保二年	后醍醐	后宇多			5月 此时虾夷乱起
1319	元应一年（4.28）					4月 延历寺众徒火烧园城寺 这年，六波罗在山阳、南海道12国实施海上警戒
1321	元亨一年（2.23）					12月 废止院政，天皇亲政
1322	元亨二年					10月 幕府让镇西各神社上报神人名簿
1323	元亨三年					* 马可·波罗殁
1324	正中一年（12.9）					2月 幕府发布本所一元化领地恶党镇压令 9月 天皇讨幕计划泄露。土岐赖兼等为六波罗所杀。日野资朝、俊基被捕（正中之变）。万里小路宣房作为敕使下镰仓
1325	正中二年					8月 幕府将日野资朝流放佐渡。释放日野俊基

续表

公历	年号/改元	天皇	院政	将军	执权	日本（*号为世界史）
1326	嘉历一年（4.26）	后醍醐			金泽贞显	3月 幕府派工藤祐贞镇压虾夷之乱
1327	嘉历二年	后醍醐			北条守时	6月 虾夷之乱持续。派遣宇都宫高贞等 12月 尊云法亲王（护良亲王）任天台座主
1330	元德二年	后醍醐			北条守时	6月 朝廷制定《沽酒法》，规定京都米价

公历	南朝	北朝		天皇		院政	将军	执权	
1331	元弘一年（8.9）	元德三年		后醍醐	光严	后伏见	守邦王	北条守时	5月 讨幕密谋泄露，日野俊基、僧人文观等被捕（元弘之变） 8月 后醍醐逃离京都，赴奈良、笠置 9月 后醍醐被捕 10月 后醍醐将神器交给光严天皇
1332	元弘二年	正庆一年(4.28)		后醍醐	光严	后伏见	守邦王	北条守时	3月 幕府将后醍醐流放隐岐 6月 幕府将日野资朝斩于佐渡，将日野俊基斩于镰仓 11月 护良亲王、楠木正成举兵
1333	元弘三年	正庆二年		后醍醐	光严	后伏见	守邦王	北条守时	1月 赤松则村在播磨举兵。后醍醐逃离隐岐，投奔名和长年 4月 足利高氏响应后醍醐，在丹波举兵 5月 六波罗陷落。新田义贞在上野起兵，攻陷镰仓。北条高时以下均自杀。北条英时自杀

参考文献

关于正文中的参考文献、引用文献，在此则要列出。

综合文献

三浦周行,『鎌倉時代史』，早稲田大学出版部(1907)。

『日本史の研究』新輯一，岩波書店(1982)。此为旧作(初版于1922年)，关于镰仓后期的政治史，现在仍具有标杆意义。

龍粛,『鎌倉時代』上下，春秋社(1957)。

鎌倉市史編纂委員会,『鎌倉市史』，吉川弘文館，(1957—1959)。

岩波講座,『日本歴史』5(中世1)、6(中世2)，岩波書店，(1962—1963)。

黒田俊雄,『日本の歴史』8(蒙古襲来)，中央公論社(1965)。

福尾猛市郎,『国民の歴史』8(京・鎌倉)，文英堂(1968)。

『講座日本史』3(封建社会の展開)、東京大学出版会(1970)。

岩波講座,『日本歴史』中世2、3，岩波書店(1975—1976)。

『講座・日本歴史』中世1，東京大学出版会(1984)。

入間田宣夫,『武者の世に』(日本の歴史7)，集英社(1991)。

伊藤喜良,『南北朝の動乱』(日本の歴史8)，集英社，(1992)。

石井進,『鎌倉武士の実像』，平凡社(1987)。

有关蒙古袭来的文献

山田安栄,『伏敵編』(1891年)。古老的史料集，包括元、高丽的史料，编年体，现在仍不失基本史料集的价值。

池内宏,『元寇の新研究』，東洋文庫(1931)。

中村栄孝,『日鮮関係史の研究』上，吉川弘文館(1965)。

桜井清香,『元寇と季長絵詞』，徳川美術館(1957年)。其中对季长绘词的排列具有独到见解。

相田二郎,『蒙古襲来の研究』，吉川弘文館(1958)。是为以蒙古袭来为中心的国制史研究的基础。

龍粛,『蒙古襲来』(日本歴史新書)，至文堂(1959)。

『蒙古襲来絵詞』(日本絵巻物全集9)，角川書店(1964)。

山口修,『蒙古襲来』(桃源選書)，桃源社(1964)。

旗田巍,『元寇』(中公新書)，中央公論社(1965)。一部从朝鲜史视角认识蒙古袭来的优秀概论。

川添昭二,『注解 元寇防塁編年史料』，福岡市教育委員会(1971)。全面搜集有关石筑地的史料，附详细注释及日语现代文。该书解说部分为这方面研究的最新成果。

瀬野精一郎,『鎮西御家人の研究』，吉川弘文館(1975)。

川添昭二,『九州中世史の研究』，吉川弘文館(1983)。

村井章介,『アジアのなかの中世日本』，校倉書房(1988)。

阿部征寛,『蒙古襲来』，教育社(1980)。

有关政治、法制方面的文献

三浦周行,『法制史の研究』正、続，岩波書店(1919—1925年,1973年再版)。该书收纳了与德政、座等有关的研究。

佐藤進一,『鎌倉幕府訴訟制度の研究』, 畝傍書房(1943)。该书通过对于诉讼制度的缜密研究，首次确立将镰仓后期视为得宗专制体制的视角(1993年于岩波书店再版)。

多賀宗隼,『鎌倉時代の思想と文化』, 目黒書店(1946)。收录有关安达泰盛、霜月骚动等的论稿。

佐藤進一,『増訂鎌倉幕府守護制度の研究』, 東京大学出版会(1971)。该书通过缜密考证各国守护，阐明了得宗专制的发展。

水戸部正男,『公家新制の研究』, 創文社(1961)。

石井進,『日本中世国家史の研究』, 岩波書店(1970)。

佐藤進一、池内義資編,『中世法制史料集』1(鎌倉幕府法), 岩波書店(1955)。

瀬野精一郎編,『鎌倉幕府裁許状集』上下, 吉川弘文館(1970)。

日本思想大系,『中世政治社会思想』上下, 岩波書店(1972—1981)。该书收录镰仓幕府法、武家家法、家训、置文等。

佐藤進一,『日本の中世国家』, 岩波書店(1983)。

佐藤進一,『日本中世史論集』, 岩波書店(1990)。

笠松宏至,『日本中世法史論』, 東京大学出版会(1979)。

笠松宏至,『法と言葉の中世史』, 平凡社(1984)。

橋本義彦,『平安貴族社会の研究』, 吉川弘文館(1976)。

田中稔,『鎌倉幕府御家人制度の研究』, 吉川弘文館(1991)。

森茂暁,『鎌倉時代の朝幕関係』, 思文閣出版(1991)。

上横手雅敬,『鎹倉時代政治史研究』, 吉川弘文館(1991)。

古沢直人,『鎌倉幕府と中世国家』, 校倉書房(1991)。

有关经济方面的文献

稲垣泰彦、永原慶二,『中世の社会と経済』, 東京大学出版会(1962)。
永原慶二,『日本の中世社会』, 岩波書店(1968)。
水上一久,『中世の荘園と社会』, 吉川弘文館(1969)。该书收录有关间人、随从、人口买卖等方面的论稿。
赤松俊秀,『古代中世社会経済史研究』, 平楽寺書店(1972)。该书收录「座について」「供御人と惣」等文章。
永原慶二,『日本中世社会構造の研究』, 岩波書店(1973)。
稲垣泰彦編,『荘園の世界』(UP 選書), 東京大学出版会(1973)。
河合正治,『中世武家社会の研究』, 吉川弘文館(1973)。
黒田俊雄,『日本中世封建制論』, 東京大学出版会(1974)。
網野善彦,『中世荘園の様相』, 塙書房(1966)。
徳田銀一,『増補 中世における水運の発達』, 厳南堂(1966 年, 初版于 1936 年)。
相田二郎,『中世の関所』, 畝傍書房(1943 年, 吉川弘文馆 1983 年再版)
脇田晴子,『日本中世商業発達史の研究』, 御茶の水書房(1969)。
佐々木銀弥,『中世商品流通史の研究』, 法政大学出版局(1972)。
部落問題研究所編,『部落史に関する綜合的研究』, 史料第三(1962)、史料第四(1965)。
该书以编年体形式搜集该领域的史料, 附林屋辰三郎的解说。
豊田武,『座の研究』(豊田武著作集第一巻, 1982)。
豊田武,『中世日本の商業』(豊田武著作集第二巻, 1982)。
豊田武,『中世の商人と交通』(豊田武著作集第三巻, 1983)。以上 3 卷, 均由吉川弘文馆出版。
脇田晴子,『日本中世都市論』, 東京大学出版会(1981)。
小野晃嗣,『日本中世商業史の研究』, 法政大学出版局(1989)。

大山喬平,『日本中世農村史の研究』, 岩波書店(1978)。
網野善彦,『日本中世の非農業民と天皇』, 岩波書店(1984)。
網野善彦,『日本中世土地制度史の研究』, 搞書房(1991)。
網野善彦,『中世東寺と東寺領荘園』, 東京大学出版会(1978)。
名古屋大学文学部国史研究室編,『中世鋳物師史料』, 法政大学出版局(1982)。
岩崎佳枝,『職人歌合』, 平凡社(1987)。

有关社会、生活方面的文献

中沢厚,『つぶて』, 法政大学出版局(1981)。
中沢厚,『石にやどるもの』, 平凡社(1988)。
黒田日出男,『姿としぐさの中世史』, 平凡社(1986)。
保立道久,『中世の愛と従属』, 平凡社(1986)。
丹生谷哲一,『検非違使』, 平凡社(1986)。
小泉宜右,『悪党』, 教育社(1981)。
勝保鎮夫,『一揆』(岩波新書), 岩波書店(1982)。
笠松宏至,『徳政令』(岩波新書), 岩波書店(1983)。
横井清,『中世民衆の生活文化』, 東京大学出版会(1975)。
網野善彦,『異形の王権』, 平凡社(1986)。
『週刊朝日百科日本の歴史 中世I3 遊女・傀儡・白拍子』, 朝日新聞社(1986)。
该书收录後藤紀彦「遊女と朝廷貴族」「立君・辻子君・遊廓の成立」等文。
『日本の社会史』1～8, 岩波書店(1982—1988)。

有关思想、文化方面的文献

赤松俊秀,『鎌倉仏教の研究』, 平楽寺書店(1957)。

高木豊,『日蓮とその門弟』, 弘文堂(1965)。

『一遍聖絵』(日本絵巻物全集口), 角川書店(1960)。

大橋俊雄,『時宗の成立と展開』, 吉川弘文館(1973)。

林屋辰三郎,『中世芸能史の研究』, 岩波書店(1960)。

富倉徳次郎,『とはずがたり』(筑摩叢書山), 筑摩書房(1969)。

黒田俊雄,『日本中世の国家と宗教』, 岩波書店(1975)。

黒田俊雄,『日本中世の社会と宗教』, 岩波書店(1990)。

川添昭二,『中世文芸の地方史』, 平凡社(1982)。

林瑞栄,『兼好発掘』, 筑摩書房(1983)。

有关人物方面的文献

岩橋小弥太,『花園天皇』, 吉川弘文館(1962)。

和島芳男,『叡尊・忍性』, 吉川弘文館(1959)。

川添昭二,『日蓮』(人と歴史シリーズ), 清水書院(1971)。

土岐善麿,『京極為兼』(日本詩人選), 筑摩書房(1971)。